メディア論集成

『電子メディア論』増補決定版

大澤真幸

人文書院

メディア論集成　目次

第Ⅰ部　（『電子メディア論』）

第Ⅱ部（増補）

メディア論集成――『電子メディア論』増補決定版

第Ⅰ部（『電子メディア論』）

まえがき

時代を代表するテクノロジーというものがある。電子的な技術を基礎にしたさまざまなメディアが、われわれの時代にとって、すなわち二十世紀の終盤から二十一世紀に向かおうとする社会にとって、そのようなテクノロジーの一種であることは間違いない。あるテクノロジーが全体としての社会を代表しているように見えるのは、そのテクノロジーが社会を成り立たせている仕組みの必然性に深く根ざしており、それゆえにその必然性を集約的に象徴しているからであろう。ここで私は、メディアの周辺で生起している諸現象を、この必然性との関係で理解してみたいと思う。言い換えれば、メディアが代表しているように見える社会変容を、その原理において把握し、総体として特徴づけることが、ここでの探究の目標である。

そのためには、昨日今日に始まった流行に着眼しているだけでは不十分であり、長期的な社会変容を規定している作用原因にまで遡行することが要請される。そして、最新の流行に関してさえも――それが重要なものであれば――、その意義は、原理に遡行する探究の中でのみ把握されるのである。

かつてマクルーハンは、予言的な言辞によって、電子メディアが浸透しつつある社会をトータルに特徴づけようとした。彼の直観はたいへん示唆的なものではあったが、今日から振り返れば制約のあるものだと言わざるをえない。彼が語っている時代は、ようやくテレビが普及し始めた段階である。コンピユータが浸透しつつある現在の段階で、彼が挑戦したようなタイプの考察が、あらためて試みられなくてはならない。

＊

ところで、電子メディアをめぐる状況を表象する、目下のところ最新の——つまり昨日今日の——流行語は「マルチメディア」であろう。探究を開始するに先立って、本書の考察が照準している社会変容との関係で、マルチメディアをどのように規定することができるのか、ということを簡単に述べておこうと思う。

今日「マルチメディア」と呼ばれている技術の複合の起源は、もちろん、パーソナル・コンピュータである。マルチメディアは、技術的には、主として二つのタイプに類別することができる[1]。パッケージ型のマルチメディアとネットワーク型のマルチメディアがそれである。

パッケージ型のマルチメディアとは、ソフトウェアとハードウェアを組み合わせた機械である。住所録／ワープロ／電話などの諸機能をあわせもつ強力な電子手帳のようなものがその代表的な形態だ。現代の高度に複雑な社会を生きる者は、きわめて大量の情報にさらされており、また実際にそのような情報を必要としてもいる。つまり、特殊な専門家だけではなく、一般の人々が、大量の情報を効率的に処理することができなくてはならない。そのために、まずパーソナル・コンピュータが導入され、ついで、今日ではマルチメディアが導入されつつあるのだ。この型のマルチメディアに技術的な可能性を与えたのは、CD-ROMである。CD-ROMの顕著な特徴は、持ち運びが容易なほどに小型である——しかも廉価である——にもかかわらず、情報の容量が非常に大きいことにある（たとえば数十巻の百科事典がたった一枚のCD-ROMに収納されてしまう）。だから、CD-ROM付きのパソコンを駆使する者は、これに見合った大量の情報を通覧する可能性を獲得したことになる。

しかし、大量の情報が単に蓄積されているだけでは、つまり単なる大型のデータベースが与えられているだけでは、その情報は有意味なものではありえない。それが意味をもつためには、大量の情報の中から、関与的《レリヴァント》な情報とそれらの間の関与的な関係づけを他から区別し、選択することができなくてはならない。マルチメディアの注目すべき能力は、この情報の選択の場面で、とりわけ発揮されると信じられている。「ハイパーメディア（あるいはハイパーテキスト）」と呼ばれるスローガンに要約されているアイディアが、この点についての期待を表現している。ハイパーメディアとは、各ユーザーに固有な検索ルート（情報データの間のリンク）を記録しているメディアである。多様な関心をもったユーザーの検索ルートを少数の標準型に縮約することはできないので、ハイパーメディアはきわめて高い柔軟性を備えていることが要請される。検索ルートは、情報の間を繋ぐ複雑なネットワークを構成するはずだ。情報の量が増大すると、その間の関係づけのパターンは幾何級数的に増大する。だから、ハイパーメディアが役にたつためには、短時間に必要な検索ルートを呼び出しそれを辿るだけの速度を、機械が備えていなくてはならない。技術革新がもたらしたコンピュータの高速化は、この理想に近づきつつある。もっとも、最終的には、膨大な情報から効率的に関与的な情報のみを選択するという課題は、コンピュータにとって原理的に解決不能な難題《アポリア》——これを専門家は「フレーム問題」と呼んでいる——としてわれわれの技術の未来に立ちはだかっている。[2] が、ともかく、マルチメディアが、それ以前には考えられないほどの大量の情報から、短時間で有意味な情報を選択する技術的な可能性を保証しようとしている、ということをまずは確認しておこう。一九六八年にパーソナル・コンピュータを発明したアラン・ケイは、これを「個人の思考能力を一挙に高め、増幅するツール」であると特徴づけている。アラン・ケイが掲げた目標は、マルチメディアにおいて実現しようとしているかに見える。

マルチメディアの第二のタイプ、すなわちネットワーク型のマルチメディアとは、大量の情報を高速に伝送することができる通信回線を使ってコンピュータを接続したシステムである。パーソナル・コンピュータを結合して作業が進められる「グループウェア」はその代表的な利用法であろう。最も大きな規模のものとしては、コンピュータのネットワークをさらに結合するネットワークがある。このコンピュータ・ネットワークのネットワークが、「インターネット」である。ネットワーク型のマルチメディアに技術的な基盤を与えたのは、光ファイバーである。光ファイバーを回線に使うことで、伝送可能な情報の量が飛躍的に増大するのだ。

もともとパーソナル・コンピュータは、カウンター・カルチャーの理想と結びついていた。パーソナル・コンピュータは、中央集権的な国家権力からの解放を促進するツールとなりうると期待されていたのである。極端に複雑な近代社会では、全体社会に影響を与える政治的・行政的意志決定を下すためには、人間離れした高度な情報処理能力が必要になる。コンピュータがすべて大型の汎用機であった古典的な段階においては、このような高度な情報処理能力は、コンピュータにアクセス可能な一部の特権層に独占されてしまうかのように見えた。この段階では、コンピュータは抑圧のためのツールと見なされることになる。このような状況にあっては、パーソナル・コンピュータが実現すれば、特権層に独占されていた能力を民主化されるに違いないとの期待が一般的だったのである。アラン・ケイやティモシー・リアリーなど初期のパソコンの代表的な支持者が、カウンター・カルチャー運動の推進者でもあったのはこのためである。もっとも、事態は厳密にはもう少し込み入っており、「国家権力」の側にも、パーソナル・コンピュータの支持者は多かったのである。ダグラス・エンゲルバードやヴァネヴァー・ブッシュなどパソコンの初期の開発者の多くは、合衆国の軍事部門の中心的な担い手でもあったのだ。権力を握る者も権力からの解放をねらう者も、まったく同一の技術を志向していたことになる。おそらくは、パソコンという技術は、権力の関係を、支配する項と従属する項との確定的・実体的な対立へと分解することが不可能であるような段階にこそ、対応していたのである。

ともあれ、パーソナル・コンピュータがカウンター・カルチャー運動と結びついていたとするならば、この点でも、マルチメディアは、パーソナル・コンピュータの理想を現実化するものであるように見える。ネットワーク型のマルチメディアが普及すれば、理想的な集合的・政治的な意思決定が可能になるように見えるからである。もしすべての個人が端末となるコンピュータを所有し、それらがネットワークによって接続されれば、諸個人が分散して表明する意志を効率的に集計する完全な直接民主主義が可能になるはずだ。マルチメディアは究極の民主主義を実現してくれるように見える。

*

以上に概観してきたような特徴をもつマルチメディアを、「近代社会」という文脈の中に位置づけてみよう。「近代」を定義する因子とは何か？　私の考えでは、「（少なくとも理念的には）個人の水準に全面的な主体性が認められること」が近代の本質的な特徴である。主体的であるとは、行為や認識が自己原因的なものと見なされることである。たとえば、各個人の意志決定や運命が神の意志によって規定されると見なされているときには、その個人は主体性を欠いていることになる。認識や行為とは、対象を区別したり、選択する操作をその本態としている。この認識や行為が含意する区別し選択する操作に関して、個人が自己原因的であると、自己自身によって、あるいは他者によって認知されているとき、その個人は主体性を備えている、と見なされる。しかし、このような主体性の理想は、実際には、哲学や形而上学の思念＝想定のうちにしか存在してこなかった。つまり、主体的な個人は、近代を定義する因子でありながら、純粋な形態では、一度も現実化したことがなく、哲学的な思索のうちにのみ生息してきたのである。一切の哲学的・形而上学的な深遠さを欠いた「単なる技術」に過ぎないマルチメディアは、このような理念とは無縁であるように見える。しかし、まさにその技術論的な浅薄さのゆえに、律儀に「主体性の理想」を現実化してしまう装置こそが、マルチメディアなのである。

このことを理解するためには、主体性ということが、理念的には、「情報あるいは知覚（表象）に対する二重の選択性の統一」としてのみ可能である、ということを念頭におかなくてはならない。今し方述べたように、行為は、情報や知覚された現象に対する選択である。ところで、どのような選択も、選択がまさにそこからなされるような選択前提——選択の可能性の集合——が予め選択され、与えられていることを要件とする。この選択前提が、選択が何を志向しているかということを、したがって誰にとってのものかということを含意する。要するに、選択前提こそが、選択の統一性を保証するのだ。個人が主体的であるためには、行為がその現実化であるような直接の選択だけではなく、この選択前提の選択も同時に、その個人に帰属していなくてはならない。さもなければ、個人は、行為を現実化する動作主《エージェント》ではあるかもしれないが、その行為が志向している——もたらそうとしている——状態は、彼（女）のためのものであるとは言えず、したがって、他の何者かにとっての道具＝代理人であるに過ぎず、その他者に従属していることになるからだ。このように、主体的な個人には、選択性の二重の水準が同時的に帰属していなくてはならない。この場合、行為が直接に現実化している選択を「経験的選択」と呼ぶとすれば、選択前提の選択は、経験的選択の可能性の条件を規定する選択であるという意味で、「超越（論）的選択」と呼ぶことができるだろう。

個人が認識や行為において主体的であるためには、選択の二重の水準が個人において統一されていなくてはならない、ということを徹底して自覚していたのはカントである。この点で、西欧の十八世紀から十九世紀への転換期を生きたカントは、主体性の哲学の最初の完成者である。たとえば、『純粋理性批判』によれば、感性に現れる与件は、ア・プリオリに悟性に備わる「純粋悟性概念（カテゴリー）」を適用されることによって統一性を得る。選択性は、感性と悟性の二重の水準で見出されるわけだ。もっとも、この二重性は、不完全なものである。というのも、感性の水準に見出される選択は、最低限のもの——時間と空間という形式——でしかないからだ。真の二重性は、感性／純粋悟性概念のセット（経験的水準）と、カントが「統覚 Apperzeption」と呼んだ作用（超越論的水準）との間に認められるべきである。統覚は、感性的与件に純粋悟性概念が適用されることで成立する経験的認識の間に総合的統一性をもたらす作用であり、そのことによって、自己意識の同一性を保証する。人間が認識の主体であるためには、経験的認識に統一性を与える作用としての統覚がどうしても必要になる、というのがカントの考えであった。

悟性にはア・プリオリなカテゴリーが備わっているということ、認識の統一性は統覚の作用によって担保されているということ、これらのアイディアは、——最近では柄谷行人が独特な視角から主題化しているように——、ヒュームにおいて完成する「イギリス経験論」に対するアンチ・テーゼである。ヒュームにおいては、精神とは知覚の束である。彼によれば、精神には、本来、自我を単一の主体として構成するような作用は、備わっていない。精神は、だから、本源的には相互に無関係な知覚＝表象の集まりに過ぎない。それは、いわば、どのようにも整序されていない——いかなる検索ルートも設定されていない——データベースのようなものなのだ。カントは、統覚の作用を導入することによって、このような散乱状態を克服しようとしたのだ。

だが、カントの言う超越論的な統覚とは、実際のところは何なのか？　それは、——柄谷行人が示唆しているように——、認識に内在する時間的遅延（差延）として概念化することができる（浅田・大澤・柄谷・黒崎［1995］）。知覚の連続としての認識の過程で、いわばいったん立ち止まり、反省的に回顧し、経験的認識をとりあえずまとめること、これが統覚であり、そのまとまりを自我と見なそう、というのがカントの提案である。このような遅延が認識のうちに侵入するのは、柄谷によれば、「思う」ことと「ある」こととの間にどうしようもないズレがあるからである。たとえば、われわれは、写真や録音テープなどに客体化された自分の姿や声を知覚すると、それらが、自分の思っていた自己像とズレているがゆえに、あらがいがたい嫌悪感を覚える。このように、「ある」の水準が「思う」の水準からズレていることからもたらされる嫌悪感を、柄谷は、「客観性のおぞましさ」と呼んでいる。このズレは、もちろん、カントにおいては、「(決して認識が到達できない) 物自体」と「(認識されている) 現象」との差異に対応している。

しかし、統覚の実態が認識に内在する時間的遅延であるとすれば、それは、背理ではないか? これでは、統覚は、結局、知覚に対する知覚(想起)であり、それ自身、もう一つの経験的認識の様態に還元されてしまうからである。統覚が経験的認識に対する経験的認識であり、第二階の知覚であるとするならば、その限りでは、それが回顧する時間的持続のうちに生起した経験的認識の集合を代表することにはなろう。しかし、これでは、「精神の作用が経験的認識(知覚)の集合であるならば、そこにはなんらの内在的な統一性も存在しない」とするヒュームの議論を論破することはできない。つまり、結局は、カントの議論も、ヒュームの段階に差し戻されてしまうように見える。実際、『純粋理性批判』の初版は、匿名の評者(実はクリスティン・ガルヴォ)によって、バークリの観念論と類似していると指摘されることになる。もちろん、バークリの哲学において萌芽的であった可能性を徹底して追求すれば、ヒュームの議論が得られる。カントにとっては不本意なこの論評は、カントの認識論につきまとう傾向性に従っていると見ることもできるのである。

このように、統覚は、実質的には、経験的認識の一様態に還元されてしまう。このとき、統覚は、それに本来要請されている機能を十全に満足させることができない。原理的には、統覚は、主体に帰属させうる任意の経験的認識の全体としての統一性を集約していなくてはならない。しかし、統覚が、（認識に対して）遅れてやってくる反省に帰着させられるとき、それが覆っているのは、その遅延＝持続の幅に含まれる時間的にも内容的にもごく限られた範囲の認識（知覚）の集合に過ぎない。統覚は、それに期待されている大それた機能に比して、極端に限定された機能しか満たしていないことになる。自我——あるいは主体の同一性——は、このごくわずかな認識の集合に暫定的に与えられた統一性以外のものではありえなくなる。

だから逆に言えば、統覚が、それに論理的に要請されている機能を確保しようとするならば、それは、経験的認識における「遅延」によって維持されていてはならないということになる。つまり、それは、どうしても、カテゴリーの感性的与件への適用と完全に同時的に作用していなくてはならない。カント自身も、このように論じている。しかし実際には、述べてきたように、統覚は、認識の流れの中で立ち止まって反省する操作による以外には、いかなる実質ももちえない。これは、統覚の根本的な困難である。

だがしかし、（パッケージ型の）マルチメディアの支援を受けた場合、統覚のこのような困難は（相対的に）克服され、精神は、統覚の理念的な様態に向けて大きく前進するように見える。第一に、マルチメディアは大量の情報を探査することを可能にするので、（擬似）普遍的な知覚＝表象の領域が主題化されているのと似たような水準に到達することになるだろう。第二に、コンピュータの高速化にともなって、表象＝情報の間の統一性を剔出する統覚的な操作が、その遅延性を次第に克服し、情報の収拾（知覚）とほとんど同時にその効果を確保するような状況に漸近するだろう。もちろん、先にも示唆したように、この二つの要請——情報の大量化と検索の即時性（効率性）——は、究極的には両立しない。

がしかし、「経験の対象の可能性と常に同時に経験の普遍的な可能性そのものを構成する」とされる統覚の理念に、マルチメディアが近づこうとしていることだけは確かであろう。たとえば、テッド・ネルソンが構想する、あらゆる著作物を電子的に結合する究極のハイパーテキスト「ザナドゥ」は、言ってみれば可能的な知覚の全領域を覆おうとする目論見であり、究極の超越論的統覚への夢想にほかなるまい。

同様なことは、集団の水準でも言える。すなわち、ネットワーク型マルチメディアを用いた集合的な意志決定は、共同体の水準で、超越論的な統覚に対応する権能を、厳密に確保することを可能にしてくれるように見えるのである。共同体の超越論的統覚を問題にすることは、個人の精神の構造を、共同体に比喩的に、つまり二次的に拡張することではない。たとえばニーチェは、個人＝自己とは、もともと、多数の自己を調停する政府である、と述べている[3]。つまり、個人＝自己の方こそが、むしろ、ある種の「共同体の政治的意志決定」によって成り立っているのである。

超越論的統覚の権能が、マルチメディアによる集合的意志決定——とりわけ直接民主主義——において純粋状態で確保されるというのは、次に述べるような意味においてである。代議制は、ある特定の個人の意志を、共同体の全体の意志——あるいは少なくとも共同体の部分集合の意志——の代表と見なしてしまい、他の諸個人の意志を無視することになる。つまり、多くの個人の——多くの時点における——多様な意志が、それが本来所属しているはずの「全体」から脱落しているのだ。ここには、ある特定の知覚を、知覚の統一性＝全体性を代表する「統覚」と等置してしまう場合と同じごまかしがある。認識における時間的遅延とは、いわば、知覚の代議制によって、暫定的に統覚をもたらすことなのである。共同体の統一的な意志を、共同体の厳密な「超越論的統覚」としてもたらそうとするならば、共同体に所属するすべての個人のすべての時点における意志を、相応の程度において反映させるような、理想的な集計手続きが見出されなくてはならない。マルチメディアによる機敏な直接民主主義は、実際、このような意志の集計を可能にしてくれるかのように見える。ネットワーク型のマルチメディアが、共同体の超越論的統覚の理念的な現実化と見なしうるのはこのためである。

　したがって、さしあたって次のように結論することができる。マルチメディアによる技術は、カントの言う「超越論的統覚」を、個人と共同体の両方の水準において、ほとんど純粋状態で確保するものなのだ、と。つまり、それは、近代が自らを定義づける礎石としながら、一度も純粋状態では所有したことのなかった「主体性」を、律儀に現実化するものなのだ。こうして、近代は堅固な基盤を得るのだろうか？

　だが、これから本文で展開する考察は、この問いに、否定的な予測を提起することになるだろう。すなわち、主体性とは、その完成が同時にその破綻でもあるような逆説なのである。実際、カントの哲学においても、超越論的統覚の理念を首尾一貫して追求したことの帰結は、周知のように、二律背反《アンチノミー》＝矛盾であった[4]。逆に言えば、主体性は、不完全な場合にのみ、つまりそれに与えられた輝かしい任務に遠く及ばない惨めな実現の様態においてのみ、社会の基礎として機能することができるのである。これらのことは、マルチメディアのような先端的なテクノロジーの場合を対象にしなくても、もっと原始的ですでに十分に普及した電子メディアのあり方を考察するだけで、十分に示唆される結論であることが明らかになるだろう[5]。

＊

　本書の構成について、かんたんに述べておきたい。

　最初の三つの章は、電子メディアを使用するという体験が、いかなる特徴を有するのかを、分析したものである。それは、電子メディアとの接触において検出される、身体のあり方の独特な変容として、記述されるだろう。そこでは、自己の内に他者が直接に陥入してくる、自己／他者体験の固有の構成が、剔出されるだろう。

Ⅳ章とⅤ章では、電子メディアに先立つコミュニケーション・メディア、すなわち文字メディアが、いかなる社会的な機制《メカニズム》の中で定着しえたのかを、解明しようとしている。われわれの現在を規定する原理を剔出するためには、どうしても、その「現在」を構成した歴史的な断絶／連続を確認しておかなくてはならないからだ。電子メディアは、先立つメディアを定着させていた社会的環境が廃棄される中で普及したのではなく、それらが現在の社会的環境の内に積分され、その中で変質することを通じて一般化したと考えられるのである。

Ⅵ章とⅦ章では、活字メディアやある種の電子メディアを通じて構成されるマス・コミュニケーションが、いかなる機制を通じて受け手に対する影響力を確保するか、が問われている。先立つⅣ章とⅤ章の考察を通じて、文字メディアがあるタイプの権力の構造を前提にして定着しうることが確認される。Ⅵ章とⅦ章では、マス・コミュニケーションは、その権力の転態の中で可能性の条件を与えられる、ということが示されるだろう。

Ⅷ章とⅨ章では、電子メディアの導入が象徴するようなコミュニケーションの様式の刷新と並行して、権力の近代的な編成が変容していった機制が、分析の対象となる。ここで主題化される変容は、ミシェル・フーコーが描き出した権力が、それを可能にしていた条件を純化する中でかえって変質していく過程である。この過程の分析が、最初の三つの章で剔出したような「電子メディア的な体験」を可能にした、社会的な条件を示すことにもなる。

最後に、一九八〇年代から九〇年代にかけてのこの国の――とりわけ若い人たちの――「サブカルチャー」を特徴づけた「オタク」と呼ばれる社会現象について分析した論文を付けてある。この部分は、他から切り離して独立に読むこともできる。「オタク」と名付けられた若い人たちは、他の多くの論者たちも述べているように、明らかに、現代的な電子メディアの変容に適合するような形式で増大し続けてきた。その意味で、「オタク」を分析した論文を、本書の中に収めておくのが適当であると、私は判断したのである。

この文章を書いている現在、日本のマス・メディアは、ある事件との関連で、毎日、「オウム真理教」と呼ばれる宗教について、報道している。私には、そのどれが真実でどれが虚偽なのか、正確には判断できない。ただ、現段階で直観的に言いうることは、オウム真理教は、「オタク」の極北に登場するような現象だということである。本書の本文を執筆しているときには、私はオウム真理教のことは何も考えていないが、そして今でも私はオウム真理教のことを多くは知らないのだが、本書で提起した議論が、オウム真理教という現象が何であるかを解明するヒントを与えてくれるように思うのだ。この宗教は、私が本書（付録）で「第三者の審級の二次的な――あるいは裏返しの――投射による非・現実の構成」と呼んだ機制によって、可能になっているように思われる。もちろん、第三者の審級の位置にあるのが、教祖の身体である。また、頭に取り付けた電極を通じて教祖の脳波を信徒の脳に直接に伝送させうるというサイバーパンク的な確信や、ある種の超能力の可能性への信頼は、本書の三つの章で剔出した電子メディア的な他者体験の変奏として、理解できるように思う。この種の「他者体験」が、「（第三者の審級の）二次的な投射」の可能条件となっている。さらに、彼らが口にする切迫した終わりへの感覚は、本書（Ⅸ章）で分析した「決して終わらない（終わることができない）システムとしての資本制」が、ほとんど不可避に伴う自らの「ネガ」のようなものとして、分析できるかもしれない。

オウム真理教は、時代の精神と深く共振しながら、登場してきたのだ。オウム真理教が、われわれのありえたもう一つの姿であることを示す説明でなくては、十分な深みに到達した考察であるとは言えないだろう。オウム真理教については、その真実が十分に明らかになった時点で、もう一度、考え直してみたい。本書が、そのような試みの入口にもなっていれば、と願っている。

注

(1) 西垣通［1994］を参照。西垣は、さらに、電子博物館のようなマルチメディアの第三のタイプ——シアター型——をあげている。しかし、これは、他の二つのタイプに比べて、規模や数量において圧倒的に劣っている。

(2) フレーム問題の原理的な困難については、大澤［1990c］を参照。

(3) 柄谷行人の示唆による（浅田・大澤・柄谷・黒崎［1995］）。

(4) 共同体の水準で、カントの二律背反に対応するような逆説として、アローらが証明した「民主主義の一般的な不可能性」についての定理をあげておくことができるだろう。民主主義の原理的な不可能性は、今までのように、民主主義がもともと中途半端にしか実現していない状況のもとでは、実際上、問題とはなりえない。しかし、民主主義が本当に実現すれば、その原理的な矛盾が実際上の問題として主題化されることにもなろう。

(5) ここで、私は、浅田彰、柄谷行人、黒崎政男との間で行った座談会（浅田・大澤・柄谷・黒崎［1995］）から多くの示唆を得ている。とりわけ、マルチメディアが関与している個人と集合の主体性が、カント的な認識論とヒューム的な認識論とのダイコトミーを軸にして把握しうる、という着想を、私は、同座談会での柄谷行人の発言から得た。記して、座談会に同席されていた方々に感謝したい。なお、ここでは論じなかった、マルチメディアによる技術の逆説的帰結については、本書の本文とともに大澤［1995a］もあわせて参照されたい。

I　電話するボブの二つの信念

1　哲学的パズル

電子的・電気的なメディアを通じて得られる体験の特質はどこにあるのか。分析哲学の領域で広く知られている、次のような「パズル」に、考察の手がかりを探ってみよう。この哲学的なパズルの中では、馴染み深い電子的・電気的なメディア、電話が、特殊な働きを演じているからである。パズルは、電話をかけあう二人の人物についてのストーリーの形をとっている。

男ボブは、普通の知的で合理的な人物だとする。ボブは、今、ある女性と電話で話をしている。と同時に、通りを隔てた向こうの電話ボックスに女性がいるのを見ている。彼は、自分が電話で話しているその女性——アンという——が、まさに、電話ボックスの女性である、ということに気づいていない。このとき、ボブは、自分が見ている女性に危険が迫っているのを発見した。ローラー車が暴走して、電話ボックスに突っ込もうとしているのだ。ボブは、電話ボックスの女に手を振って合図を送るが、電話に対しては何もいわない（Richard［1983：439］）。

この事例におけるボブの信念に関して、われわれは、二つの報告をともに真である、と認めざるをえなくなる。電話ボックスに向かって必死になって手を振るボブを見て、われわれは、こう報告しなくてはならない、「ボブはアンに危険が迫っていると信じている」（①）と。他方でしかし、ボブが電話口に向かって何も語らない以上は、「ボブはアンに危険が迫っているとは信じていない」（②）と報告することもできる。二つの報告は、互いに矛盾する。しかしともに真である。

分析哲学者によると、検討に値する、ボブが表明するだろうと予想される文は、次の三つである。

③私は、彼女に危険が迫っていると信じている。
④私は、あなたに危険が迫っていると信じている。
⑤あなたを見ているその男性は、あなたに危険が迫っていると信じている。

ボブが誠実であるとすれば、彼は明らかに③のように述べるだろう。このことが、われわれの①の報告を支えている。しかし、ボブが嘘をついているのではない限り、彼は④のように言うことは決してあるまい。これが、②の報告の論拠となる。

興味深いのは、④を拒否しているボブも、⑤のようになら、表明することがありうる、ということである。たとえば、次のような状況を考えればよい。アンは、通りの向こう側の男性が、自分に向かって手を振っているのを見る。そして、ボブに向かって――つまり電話に向かって――、「私を見ているあの男性は、私に危険が迫っていると思っているらしいわ」というようなことを言う。これを受けて、ボブは⑤の発話を行うことができる。アンの発話は、当然、真である。だから、それの単純な再現であるボブの発話⑤も真である。

われわれが最初に見出した矛盾は、ボブの信念について報告するわれわれの発話に関するものであった。しかし、ほんのちょっとした工夫によって、今度は、同じタイプの矛盾を、ボブが自分自身の信念を告白する文のあいだの矛盾——④を否定することと⑤を肯定することの間の矛盾——として、構成することができる。「あなたを見ているその男性」とは、ほかならぬボブなのだから。ところで、ボブ（「私」）における矛盾を検出するためのちょっとした工夫とは、電話口から聞こえてくるアンの発話を、媒介にすることである。

少し考えると、このパズルは、簡単に解けてしまうような気がしてくる。矛盾は、見かけだけのものだ、とそう判断したくなる。つまりこうだ。①と②のような相互に排他的な二つの報告が導かれてしまうのは、それぞれの文が過度な「省略」に依存しているからだ。②における「アン」とは、「ボブが電話を通じて話している女性」ということであり、①における「アン」とは、「ボブが通りの向こう側に見ている電話ボックス内の女」ということなのだ。報告の中の「アン」を、それぞれ、この「本来の形」に置き換えれば、われわれはまったく矛盾しない二つの文を得ることができる、というわけだ。これは、——専門的な言いまわしを使えば——、固有名を、名指された事物についての「内包的な記述」（その事物の性質についての記述）に置き換える、ということである[1]。

しかし、今日、ほとんどの分析哲学者は、このようなやり方によってはパズルが解けない、ということに同意している。ここに提案された解決は間違っているのだ。なぜか？ それは、固有名というものの性格からくる。固有名を、内包的な記述に置き換えることはできないのだ。つまり、固有名は、それを担う事物を直接に指しているのであって、決して事物についての記述の省略形ではありえない。

ここで、固有名の本性についての分析哲学的な談義に深入りするつもりはない（Kripke [1980＝1985] などを参照）。ただ確認すべきは、われわれが冒頭で見出した矛盾は、擬似的なものではなく、真正なものだということである。それは、どうしても解消できない矛盾なのである（大澤 [1994a：3章，4章] 参照）。

さて、ここで提起したのとまったく同じ構造のパズルは、実は、ほかにもたくさんつくられている。それらのストーリーは、電話のようなメディアを利用してはいない。つまり、矛盾の出現にとって、メディアという小道具は本質的なものではない、とさしあたって言わなくてはならない。かわって、さまざまな特殊な想定を行う。それらの中で最も有名なのは、クリプキによって案出された、ロンドンに移住したフランス人についてのパズルである（Kripke [1979＝1989]）。

ピエールはフランス語しか話せない。彼は、いろいろな人から聞いたロンドンについての知識をもとに、“Londres est jolie”という言明に、誠実に同意する。ここから、われわれは、次のように彼の信念を報告する。“Pierre believes that London is pretty（ピエールはロンドンが美しいと信じている）”と。その後、ピエールは、ふとしたきっかけから、イギリスのしかもロンドンに移住することになった。移住した地区は、ロンドンの中でもとりわけ荒廃した地区である。そこで、彼は英語を、フランス語からの翻訳によらずして直接に学習する[2]。そして、彼が今住んでいる地区が、“London《ロンドン》”と呼ばれる町であることを知る。しかし、彼は、その地区が、彼がかつて、“Londres《ロンドル》”と呼んでいた町であることを知らない。今やピエールは、彼のまわりの様子を観察して、“London is not pretty”という主張に同意する。この事実から、われわれは、今度は、“Pierre believes that London is not pretty（ピエールはロンドンを美しくないと信じている）”と報告せざるをえない。しかし、この報告は、ピエールがフランスに住んでいたときのわれわれの報告とは、矛盾する。

＊

電話をかけるボブの信念をめぐるパズルとロンドンに移住したピエールについてのパズルが、本質的に同じものである、ということを理解するのは、たやすいことであろう。繰り返せば、パズルの成立にとって、電話が不可欠というわけではない。しかし、電話という小道具を、ストーリー上の別の工夫によって代替しうるということ、このことが、逆に、電話のもつ絶大な働きを照らし出すことにもなるだろう。

ボブの話は、いうなれば瞬間的な出来事を記述したものである。しかし、ここから電話を取り去ったとたんに、物語は、実に長大な広がりをもったものに変じてしまう。物語は単純だが、これを完結させるのには、非常に長い時間を必要とする。正確に述べておこう。電話なしにパズルをつくるためにピエールは、国境を越えるほどの遠方の地（ロンドン）に移住しなくてはならず、そこで異なる言語（英語）を学習しなくてはならず、さらに、その言語の学習や信念の形成——ロンドンについての新しい信念の獲得——に十分なだけの生活を送らなくてはならない。

それゆえ、電話というメディアを用いたコミュニケーションは、次のような一連の諸操作と等価だ、ということになる。すなわち、電話によるコミュニケーションは、第一に空間的な移動（フランスからロンドンへ）、第二に時間的な蓄積（ロンドンでの生活）、そして第三に言語的な越境（フランス語と英語）、これらすべてを合わせた操作と、まったく等価な働きを示すのだ。だから逆に、電話を導入したとたんに、物語は、まず、時間的に圧倒的に短縮される。物語は、結局、極限まで短縮できる。すなわち、発話や合図によってボブが自分の信念を表明するのに必要な物理的な時間にまで、物語がカヴァーする時間的なスパンを小さくすることができる。と同時に、電話によって、空間的な越境はもちろんのこと、言語的な越境すら不要になるのだ。

しかし、このような絶大な効果は、電話のような電気的ないしは電子的なメディアによってしかもたらしえない。あるいは少なくとも、電気的・電子的なメディアを用いなくては、「効率的に」この種の効果をもたらすことはできない。たとえば、アンとボブが、音声や身体言語《ボディ・ランゲージ》による直接的なコミュニケーションによってつながっていたとしよう。このような場合に、ここで見たような矛盾が生じえないことは、自明であろう。ボブがアンと直接にやりとりしていたならば、ボブはまさに今自分が見ている女性を、自分の話し相手であると考えるほかないのだから。

　また、ボブが、手紙のような文字を媒介にしたコミュニケーションによって、アンと関係していたとしても、パズルのような状況は成立しない。確かに、この場合には、事態をいくぶんパズルに近づけることはできる。ボブはアンに手紙を書いている。とそのとき、ボブは通りの向こう側の女性――これが実はアンなのだが――に、危険が迫っていることを知って、彼女にそのことを何とか教えようと、合図を送る。しかし、ここから、先と同様な矛盾を導くことには無理がある。というのも、手紙がアンに届くまでの時間のことを考えたら、ボブがアンへの手紙に、「あなたに危険が迫っています」といったことを書かなかったとしても、何の不思議もないからだ。手紙を通じて危険について何も伝えられなかったということは、目下、ボブがアンに必死になって危険を告知しようとしているということと矛盾するものではない。両者は端的に無関係なのである。われわれは、この場合には、いわば安心して「ボブはアンに危険が迫っていると信じている」と記述することができる。冒頭の事例が不思議なのは、ボブは、アンに即座に――場合によっては危険を回避することができるほど即座に――危険を告知することができるのに、そうしないからである。もちろん、ボブに何の悪意もない。それゆえわれわれはどうしても、一方では、ボブがアンに迫る危険を知りつつ、他方では知らないのだ、という奇妙な報告を行わざるをえなくなる。

　このように、電話のようなタイプのメディアを使わなくては、パズルを「一瞬」に凝縮させることはできない。しかし他方で、電気的または電子的なメディアであれば、もちろん、電話でなくても、同じような効果をもたらしうる。そうであるとすれば、この分析哲学のパズルは、――この種のパズルを案出した哲学者には意外なことだろうが――、電気的・電子的なメディアの本性について、何かを示唆しているに違いない。

2　葉書の陰画

ここで、「メディア」という語を、次のように定義しておこう。それは、ある身体（または身体の集合）――「自己」と名付けよう――が選択した内容（何を選択したか）を他へと伝達する技術のことである、と。伝達先となる「他」は、存在のあらゆる領域を含んでいる。たとえば、それは、物理的な対象でもありうる。

とりわけ興味深い理論的考察の対象となるのは、この「他」が、それ自身で、もう一つの「選択（の可能性）」である場合、すなわち「他者（他なる自己）」である場合である。このとき、つまり選択が選択へと連結されているときには、メディアが媒介する伝達は、コミュニケーションという形式を取る。伝達された選択内容は、それ自身、選択へと媒介されることによって、相互に排他的な二つの可能性――受容または拒否の可能性――に直面することになる。

選択されうるものの諸可能性の地平の中で各選択対象に与えられる同一性（「それが何であるか／何でないか」ということ）を、「意味（meaning）」と呼ぶことにしよう。他方、選択されたそれぞれの内容を、それ自身として捉えたときには、これを「情報（information）」と呼ぶことができる。意味は、選択肢の潜在的な可能性（構造《ストック》の水準）に関係している。それに対して情報は、選択するという顕在的な出来事（過程《フロー》の水準）に関係している。精細度の高い選択は、多くの場合、言語的な分節化において、実現される。

メディアが、電気的・電子的なテクノロジーによって構成されている場合に、これを「電気メディア(electric media)」または「電子メディア(electronic media)」と呼ぶことができる。コンピュータより前の電気的なテクノロジーによって可能になったメディアを「電気メディア」と呼び、さらにコンピュータ以降のディジタル技術を組み込んだメディアまでも包括するときには、そのメディアを「電子メディア」と呼んで、両者を区別することができる。しかし、メディアが惹起しうる体験の質に準拠した場合には、両者は連続的であると見なすべきだろう(吉見[1994]参照)。われわれが考察してきたパズルに関しても、両者を区分することは、たいした意義をもちえない。

それぞれの社会は、コミュニケーション・メディアの支配的な形式を有する。マクルーハンやオングを初めとする多くの論者が認めるように(たとえばPoster[1990=1991]、合庭[1994]参照)、それを、おおむね、三つの歴史的な発展の段階に区分しておくことができる。メディアの第一の段階は、「音声」および「図像」である。音声は、人間が声帯を通じて発しうる音に与えられた示差的な区別——厳密には二重の水準で設定された区別(二重分節)——に、意味的な区別を対応させることによって、意味を表現する。図像は、もちろん、空間的な区別である。図像の中には、直接に身体に備給されるものも含まれる。身体に備給された図像は、運動によって表示される場合(仕種)と直接に皮膚に描かれてしまう場合(たとえば刺青)とに分けておくことができるだろう。音声(や身体的な図像)を通じたコミュニケーションは、一般に、直接的(対面的)である。言い換えれば、コミュニケーションは、志向する身体の相互的な現前を要求する。第二の段階は、「文字」の登場によって画することができる。文字とは、要するに、音声に従属した図像である。図像が、音声を一義的に意味することができるときに、文字になる。文字の登場によって、コミュニケーションは遠隔化する。すなわち、文字は、離れた地点にいる身体――現前しない身体――とのコミュニケーションを媒介する（ことができる）のだ。電子・電気メディアは、コミュニケーション・メディアの第三の形式として登場する。第二段階と第三段階の中間に、文字の特殊な段階、印刷された文字――活字メディア――を、入れておくことができるだろう。活字は、中心的な単一の身体から、情報を、周辺にいる多数の現前しない身体たちに向けて散布することを可能にした。

以上の諸段階は、単純に順次交替していくのではない。それらは、積層的なものである。後続の段階は、前の段階に完全に取って代わるのではなく、それを保存しつつ、そこで編成された新しい経験の様態の中に統合していくのである（吉見［1991b］参照）。その詳細については、とりあえず、ここでは深入りしないことにしよう。

＊

電子（電気）メディアの技術的な特性としては、他の諸メディアとごく表面的に比較するだけでも、少なくとも次の二つを指摘することができるだろう。

第一に、時間軸にそった特性を見ておくべきである。電子（電気）メディアは、情報の伝達速度を、ほとんど極限的なものにまで高めてしまう。自己の選択は、瞬時にして――（ほとんど）光の速度で――、他者において再現される。電子（電気）メディアに先立つ段階においては、コミュニケーションの伝達時間は、コミュニケーションの相手（他者）の現前／非現前（不在）の区別――要するに相手との距離――と、対応していた。伝達時間がゼロである（ゼロにきわめて近い）ということは、他者が自己に対して直接に現前しており、ごく親密な領域（身近）の内部にいる、ということを表示していた。他方、伝達に時間を要するということが、他者の非現前（身近にはいないこと）に対応する。ところが、電子

（電気）メディアによるコミュニケーションは、この対応関係を、いわば斜めに横断してしまう。それは、現前しない他者、現前が回避されている他者に対する、ほとんど瞬間的なコミュニケーションとして成立しうるのだから。

第二に、空間的な水準で見るならば、電子（電気）メディアは、情報を非常に広範に拡散させてしまう。拡散性の程度は、それぞれの電子（電気）メディアを実現する技術によって異なっているだろう。一般には、電子（電気）メディアがばらまく情報が到達する空間的な範囲は、コミュニケーションにおいて自覚的に目標とされている相手の範囲を大幅に越えている。しかも、電子メディアの技術的な発展は、このような拡散性の程度を、高める傾向がある。この拡散性が、盗聴や盗視のような、意図されていない他者の受信に、技術的な可能性を開くのである。だから、しばしば、電子（電気）メディアがいったん開いてしまった情報の拡散性を逆に限定するための、付加的な技術が要請される。しかし、結局は、付加的な技術による抑制は、拡散の傾向を凌駕することはない。拡散性は、電子（電気）メディアの本性に属することがらなのである。最終的には次のような極限に漸近していく。すなわち、情報が空間のあらゆる場所、あらゆる細部において検出しうるような、極限的な拡散性に。さらに付け加えておけば、情報のこのような拡散の可能性は、逆方向の可能性へと、すなわち広範な空間の諸地点からの情報の蒐集の可能性へと、やがて接ぎ木されていく。

これら、二つの特性を総合すると、電子的な情報が目指している「理想」のようなものが見えてくる。それは、ある情報が発生するや、瞬時にして、空間の全域へと発散していくような段階に相違ない。このときには、もはや、「情報の所有」ということが、意味を失ってしまうだろう。情報の所有ということは、情報の濃度（量）が、空間の諸地点で格差を示しているということを前提にしているのだから。

ここで、デリダによる「葉書（post card）」についての分析を、電子メディアの場合と対比してみると興味深い（Derrida［1980＝1992］、なおPoster［1990＝1991：235–44］を参照した）。電子メディアを、いってみれば、葉書的なるものの陰画としてあぶり出すことができるのである。いうまでもなく、葉書は文字《エクリチュール》の一形式である。

デリダの葉書に関する分析は、フロイトに論及している。フロイトにとって電話は、不快な文明の利器の一つだった。フロイトによれば、電話が遠くの友人との直接の通話をできるようにしたというそのことが、互いが遠く離れて住むことを可能にし、それゆえにこそ電話を必要なテクノロジーとしたのである。つまり、電話は自分自身の存在によって自分自身の必要性を生み出しているわけだ。フロイトは、この電話の存在をめぐるトートロジカルな循環（自己言及）が不快だった。電話に代わってフロイトを魅きつけたのは、「蠟《ろう》の書字板」や「魔法の便箋」である。フロイトは、これらを「無意識」の隠喩に用いた。文字が無意識を表現する特権的な隠喩だったということは、興味深い事実だが、ここでは先を急ごう。

デリダに郵便物を想起させたのは、フロイトの幼い甥の「いないいないばあ（fort-da）」遊び――ものを見えない陰に投げ入れたり戻したりする遊び――についての有名な挿話である。これは重要である。この遊びは、ものを現前と非現前の間を反復的に越境させること、そのことのみを純粋に楽しむものである。ところで、文字とは、まさにこの現前と非現前の二つの領域の媒介であるということに規定されたメディアであった。実際、手紙は見えない受取人へと差し向けられる。

しかし、非現前の領域へと投函されることが、手紙を否定的な可能性へと委ねることになる。すなわち、いつでも、手紙はその意図された宛先に到着しない可能性と隣接しているのだ。誤配や紛失によって。デリダによると、これらは、距離をカヴァーするメッセージ（遠隔メッセージ）としての文字の、本来的な宿命なのである。さらに――デリダは注意を求める――、仮に誤配や紛失がなかったとしても、葉書は手にとる人にならば誰でも読むことができる。葉書を出すことは、情報を、宛先人を越えた多様な読者に伝達してしまうことを意味する。つまり、文字《エクリチュール》は、送り手による主体的な制御を越えているのである。

デリダは、ポスト（郵便）という語の多様な意味と戯れている。ここで注目したいのは、ポストが「～後に」という時間についての共示《コノテーション》をともなっている、ということである。つまり、それは「未来」、「延期」、「変容」などを示唆しているのだ(3)。実際、手紙は、今はいない未来の読者に差し出される。

さて、ここにデリダにそって見出した葉書の特質を、先に挙げた電子メディアの特質と対応させてみよう。(1)デリダによると、誤配は手紙にとって、不可避な危険性である。電子メディアは、この可能性を、増幅させて継受する。電子メディアによる情報の空間的な拡散とは、強化された「誤配」とも言うべきものなのだから。手紙においては、誤配は、偶発的で否定的な可能性に過ぎなかった。しかし、電子メディアにおいては、「誤配」は、必然的であり（常に過剰な他者へと送信されているのだから）、かつ（拡散性は電子メディアの積極的な技術目標であるという意味において）肯定的な可能性へと転じている。電子メディアは、手紙にとって影（潜在的）であった部分を、自身の本質的な規定として採用するのだ。(2)郵便は、未来への参照を含んでいる、と述べた。そうであるとすれば、電子メディアによるコミュニケーションの高速度は、未来そのものの現在化、未来を現在と共存させ重合させることである、と捉え返すことができる。空間軸においては、電子メディアは、手紙（文字）の否定的な可能性を反転させていたわけだが、時間軸においては、逆に手紙の本来的な役割――後になって（未来において）到着すること――そのものを止揚（否定）しているのである。

デリダによると、葉書が一般化したのは、普仏戦争（一八七〇年）のときである。葉書は、前線にいる兵士が、愛する家族と交信するための手段だった。ところで、普仏戦争こそ、（ヨーロッパにおける）

「国民国家《ネーション・ステート》」の最終的な完成を画する事件だったと言えるだろう。この時期、あらゆる個人の国民国家への編入と依存が、かつてない水準にまで高められる。葉書（文字）の活用は、兵士たちとその家族・友人とのコミュニケーションを媒介することで、ナショナリズムの高揚を補佐しただろう。

もし電子メディアが、葉書（文字）にとって否定的な可能性を、肯定するところに成立するのだとすれば、電子メディアの肯定的な活用は、ナショナリズムを越えていく精神（トランス・ナショナリズム）を支持するに違いない。しかし、他方で、葉書が自身の影（否定）として伴っていた可能性がすでに電子メディア的なものなのだとすれば、電子メディアは、ナショナリズムを支持する強力な用具ともなりうるはずだ。二つの可能性を総合してみれば、目下の段階で予想できることは、電子メディアに対応する精神のあり方は、「（従来の）ナショナリズムを越えるナショナリズム」である。確かに、二十世紀の最後の二十年間になってわれわれが目の当たりにしているのは、十九世紀から二十世紀にかけて形成された国民国家システムを乗り越えようとする、民族的《エスニック》グループによる、もう一つのナショナリズムとでも呼ぶべきものである。電子メディアにとって親和的な社会現象は、このような新しいナショナリズムの嵐かもしれない。

3　メディア的体験

電子（電気）メディアとは何なのか、その一般的な規定を概観するために、かなり長い回り道をしてきた。冒頭にあげた哲学的なパズルに立ち戻ろう。このパズルが示唆している、メディア的な体験の核を、探っておかなくてはならない。

アンに電話をかけているボブは、アンに迫っている／迫っていない危険について、矛盾した信念をもっているように見える。これが、われわれを当惑させた状況だった。二つの信念報告——①と②——は、ともに真である（しかも、ボブは錯乱しているわけでも、非合理的な行動をとっているわけでもない）。ここから、どうしても次のように結論せざるをえない。ボブは、いわば二人の異なるアンとコミュニケートしていたのだ、と。ボブが関与しているアンを、二人に分離することができるのでなくては、事態を説明することは決してできない。

電子（電気）メディア＝電話を経由して関係することによって、他者＝アンの独自の水準——直接に見えている現実のアンから独立した固有の水準——が構成されるのである。あるいはむしろ——多少レトリカルな表現を使えば——、ボブが志向している他者は、電話口の向こう側にいるはずの生身のアンではなく、メディア自身なのだ、と言うべきかもしれない。ボブは、電話の向こう側にいるはずの誰かに話しかけるのではなく、電話口に話しかけているのである。電話というメディアそれ自身が、ボブにとってのアン（他者）として、自立するわけだ。

このように考えることによって、われわれは、当初のパズルを解くことができるように見える。①の言明は、「現実の」アンに関するものであり、②の言明は、メディア（電話）としてのアンに関するものなのだから。しかし、これはまだ、問題の本当の解決ではない。単一であるはずのアン——この女性が固有名で指されうるのはそのためだ——が、このようにまったく独立した二つの実在に分離しうるのはなぜか、を問わなくてはならないからだ。さもなければ、最初に提起した擬似的な解決——アンという固有名を内包的な記述に置き換える解決——の地点にまで、連れ戻されてしまうことになる。

クリプキによって提起された、もう一つのパズルの方に目を転じてみよう。イギリスに移住したフランス人のパズルは、電話をかける男のパズルとまったく同型のものだった。このパズルを解決するためには、固有名についての、かなりこみいった分析哲学的な議論が要求される。ここでは、結論だけを、ごく簡単に示すしかあるまい（大澤［1994a：第4章］参照）。

ポイントは次のことである。固有名は、事物を単一の個体として指示すると同時に、その事物が指示されているときに関係している最大限に包括的な領域の、絶対的な単一性をも指示してしまう、ということ。ここで「最大限に包括的な領域」というのは、固有名による指示がなされているときに参照されうる可能的（想像的）あるいは現実的な存在者の全体よりなるクラスである。要するに、それは、指示にとっての「宇宙（universe）」である。宇宙は、本性上、もう一つの別の宇宙と並立することはできない。つまり、宇宙の外部の存在を、積極的に想定することはできない。宇宙の絶対的な単一性とは、このことである。

宇宙の単一性とは、宇宙がそれとの相関において成立している準拠点の単一性でもある。そのような準拠点とは、「私」によって指示された身体である。固有名によって指示された対象の単一性とは、宇宙の――あるいは同じことだが私の――単一性が、対象の場所において再現したものにほかならない。

だから、固有名を用いてある信念が表明されているときには、同時に一個の宇宙が指定されているのである。ピエールが“Londres”によってある町を指示しつつ、その町の美しさについての信念を表明しているとき、指示を行ったり信念を所有している「私」＝ピエールを中心とする一個の宇宙が構成されていなくてはならず、しかも、それは宇宙という領域の本性上、根本的に単一的なものでなくてはならない。“London”によって指示がなされたり、信念が表明されているときにも、事情は同じである。

複数の指示のそれぞれとともに潜在的に構築される複数の宇宙は、完全に同一であるということ以外には、いかなる関係も持ちえない。さもなければ、宇宙の絶対的な単一性という規定に反することになるだろう。絶対的な単一性とは、外部の異なる領域との共在を明示的に問題にすることはできない、ということなのだから。

目下問題になっている二つの指示、すなわち“Londres”という固有名による指示と“London”という固有名による指示のそれぞれに随伴する、二つの宇宙は、まったく同一の宇宙であろうか？　宇宙のあいだの同一性を確認する手段は、たった一つである。それぞれの宇宙の内部で唯一的に指定されている個体――要するに固有名で指示されている個体――の間の少なくとも一組が同一であること、これだけが宇宙の間の同一性を保証する。

たとえば、最も単純には、“Londres”によって指示された町と“London”によって指示されている町とが同一であることさえ確認されれば、二つの宇宙は総体として同一である。仮にこのような直接的な同一性の確認が不可能だとしても、ピエールは、“Londres”と“London”がそれぞれ“Angleterre”や“England”によって指示されている国の首都であることを知っているだろうから、これら二つの国が同一であることが確認されれば、二つの宇宙は、――したがってまた“Londres”という町と“London”という町は――、完全に同一なものと見なされるだろう。しかし、英語をフランス語からの翻訳によらず直接に学習したピエールは、“London”と“Londres”、“Angleterre”と“England”等々の固有名の組が、それぞれ共指示的である〔同じ対象を指示している〕ということを知らない。

そうであるとすれば、ピエールにとって、“Londres”が問題になっているときに潜在している宇宙と“London”によって指示がなされているときに潜在している宇宙とは、別のものであると考えなくてはならない。いや、このような言い方は正確ではあるまい。二つの宇宙が、ある一つの領域の中に併存するわけではないので、両者の間には、同一性も差異性も存在しない。両者は、いかなる有意味な関係ももたずに、ただそれぞれ根本的に孤立しているだけなのである。

こうして、パラドクスの由来が明確になる。もし二つの宇宙がこのように孤立しているのだとすれば、フランス語の話者としてのピエールが表明した信念と英語の話者としてのピエールが表明した判断とを比較して、両者の間の同一性や差異性を問題にすること自身が、無意味なことなのである。つまり、ピエールがロンドンを美しいと信じているのか、信じていないのか、という問いは擬似問題である。このような問いが意味をもつような包括的な領域（宇宙）は、存在しないのだから。

この結論は、しかし、別の奇妙な結論に直結している。宇宙の単一性とは、「私」によって指示された個体の単一性であった。そうであるとすれば、"London"という固有名を用いる「私（ピエール）」は、"Londres"によって対象を指示する「私（ピエール）」とは異なる「もう一人の私」である、と考えなくてはならない。つまり、英語を話すピエールは、フランス語を話すピエールに対して「他者」なのである。私が私自身に対して他者であるということ、私が私自身の内に他者を孕んでいるということ、このことがパラドクスの元凶だったのだ。ピエールは、それとは知らずに、自分自身に対して最も疎遠なものへと、すなわち他者へと変成していたのだ。ストーリーの上でのさまざまな工夫、とりわけ外国語（英語）を母国語との対応（翻訳）を用いずに直接に学習するということは、自己を自己に対して他者と化すための操作だったのである。

さて、われわれの本来の考察対象は、電話を用いたボブの話だった。二つのパズルの同型性から、われわれは次のように述べることができる。ピエールが自ら自身に対して他者でありえたのと同様に、ボブも、電話というメディアを使用することによって、「自分自身における自分自身の他者」として振舞い始めたのだ、と。ボブは、電話に話しかけているとき、――本人がいかに統一した意識をもっていようとも――、向こう側の電話ボックスに手を振るボブに対して、他者（もう一人のボブ）なのである。このパズルが示唆している、電子（電気）メディア的な体験の核心は、このような自己における根本的な断裂――自己が自己に対して他者であることの断裂――である。

電話自身が、生身のアンとは異なる固有の他者（もう一人のアン）なのだ、と述べておいた。このように、電子メディア自身が現実から遊離した固有の他者として現れるのは、これと即応して、自己自身が自己に対して他者と化しているからである。電子メディアは、自己の他者性を構成する。あるいは、より精確にいえば、電子メディアは、自己が自己に対して他者でありうることの潜在的な可能性を現実化する、触媒のような働きを示すのである。ボブの内的な他者性は、ボブが自分自身の信念を表明したときに用いうる二つの判断——④と⑤——の間の矛盾によって、表現される。この矛盾は、電子メディアを経由したアンの発話を媒介にすることで、検出される。電子メディアの触媒的な機能とは、「ボブ→電子メディア（アン）→ボブ」という発話の一連の反射によって、顕在化させることができるのである。

電子メディアを用いていわゆる「ヴァーチャル・リアリティ」を体験することは、目下のところ、自己の身体において他者性を感得する最もわかりやすい方法であろう。「生の現実」からほとんど完璧に遮蔽された仮構的な宇宙に身体を置くことができるとすれば、その身体は、私にとって他者（私であるような他者）である、と位置づけるほかあるまい。

しかし、ここで強調しておきたいことは、このような先端的な電子メディアに頼らなくても、電話のような素朴で原始的な電子（電気）メディアにおいて、すでに、他者を孕みうる身体——自身の内に孤立した二つの系を持ちうる身体——の不思議な断裂の体験は、始まっている、ということだ。ただ電子（電気）メディアに接することで、われわれは、それとは気づかずに、自己を不断に分裂させていたのである。だが、このような分裂の体験と、電子メディアの2節で見ておいたような技術的な特性とは、どのような関係があるのか？　電子メディアが、このような分裂を触発することができるのは、なぜだろうか？

注

(1) 念のために述べておけば、この矛盾は、視覚的認知と聴覚的認知のあいだの対立ということでもない。テレビ電話のような、視覚的情報を伝達しうるメディアを使用したとしても、——確かにボブが「誤解〔誤認〕」する可能性は減殺されるだろうが——、同じようなパズルを導くことができるのだから。

(2) もちろん、こういうことはありうる。誰でも母語を学習するときには、「翻訳」によらずして、直接に学習するのだから。

(3) またデリダは、郵便局《ポスト》が、権力の拠点《ポスト》でもある、ということに注目している。文字的な権力性と電子メディアにおける権力性の関係について、われわれは後に考察しなくてはなるまい。

Ⅱ　電話の快楽

1　電話の快楽

電話をかけるボブが抱く信念についてのパラドクスは、電話というメディアに接続されることによって、ボブの身体に、特殊な差異が――つまり自分自身が自分自身に対して他者であるような差異が――孕まれてしまう、ということを例証している。この差異は、〈電話の相手というよりも〉電話自身が、固有の他者として顕現している、ということに媒介されて結実する。言い換えれば、電話＝メディアの〈他者〉としての特異性が、電話に接続されている〈自己〉の身体に射影されているわけだ。

ここで重要なことは、このような身体の内的な断裂が、電話をかけているボブの主観的な意識とは無関係に生じている、ということである。自身が自身に対して差異として存立するというこの奇妙な事態は、ボブの自己認識に分裂病的な錯乱が生じたことの結果では決してない。ボブが、世界や自己に対していかに透徹した認識を持っていようとも、われわれは同じ結論を導くことができるだろう。断裂は、要するに、電話をかけるという行為の、客観的な帰結なのである。主観的な精神状態とは無関係に、電話のような電気的・電子的なメディアによって選択を伝送する者は、同じような断裂を、免れることはできない。
このような状況を表現するのに、チベットの祈禱回車の比喩が適当だろう。経文を書いた巻物を車の中に入れて、それをただひたすら回す。すると、私は祈ったことになる。そのとき私の内面の状態がどうなっていてもかまわない。回すという行為のゆえに、私は客観的に祈ったことになるのだ（Žižek [1989＝1991：2号257-8] 参照）。これと同様に、電話をかけるという行為のゆえに、私の内的な状態がいかなるものであれ、私の存在に亀裂が入るのである。祈禱回車の事例は、信仰の客観性を示しているのであり、それゆえ、私の同一《アイデンティティ》性を統合させていく作用について述べているわけだが、電話の場合は、逆の、同一《アイデンティティ》性の解体についても、客観的な行為的帰結としてそれがもたらされる、ということを示していることになる。

さて、われわれはここまでの結論を、分析哲学上の思考実験から導いてきた。電話コミュニケーションの実際の体験は、思考実験の結論を支持しているだろうか？ 電子（電気）メディアが、身体の単一性に差異を参入させる機制を究明するに先立って、この点を簡単に確認しておこう。

一般には、電話という機械は、何らかの機能的な必要に応ずるための手段としてこそ、まずは第一義的な価値を有すると見なされている。要するに、電話は、何であれ、多少なりとも緊急の用件を、遠隔の他者に伝達するための用具と見なされているのである。しかし、電話コミュニケーションには、このような道具《インストルメンタル》的な価値だけではなく、即時充足《コンサマトリー》的な価値があるということは、電話を使ったことがある者の多くが、体験的によく知っていることであろう。つまり、電話での会話は、何かにとって有用であるというだけではなく――あるいはそれ以上に――、ただそれ自身として楽しいのである。電話というメディアの効果を取り出すには、もちろん、電話コミュニケーションがそれ自身として志向されている、電話のこの即時充足的な使用の方に着眼するのが、より適当である。

電話の即時充足的な価値は、道具的な価値に比して、規範的により低く位置づけられている。つまり、道具的な使用の方が、「より正しい」利用であると見なされている。もっともこの点については、次のことがらについて留意しておく必要がある。すなわち用件伝達のためのパーソナル・メディアとしての使用すら、実は、電話のもともとの使われ方とは違うのである。十九世紀の後半に電話のもとになる技術が開発されたときに、パーソナル・メディアとして結実することが目指されていたわけではない。初期の電話は、むしろ今日のラジオに近く、音楽やニュースを伝えるマス・メディアだったのだ。今日、われわれが電話の「本来の使用法」だと信じているやり方すら、技術史の「意図せざる結果」であるということを、銘記すべきである(このへんの事情については、水越伸［1991］に詳しい)。

ともあれ、今日では、電話の道具的な使用の方がより正当な電話へのかかわり方だと、一般には認められていることは確かである。にもかかわらず、電話の即時充足的な快楽は大きい。このような快楽に規定されたコミュニケーションが、「長電話」――機能的な必要を超過して長時間に及ぶ電話による会話――である。

だから、即時充足的な電話の使用法が、どの程度浸透しているか、ということをおおよそ見るためには、通話時間を調べてみればよい。吉見俊哉［1991a：87-8］は、NTT広報部の調査にもとづいて、小学生、中学生、高校生そして大学生と成長の各ステップを上っていくほど、通話時間がはっきりと長くなっていく傾向があることを見出している。たとえば、女子の場合、中学生の一回の電話の平均通話時間は約一一分だが、大学生になると約三〇分にまで伸びる。男子の場合には、伸びはもっと著しく、中学生の段階では平均通話時間は約五分だが、大学生になると約三〇分になる。[1] この長電話化のプロセスは、人が次第に電話の即時充足的な快楽にとりこにされていくプロセスであると、言うことができるだろう。しかし、長電話が代表しているような電話の即時充足的な使用とは、いかなる構造をもった経験なのか。この経験で賭けられている要素は何か。何が人を電話のとりこにしているのか。

2 遊離する声

若林幹夫［1991］は、即時充足的な電話の経験は、「〈声〉に純化されたコミュニケーションの経験」として、特徴づけられる、と述べている。電話の道具的な使用においては、注意の焦点は用件の内容の方にあるため、〈声〉は背景にとどまり、意識されないでいる。しかし、即時充足的なコミュニケーションにおいては、〈声〉が直接に図化される、というわけである。もちろん、これは、あまりに自明なことである。電話コミュニケーションでは、通常のコミュニケーションを構成している、顔や身体の表情、意識的・無意識的な身振りなどの他の「記号」的な要素がすべて脱落し、〈声〉（によって形式化された言葉）のみが唯一の「記号」なのだから。

しかし、人を何の役にもたたないコミュニケーションに没頭させるものが何かを知るためには、われわれは〈声〉とは何か、を問わなくてはならない。つまり、〈声〉によって何が享受されているのかを、解明しなくてはならない。さもなければ、電話という特定のメディアの範域を越えて、電子・電気メディアの体験を普遍的に規定する因子を剔出することもできない。こうして、われわれは、どうしても、若林の結論よりもさらに前に進まなくてはならないことになる。

若林［1991：79］は、長電話をしていると「自分が声だけになっている」のを感ずることがある、という学生の言葉を引いている。また、多くの者にとって、電話の相手もまた声だけの存在になっている――つまり相手の姿を具体的に表象することはない――という。これらの事実は、もちろん、「電話のコミュニケーションにおいて重要なのはまさに〈声〉であることを示している」（若林［1991：79］）わけだが、さらに次のように言うべきである。「声だけの存在」について告白しているとき、声が、声を発するこの身体から遊離した固有の実在性を帯びているかのように立ち現れているのだ、と。つまり、声が、声の主体に対して外部的なものとして、現象しているのである。

たとえば、ある大学生は次のように話しているという（吉見俊哉［1991a：99］より）。

長電話をして二時間、三時間喋っていると、自分の所在がわからなくなる様な不思議な錯覚に陥ることがある。電話での話題は、実際に自分がいる場所や時間とは異なる時空を持っている。……そこで展開する話に没頭しているうちに、いわば その世界にトリップしてしまい、ふと我に帰ってみて現実の自分の所在に違和感を感じる。（大学三年　女）

ここに書かれているような自己離脱感――自己が自己から分離して異なる宇宙へと没入していくような感覚――を、声において表現すれば、まさに声へと純化され、声として分離された存在の感覚を得ることになるだろう。

それゆえ、次のように言うことが許されるだろう。〈声〉とは、身体が電話という電子メディアに接続されたときに孕まれる、あの「自己における他者性」なのだ、と。自己という近接部において生ずる疎隔（他者）は、電話においては、その技術的な特性のゆえに、〈声〉という形式を採ることになるのである。即時充足的な長電話に耽っているとき、その身体は、無意識のうちに、自己の身体の単一性の上に走るこのような亀裂を、肯定していることになるのだ。それに対して、電話の道具的な使用においては、このような亀裂は、抑制される。この場合には、電話コミュニケーションの内部では規定できない「目的」が、関心の焦点となっているために、電話に道具的に関与する主体の同一性が、いわば電話のこちら側に――あるいは電話コミュニケーションの外部に――、保持されるからである。

電話をかける者の身体に、このような亀裂（の兆候）が現れているとき、その身体がコミュニケートしている他者（相手）が、どのような水準に存在しているのか、を見定めておかなくてはならない。

ボードリヤールは、「ミニテル」によるコミュニケーションに関して、次のような、いかにもありそうなエピソードを紹介している。ミニテルは、さまざまな「有用な」目的のために、フランス郵電省によって開発・導入されたが、実際には、性的な情報の交換に用いられる場合が圧倒的に多い(2)。二人は、画面上のテキストの上で、性的に結ばれる。「それから、電話をかけ合い、実際に出会って、それから……、それからいったい何をしよう？」そして、「そのうちにまた電話する」という文字が画面に戻ってきた（Baudrillard［1989＝1992：142］）。次の事実を参照すれば、この挿話が十分にありそうなことだ、ということがわかる。M・マルシャンが指摘するところによると、ミニテルは、一九八五年一月にFR3で放送されたある番組がきっかけとなって、急激に普及していった。この番組では、ミニテルを通じて会話をしてきた、ユリスとマルディーアという男女が紹介された。彼らはその時点までに、数カ月にわたりインテンシヴな会話を続けてきたのだが、本人同士が直接に対面したのは、このときが初めてだった。つまり、第三者によって出会いの場を設定されるまで、彼らは少しも会う必要を感じなかったのである。彼らの「恋愛」にとって、対面することはまったく意味がなかったわけだ（吉見［1991b］によるMarchand［1987］の紹介）。

これらの場合、恋愛や性行為の対象となっている「他者」は、ミニテルの向こう側にいる実際の人物ではない。そうではなく、ユーザーは、ミニテル上の「他者」にこそ、端的に志向しているのである。もっと単純化してしまえば、ミニテルそのものが、「他者」として現れているのである。電話に接する者自身が、自らの内に異和（他者性）を孕んでしまうのは、このように、メディア自身が、（メディアの外部にいる「現実の」他者から独立した）固有の他者となっている、ということと相関している。自己であるような他者が志向しているのは、このエピソードが典型的に表示しているように、メディアそのものなのだから。

3　伝言ダイヤルとダイヤルQ[2]

ここで、「伝言ダイヤル」に注目してみよう。伝言ダイヤルは、ＮＴＴが一九八六年に開発したサービスで、仲間同士があらかじめ決めておいたコード番号にそれぞれ電話をかけることによって、メッセージを伝えることができるようになっている。ところが、八八年頃から、このサービスを思いがけないやり方で利用する若い人たちが現れた。互いにまったく知らない者同士が、１１１１、１２３４などの誰もが思いつきそうな番号をコード番号として利用し、勝手に互いにメッセージを伝えあうようになったのである。フランスのミニテルが意図せざる仕方で享受されたのと同様に、伝言ダイヤルもまったく予想外の利用法によって人気を博したのだ。

伝言ダイヤルを特にとりあげるのは、次のような理由による。第一に、伝言ダイヤルに参集した若い人たちが、純粋に快楽のためにのみ電話を使っているということ。彼らは、電話の喜びをよく知っているという意味で、電話の達人と呼ばれるに相応しい。第二に、伝言ダイヤルにおいては、――その意図せざる利用法のもとでは――、メッセージの送り手は受け手についてまったくの無知であるほかないということ。送り手は受け手を具体的にイメージすることが原理的にできない。つまり、他者は、さしあたってメディア＝電話としてしか、現実性をもたない。

伝言ダイヤルで使われる会話には、顕著な話法上の特徴がある。それを、吉見俊哉［1991b：17-8］は、岡田朋之の研究や自らの観察をもとに、次のような諸点に整理している。第一に、すべての伝言が、まず冒頭で、正確な時刻と、自分の「名前」を名乗る。名前は、しばしば、本名ではなく、伝言ダイヤルの世界でのみ使われるニックネームである。第二に、空間的な比喩が頻出する。たとえば、暗唱番号に伝言を吹き込むことを「部屋にあがる」、伝言を聞くことを「部屋をのぞく」などと表現する。あるいは伝言で暗唱番号が一杯になった場合には、暗唱番号の末尾に1、2、3、…を付けた数字を新たに暗唱番号としていくわけだが、それらは一階、二階、三階などといった具合に建物のフロアーに見立てられる。第三に、身体的な行動についての比喩も多用される。ほぼ同時に吹き込んだ伝言が時間的に前に押しやられることを「ふまれる」、容量オーヴァーで伝言が入れられないことを「けられる」などと表現されるのがそれにあたる。そして第四に、間接話法的な奇妙な言い回しが顕著である。次のようなメッセージが、この点をよく示している。

はいまたまたXということでね只今10時と58ぷーん。で、Aさんをはさみましたということでね。えーそうそう忘れてましたのよ。Bちゃん忘れましたということでね。Cちゃんもどうもおはようさんということでねー。ウンほか忘れてなかったかなっていうことでちょっと最近ね、もの覚えわりいということで。ウンちょっとー、あと忘れてたらごめんな、ということをお伝えしといて、そうですよ二三日なんとか休もうじゃないかっていうのをねー、目標でやっているんだけどね。ウンなかなか大変よということで。取りあえず年内の追込みですわということをお伝えしといてー。（吉見［1991b：18］）

この伝言は約三十秒ほどのものだということだが、この中に「ということ」という言葉が九回も使われている。

吉見はこれらの特徴を次のように説明している。伝言ダイヤルの発話者は、日常的な生活の世界と回線の中で成立している世界という二つのリアリティに属している。発話者にとって、後者のリアリティは、前者と同程度以上に「リアル」なものである。しかし、後者の回線の中の世界のリアリティの強度――日常的な世界と拮抗しまたそれを超えるリアリティの強度――を維持するためには、発話のコンテキストをその都度人工的に設定し、それを確認することを要する。話法上の特徴は、このようなコンテキストの設定・確認の作業に相当する。たとえば、時刻を確認し、自らの名を名乗ることは、基本的なコンテキストを確認する行為である。

しかし、この説明は、いくつかの疑問を免れない。伝言ダイヤルの利用者たちが二つの世界に同時に帰属するのはなぜか？　彼らが特別な話法を用いて、「もう一つの世界」のリアリティを維持しようとするのはなぜか？　つまり、放置していればリアリティの強度を減殺させてしまうかもしれない電話回線の世界の方に、いわば肩入れして、それをわざわざ育成しようとするのはなぜか？　すでに、一方では、とりたててなにもしなくても十分に「リアル」な、日常的世界を有しているのに。

われわれとしては、むしろ、次のように解すべきだろう。述べてきたように、電話という電子・電気メディアとの接触は、個体の身体の内に異和を産み落とす。この内的な他者性が十分に強化されれば、それ自身固有の独立した身体性を帯びるに違いない。たとえば、伝言ダイヤルにメッセージを吹き込む者が、発話の冒頭で、正確な時刻――正確さへのこだわりはほとんど偏執的ですらある――を宣言し、自分の名――しかも多くの場合は本名ではなく虚構の名――を名乗るわけだが、この手続きは、メッセージの発話に先立って、異和性を、外的な独立の身体として、虚構の領域に定立する儀式になっている。ある身体が外的なものとして自立するためには、それは、どこに、何者として存在しているのかが、決定されなくてはならない。しかし、その場所は、「この」身体が内在する日常的な生活空間ではありえない。つまり、自己に断裂を持ち込む異和的な身体は、物理的な実在性をもたない擬制的な領域であるほかない。身体的な行動についての比喩が多いという事実も、このような推定を裏付けている。自己の内に孕まれた異和性が、まさに異和的なものにふさわしく、外部の領域で身体を有し、固有に活動しているわけだ。

とりわけ、興味深いのは、頻繁に使われる間接話法的な言い回しである。間接話法が用いられるということは、自分自身の言葉が（半ば）「他者の言葉」であるかのように、発話されているということを意味している。ここには、自己の自己に対する断裂の強化された姿を見ることができる。このような自己への断裂が深まり、異和的な契機が外部に切り離されてしまえば、いまや外部化されたその自己に対しては、他者についての伝聞のような仕方で言及するほかない。つまり、間接話法のような言い回しは、自己が、他者化され、外部化された自己へと言及するやり方なのである。

以上に見てきたような事情は、基本的には、ＮＴＴのもう一つのサービス「ダイヤルQ^2」の場合も同様に観察される。伝言ダイヤルの場合には、会話の相手――それは一人ではなく何人もいるはずだ――との接続は、そのシステムの機構上の理由から、どうしても間接的なものにとどまる。この間接性を克服して、見知らぬ複数の相手との直接の会話を可能にしたのが、ダイヤルQ^2の「パーティーライン」である。このような意味で、ダイヤルQ^2は、伝言ダイヤルの延長上にあるサービスである。一九九〇年あたりから、パーティーラインへの長時間参加によって、あまりにも高額な料金を請求される人が続出していることが社会問題となっている。しかし、これは奇妙なことである。というのも、ダイヤルQ^2サービスの場合には、通常の通話の場合と違い、会話に入る前に時間あたりの料金が教えられるようになっているので、ダイヤルQ^2を長時間使用する人々は、一方で料金のことをよく知りつつ、合理性の限界をあえて突き破っていることになる。もちろん、合理性からのこの逸脱分が、電話の快楽に見合っている。

実は、ダイヤルQ^2のような正式のサービスがスタートする前に、若い人たちの間では、電話の混戦を利用してパーティーラインのように、複数の見知らぬ相手と会話することがすでに流行していた。それは――デリダの手紙についての考察を拡張してみれば――、電子の「誤配」を活用する手法である。ダイヤルQ^2は、「誤配」を裏返し、正式な配達として承認する技術だと考えることもできる。

ダイヤルQ^2に夢中になる多くの人々があげる魅力は、未知の他者たちと出会うことができる、という点である（「学校や職場では知り合えないようないろいろな人と話ができるのがおもしろくて、つい長くなってしまった」――二十歳男性）。このように未知の人々との出会いを求めているのに、彼らの多くは、回線の外で直接に相手に会おうとはしない。女性は全員、男性の場合もかなりの場合、直接に会うことを求めておらず、それを敢えて回避しようとする傾向すらある（以上、吉見［1991b：19-20］より）。

こうした要求は、一見矛盾しているように見える。他者との出会いを求めていると言いつつ、出会いがより現実的・全面的であるはずの直接の遭遇(3)を拒否しているのだから。しかし、その他者というのは、電話の向こう側に実在する他者ではなく、むしろメディアとしての電話そのものなのである。あるいは、もう少し厳密に言い直せば、発話者が志向しているのは、ただ電話＝メディアにおいて顕現している限りにおける「他者」なのである。もちろん、電話の場合には、その他者は〈声〉という形式でのみ確保される。そうであるとすれば、電話回線を通じた遭遇を求めつつ、直接の出会いへの意欲をいささかも示さないという行動には、なんの矛盾もない。他者がメディア上でのみ実在的であることの代償は、電話に話しかける自分自身が、他者化の作用を被るということである。ダイヤルQ^2の参加者が、一般に、偽名を使うのは、そのためであろう。

この点では、ミニテルの「メサジュリ」と呼ばれるサービスでも、まったく同様である。吉見

［1991b：21］が紹介するところによれば、M・マルシャンは、メサジュリの成功の背後には、偽名の利用があったと分析している。もちろん、自他の関係と自身の同一性《アイデンティティ》を総体としてメディア上に移すことは、「こちらの世界」における自己および他者の実在性が稀薄化することを肯定することに媒介されていただろう。

＊

一九八九年にオン・エアされていたKDDのテレビ・コマーシャルでは、恋人とおぼしき男性の海外への旅立ちを前にして、空港で激しく泣きじゃくる女性が映されていた。若林幹夫［1991］は、このコマーシャルの背後に流れていた歌の分析から、考察を開始している。流れていたのは、中島みゆきの「あした」という曲の、次のようなフレーズである。

何もかも　愛を追い越していく
どしゃ降りの　一車線の人生
凍えながら　二人ともが
二人分　傷ついている　教えてよ

もしも明日　私たちが何もかもを失くして
ただの心しかもたない　やせた猫になっても
もしも明日　あなたのため何の得もなくても
言えるならその時　愛を聞かせて

前半の連では、それぞれが単一（孤独）でありつつ（「一車線の人生」）、他者への参照を内的に封じ込めている（「二人分　傷ついている」）という矛盾が、全体として単一性という相のもとでまとめられている。単一性と他者性との直接の共存と葛藤こそ、すでに見てきたように、電話体験の核心である。もっとも、この歌の場合には、電話をかけている身体――したがって歌が主題化している私――に孕まれる内的な他者性と、電話の相手――恋人――とが、同一視されている。しかし、何度も強調してきたように、電話をかける身体の単一性が他者性＝差異性と等置されてしまうのは、メディアが――メディア上の他者が――、現実の他者とは独立の固有な実在として成立していることの、直接の反照である。そうであるとすれば、内的な他者とメディアを通じて現象する相手とが、同一であるか、それとも区別されているのか、という相違は、本質的なことではない。

ここで注目しておきたいのは、むしろ、後半の連である。ここでは、――若林が注目するように――、この単一性が、一切の利害（「何の得もなくても」）や制度化された社会関係（「ただの心しかもたない」）を脱落させた「生の身体性」（「やせた猫」）のレヴェルでこそ乗り越えられる、ということを予告する。この予告は、映像化された女性のパフォーマンスと共鳴している。「CMの女性は、その見事な泣きっぷりによってそのようなロマンチックな憧憬を、まさに彼女の身体を通じて表現していたのである」（若林［1991：72］）。人間を端的な身体性へと還元していくことが、この歌の基本的なモチーフなのである。この歌の冒頭でも、身体に（社会的）形式を備給するさまざまな美的・表現的な意匠（イヤリング、フリルのシャツ）からの身体の分離が、愛における「私」という存在（単一的な存在）の純粋性を露呈させる方法として、主題化されている（若林［1991：84］）。

イヤリングを外して、綺麗じゃなくなっても

また私のことを見失ってしまわないでね
フリルのシャツを脱いで、やせっぽちになっても
まだ私のことを見失ってしまわないでね

つまり、CMは、全体として、次の二つのことを同時に表示していることになる。第一に、単一でありつつ二（他者）であることという二重性が、身体のそれ自身としての存在の様式にかかわるものであることが表現される。第二に、このCMがKDDのコマーシャルであるということは、このような身体としての純粋性が、かえって、身体に、電話＝メディアと接続することによってこそ解発《リリース》される、ということへの示唆を含んでいる[4]。

見てきたような奇妙な他者体験が、純化された身体において構成されるとすれば、それはいかなる機制によってなのか。しかし、この問題を解明するには、電話コミュニケーションを主要な材料にして見てきた以上のような事態が、決して電話に特有な事態ではなく、他の一切の電子メディアでも——多くの場合電話よりも一層顕著に——見てとることができる、ということを、ごく簡単に示しておく必要がある。そうすることで、目が眩むような他者体験を身体が帰結する仕組みを、電子メディア一般の技術的な特性との関係で理解することができるところまで、われわれは導かれるだろう。

注

（1）一般に女子の方に長電話化の傾向が早く現れ、それを男子が後追いするような形になる。つまり、中学生の男子と小学生の女子、高校生の男子と中学生の女子が、それぞれ、だいたい同じ程度の平均通話時間である。そし

て、大学生になると、男女の差はほとんどなくなる。なお、当然のことながら、大学生の通話時間の極端な伸びには、「一人暮らし」の影響を特に考慮しておかなくてはならない。

（2） フランスで行われているヴィデオテックス・サービスのための簡易端末機を、「ミニテル」と呼ぶ。ミニテルは受像機付きの端末で、これを電話回線を通じてセンターのコンピュータと結ぶと、利用者は、リクエストに応じて、コンピュータに蓄積されている文字・図形情報を引き出したり、コンピュータを媒介にしたメッセージのやりとりなどができる。フランスのヴィデオテックスは「テルテル」と呼ばれ、とりわけ広く普及したことで有名である。私も一九八九年にフランス郵電省を訪問し、ミニテルの利用状況に関して聞き取り調査を行ったことがある。郵電省の関係者は、ミニテルが、ショッピング、教育、情報検索等々の有用な目的のために利用されている、ということを強調していたが、それでも最後には、かなりの利用者が性的なコミュニケーションにこれを利用している、ということを付け加えていた。このことは、性的なコミュニケーションが著しく負の評価を受けていること、にもかかわらず、無視できない大きさに達していることを同時に示しているだろう。

（3） 若林も指摘したように、電話における出会いは声だけのものだが、直接の出会いにおいては、あらゆる感覚要素を通じて、相手と出会い、コンテキストを共有できるのだから。

（4） ここで分析してきたCMの後、一九八九年の夏に放映されたKDDのCMは、海外旅行に出かけ、プールサイドで遊ぶ女性が、コードレス電話で日本に電話をかける映像が映し出される。そこでバックに流れる歌は、松任谷由実の「ANNIVERSARY～無限にCALLING YOU～」の中の次のようなフレーズである（若林［1991：83］参照）。

木漏れ日がライスシャワーのように
手をつなぐ二人の上に降り注いでる
あなたを信じている　瞳を見上げてる
ひとり残されても　あなたを思っている

ここに、「ひとり残されている」にもかかわらず「あなたを思っている」というよりも、「ひとり残されている」がゆえに「あなたを思っている」という逆説的な接合を見るべきであろう。注目すべきは、ひとり残されている状況が最終的に指示されることになるにもかかわらず、恋人との関係が「手をつなぐ」という身体的な直接性において把持されているということである。

Ⅲ　メッセージとマッサージ

1　テレビが私を見ている

電子メディアは、しばしば、分裂病者の妄想を誘発する。たとえば、多くの分裂病者は、テレビを見ているうちに、奇妙な妄想的な異常を体験することが、報告されている。ある専門家は、この体験を「テレビ体験」という名のもとで、一括している。それは、次のように告白する分裂病者の症例のうちに、典型的に見てとることができる。

テレビでニュース解説者の表情を見ていると感情が通じているなと直感します。その人の顔をにらんでいると、向こうでもこちらをにらんでいるんです。アナウンサーの感情がこちらに伝わってくるばかりではなく、自分の感情もアナウンサーに伝わり、その反応が声に出ます。（小見山［1976：96］）

何か自分をひきつけるものを感じて、テレビの前から離れることができない。自分がテレビを見ているのか、テレビが自分を見ているのかわからなくなってひどく混乱してしまう。（小見山［1976：

101–2])

われわれは、電子メディアに身体が接続されることによって生起する体験の特性を、さしあたって「電話」を例にとりながら剔出しようとしてきた。電話を最初に取り上げたのは、それが、ラジオとともに最初期からあった、非常に原始的で、ごくありふれたメディアだったからである。われわれは次のことを見出した。電話をかけるということは、電話をかけている身体に特殊な断裂をもたらすということ、を。言い換えれば、電話を用いる身体は、自己自身の内に、自己を越えるものを、すなわち他者性を孕んでしまうのだということ、を。電話の即時充足《コンサマトリー》的な快楽は、身体のこのような内的分裂の感覚的な表現である。

このような自己／他者体験は、何も電話固有のものではない。むしろ、電話のような原始的な電子・電気メディアを通した場合には、この種の体験も萌芽的なものしか得られない。われわれが電話を用いながら取り出した体験の位相は、身体が、どんな電子的・電気的な情報メディアに接続された場合にも、認めることができる。この章の冒頭に引いた、分裂病者の事例は、テレビを見るという視覚的な体験に、同じような構成が、しかも非常に増幅した形態において生起していることを、示唆している。

これらの症例の中に示されているのは、分裂病者に非常に典型的な妄想である。妄想の主題は、いつでも「他者」（不気味な同定不能な他者）である。まず留意しておかなくてはならないことは、分裂病の体験は「正常な」体験にとって無縁な境域を表示しているものではない、ということである。それは、むしろ「正常」とされる身体が自覚なしにすでに体験していること――つまり閾域下の水準で知覚していること――を判定可能な水準にまで引き上げる、増幅装置のようなものなのである。

「テレビ体験」を構成している他者性の水準は、次の二つに分解しておくことができる。第一に、テレビというメディア自身が、これを見ている身体にとって、独自の他者として現れる。たとえば、最初の方の症例において、患者は、自分がテレビに映った顔をにらんでいると、「向こうでもこちらをにらんでいる」ことがわかる、と告白する。メディアが、メディアを見ている自己をさらに見ている他者としての固有性を、獲得しているわけだ。第二に、こうして現れる他者こそが、むしろ自己なのではないか、とする錯乱が生ずるのだ。たとえば、再び最初の症例に定位すると、患者は「アナウンサーの感情がこちらに伝わってくる」と同時に「自分の感情もアナウンサーに伝わ」る、と述べている。もちろん、ここでは、感情の自己帰属と他者帰属に混乱が生じているのである。

以上の二つの契機が重合することによって、自己自身の身体が自己にとって他者として顕現するような分裂が、不可避に生ずることになる。たとえば、第二の症例において、患者がテレビに魅惑されるのは、自分がテレビを見ているのか、テレビが自分を見ているのかわからなくなっているからである。定義上、見ているという作用を、直接に帰属させることができる身体こそ、自己でなくてはならない（一般には、見るという作用が間接的＝推量的に見積もられる身体が、他者である）。しかし、この事例においては、見るという作用の直接性＝自己性が、そのまま他者的＝外部的なものとして――つまりテレビという外部の他者に帰属させうるものとして――、指示されてもいるのである。テレビを見る（テレビに見られる）分裂病者の体験の両義性は、それゆえ、自己自身における分裂の、一つの表現形態である。

マクルーハンは、映画からテレビへの移行によって、光源とスクリーンの関係がまったく逆転する、ということに注目している。映画の場合には、もちろん、光源は、観客の側――より厳密には観客の背後――にあり、そこから発した光は、観客の前にあるスクリーンに投影される。観客は、光源の側からスクリーン上の投影を見ているわけだ。ところが、マクルーハンによれば、テレビを見ているときには、見ている者の前にある画面こそが光源になり、見ている観客の眼（網膜）がスクリーンになっているのだ。これは、単なる比喩ではない。というのも、技術的な観点からすると、まさしくマクルーハンの言うとおりだからである。映画の場合は、投影による再現を、基本的な仕組みとしているのだが、テレビは、走査線の上の輝点の集合によって、対象を構成しているのである。そうであるとすれば、テレビを見るということは、光を発する小さな点を見ることに還元できることになる。

だから、テレビは、見る者の側にあった作用を、自ら自身の内に統合してしまう。つまり、テレビは、光を構成する自律的な作用を獲得する。そうであるとすれば、テレビは、分裂病者が感受していたように、その機構からしても、独自な他者の眼として作用しているのだ、と結論できるだろう。

次のような実験が、マクルーハンによって引用されている。観客を二分して、映画を見せる。一方のグループは、スクリーンに投影された光の反射光を見る。つまり、通常の映画と同じ方法で上映されている映像を見る。他方のグループは、スクリーンを透過してきた光を見るようにしておく。この場合は、実は観客は、テレビの場合と同様に、直接光源を見ていることになる。そうして、後で、両グループに映画についての感想をたずねる。すると、前者の反射光のグループの方が、映画の物語性や編集、撮影技術などを分析する判断について優位を示し、後者の透過光のグループの方が、感情的・主観的な反応をより多く示した（McLuhan［1988＝1992：62］）。分析は、対象を即物的・客観的に観察する姿勢から導かれる。それに対して、感情的な反応は、そうとは自覚することなしに、映像を一種の身体として（萌芽的な人格を宿すものとして）遇していたことから生ずるのかもしれない。

ともあれ、分裂病者の報告から検出することができる体験の構成は、電話を通じて剔出してきた体験の構成と同型である。われわれは、身体が電話を使用するということだけによって、独特な変容を伴うことになる、と述べてきた。電話というメディアは、それ自身で、一種の他者としての規定を受ける。それは、電話をかける身体の側に現出する、内的な他者（性）に対応することになる。つまり、電話に接続された身体は、電話という固有の他者に関与し、応接する内的な部分を、自分自身における他者性として、分出してしまうわけだ。分裂病者の反応において検出されるのも、同様に、テレビが固有の他者として現象することが、見る者の身体に二重性をもたらすという、同じ屈折の関係であった。ただ、少なくとも分裂病者の場合は、メディアという他者と自己としての他者性との関係は、よりいっそう直接的である。通常の電話体験においては、自己の内に断裂を構成する他者は、電話が他者として現れることの、二次的な反射である。それに対して、分裂病者が内部に宿す他者は、メディアとしての他者への直接の同化によって、構成される。このような同化は、メディアからの反射の強化された形態、その極限として、位置づけておくことができるだろう。「反射」は、相手との直観的な同類性についての認知に発しているのだから（そして、端的な同化は、その同類性のもっとも強い形態なのだから）。

しかし、電子メディアと身体との接続が、このように、身体に根本的な断裂をもたらしてしまうのはなぜか？　それは、電子メディアのどのような技術的な特性と関係しているのか？

2　いないいない／ばあ

この問題に応ずるためには、あらためて、他者体験の実相を一瞥しておく必要がある。先に、電子メディアの技術的な特性を、文字的なメディアである葉書との対照によって、描き出したとき、デリダによる葉書の考察が、フロイトの甥の「fort-da〔いないいないばあ〕遊び」への連想にもとづいていたことに、注目しておいた（I章2節）。われわれは、この点にもう一度たち帰っておこう。やがてメディア（さしあたっては文字的なメディア）によるコミュニケーションへと連なる、他者についての体験の原始的な形態が、ここには見られるからである。

フロイトが観察した「fort-da 遊び」とは、『快感原則の彼岸』（Freud [1920]）に収められた、次のような事例である。それは、一歳半の男の子の話である。この子は行儀のよい子で、育児はほとんど母のみによって行われていたとはいえ、部屋に一人だけおかれていても、泣いたりする子ではなかった。ところが、この子は、奇妙な遊びを繰り返すようになった。おもちゃをベッドの下のような眼の届かないところに投げ込んでは、その度に、“o-o-o”《オーオーオー》と叫ぶのである。こんなことを、幼児は繰り返し、繰り返し行っていた。また、糸のついた糸巻きをベッドの影に投げ入れて、“o-o-o”と叫び、そして糸をたぐりよせ糸巻きが現れると、“Da”《ダー》という、遊びを何度も行った。幼児をよく知るものたちによれば、“o-o-o”は無意味な叫び声ではなく、“Da〔あった、いた〕”と対をなす語、すなわち“fort〔いっちゃった〕”という意味を表示する幼児語である。あるとき、留守をしていた母親が帰宅すると、この子は、母親を“Bebi o-o-o!”といって迎えた。これは、留守中、姿見の前で立ったり坐ったりすると自分の鏡映像が消える、ということを覚えたことに由来している。

　おもちゃや糸巻きは、母親の不在と関係づけられている。実際、フロイトは、fort-da 遊びは、母親との分離の再現である、と解釈している。つまり、それは、出産や離乳などによる母親の身体からの分離という幼児にとって苦しい体験を、反復することによって、支配《マスター》しているのである。そうであるとすれば、この幼児の「反復強迫」のエコノミーは、快感原則に従っていないことになる。なぜならば、この遊びは、不快な状態を（も）何度も再現することになるからだ。それゆえ、フロイトは、この幼児の「反復強迫」を「死の欲動」によって把握している。フロイトによれば、自己保存の欲動は、逆説的にも、死の欲動に起源をもっていることになるのである。ここで、フロイトの説の妥当性を議論するつもりはない。ともかく確認すべきことは、“o-o-o”という言葉とともにほうり投げられるおもちゃや糸巻きが、母親の身体の等価物であること、そして、遊びが再現しているのは幼児にとって否定的な（不利な・苦痛な）状況であるにもかかわらず、幼児はどうしても避けることができない――そうしないわけにはいかない――かのように、この遊びを反復しているということ、これらのことがらである。

幼児は、鏡の中の自分の鏡映像に対しても、同じ遊びを繰り返す。そうであるとすれば、投げたり戻されたりしているおもちゃや糸巻きは、自分自身の身体の等価物でもあることになる。だから、ここに、「糸巻き＝母の身体＝自己の身体」という等価関係を打ち立てることができるだろう。胎児もしくはごく初期の（離乳前の）幼児においては、母の身体は自己の身体に直接に連なっているのだから、この等価関係は、さして意外なものではあるまい。

もう一度確認しておけば、フロイト自身が述べているように、この遊びの核心は、分離の体験にある。しかも、今しがた確認した等式も示唆するように、それは、身体の分離の体験を反復確認するものである。この遊びは、原始的な他者である母親の身体と自己の身体との関係（差異）を構築する作業に対応しているわけだ。

“Da”と言いながら、対象を、自己自身の身体に向けて求心的に再獲得する場面が、身体の自己性――すなわち対象が究極的に所属・帰属する身体としての自己――を、最終的に確認する作業に対応するだろう。しかし、この作業が完遂されるためには、対象がいったん、視野の外にまで投げ出されなくてはならない。ここには、他者についての体験の、最も原始的な層がある。他者は、対象がこの身体へと所属・帰属する領域から離脱していく遠隔化（遠心化）の運動において、認知される。身体の自己性は、このようにして措定された他者からの反射（他者の否定）によって構成されるのである。要するに、身体の自己性の最も基層をなすのは、現前への回収（糸巻きの視野への再獲得）であり、逆に、他者性の基層は、現前からの逃避、すなわち原理的な不在（糸巻きの視野の外部への放逐）である。だから、fort-da遊びの二つの局面は、志向作用に随伴する二重の働きに、それぞれ対応させることができる。すなわち、糸巻きをたぐりよせ、再獲得する動作は、志向対象を特定の身体の中心に帰属させ、配備する志向作用の働き（求心化作用）の行動上の対応物であり、逆に、糸巻きを見えないところまで投げ入れる動作は、これとは対照的に、志向作用の帰属点を（前者の志向作用が及びうる領域＝視野の）外部へとどこまでも遠隔化していく働き（遠心化作用）の行動上の対応物なのである（詳しくは大澤［1988］、［1990a］など参照）。

重要なことは、この二つの局面が、緊密に連動しており、それぞれを独立させることができない、ということである。たとえば、投げ出される糸巻きは、他者（母の身体）であるが、同時に、自己の身体の類比物でもある。そうであるとすれば、他者を定義するところの（対象帰属の）遠隔化とは、自己自身でもあるものの遠隔化だということになろう。また、自己性を確認する再獲得の動作は、いったん他者として措定されたもの——つまり投げ出されたもの——を回収する作業としてしか、意味をもたないかのようだ。したがって、厳密にいえば、他者を定義する動作（投げ出す動作）が、すでに自己への参照を背後にもっており、また自己を定義する動作（たぐりよせる動作）が、他者の痕跡を利用していることになるわけだ。実際、投げては回収するということの繰り返しは、それぞれの動作が、実は同じことの両面であることを予想させる。

このように考えると、なぜ幼児が苦痛な体験（母との分離）を何度もあえて反復するのか、ということを理解することができる。もし、述べてきたように、身体の自己性についての体験の基礎的な部分が、「現前」の体験であるとすれば、自己を規定する作業は、幼児が（ある程度の強度をもった）志向作用を発動させるやいなや、つまり見たり触れたりという知覚を開始するやいなや、すでに始まっている。しかし、この「現前」の体験そのものが、「現前からの逃避」を、つまり「現前の否定」を含んでしまっているのだ。幼児の反復強迫は、このことを、行動的に確認しているに過ぎない。つまり、現前の体験を構成すること――対象を自己へと求心的に獲得すること――は、現前から逃れる領域を確保すること――対象を遠心的に投げ出すこと――でもあるわけだ。このことは、さらに次のことを含意しよう。知覚にともなう感情的な自己肯定性＝快楽は、――それを自己ならざる他者へと帰属化することを媒介にして――、感情的な自己否定性＝苦痛をともなうということ、を。他者への帰属化（遠心化作用）とは、自己に固有な快楽が、他者へと奪われるということを、したがって自己においてはそれが反転した形式である苦痛として現象するということを含意するからである。つまり、知覚の選択的性能（識別力）の強度が高く、それゆえにそれを自己の身体へと帰属化しようとする傾向の強度が高いときには、苦痛そのものを快楽とするような奇妙な逆転の可能性が孕まれるのである。

それゆえ、自己性／他者性についての意義づけは、原理的に反転しうるものだ、と言わなくてはならない。つまり、投げ出され、遠隔化していくものこそが自己であり、逆に、回収され、近接化してくるものこそが他者である、という転倒は、十分に生じうる。実際、幼児に、自己と他者との錯認が非常に頻繁に観察されることは、よく知られている。実は、この章の冒頭の分裂病者の妄想も、これと等価な反転に由来しているのである。

このような反転を抑止するのに与かっているのが、“(f)o-o-o(rt)/da”という音素の記号的な対立――すなわち象徴――である。対象が回帰してくることの期待とともに（回帰を先取りしつつ）、対象を放棄する局面に“o”を充当し、放棄することの記憶とともに（放棄の痕跡を留めつつ）、対象を獲得する局面に“da”を充当する。そうすることで、両局面のメビウスの帯のような反転の可能性をはらんだ同一性が、二項的なシステムの内で分離されたものの統一性へと、置き換えられるからだ。

フロイトは、幼児の反復強迫を、何度も「悪魔的 diabolish」と形容している。この語は、ギリシア語の語源にまで遡れば、分離を意味する接頭語‘dia’と、投げることを意味する動詞‘ballo’の合成語であることがわかる。つまり、この遊びは、分離を志向して、投げることなのである。この遊びに孕まれている錯乱的な契機は、象徴＝記号の働きを介して抑止される。ところで、「悪魔的（diabolish）」の反対語こそ、――日本語の中ではまったく知覚できないが――、「象徴的（symbolish）」である。この語は、「一緒に」といった集合性を意味する前置詞 'sum' と、動詞 'ballo' の合成語なのだから。象徴とは、異なるものを、分節された統一的領域へと、伴に投げることである。つまり、それは、相互に緊密に結びついた二つのものの統一を意味しているわけだ。

＊

他者体験の本来の層が、以上に概観してきたようなものであるとすれば、それは、通常の（音声）言語によるコミュニケーションにおいてよりも、文字を介したコミュニケーションにおいて、より純化された形で顕出するはずだ。なぜならば、文字は、現前と非現前を媒介するメディアであって、そのために現前の領域から非現前の領域へと自覚的に委ねられるのだから。デリダの着眼は、この点にあった。

もちろん、他者は、たとえその姿態を直接に眼の前にさらしていようとも、原理的には現前しないものである。他者の身体の外観が現前していたとしても、他者という異和的な志向作用自身は、自己の志向作用の内的な要素とはなりえないからである。しかし、対面的なコミュニケーションは、親密さの装いのもとで、このような他者の本源的な非現前性を見えなくしてしまう。それに対して、直接には姿を現していない――つまりその姿態すらも現前させていない――他者への関係は、他者の本性をあらためて確認させるのである。とりわけ、文字的なコミュニケーションに必ずつきまとう否定的な可能性――たとえば手紙の誤配のような――は、現前しない他者の本源的な外在性に、つまり解消不可能な不確定性・偶有性に、あらためて人を直面させることになるのだ。

さて、問題は、電子メディアにおいてはどうなるのか、ということだ。電子メディアが提起するのは、自他関係についての特殊な混乱である。もっとも、自他関係は、本来、混乱したものであり、その混乱を抑止するのが象徴であった。このことを思えば、ここに現出するのは、文字的なコミュニーションにもとづく場合よりも一層純粋な、他者体験であるとも言えるのだが。

先に電子メディアの技術上の特徴を、時間軸、空間軸のそれぞれにそった形で二点に整理しておいた（I章2節）。時間軸にそっていえば、それは、伝達速度の極限的な上昇をもたらす装置として規定することができる。空間軸においては、それは、伝達される情報の極度の拡散性によって特徴づけられる。

このような特徴をもったメディアは、それ自身の上で、いわば、他者性と自己性とを直接に重合させることになるはずだ。すなわち、電子メディアは、「（志向対象の所属・帰属先が）遠隔化・遠心化していくことの近接化・求心化」とでも表現するほかないような事態を、産出するのである。それは、fort-da遊びを構成する二つの行為、つまり投げる行為と引き寄せる行為とが、まったく端的に一つの行為になってしまうようなものである。

まず時間軸の上で、つまり極限的な伝達速度という特徴との関係で、この点を説明してみよう。電子メディアを利用することは、必然的に伝達の相手――典型的には他者――を、端的に、現前しない遠隔の存在者として定位していることを含意する（たとえ相手が物理的に見えるほどの近くにいたとしても、電子メディアを介して関係するというその態度が、相手を遠隔の存在として特徴づけていることになる）。物理的な現前／非現前の差異は、一般には、伝達時間の落差として検出される。ところが、電子メディアによる伝達速度の上昇は、この対応関係を壊してしまう。それは、現前しない遠隔の他者からの――あるいは他者への――伝達を、（物理的に）現前している親密な他者からの伝達を特徴づけるような直接性において、実現するわけだ。現前している他者とは、典型的には、自己（私）の領域に所属している他者、自己と同調している他者、自己がほとんど同化しているような他者である。それゆえ、電子メディアを使用するという行為は、いったん他者を、まさに他者的なものとして、つまり遠隔の存在として措定しつつ、同時に、自己の領域の内部へと固有化することを含意している。

こうして、電子メディアは（電子メディアを経由して関与する限りでの相手は）、直接に現前する他者とも、また端的に遠くにいるだけの他者とも違う、独自の他者として現れざるをえないわけだ。とりわけ、（遠隔に措定された）他者の自己の領域への固有化・近接化が徹底的なものにまで進められれば、つまり他者の直接性の程度が高められれば、それは、やがて、自己自身とそのまま等置されるところまで来るにちがいない。それは、一方では、自己自身と同じ直接性において存在していながら、他方では、自己にとって疎遠なものとして存在しているような、自己自身における他者性とでも表現するほかないものとなろう。(1)

同じことは、電子メディアの空間的な特性との関係でも指摘することができる。電子メディアに媒介された情報の拡散性は——すでに述べたことだが——、手紙のような文字メディアにおいては例外的な事故であった「誤配」の可能性を、通常の一般的な可能性にしてしまう。すなわち、電子メディアによって送られる情報は、つねに、盗聴や盗視、あるいはハッキングなどの可能性にさらされており、(2)それらを防ぐことの方がはるかに難しいのである。(3)電子メディア以前の段階では、誤配は、つまり意図されていなかった他者への伝達は、一般には、情報が現前していない領域へと委ねられることから招来される可能性だった。この可能性は、（物理的に）現前していない他者に関与したとたんに、原理的には根絶できないものとなる。しかしこの可能性がなお例外的なものとして否定的に意味づけられていたのは、現前している他者との交流を、他者との関係の規準に置いていたからである。ところが、電子メディアの登場によって、意図せざる他者への伝達が、常態化する。つまり、意図せざる他者が、ごく近縁部に、つまり現前している他者と同じように存在していることになるのだ。

誤配においては、送り手にとっても、受け手にとっても、相手は、まったく不確定的な他者として、突然現れる。不確定性とは、他者の遠隔性・外在性を、選択可能性の領域にひき写したものである。他者とは、原理的には、何を欲し、何を選択しようとしているのか、ということについての不確定性の源泉である。しかし、他者と身近に交流し、相手のことをよく知っている（つもりになっている）とき、このような原理的な可能性は、忘れられている。突然の誤配によって思わぬ手紙を受け取ったときとか、盗聴によって情報を奪ったり、奪われたりしたときに、不確定的な他者の存在を、思い知らされるわけだ。

盗聴＝誤配のような可能性が一般化することは、それゆえ、他者の外在性を、自己の現前可能な近縁部に導入することに等しい。こうして、空間軸においても、時間軸と同型的な事態を認めることができるわけだ。

Ⅰ章で考察した電話するボブのジレンマを支えていた技術的な背景は、今や明らかであろう。このジレンマは、以上のような電話の技術的な可能性に支えられて、電話自身が、あるいは電話を経由したアンが、実際のアンとは異なる固有の他者として（ボブには）現象していた、ということに触発されて生じていたのである。(4) この場合、電話という他者（電話を介したアンという他者）は、最も強い意味において、固有なものとして定位される。すなわち、それは、実際のアンが所属する宇宙とは異なる、独立した宇宙を構成するような固有性である。そして、このような固有性が生じてしまうのは、電話を介することで、他者が、現前しない現前として、つまり遠隔にある近接性として、意味づけられてしまうからだ。(5)

以上のような電子メディアの技術的な特性は、電子メディアに先立つ主要な二つのメディアの特性を、電子メディアが一挙に統合してしまったことから生じた、と考えることもできる。音声〔や図像〕は、〔物理的に〕現前する他者との関係を媒介する。文字は、基本的には他者が〔物理的に〕現前しないときに使用される。そして、電子メディアは、他者の非現前性を現前性に接合してしまうのである。

ここまで述べてきたような電子メディアの技術的な特性を、文字通りに実現してしまえば、テレ・プレゼンス〔遠隔・現前〕とかテレ・イグジスタンス〔遠隔・存在〕などと呼ばれる技術になるだろう。それは、人間の身体の動きを、ほとんど遅延なしに、直接に遠隔地にあるスレーブ・ロボットに伝達して、再現するシステムである。しかし、ここまで到らなくても、より原始的な電子メディアを利用する体験の内に、――少なくとも利用者自身の視点に立てば――これと同質の関係性〔自他の〕の感覚を認めることができる。たとえば、ボードリヤールは、演劇を見る体験とヴィデオを見る体験とを比較しながら、次のように述べている。

〔ヴィデオにおいては〕舞台と観客の間にあった距離は、もう維持されない。舞台の約束ごとは、過去のものになってしまった。われわれが、いともたやすくこの種の、画面上の架空の昏睡状態に陥ってしまうのにはわけがある。それは、画面が、はてしない空白を生み出し、それをわれわれに充塡するように要求しているからだ。画像たちの近接性、性交、触覚的ポルノグラフィー。とはいえ、逆説的なことに、画面に現れる画像は、いつも何光年のかなたにある。画像は、いつまでたっても遠くの像、テレ・イメージなのである。画像は、きわめて独特の距離のなかに置かれている。この距離は、身体にとって克服不可能な距離だといってよい。(Baudrillard［1989＝1992：144-5］)

ここで述べられていることは、ヴィデオの画像が、極限的に近く、かつ無限に遠いということである。

その距離が、「身体にとって克服不可能な」ものとして特徴づけられるのは、どの身体も、宇宙内の局所に埋め込まれてのみ存在しているからだ(6)。

ともあれ、ここまで、われわれが見てきたのは、電子メディアを利用するときに生じている眩惑的な他者体験と、メディアの技術的な性能との関係のみである。われわれは、さらに、われわれの社会がこのような技術を採用したのはなぜか、われわれの時代をこのような技術が席巻しようとしているのはなぜか、ということまで明らかにする必要がある(このことがⅣ章以降の主題となる)。

3　マクルーハン

周知のように、マクルーハンは電子メディアの時代に関して、数々の予言的な言辞を残している。目下の、われわれが獲得してきた文脈の中で、マクルーハンのこれらのスローガンの意味を、あらためて解釈しておこう。

マクルーハンの残したスローガンの中でも最も有名なのは、「メディアはメッセージである」という命題であろう。この命題の意味は、さしあたっては、次のようなことだと解釈することができる。われわれは通常、メッセージ(情報)は、メディアによって伝えられるのであって、メディア自身は、メッセージとは異なるものだと考えている。したがって、肝心なのはメッセージ(情報)の方であって、それがどのようなメディアを用いて表示され、伝達されているかということは、便宜の問題以上のものではありえない、と考えている。同じメッセージであれば、それが印刷媒体によって表現されていようと、テレビの画像によって表現されていようと、どちらでもよいというわけだ。しかし、このような考えは間違いであって、どんなメディアが採用されているかということが、そこに表示されているメッセージとは独立に、固有に、身体に作用するのである。つまり、それぞれのメディアには、みな独自の「メッセージ性」があるのだ。たとえば、テレビがどのような映像を流していようと、まさにテレビであるというその特質に応じて、それは独特な仕方で身体を捉え、このことを介して社会的な現実を変容させていく、というわけである。

しかし、では、メディアのメッセージ性の内実は何か？　とりわけ、マクルーハンの関心の中心であり、われわれの関心の焦点でもある電子メディアのメッセージ性とは何か？　われわれは、この点について、今や、次のように言うことができる。電子メディアのメッセージ性とは、その他者性なのだ、と。

われわれは、相手がどのような他者であるかということとは独立に、ともかく他者である――つまり、われわれと同じように志向作用（選択や区別の作用）を帰属させうる存在である――というただそれだけで、事物に接する場合とは根本的に異なる態度で、それに接するようになる。その対象を他者として認定することは、それに対して、ある最小限の基礎的な尊重を与えることなのである。これを、ヴィトゲンシュタインは「魂に対する態度」と呼んでいる。他者として認めるということは、さまざまな言語ゲームに参入したり離脱したりすることの可能性として承認することだ、と言い換えてもよい（それに対して、事物は言語ゲームの参加者であるとかないとかという区別とは無関係な対象である）。

ここまでの考察は、次のことを示している。電子メディアは、通常単なる事物であると考えられているが、実は、一種の他者として、少なくとも萌芽的な他者として、われわれに対峙しているのだ、と。われわれは電子メディアの使用に没入しているとき、メディアに対して、端的な事物に向かうように接することはむずかしく、それが、さながら「魂」の原始的な形態であるかのように接してしまうのである。こうして生じてしまう、態度の変容こそが、電子メディアのメッセージ性である。

誤解はないと思うが、念のために述べておけば、電子メディアが、たとえば人工知能のようなものを搭載して人間に近づいてきたから、一種の「他者（魂）」として現れる、ということではない。電子メディアを、現実の他者とは独立した固有の他者にしたてあげるのは、ここまで見てきたような、電子メディアとわれわれの身体との間の特殊な干渉である。機械が人間化するというSF的な想像は、機械の現在を未来に外挿することから得られるのではなく、――少なくとも目下の技術状況のもとでは――、電子メディアのメッセージ性（他者性）をもたらすメディアと人間の身体との関係性を、機械そのものの上に投影したことから得られるものなのである。

マクルーハンがメディアに与えた、「ホット／クール」という有名な二分法も、ここでの議論の中で、新たに照明を与えることができる。この二分法は、かなり粗雑な分類であり、さまざまな規準が、この中で混同されているように見える。マクルーハンの議論をていねいに読み解けば、ここには三つの規準が、とりあえず混在していることがわかる。マクルーハンの議論の中では、①高精細度のメディアか、低精細度のメディアか、②受け手の参与性が低いか、高いか、そして、③単一感覚に作用するのか、全身感覚に作用するのか、という三つの規準が、完全に並行するかのように、ア・プリオリに仮定されている。そして、これら三組の選択肢の中のそれぞれの前の項がホットなメディアに、そして後の項がクールなメディアに、それぞれ対応している（小川［1988］）。

たとえば、視覚メディアでは、映画はホットで、テレビはクールである、とされる。電子メディアだからといってクールなメディアであるというわけではない（ラジオはホットだが、電話はクールである）が、少なくとも典型的な電子メディア、発達した電子メディアは、クールなメディアの方に属している（逆に、文字的なメディア、たとえば本は、ホットなメディアである）。

だが、マクルーハンの時代（一九六〇年代前半）の技術水準からすれば、たとえば、テレビ画像の精細度は映画に比べて低く、①の規準によって、映画がホットで、テレビがクールであると言いたくもなるが、ハイヴィジョンの可能性も知っているわれわれには、このような対照は、あまり説得的ではない。

しかし、マクルーハンの議論を厳密に追ってみると、①の対立は、②の対立に従属していることがわかる。低精細度のメディアによって情報が送られた場合には、受け手は、精細度の低さからくる不完全性を、自分から補わなくては情報を解読できないので、必然的に受け手の参与性が高まる、というわけである。たとえば、精細度の低い、あいまいな画像を、受け手は、無意識のうちに補完して、それが何であるかを同定しているのだ。高精細度のメディアは、このような、受け手の補完的な創造の可能性を奪うので、参与性がどうしても低くなる、というわけだ。そうであるとすれば、②の対立は、①より重要なものだということになる。なぜならば、もし参与性を規定する要因が、精細度ではなかったとすれば、①の規準は放棄できるからである。

参与性とは、与えられた他者の選択に、自己の選択が混入している、ということである。極限にまでいけば、それが、他者の選択なのか、自己の選択なのかわからない、という場面にまで行き着くだろう。ところで、われわれは、電子メディアが、特殊な他者としての性格を帯びる、ということを確認しておいた。それは、自己にどこまでも近接してくる、そしてときには自己そのものと等置されてしまうような、他者性であった。ここでは、近接し、ついには同化するということが、他者という規定性（他者として距離）の放棄を意味しない。このようであるとすれば、電子メディアを介して与えられる他者の選択とは、同時に、自己による選択としても現象するのではないだろうか。つまり、他者の選択が、疎遠な外部に止まるのではなく、自己自身による選択という性格も帯びるのではないだろうか。このことの、非常に極端な事例は、この章の冒頭に引用しておいたテレビを眺める分裂病者の場合である。彼らの場合、テレビを通じて示される情報の選択に、直接に参与しているかのような感覚をもっている。たとえば、アナウンサーの感情は、同時に自分の感情でもあるものとして、受容されているわけだ。

このことを妄想として片づけるわけにはいかない。電子メディアへの没入は、受け手がそれぞれ、その情報の選択に自己自身が関与しているとする混同＝参入を介してしか、おそらくは、はたされないからだ。たとえば、二つ目に引用した分裂病者が、テレビの前から離れられないくらいにテレビに熱心に見入ってしまうのは、テレビを経由することによって、自分自身の選択を、能動的に行ってしまうからである。

メディアの参与性の高低を規定する要因を、このように、メディアの他者としての性格の特異性に求めるとすれば、①の精細度についての規準は、目下の区別にとっては二義的なものとして、棄却することができるだろう。③の規準については、次の話題について述べてから、もう一度、検討することにする。

以上のようにメディアのもつ参与性の仕組みを考えておくと、マクルーハンが述べた、もう一つの謎めいた命題、「メディアはマッサージである」という命題にも、解釈の道が開かれる。この命題が言わんとしていることは、電子メディアが触覚的なものだということである。ところで、今までみてきた参与性の構造は、まさしく、触覚的なものだということができる。分裂病者の体験において特徴的なのは、自分が見るという能動性と、自分が（他者＝テレビに）見られるという受動性（他者の能動性）が、完全に混同されているということである。このような混同は、「正常な」人々には無縁なことと思われがちだ。しかし、これを視覚の領域から触覚の領域に移してみれば、誰にとっても、馴染みの体験が得られる。触覚の領域においては、自己が触れるということが、自己が――なにものかに――触れられるということと、まったく同じことだからである。それゆえ、この場合には、自己の触れるという能動性によって、直接に、他者が（自己に）触れるという異和的な能動性を構成することになる。言い換えれば、他者の能動的な選択に、自己が全面的に参与していることになるわけだ。

つまり、十分に参与性の高いメディアは、触覚性の体験と本質的に同じ形式の体験を、受容者に喚起するのである。そして、繰り返せば、これをもたらすのは、自己性と他者性とを重合させる、電子メディアの特殊な性能なのである。[7]

このような考察は、クローネンバーグ監督の映画『ビデオドローム』の中の次のようなシーンにわれわれの連想を導く。主人公がヴィデオを見ている。すると、やがて、画面に大きな女性の唇が映し出される。それと同時に、テレビ自身が、生きている身体と同じように大きく脈打ち始める。画像の中の唇は、やがて大きく前面に隆起してきて、すぐ近くで食い入るように画像を覗き込む主人公の顔に触れ、さらに飲み込んでしまうのである。このシーンは、ヴィデオを見るという体験の触覚的な次元の、きわめてストレートな描写になっている。

ここで、マクルーハンがホットなメディアとクールなメディアを分けたときに使った三番目の規準、つまり単一感覚的か全身感覚的かという対立を、振り返ってみておこう。発達した電子メディアが、全身感覚的、あるいは複数感覚的なものとして迎えられるのは、それがたとえば、主として視覚に訴えるものであったとしても、あるいは聴覚に訴えるものであったとしても、同時に、述べてきたような意味において、触覚的な次元を、そしてまたそれに連なる運動性の次元を、動員することになるからではないか。たとえば、われわれはテレビを見ているとき、クローネンバーグが映像化してみせたように、潜在的には、それを皮膚感覚的なものとしても受容しているのである。[8]

最後に、マクルーハンが『機械の花嫁』の冒頭に記しているエピソードを見ておこう。それは次のような記事である。

――『ビデオ』の威力：死刑囚テレビに『出演』――

〔シカゴ発AP、一九五〇年四月二一日〕昨夜二人の死刑囚が、電気椅子にかけられる数時間前に、テレビを通して末期の見納めをした……。二人の囚人は昨日、死刑執行控室にいるところを取材され、看守の好意で借りたテレビの画面で、午後七時のニュースで流された自分たちの死の直前の姿を見届けた……。（McLuhan［1967＝1991］）

ここには、もちろん、見る者による端的な参与がある。囚人たちは、自分たち自身についてのニュースを見ているのだから。しかし、囚人たちは、なぜ、わかりきった自分たちについてのニュースを、しかも最も避けたい現実を、あえてニュースによって確認しているのか？　彼らが、死すべきものとしての自己をテレビの画像によって確認しているのはなぜか？　テレビの画像を、死の領域に近づける契機は何か？

われわれはこれらの問いに、さしあたって、次のように答えるべきであろう。死とは、他者の他者性の純化された形態である。死は、経験を否定する経験であり、それゆえ、他の任意の経験において決して再現されることがない。だから、死は、経験の可能性の宇宙に内属する者からは、到達不可能な無限の距離としてあるほかない。ところで、他者とは、この自己にとっては、「経験の可能的な帰属点として顕現していながら、直接には経験されていない身体」、つまり「それに対して確かに経験が帰属してはいるが、そこで経験されていることがらの内容については何であるかを確定することができない身体」である。他者は、経験の内容に関しては原理的に空虚であるにもかかわらず、まさに経験が帰属しているということについては確実であるような身体なのだ。この意味で、他者は、自己の経験の内部からは到達不能な差異としてあるような経験である。そうであるとすれば、死のあり方こそが、他者のまさに他者である所以、他者の他者性を、保持していると言わざるをえない[9]。もし、この囚人たちが、死すべきものとしての自己をテレビの映像を通じて見るのだとすれば、彼らは、このような純化された他者性を、自己において確認しているのである。だから、このエピソードは、テレビのような電子メディアが、これに接触する身体の「自己」のうちに「自己ならざるもの・自己以上のもの」を孕ませる触媒として作用しているとする、ここでの仮説を傍証する事実である。

それにしても、われわれがさらに問わなくてはならないことは、このような電子メディアが、社会性の変容のどのような必然性に適合して、時代を代表するテクノロジーとなりえたのか、ということである。電子メディアをめぐるこのような経験を一般的なものとして要請する社会的文脈が、どのようにしてもたらされたのかを、以下の考察を通じて徐々に解明していかなくてはならないのだ。

注

(1) いまメディアによって選択結果が伝達される相手が、「人間」であるような場合を、典型的なものとして描き出した。しかし、伝達が直接に事物に差し向けられている場合でも、状況は、原理的には変わらない。つまり、たとえば、一人でコンピュータを使ったり、ワープロを使用しているような場合でも、同じような自己性・他者性についての交錯が生ずるはずだ。いずれにせよ、電子メディアは、目標となっている事物を一方では遠隔の対象として措定しつつ、他方では、自己にとって身近な対象としても現象させるからである。

(2) 電話の場合ならば、間違い電話やいたずら電話などが、この種の可能性の集合に含まれるだろう。

(3) これらの危険を防ぐには、付加的な装置が一般には必要である。それでも、危険は完全には除去できない。究極的には、メディアのユーザーの善意に頼るしかないことになる。

(4) 吉見俊哉［1991：99］は、電話は最も遠く、最も近いメディアだと述べている。電話が、地球大のネットワークを可能にし、他方では、声を介した直接の関係を可能にするからである。しかし、私の考えでは、電話というメディアの「遠さ」として本質的なのは、それがたとえば東京とロンドンを繋いでいる、といったような物理的な距離ではない。電話を使用するということの構えが、相手を、根本的な不確定性にまであと一歩で繋がっていくような遠隔的な対象――現前しない対象――として措定してしまうのである。たとえば、われわれの事例では、電話を利用して関与している以上は、ボブにとっては、眼の前の電話ボックスにいるアンは遠い対象である。しかし、電話は、このように相手を遠隔の対象として措定しつつ、そのままこれを現前の領域へと再回収していることも忘れてはならない。

（5） もちろん、端的に近いか、端的に遠いかのいずれかの性質に特化できるならば、その他者は、眼の前の電話ボックスの内に見えているアンが所属している空間と地続きの空間を共有することができたのである。

（6） ブレンダ・ローレルは、コンピュータのような電子メディアとわれわれ人間との間の関係（インターフェイス）を、相互的な対他関係として理解する場合には、古典的な主客図式の枠を越えなくてはならない、ということを示唆している（Laurel［1991］）。私の考えでは、これは、見てきたような、電子メディアが構成する他者体験の特異性と関係している。

（7） 若林幹夫［1992］は、電話による身体の変容が、接触の感覚を生み出すと述べている。しかし、これは、私がここで述べてきた、電子メディアが構成する触覚性の構造とは違う。私は、若林の説明が、電子メディアの固有の働きを的確に取り出しているとは思わない。このことを述べておこう。若林は、電話をかけるという体験が、しばしば、触覚的なものとして感受されている、と述べている。この事実は認めよう。若林は、大平健の論文から、無言電話をかけているとき「メカトロの手」がのびて、相手の家に届いているような気がする、という女性の例を引用している。さて、問題は、このような現象をもたらす機構を、どのように説明するかである。若林は、電話を使うことで、身体が拡張する、というところに原因を求めている。しかし、なぜ身体が拡張すると、それが接触的・触覚的な体験になるのか？　この点についての明示的な説明は、若林のごく短い文章のうちには見出せないが、文脈から推測するに、電話によって身体が、いわば電話線を介して、相手のところまで拡張している、ということに由来するのだろう。しかし、このような立論は、私には次の諸点からして不十分なものに思える。第一に、使用することによって身体が拡張することになるのは、別段、電話や電子・電気メディアの特徴ではない。いかなる機械、いかなる道具の使用においても、その習熟は、身体の拡張を含意する。だから、もし電話の特質を取り出そうとすれば、その拡張の特定の形式を指摘しなくてはならない。第二に——もしこの特定の形式ということが、私が補ったように電話相手までの身体の伸長のことを意味するのだとすれば——、若林は、電話によるコミュニケーションは、相手との対面的なコミュニケーションと同等なもの（近いもの）になる、と述べていることになる。もし、対面的なコミュニケーションを、比喩的に「触れ合い」である、と表現するのだとすれば、それは、まさしく一種の触覚的な関係と言えるかもしれない。しかし、それは、決して、対面的なコミュニケーションとは異なった、あるいはそれを越えた触覚性ということではありえない。要するに、確かに、電話やその他の電気的・電子的なメディアによるコミュニケーションは触覚的なものであるということは重要な事実認識だが、それは、若林がしたのとは別のやり方で説明されなくてはならない。

(8) 竹内郁雄は、私との対談において、次のような興味深い指摘を行っている（竹内・大澤［1994］）。われわれは電話で通信を行うとき、自分の手で受話器を自身の耳に直接に押し当てる。竹内によると、自分の手の運動感覚が動員されること、受話器を耳に押し当てることから触覚が活性化されていること——そしてこのことから他者の小さな声がまるで「内緒話」のように直接に耳打ちされること——、これらのことが、電話の相手を恋人のような親密な他者へと近似させ、人々を過剰に電話に没入させるのに与かっている。竹内は、ハンズフリーのスピーカーホンのようなものにしてしまうと、電話の快楽は半減してしまうだろう、と述べている。Ⅱ章で概観しておいたように、電話はさまざまな性愛的なコミュニケーションに利用されてきた（とりわけ伝言ダイヤル、ダイヤルQ[2]、ミニテルなどを通じて）。この種のコミュニケーションにたまたま電話が利用されたということではなく、電話というメディアの技術的な特性が、性愛的な次元と、その本性上、親和的だったのかもしれない。

(9) 死のこのような「他者性」について、明晰な認識をもっていたのは、E・レヴィナスである。

Ⅳ　文字の文化

1　文字が代理したもの

われわれは電子メディアを経由する体験の核心的な特徴がどこにあるのか、という問題をめぐって探究を重ねてきた。このような特徴は、もちろん、単に一群の機械装置によってもたらされた、と考えるべきではない。それは、電子メディアのような機械装置を受容した特殊な社会的文脈の中で、生成されたのである。電子メディアは原因ではなく、そのような社会的な文脈を形成する一契機であることによって、それを象徴しているに過ぎない。そうであるとすれば、次に問うべきは、このような社会的文脈がどのようにして準備されたのか、そしてまた、電子メディア的な体験はそのような文脈のどのような効果のうちに位置づけられるのか、ということである。だが、このような問題に直接に入る前に、問題そのものを明晰に照射するために、小さな回り道をしておこう。

われわれは、マクルーハンおよび、彼の議論を継承する論者たちにしたがって、コミュニケーション・メディアの三つの段階を区別しておいた（Ⅰ章2節）。①音声および図像の段階、②文字メディアの登場によって特徴づけられる段階、そして③電子的・電気的メディアが登場した段階の三つである。これらは、索出的《ヒューリスティック》な準拠を与えるものとして、暫定的に導入された区分である。電子メディアによるコミュニケーションを可能にした社会的な機制を明らかにする前に、それに先立つ段階、すなわち文字的なコミュニケーションを可能にした機制をごく簡単に概観しておく必要がある。電子メディアの社会的な文脈は、このような機制との対照によってこそ、はじめて、明確な像を結ぶだろうから。

文字とは、――すでに述べたように――音声に従属した図像である。すなわち、それは、音声言語を一義的に意味することができる記号として機能する、図像表現である。この定義には、いくつかの注記が必要である。第一に、文字的な表現の一義性とは、それが、すべての者にとって共通の音声を喚起するということではない。つまり、一義性とは、このような一般性のことではない。たとえば、同一の「漢字」を、「日本人」と「中国人（あるいは、むしろ北京人等々と言うべきかもしれない）」は全く異なる仕方で読んでいる。異なった音声（言語）が、しばしば、文字の同一性に媒介されて、同一の概念を意味するものとして通約されるのである。しかし、それでも、ある（明確にはその範囲を確定しがたい）人々の集合が、ある図像を、ただちに特定の音声言語への指示と見なすことがない限り、その図像は文字とは呼ばれない。第二に、定義に示したような文字の構成は、それが記号に対する記号であるということ、つまり二重化された記号であることを含意している。文字が意味しているところの音声言語自身も、記号だからである。それは、著しく規約性の高い「共示《コノテーション》」のようなものである。文字の記号としての二重性は、文字の音声への従属に対応している。

文字をもつに至ったのは、ごく一部の言語に過ぎない。オングが、エドモンソンの研究をもとに述べるところに従えば、人間の歴史の中に現れた何千何万という言語のうちで、「文学」をもつほどまでに文字に没入した言語は、百六しかない。また現在話されている三千の言語のうち「文学」をもっているのは、わずか七十八だという（Ong［1982＝1991：23-24］、Edmonson［1971：323, 324］[1]）。また、言語の歴史は、ほとんど人類の歴史そのものと重なっているが、最も古い文字でも、紀元前三五〇〇年頃までしか遡ることができない。知られている限りでの最古の文字は、シュメール人の楔形文字である。文字をもたない時間の堆積が、それ以前に存在していたことは間違いない。文字を定着しえた社会とそれができなかった社会があるのはなぜか？ 文字はいかなる機制に媒介されて、特定の社会に根をおろすことができたのか？[2]

＊

ルロワ＝グーランは、ラスコーなどの壁画の研究を通じて、（右に定義したような）狭義の文字が登場するはるか前に、記号的な意味作用を担った図像表現（絵画）が存在していたことを示した。しかし、これは、まだ音声言語を指示する機能は担っていなかった。この文字以前的な文字を、ルロワ＝グーランは「神話文字」と名付けている。固有の意味での文字は、このような記号的な絵画を代理するものとして、登場してきたと考えてよいだろう（Leroi-Gourhan［1964＝1973］）。

　問題は、この代理＝転換を支持した原理である。ここでは多くの言語について精査する余裕はないので、この論考自身が依存している文字、すなわち中国起源の文字「漢字」から、主に考察の手掛かりを得てみよう。まさしく「文字」を意味する中国文字、すなわち「文」という文字を眺めてみよう。そうすると、今し方述べた推論、すなわち、文字は特殊な図像表現を代補するものだったとする推論に対して、傍証が与えられる。後漢の許慎《きょしん》による漢字の字形研究『説文解字《せつもんかいじ》』によれば、「文」は、線分が交叉する図形を象徴化したものである。「×」は、もちろん、典型的な図像表現として、図像表現を一般的に代表している。文字を意味する「文」という文字は、文字が図形の変容・変形だったことを示している。

　しかし、これだけではまだ不十分である。「×」は、「文」という文字の下部に対応している。では、

「文」の上部は、何を示しているのか？　漢字の起源となる、卜文や金文には、「文」と関係した文字は多数ある。これらを考慮に入れて、白川静［1976：29ff］は、『説文解字』の解説を越えて、次のような結論を出している。すなわち、「文」は、「大」と同じように、人間の身体を正面から捉えた像なのだ、と。この結論通りだとすると、「文」という図像は、人体の胸の部分を広く描いていることになる。「文」の古形では、この広い胸の部分に、「×」等の図形・文様が描かれている。

文

「文」の古形
（白川[1976:29]）

このことは、次のような推論を誘う。文字は、確かに図像表現に由来するものかもしれない。しかし、単にそれだけではなく、それは、とりわけ、たとえば「刺青」のような身体の表層部に刻印された図形の転態したものだったのだ。

この仮説が含意していることは、文字と（刺青のような）身体上の図像とは、ある特殊な観点のもとでは、機能的に等価な代理関係にあるということ、つまり文字は身体上の図像を乗り越えるものとして登場したということである。したがって、文字が一般化し普及した社会のもとでは、身体に図像を刻印する習俗は駆逐されるはずだ。実際、これらのことは、中国に関して推定される事実と整合する。中国の古代文献は、中国に文身の習俗（身体の表面、つまり皮膚に図像を描く習俗）があったことを、直接に証拠だててはくれない。しかし、これは、われわれの推定からすると避けがたいことだ。というのも、文献に記されるような段階、すなわち「文字」が浸透している社会では、身体に図像を備給する習俗は失われているはずだ、というのがわれわれの考えなのだから。だが、いくつもの中国の古代文献は、周辺の諸民族に、そのような習俗が見出される、と述べている。このことから、中国においても、以前は、類似の習俗があったと推論することは難しくない。しかも、それらの文献は、常に、このような習俗を、辺境の民族の野蛮なやり方として紹介している。つまり、中国の文字文化の担い手から見ると、身体の表層部に図像を備給する方法は、否定されなくてはならないものだったのである。

しかし、文字によって代替された、身体に図像を備給する操作とは、社会にとって何なのか？ それが、いくつかの社会において、どうしても欠かすことができなかったのはなぜか？ この点についてていねいに論拠を示しながら議論を展開していたのでは、あまりにも迂回路が長くなってしまう。ここでは、結論的なことがらをごく簡単に述べておくだけで、先に進むしかない（詳しくは、大澤［1992：389-402］を参照されたい）。

身体に図像を備給する操作がしばしばその身体に激烈な「痛み」を惹起するものであるということ、図像はその身体を外部から眺める他者たちに対して呈示されたものだということを、まずは念頭に置いておく必要がある。身体の表面（皮膚）に図像を描く操作は、非常に過敏な状態でこれを待ち受けていたその身体の志向作用（知覚）を、強く活性化するに違いない。ときには、それは、強い「痛み」を伴うほどにまで活性化される。もちろん、この身体の上で、求心化作用／遠心化作用も同時に活性化される。この場合、図像が描かれている様を見る身体においても、まさにその視覚とともに、見られている身体を遠心化の焦点とするような求心化／遠心化作用が活性化しているはずだ。ところで、求心化作用と遠心化作用の連動は、他者たちと直接に共在しているときには、その他者たちとの間の基礎的な――類推や感情移入を越えた――共感あるいは共苦の可能性を保証する操作でもある。共感（共苦）とは、あの身体（他者）へと遠心的に帰属されているものとして経験されている感覚（苦痛）を、同時に、この身体（自己）へと求心的に帰属させて感受することなのだから。したがって、身体に図像を描き込む操作は、刻印の現場を外部から眺める他者たちの集合的な視線、つまり多数の「眼」の体験と、次のようなかたちで連動することになる。一方で、見る「眼」たちは、図像が描かれつつある身体への遠心化を通じて、図像を描く操作にともなう皮膚感覚を共感・共苦するだろう。図像の刻印が鮮烈な「痛み」を与えるときには、この共感・共苦は、より完全なものとなろう。他方で、これとちょうど相補的に、図像を投入されつつある身体も、自らを眺める身体たちへの拡散的な遠心化を通じて、自らと感覚・苦痛を共有する他者たちの「眼」を体験するのだ。こうして、身体の表層に図像を描かれることに伴う感覚が、この感覚への「共感」を媒介にして、描かれた当の身体を越えた「共鳴」の連鎖を構成することになる。

この「共鳴」が完全であるとき——すなわち共感・共苦されている感覚の強度が高く、感覚の共有性への直感が伴っており、かつ共鳴の連鎖の空間的・時間的拡がりがある程度大きいとき——、連鎖において共有された感覚が各個別の身体の知覚から独立しているかのような錯覚が生ずるだろう。このとき、見る身体に対しても、また図像を描かれている見られる身体に対しても、彼らとは独立の、共有された感覚それ自身が帰属する超越（論）的な身体が存在しているかのような擬制が、生み出されるはずだ。擬制された身体をここで「超越（論）的」と形容したのは、それが、図像の投入に伴う苦痛や感覚を、妥当なものとして——つまり規範的に——承認する眼差しが帰属する身体として現れるからである。「超越（論）性」とは、ここでは、妥当な経験の可能性を構成する働きのことである。要するに、身体の表層への図像表現の刻印は、これを眺める集合的な視線を巻き込むことを媒介にして、表現を投入された身体を規範的に対象化する超越（論）的な審級——原初的な神——を擬制する効果をもっているのであるである。しかし、その実質からすると、超越（論）的な審級は、集合的な視線が実体化され、転態した形象である。

この超越〈論〉的な審級が投射されたことの反作用として、それによって対象化される身体——図像を備給された身体——自身が、二次的に、いわば超越化する。すなわち、図像の刻印は、身体（個人）を、物質的な内在性（自然性）の領域から、意味の形式的な秩序（文化の体系）へと上向させる操作なのである。なぜならば、図像の刻印に伴って発生する超越〈論〉的な審級の擬制的な視線を媒介にして、図像が刻印された身体が、規範的に承認された存在として定位されることになるからだ。それゆえ、図像が刻印されることによって、一方では、その身体自身が、記号化される（すなわち規範的な役割を担った存在へと整形される）と同時に、その身体にとっての対象的な世界が記号性を帯びる（すなわち意味的に同定された事物の秩序立った関係としてたち現れる）。要するに、身体に図像を備給する操作は、超越〈論〉的＝先験的な条件自身を、経験的にもたらす詐術のような技法なのである。だから、私は、これを「超越的な審級＝第三者の審級の先向的投射」——経験自身が経験に先立つ条件を投射するから——と呼んでいる。

この技法においては、超越的な審級が、経験に密着・癒合している。すなわち、超越的な審級自身が、図像を刻印するという経験的な操作の部分を形成しているのである。詳しく論ずることはここではできないが、私の考えでは、このような関係は、経験の領域の全体に対して一般化できる。すなわち、任意の行為において、不断に、まさにこのような投射が作動する。図像を刻印する儀式は、任意の行為にともなうこの操作を、いわば局在化させ、そのことによって極大化し、スローモーションのような仕方で可視化したものなのだ。

以上の（先立つ三つの段落で展開した）推論をあらためて要約すると、次のようになろう。第一に、身体に図像を刻印する操作は、規範が帰属する超越〈論〉的な審級——「神」の原初的な形式——を現実性をもったものとして擬制する効果を伴っている。第二に、超越〈論〉的な審級の作用のもとで、図像を描かれた身体が、規範的に承認された文化的存在へと超越する。第三に、以上のような関係は、任意の行為に随伴している。

これらの推論は、突飛な飛躍を伴ったものに見えるかもしれないが、これを支持する証拠はいくらでもある。しかし、ここでは割愛せざるをえない（詳しくは、大澤［1992：3-69, 特に58-62］参照）。ただ、「漢字」そのもののうちにも、以上のような、身体を「超越化」する操作が、明白な痕跡を止めている、ということだけは指摘しておこう。述べてきたような推論が正しいとすれば、身体に図像を投入する操作は、物質的な身体（個人）を、「人間」化する――文化的な存在へと整形する――操作である、と要約することができる。ところで、（人間として）生まれることを意味する漢字「産」は、「文」と「厂」と「生」の複合によって構成されている。厂は、額《ひたい》を示す象形である。だから、この文字は、誕生とともに、額に図像を刻印する習俗があったことを思わせる。図像を刻印されることではじめて、身体は、社会的に承認された「人間」として誕生することができたのだ。「文」とともに文字を意味する文字「字」は、『説文解字』によると、「授乳」の意味である（宀〔家〕の下にいる子〔あるいは声〕）。文字を意味する文字が、同時に「授乳」を含意しているということはいかにも奇異だが、述べてきたような事情を考慮に入れれば理解できる。授乳期の生まれたばかりの幼児の身体に、文字＝図形を刻印する習俗があったのである。

だから、図像表現は、身体を、単純な物質塊から人間へと上向させる。このような効果をもたらすのは、超越的な審級に投射された第三者的な身体である。だが、しかし、――先に述べた簡単な素描が示唆しているように――、この超越的な第三者の審級は、それ自身、内在的な経験に直接に依存してのみ存立することができる。つまり、経験に規範的な効果をもたらすはずの超越的な審級が、その当の内在的な経験の作用の帰結なのである。身体の経験的な水準と超越的な水準の間に循環が構成されてしまうのだ。このように、（身体と対象的世界の）記号性を保証するはずの超越的な審級自身が、内在性の領域へと反転してしまうのだとすれば、その結果は絶大である。このとき、記号化された対象が表示する「意味」は、不可避に多義的（両義的）なものとならざるをえないからだ。ちょうど、自己言及的な文の真理値（意味）が固定できないのと同様に。このような記号は、もちろん、「文字」として定着することはできない。記号的な表現と意味との結びつきが、偶有的なものにとどまる（他でありうる可能性を排除できない）からである。

2　文字の神秘力

文字が導入されたとき、しばしば、「書かれたもの」に神秘的な魔力が宿るとする想念が、広く人々に共有された。このような初期の想念は、今日の言語の内にも痕跡をとどめている。たとえば、オングは、中世において書物についての学識を意味していた英語“grammary”がたどった変遷について、紹介している。この語は、今日の“grammer”の直接の語源だが、同時に「隠された魔術的な知恵」をも意味していた。この後者の意味は、スコットランド方言を経由して、今日の英語の中には、“glamor”（呪文を投げる力）という語に変形されて現れている。「グラマーな（魅力的な）女」というのは、「grammer な〔文法の知識をもつ〕女」に由来するのである。

文字に関して感受されたこのような神秘力は、他にも、さまざまな場面に露呈する。たとえば、中世の北欧のフサルク文字、ルーン文字は、魔術に結びついており、文字が書かれた断片は、そのままお守りになった(3)。文字の読めない人が書物を額に押しつけるだけで御利益が得られるとする信仰や、テキストの書かれた祈禱回車をまわしただけでしかるべき回数の祈禱を行ったのと同じことになるとする観念なども、文字の神秘力に由来するものだろう。オングは、南太平洋の島々に見られる「カーゴ・カルト〔積み荷崇拝〕」もまた、積み荷の受渡しのときに交換される書類（領収書・受取証など）が喚起する魔力を（部分的な）支えとしていたのではないか、と推定している。

記憶の補助手段に過ぎない文字に、このような神秘が宿ると考えられていたのは、なぜだろうか？文字の存立を可能にした社会的機制を知るための手掛かりが、ここにあるかもしれない。文字の神秘力について、さしあたって指摘しておくことができるのは、文字に接する者にとって、それは外的ではあるが、疎遠なものではない、ということである。外的だというのは、それが、不可抗な作用として体験されているからである。それは、文字を読めない者に対してすら――そのような者には一層強く――作用する。疎遠ではないというのは、この外的な作用が、文字に接した者の体験の地平（前提）を、積極的に構成・選択する機能をもつものとして、現象しているからである。

＊

文字は、まず最初に、土俗的な共同体を越えた「帝国」の範囲内で流通する「規範的な共通語」として使用されることによって、広範に一般化された、ということを思い起こしておこう。その典型は、ローマ帝国の域内で使用されたラテン語である。漢字もまた、中華帝国の域内で使用された共通語だった。これらの言語は、個別の共同体を越える普遍的な知識を、とりわけ学術的な知識を、表現するのに用いられた。それゆえ、――柄谷行人［1992］が強調しているように――、これらの言語の使用は、各民族の宗教を越えた「普遍思想（世界宗教）」の導入と連動している。これらの学術的な「文字」は、「普遍思想」を存立させたのと同じ社会的な文脈を基盤としているのである。ラテン語や漢字とほとんど同じ時期に、他に、いくつもの同類の学術的な言語（文字）――ラビ語、古典アラビア語、サンスクリット語、そしてときにはビザンチン・ギリシア語――が、ヨーロッパとアジアで発展した。

これらの帝国の「共通語」においては、音声と文字の間の関係は、言ってみれば間接的なものである。ラテン語や漢字のような文字は、異なる地域で、異なる仕方で音読されたからである（先にも述べた事実、すなわち日本人の漢字の読みは、中国人のそれとはまったく異なっているという事実を想起してみよう[4]）。それゆえ、柄谷行人［1992：249］は、ラテン語や漢字は、「エクリチュールとしてあり、基本的に音声とは別」だと断じている。

もちろん、こういった音声の多様性は、言語そのものの多様性を基盤としている。帝国の内部における言語の多様性は、帝国の上に単一の共通語（文字）が支配する上で、なんの障害にもなっていない。むしろ、共通語（文字）は、言語の著しい多様性をこそ、その生存の条件としていたのである。オングは、ラテン語について、次のように述べている。

そうした話し手たちが話す言葉は、その起源〔ラテン語〕からあまりに遠ざかり過ぎていたのである。しかし、学校教育や、それとともに、教会や国家の公式の場での話の大部分は、まだラテン語でおこなわれ続けていた。実際、他に〔ラテン語に〕かわるものがなかったからである。ヨーロッパは、何百もの方言の泥沼であったし、それらの大部分は、今日にいたるまで一度も文字に書かれたことがないものなのである。無数のゲルマン方言やスラヴ方言を話す諸部族、さらには、より異邦の言語、つまりマジャール語や、フィン語、トルコ語などの非印欧語を話す諸部族さえヨーロッパにはいりこんでいた。学校や大学で教えられていた文学的、科学的、哲学的、医学的、神学的著作を、こうした無数にある、もっぱら口頭で話されている日常語に翻訳することは不可能だった。おそらくほんの五十マイルも離れただけで、住民どうしのあいだでたがいに理解できなくなるくらいにそれらの日常語

が違ってしまうこともしばしばあったのである。（Ong［1982＝1991：232］）

このような状況は、——柄谷行人［1992：249］が指摘するように——、帝国が、その支配に矛盾しない限り、内部の共同体の言語や慣習に無関心であったことを意味している。このような帝国的な文字言語の存在の仕方は、だから、先に述べたような文字の神秘力のあり方に、ちょうど対応している。それらは、共同体の構成員たちにとって、外的なものだが、疎遠ではありえないからだ。文字は、直接には彼らの日常の生活に浸透していないが(5)、文字によって表明されている知や思想（規範）は、そこから逸脱することが許容されていない最終的な前提を提示していたのである。実際、帝国の共通言語（文字）は、文字の神秘力と形式的に同型的なあり方を呈していただけではなく、そのような神秘力の発動を積極的に支持していたことがわかる。

もちろん、すべての人が、ラテン語や漢字を使いこなせるわけではない。文字という手段が社会的に確立されていたとしても、多くの場合、読み書きの能力をもっていたのは、ごく少数の人々に限られていた。このような社会では、しばしば、書かれたものは、不用意な読者に危険をおよぼすと——つまり神秘的な力を宿していると——考えられていた。だから、読み手とテクストを仲介する導師のような人物が必要になる（Ong［1982＝1991：194］、Goody and Watt［1968：13］）。さらには、読み書きが、書記（聖職者）のような特殊な集団に限られてしまう場合もあった（Ong［1982＝1991：194］、Tambiah［1968：113-4］）。つまり、このような社会では、文字は、特定の者に独占的に使用されていたという意味で、エリート主義的であり、そのことによって、神秘的な力についての独特な観念と結びついていたのだ。次のように言ってもよいかもしれない。すなわち、神秘力の外的な性格が、共同体の生活からは遊離したエリート集団の存在様態と符合し、そのような集団を文字の担い手として析出したのだ、と。

文字の神秘力とエリート主義のこのような繋がりを、最もシステマティックに利用したのは、おそらく中国である。支配層である官僚の選抜試験「科挙」は、行政上の職務に必要な知識の有無を確認するためのものではなく、もっぱら文字と文学についての知識を問うものだった（Weber［1947＝1971：204］参照）。文字を伝統的な手法にしたがって自在に扱う能力が、読書人たちの「カリスマ」を保証したのである。

3　文字の機制

以上に概観したような事実を考慮した上で、もともとの問いにもどってみよう。われわれの本来の問いは、文字の存立を可能にした機制は何か、ということである。1節で述べたように、文字は、原始的な超越性を投射する機制を代替する装置として登場する。しかし、文字の登場は、このような機制の特殊な変形をともなっていた。

2節で考察した諸事情は、次のような変形を示唆しているだろう。原始的な段階においては、規範的な効果をもつ超越（論）的な審級は、経験的な審級に癒着している。文字が登場するのは、このような癒着が克服されるとき、すなわち、超越的な審級が内在的な経験の水準から切り離されたときなのである。超越的な審級の切り離しとは、超越的な審級が、経験・行為が実現されているときにはすでに完了してしまっているような選択の帰属場所として現象し、しかも、その先行的な選択が経験・行為の前提として受容されてしまう、ということである。つまり、切り離された超越性は、経験・行為の選択性に直接に帰することができない、（経験・行為の）前提を供給する場所として機能するのだ。文字の神秘的な力――外的でありながら完全には疎遠ではありえないという両義性――は、超越的な審級のこのような切り離しを反映するものであろう。このとき、超越的な審級は、諸行為に前提を供給する外的な他者として定位されているのだから。

超越的な審級が経験的な内在性の領域から分離することによって、記号の秩序の編成は異なったものになってしまう。第一に、いまや記号は一義的（無矛盾）なものとして現れ、記号（表現）と意味の結合が、――記号の使用者たちの視点から眺めると――必然的なものに見えてくる。記号を多義的なものに仕立て上げていた、身体の内在性と超越性の間の自己準拠的な循環が、断ち切られたからである。

第二に、記号は、一義的であるというまさにそのことによって、切り離された超越性（の効果）そのものを、つねに同時に意味していることになる。超越的な審級が外的な場所に切り離されているということは、それが抽象的なものとして定在しているということである。だから、視覚的な記号（図像表現）は直接の意味だけではなく、抽象的（理念的）な水準に成立しているもう一組の記号に対する記号となる。つまり、図像は、図像そのものとしての意味作用とともに、抽象的な記号関係をも意味しているのである。この抽象的な記号関係の中で、意味されているのは、外在化された超越性そのものである。

この抽象的な記号関係を現実化する記号媒体は何か？　それは、抽象性と一義性（一貫性）を基本的な属性とするものでなくてはならない。それこそが「声」なのである。

第一に、音声は、把捉可能な空間的形象を残さないので、抽象的なものとして――視覚や触覚にとって間接的なものとして――受容される。第二に、音声の継時的な性格と、一義的な記号の線的な性格とは、適合的な関係にある。一義的な記号は、線型に結合することができる。他方、音声は、時間にそって、線的に発せられるしかない。そうであるとすれば、音声こそが、要請されている一義的な記号にふさわしいものである。こうした二つの条件によって、図像表現を究極的に支えている抽象的な記号が、音声になる。文字は、ここに成立するのだ。だから、文字が、最終的に意味しているのは、超越的な他者から発する「声」だということになる。書かれたものが神秘性を宿し、文字についての知識が魔術的な影響力をもつのは、文字を通じて、経験の最終的な規範的制約であるような超越的な「声」が聞き取られてしまうからなのだ。

オングはグディにしたがって、書くことは「うしろ向きの通覧」を可能にすることで、言葉の不整合（矛盾）を除去した、と述べている（Ong［1982＝1991：216］、Goody［1977：49-50, 128］）。またオングは、文字によって言葉が空間的な対象性を獲得するということのもつ意義を強調する（Ong［1982＝1991］）。オングは、空間的な図像表現が時間的な音声に従属するまでの以上にみたような過程を、いわば、逆側から眺めているのである。オングが主題化した文字言語の空間性とは、音声の時間的な性格が論理的な順序に置き換えられることから生ずる、孤立した――つまり論理的に閉じた――体系性のことなのだから。

帝国という支配の様式は、文字の存立を可能にした超越性の構成に見合ったものである。帝国は、諸共同体の外部に、それら諸共同体を統括する支配の座が分離されたときに、成立のための条件を与えられるのだから。帝国は、共同体の日常を統括する規範化の作用（内在性の水準、あるいはより厳密には内在性＝超越性が癒着した循環の水準）の上に積み重なった、もうひとつの超越性（切り離された超越性）として君臨するのである。だから、帝国は、その内部に統合される各々の共同体の相対的な自律性――帝国的な支配のための若干の諸前提の内部で許容されている自律性――を保存し、したがって、共同体間の多様性に対して寛容である。そのような帝国の支配とともに、諸共同体の全体に妥当するような規範として、「普遍思想（世界宗教）」が登場する。「普遍思想」が含意している選択の作用（妥当／非妥当の区分）は、この外的に分離した超越性に帰属するものとして認知されることによって、機能するだろう。

他方で、諸々の共同体を統括する帝国的な支配が可能であるためには、個別の土俗的な共同体自身が内的に閉鎖することなく、その同一性《アイデンティティ》を外部に依存させていなくてはならない。言い換えれば、帝国に統合されることになる個別の共同体は、自らを定義するような規範の座（規範の選択作用が帰属する場所）を、それ自身の外部に見出そうとする性向を宿していたのである。この点に留意すると、柄谷行人の次の指摘が、非常に興味深いものに見えてくる（柄谷［1992：251-2］）。柄谷が注意を促しているのは、帝国の共通語が、しばしば帰化人たちによる翻訳を通じて形成されている、ということである。たとえば、イタリアの一地方の固有語だったラテン語は、ギリシア人たちが参画したギリシア語文献からの翻訳の作業によって、学術言語に仕立てあげられた。同じように、最初の書き言葉である漢文をもたらしたのは帰化人であり、中国に仏典の漢語訳をもたらしたのもインド系の帰化人たちである。決して、特殊な地方の俗語が単純に拡散して、帝国の共通語が形成されるわけではない。共通語は、諸々の共同体の「外部へと依存しようとする性向」に便乗するようにして形成されたのである。つまり、それは、「外部の言語に由来する意味を共同体の言語にもたらす」という形式によって、規範的な言語としての位置を確立するのだ(6)。

4　国語の成立

文字は音声に従属する図像だと述べておいた。しかし、すでに述べたように、帝国において流通していた文字においては、文字と音声との関連は、まだ間接的なものである。文字の音声への従属を最終的に完結させるのは、近代に到って、「国語（national language）」が形成されたときである。もちろん、それは、近代的な国民（nation）の形成と連動している。それは、初期の文字の一般化が帝国の形成と並行していたのと同型的である。柄谷［1992：246］は、「ネーションの形成においては、時差はあっても、世界的に、例外なく、「言文一致」と類似する問題が生じて」おり、「それは、影響の問題ではなく、ネーションの核心に存するものである」と述べている。

近代以前の帝国は、文字と音声の厳密な一致を要求しなかった。文字は、むしろ（個別の共同体の）音声からの乖離こそを、その存在条件としていたのだから。言文一致（文字の音声への従属）は近代化の過程においてのみ、現れる要求である。しかし、言文一致は、単純に、文字が（特定の）音声言語を模倣することによって可能になったわけではない。つまり、言文一致がそれ自身、音声中心主義的な仕方で実現したわけではない。このことを、柄谷は巧みに論じている。文字的な審級が――あるいはより厳密には文字を可能にした審級が――、「音声の中心性」という錯覚そのものを形成しているのである。そこでは、基本的には、ここまで論じてきたものと同様な機制が作動している。その機制は、近代化の過程で、言ってみれば強化されて反復されたのである。このことを、簡単に論じておこう。

そもそも、柄谷がソシュールを引きつつ論じているように、（音声）言語の同一性そのものが、文字を離れては実在しない。われわれは、「日本語」といい、「フランス語」といい、また言語を「一つ、二つ、……」と数えたりするが、このような言い方を可能にする言語の明確な境界線は、国民国家的な制度が、特定の空間的な範囲に妥当する特定の言語を公式化してから後に生じたものである。言語の同一性を形成したのは、文字である。しかも、空間的な普及力をもった文字、つまり印刷された文字である。オングは次のように述べている。

書くことと印刷から、ある特殊な方言〔地域言語〕が生みだされる。……大部分の言語は、書くことととまったく縁がない。しかし、ある種の言語、いっそう正確に言えば、ある種の方言は、書くことに多大の精力をつぎこんできた。イギリスやドイツやイタリアのように一群の方言があるところでは、しばしば、経済的、政治的、宗教的な理由、あるいはその他の理由から、書くことに結びつくことによって、一つの地域方言が他の方言からぬきんでて発展し、その結果、その方言は、国民言語〔国語〕になる。そうしたことが起こったのは、イギリスでは、ロンドンの上層階級の英語、ドイツでは高地ドイツ語（南部高地人のドイツ語）、イタリアではトスカナ語である。（Ong［1982＝1991：221］）

こうしてできた言語は、単純に、すでにあった方言の普及とみなすべきではない。それは、新しく形成された言語なのである。オングは、続けて、次のように論じている。

これらはすべて、もともと、事実上、地域方言ないし階級方言だった。しかし、書くことをとおして整序される国民言語としての地位をえることによって、広汎なしかたでは書かれることのない他の諸方言とは異なる種類の方言ないし言語となったのである。グフマンが指摘しているように、文字で書かれる国民的な言語は、もとの、方言としての基盤から切り離されなければならなかった。つまり、方言的な形式のあるものは捨て、方言とはまったく異なった源泉からさまざまな語彙の層をつくりだし、さらには、ある種の特殊な統辞法さえもつくりだしたのである。このようにして確立された文字で書かれるこの種の言語のことをハウゲンは、適切にも「文字言語 grapholet」と呼んだ。（Ong［1982＝1991：221–2］）

問題は、このような国語の構築が、いかなる要因に媒介されて可能になったか、ということである。図像の音声への従属に文字の本性があるとするならば、アルファベットこそが、このような本性に最も忠実な言語であるということができるだろう。ここでアルファベットというのは、音を直接に拾い上げながら、空間的な等価物に還元していく文字のことである。[7] 音声中心主義的な近代の運動にとって、アルファベットは有利な基盤を提供したに違いない。もっとも、アルファベットの特権性を強調しすぎてはならない。音声への従属は、絵文字のようなものも含む任意の文字の条件であって、アルファベットにのみ見られることではない。逆にいえば、すべての言語は、なにがしかの程度において、アルファベット的である。そして実際、どのような言語のもとでも、言文一致的な運動は起こりうる（ときには、その運動は、文字をアルファベットに置き換えようとする主張と結託することもあるが）。

文字の本性を最も直接に実現するアルファベットは、文字を存立させた志向を、徹底的に推進させる。文字は、もともと、諸民族共同体を通約する国際共通語のようなものだった。この国際性という点でアルファベットにまさるものはない。音を直接拾いあげるアルファベットは、どんな外国語の処理をも可能にするからである。漢字の場合は、絵文字的な図についての規約性によって、概念を表示する。この場合には、一方では、個別の共同体の音声的な多元性が放置されるという意味で、各個別の共同体の孤立が容認され、他方では、図像と概念の結びつきについての膨大な規約を知らなくては利用できないという意味で、漢字文化圏そのものが、再び共同体的に閉じることになる。あるいは、アルファベットの直接の母胎となったセム語のスクリプトは、母音を表示せず、子音だけでできているが、それは、子音――つまり音の流れの分節化についての指示――だけで発音したり、語を理解することを許すような、共同体の暗黙の共通知識を前提にしている。その限りで、セム語は、共同体的な閉鎖を肯定しているわけだ。それに対して、アルファベットは、際限なく「国際化（国際的な普及）」しうる可能性を秘めている。しかも、間共同体的な共通性を、文字が表示する概念の水準ではなく、音声そのものの水準にまで浸透させる潜在的な可能性を秘めているのである。それは、もともと「文字」に特殊な存在理由を与えていた音声的な多元性を、切り崩す潜勢力をもっているわけだ。もっとも、その可能性は、――たとえばラテン語が多様に発音されていたという事実にも端的に示されているように――、徹底して追求され、実現される、ということはなかったのだが。

しかも、音声に直接に照準するというその単純な方法のために、アルファベットは、――主として概念に照準している漢字のような場合と異なり――ごく簡単に覚えられる。だから、アルファベットは、文字の社会的な所有の様式――すなわちエリート主義――をも切り崩す可能性をもっているわけだ。つまり、アルファベットは、オングの表現を借りると、「民主主義的」なものなのである。この民主性のゆえに、アルファベットは、文字の「国際性（すなわち普遍的に浸透しようとする圧力）」を、実効的なものにまで高めるのである。

繰り返せば、アルファベットに懐胎されている可能性は、そのまま実現されたわけではない。だが、それでも、近代化の過程で、音声の中心的な意義を強化しようとする衝動が生じたとき、アルファベットを使用しているという事実は、有利な基盤を与えたことは確かだろう。

十五世紀の半ばに、李氏朝鮮において人為的につくりだされたハングルは、完成度の高いアルファベットである。それ以前に、朝鮮語は、漢字のみによって書かれていた。ここで注目しておきたい事実は、李氏朝鮮の帝国に対する両義的な関係である。一方では、それは、帝国の否定、帝国からの離脱に方向づけられた国家である（元からの独立）。しかし、他方で、李氏朝鮮は、それを、まさに帝国に依存することによってなし遂げたのである（明への服属）。便利で合理的なハングルは、しかし、すぐには普及しなかった。それは、李氏朝鮮が、まだ、帝国的な社会編成の内部にあったからであろう。ともあれ、ここで注目したいのは、音声に直結した文字を構想しようとした王朝の、帝国との両義的な関係性である。

ダンテは、俗語（言文一致）で『神曲』を書くことによって、イタリア語という国語の基盤をつくった、と言われる。しかし、柄谷［1992］によれば、ダンテの文字言語が、イタリア地方の規範的な文字言語になったのは、別に彼が標準的な方言を選んだからではない。そうではなく、ラテン語を翻訳するという形で、標準的な方言を利用したからである。「俗語」は、もちろん、ラテン語という帝国の言語に対立するものとして選ばれている。にもかかわらず、その「俗語」は、帝国の文字言語に依存してのみありえたのである。

このような構造は、柄谷によると、言文一致的な方向をめざす、近代のあらゆる運動に共通している（フランス語の基礎になったデカルト、ドイツ語をつくりだしたルターの『聖書』翻訳、スペイン語の基盤を築いたセルヴァンテス、江戸時代の俗語文学、そしてもちろん明治日本の言文一致運動等々）。それらが、音声を忠実に書き留めているかのように見えるのは、錯覚に過ぎない。それらの運動は、すでに規範的であるような文字言語を、俗語のように見えるように、つくり替えることなのである。そうすると、共同体にとって外的だった（つまり非俗語的だった）文字言語が、内的なものとして再生する。このダイナミズムは、実は、ギリシア語からの翻訳によって、イタリア地方の一方言をラテン語として創造した過程の反復である。しかしそれは、強化された反復だ。

「強化された反復」だというのは、以上の運動を、次のような機制として捉えなおすことができるからである。すでに述べたように、文字は、まず、経験に癒着していた超越的審級を、外部に切り離したことの効果として、成立する。国語の形成とは、このいったん切り離された超越的審級を、再び内的な経験の方へ向けて回収することなのである。一度経験の水準から切断された超越性は、切断された状態のままで――つまり経験の内在的な層からは分析的に区別されうる契機として――、個人に内部化されうるのだ。外部に切り離された超越性は、つねに、規範的な前提を構成する選択として受け取られていた。これが個体に内部化されるということは、規範的な選択自身が、「自己」に帰属しているかのように現象するということである。外的な超越性の回収＝内部化は、具体的には、たとえば、規範的な文字言語の俗語的なものへの翻訳という形式をとる。「音声中心主義」というのは、この内部化が生み出す錯覚である。(8)

注

（1）後に述べるように、また柄谷行人［1992］がソシュールを読解することを通じて述べているように、言語を一つ、二つと数えることは原理的にはできない。また、たとえば（文字をもつ言語としての）「日本語」という統一性は、文字以前には存在していない。それは、文字が与える同一性なのである。

（2）もちろん、デリダが主題化しているような書字（écriture）は、普遍的に見出される。しかし、ここで対象になっているような文字は、すでに音声の中心性に従属しているような書字である。

（3）オングは、ナイジェリアの小説家チヌア・アチュベが描いた次のようなエピソードを引用している。イボ人の村に住む、文字を読めるある男が、新聞、ボール紙、領収書など、入手したあらゆる印刷物をためこんでいる。「それらはすべて、あまりにかれの目をひいたので、捨てるにしのびなかったのである」（Ong［1982＝1991：194］）。

（4）こういった事情は、ラテン語の場合も変わらない。「学術ラテン語は、ヨーロッパのなかで、しばしばたがいに理解できないようなしかたで発音されながらも、つねにおなじしかたで書かれた」（Ong［1982＝1991：234］）。

（5）たとえば、ラテン語は幼児語をもたない。オングが述べているように、それは、幼年期の生活から切り離されているのである。つまり、ラテン語を、「最初の言語」として学ぶものはいない（Ong［1982＝1991：234］）。

（6）本章のここまでの私の議論は、枢要な部分に関して、大澤［1992：389–402］と重なっている。もちろん、今回、新たに加えられた論点・論拠も多い。だが、もちろん、いくつかの部分は、逆に省略されている。とりわけ、超越的な水準の切り離しがいかにして実現するのか、共同体の外部への依存を積極的な帝国的な支配へと転換するのはいかにしてか、といった問題については、大澤［1992］を参照していただきたい。また、このような帝国と、現代のわれわれの社会にとってはなじみの「国民」や「国民国家」とが、存立の機制に関してどのような決定的な相違を有するかということについては、大澤［1993-4］を参照されたい。

（7） これは、単純な表音文字以上のことである。たとえば、日本語の仮名は、音節文字であり、各記号は、子音と母音のセットを表示する。それは、多様な子音連続の起こりうる言語を表現する能力をもたない。

（8） 超越的な審級の内部化（再回収）によって形成される国民国家は、帝国の場合にそうであったような外的な統一性としてではなく、直接の経験（感情）の共有にもとづく統一として受容される。つまり、それは、美学的な色彩を帯びる（柄谷［1992：255］参照）。

V　聞こえない声

1　内面の「声」

世界中どこでも、社会の近代化の過程で「ネーション（国民）」が形成されていくとき、俗語化の運動が生ずる。俗語化とは、ラテン語のような学術的な文字によるものではない、「俗語」による文字の表現を――とりわけ印刷出版された文字の水準において――確立しようとする運動である。もちろん、これらの「俗語」が、通常、「国語」になる。

ヨーロッパ（とりわけ西欧）に関して言えば、「俗語」による出版物は、十六世紀末から十七世紀あたりを境にして、急速に増加している。十七世紀に入る頃、すなわち古典主義時代の入り口が、ラテン語の没落の開始と俗語の興隆の開始がちょうど交差する時期だったことになる。[1] たとえば、十七世紀にホッブスは、ラテン語で著述活動を行っており、それゆえ全ヨーロッパ大陸で名声を博したが、ほぼ同じ時期、シェイクスピアは俗語で創作していたため、大陸ではまったく無名の存在だった。デカルトとパスカルの書簡はラテン語で書かれているが、すぐ後のヴォルテールになると、実質的にはすべてが俗語で書かれたのである。[2] これらの「俗語」による出版活動は、さしあたっては、ナショナリズムとは関係ない。

ヨーロッパにおいて俗語化がナショナリズムと結びついて圧倒的に強化され、推進されたのは、十八世紀末から十九世紀にかけての時期である。この時期、「俗語」の出版物の量が、さらに加速されて増大する。その「俗語」出版物の中心には、ベネディクト・アンダーソンがシートン＝ワトソンなどの研究を受けて述べているように、「俗語」そのものを反省する「俗語」の出版物の群れが、すなわち、俗語の辞典の編纂、俗語の文法研究、そして俗語による文学（特に小説）があった（Anderson［1983＝1987：125］, Seaton-Watson［1977］）。出版物の増大にちょうど対応して、それらの消費者が増大していく。これら消費者こそが――とりわけその中心を占めていたブルジョワジーこそが――、ナショナリズムの主たる担い手であった。ヨーロッパの「俗語」の辞書編纂革命の軌跡を追っていけば――アンダーソンの比喩を転用すると――ナショナリズムの弾薬庫が一つまた一つと爆発し、次なる爆発を誘発していく様を見届けることができる。

だから、（広義の）俗語化は――ヨーロッパにおいては――二つの段階を経由して進められたと考えられる。第一に、「俗語」の出版物が登場し、やがて出版物市場の主流を占め、「俗語」の文字表現を準備する段階がある。第二に、「俗語」そのものを、学問的なやり方で、あるいはまた表現そのものを自己目的とする活動（文学）の中で使用することで、反省し、確証していこうとする段階がある。俗語化を、「俗語」による表現を意識的に確立しようとする志向によって定義するならば、後者の段階こそが、真正な（狭義の）俗語化の運動だということができるだろう。俗語化の運動とナショナリズムの結びつきが顕在化するのは、とりわけこの後者の段階においてである。もっとも、そのような狭義の俗語化（とネーションの形成）が可能であるための潜在的な地平は、前者の段階の出版活動（とそれを支えた政治的・社会的な体制）によって準備されていたはずだが。

「俗語」による文字表現とナショナリズムの結びつきは、ヨーロッパに固有な現象ではない。アンダーソンが見事に示しているように、それは、ヨーロッパの外部でも一般的に見られることである。たとえば、本国からの独立を志向するアジア・アフリカの植民地のナショナリストが、なぜ例外なく「若かった」のかということを、この点から説明することができる。植民地のナショナリストたちは、しばしば、「青年○○協会」とか「青年××会議」などといった名称の組織を設立した。一方で、これらの植民地のナショナリストの言う「若さ」は、特殊な象徴的・政治的な意味を表示しているのであって、若い青年が全員、そのような組織の賛同者だったわけではない。しかし他方で、「若さ」や「青年」ということが、革命的な理想主義を表現する単なる比喩にすぎないと考えることも間違っている。実際に、ナショナリズムは、その語に相応しい社会的な層によって担われていたのである。植民地において、「青年」とは、結局、ごく極端な例外的な個人だけではなく、かなりのまとまった数の人々が西欧的な教育を受けた、最初の世代を指示しているのである（Anderson［1983＝1987：201–2］）。彼らの特徴は、「文字」の読み書きができたということ、しかも、彼ら自身の言葉（「俗語」）を「文字」に写すことができたということである。つまり、「国語」の文字表現を、世代の水準で最初に獲得した者たちが、植民地のナショナリストだったのだ[3]。

＊

この俗語化の運動を、柄谷行人［1992］がそうしているように、「言文一致」の運動と見なすことができる。言文一致とは、もちろん、「文字」を「声」に厳密に合致させようとすること、したがって「文字」を「声」の透明な再現となすことである。Ⅳ章で論じたように、音声への従属は、文字という図形の本性に属することではある。しかし、他方で、通常、文字は、声に対して、固有の外在性を主張しもする（たとえば、漢字は、どのように読まれてもそれに相応しい意味作用を有する）。言文一致は、この文字の外在性を還元してしまい、文字（図形）の音声への従属を完成させようということである。言文一致のもとでは、「文字」は、文字としての意識をともなわずに読むことができるようになるはずだ。

「文字」と「声」との間の隙間が完全に埋められなくてはならないのは、なぜか？　「文字」の「声」に対する従属が完全でなくてはならない、とする理念が生ずるのは、なぜだろうか？　「声」においては、話すことが聞くことに厳密に一致している（と信じられている）。つまり、「声」というメディアを用いた場合には、シニフィアン（記号）の列が対象化され、生産されたままの状態において、受容され、最終的に消費することが可能である。もちろん、そのようなことが可能なのは、自分で話したことを自分で聞いている場合に限られる。「声」においては、意味を担ったものとしての対象の現前と、その対象を現前させる作用自身の現前とが、同時に確保されているわけだ。

「声」による表現の根本的な特徴は、このように、シニフィアン（記号）を対象化する作用（話すこと）と対象そのもの（聞かれる声）との極限的な近さにこそある。この近さ――というより距離がまったくないということ――は、対象である声を話す自己の方へと直接に折り返し、両者の間の一切の挾雑物を排除することを可能にする。要するに、「声」は、他者をまったく介入させない表現の様式、つまり「独白」という様式によって機能することもできるわけだ。それどころか、「声」の特徴を以上の点にみるとするならば、独白こそが「声」がその本来の機能を発揮する固有のやり方だ、ということになるだろう。それゆえ、「声」が特権化されているとき、その「声」が位置づけられるべき場所とは、個人をまさに個人として他者から分かつ性質を代表するような部分、他者による代替が原理的に不可能な部分でなくてはならない。そのような部分とは、個人の「内面」である。

したがって、要約すれば、「声」を特権視する態度は、次のような前提をもっていることになろう。第一に、個人の内奥に非空間的な心的な場所としての「内面」が存在していること、第二に、その「内面」こそが、シニフィアン（記号）によって表現されている「意味」の起源であるということ、これらのことである。自分で話していることが直接に自分で聞かれる「声」は、このような「内面」に最も近接しているメディアであることによって、特権的なのだ。「文字」をはじめとする他の表現のメディアは、「声」に対して、必然的に二次的なものとなる。このような「声」の内面性（「内面の声」）という身体感覚は、もちろん、デリダが「現前の形而上学」と呼んだ事態を純粋化したときにもたらされる現象である。また「声」という内面性の特権化を、個人の主観性（＝主体性）の成立を示す指標と見なすこともできるだろう。話すことを直接に聞くという循環は、行為と認識に伴う選択の作用の自己原因の構図（これこそが主観性＝主体性を定義する）を、表現の領域に写したものなのだから（大澤［1990a：309-318］参照）。

＊

言文一致を求める運動は、主観性（主体性）の確立にともなって生ずる。言い換えれば、個人における主観性（主体性）の成立は、印刷出版された文字の世界で「俗語」が一般的に普及するという現象のうちに表現されている。

俗語化という現象を、次のように解したくなる。――文字というコミュニケーション・メディアの登場に先立って、声（と図形、身振り）を主要なコミュニケーション・メディアとするような段階が存在している。文字の登場は、声を後景に斥ける。すなわち、文字の方がより価値の高い（威信の高い）コミュニケーション・メディアとして使用され、声の意義が相対的に低下するわけだ。言文一致は、文字との関係で貶められていた声の意義を、あらためて回復しようとする試みである。

このような理解は、しかし、間違っている。文字に先立つメディアとしての声と、言文一致が準拠としている「声」とは、まったく異質なものだからである。まず確認すべき事実は、出版語として採用された「俗語」は、本当の口語ではない、ということである。出版語は、フランス語、英語、スペイン語といった単位で成立するが、実際の口語は、きわめて多様であって、このような水準の統一性をもっているわけではない。フランス語という名に下属することになる多様な口語を話す者たちの間で、会話によって互いを理解することが不可能なほどに、言語は多様だったのである。いわゆる「俗語」は、単純に実際の口語を文字に写し取ったものではない。フランス語、英語などの「俗語」は――Ⅳ章でも述べたように――、文字、とりわけ印刷出版された文字によって導入された統一性なのである。

この「俗語」が標的としているコミュニケーションの場の統一性は、ラテン語（学術語）の下位、実際の口語の上位にある（Anderson［1983＝1987：80］参照）。二重の意味において、そうである。第一に、文字が妥当している空間的な範域が、このように中間的なものである。「俗語」は、ラテン語のように全ヨーロッパで通用するような一般性を有してはいないが、口語よりは、はるかに広い領域で通用した。第二に、文字自身が持っている価値（威信）に関して、「俗語」は、やはり中間的である。

柄谷行人［1992］は、「俗語」の形成に関して、どこでも同じパターンが繰り返されているという事実を指摘している。すなわち、「俗語」は、標準的な方言を忠実に再現することによって成立するのではなく、先立って存在している規範的な言語――たとえばラテン語――を、俗語らしく見えるように翻訳することを通じて導入されたのだ、と（それは、逆に俗語の方から眺めれば、「規範語」のような格調をもっている俗語に見えるはずだ）。「俗語」が価値の序列において、ラテン語と本当の俗語との中間的なポジションに置かれることになるのは、さしあたっては、このような事情に由来しよう。

この指摘に導かれて、われわれはⅣ章において、次のように推論したのであった。本来、文字が成立するためには、社会の規範的な統一の準拠となるような超越性を、経験的な内在性の水準から切り離すことが条件となる。「俗語」が規範的な言語からの翻訳という形式で導入されたということは、「俗語」の形成が、この文字をもたらした機序の再帰的な反復であるということを含意している。超越性を経験的な内在性の水準から分離するということは、二つの対立的な要請を両立させることである。すなわち、超越的な審級は、第一には、個々の経験に対して外的でなくてはならず、第二には、経験の地平を積極的に構成する作用素として働くという意味では経験にとって疎遠なものであってはならない。俗語らしく見せる翻訳は、この二つの要請を次のような仕方で両立させる。規範的な言語のもつ権威によって、「俗語」の外的な超越性を確保し、俗語らしい調子によって、この新しい文字言語と経験の領域の親密な関係を形成した。もちろん、ラテン語のような規範的な文字言語が成立しているときすでに、この文字言語に対して、二重の要請が成立している。「俗語」は、この文字言語からの翻訳という構成によって、同じ要請を、いわば一段低い水準で——すなわち規範語の超越性を前提にした上で——満足させる。その不可避の帰結は、「俗語」は超越的な権威に関しては規範語より低く、その親密性に関しては規範語よりはるかに高いということになろう。こうして、「俗語」は、特定の知的な層を越えた層にまで普及する可能性を宿らせることになる。

言文一致が主張されるとき、文字がそれと一致することが要求される「声」は、「俗語」についての読み書きの体験に規定されたものである。言文一致は、「俗語」以前の多様で散乱した口語で表現することへの要求ではない。それが求めているのは、普通の「国語（俗語）」での表現なのである。そうであるとすれば、次のように推論することができるだろう。すなわち、「声」とは、それ自身、一種の文字なのだ、と。「声」は、印刷出版された文字によってはじめて構成される統一性であるという意味において、そしてその存立の機制がかつての権威ある文字を可能にした機制を（縮小された規模で）再帰的に反復させたものであるという意味において、やはり文字なのである。「声」は、文字の変形されたものである。それは、文字としての外観を否定してしまった文字なのである。文字の発展のある段階で、文字であることを否定してしまった文字が、個人にとって内的なものとして成立するらしい。これが「声」である。だから、文字によって下位のメディアに押し込められた声が、直接に噴出することで、言文一致のような現象が生ずるわけではない。言文一致の準拠となっている「声」自身が、もう一つの文字だからである。その規準的な文字(すなわち「声」)は、原初的なメディアから衣を借りることで、自らの文字性を隠蔽するのである。

してみれば、内面の「声」が所与として存在しているという身体感覚は、文字の存立を可能にした機制が、個人の内面に引き写され、そこで成立していることを含意するだろう。すでに述べたように(Ⅳ章)、文字が成立するのは、社会的な規範(の選択性)の帰属点となる超越的な審級が、内在的な経験の水準から切り離されたときである。超越的な審級と内在的な審級とのこの二重性が、さらに、個人の内面を構成する契機として組み込まれたとき、「声」という名前の文字が、その内面に与えられる。文字は、従属の一形式である。なぜならば、文字の受容は、外部に切り離された超越的審級(を占拠する現実的または虚構的な身体)の支配に服することだからである。「声」は、これと同型の従属の関係を、内面にかかえこむことである。

2 読書革命とフランス革命

「声」が、文字を成立させた機制の再帰的な反復によって成立するのだとすれば、それは、特定の権力の作用を前提にしていることになる。しかし、他方で、「声」の内面性は、主体性の成立を示す指標でもあった。言い換えれば、「内面の声」についての感覚は、何者にも従属していないという幻想を伴っているわけだ。つまり、「声」においては、存在しているはずの権力の関係が不可視化しているのである。

権力のこのような不可視化は、文字が「声」という形態で内面化されるのにともなって、文字がいわば凡俗化するということと関係している。文字の存立を支える権力の作用は、文字の神秘力の内に痕跡をとどめるのであった。文字は神聖なものとして現れ、これに接するものに神秘的な影響力をもたらすことになる。文字の神聖性は、ある特定の図形を「文字」として構成する選択の作用が帰属する超越的な実体が、（いわば文字の向こう側に）積極的に措定されていることから生ずる。この超越的な実体は、「帝国」を、あるいはそれと同型的な構造をもった国家的・国家間的な共同体を、統一的な規範化された全体としてもたらす審級と、同類のものである。すでに述べたように、文字の神聖性と「帝国」の支配との結びつきを最も効果的に利用したのが、科挙試験を有していた中華帝国である。しかし、文字の内面化とともに、文字の神聖性が消失する。

ここで、読書行為とフランス革命との関係についてのシャルチエの研究が参考になる（Chartier [1992]）。フランス大革命は啓蒙思想の娘である、としばしば言われる。狂信への断罪、寛容への要求、専制政治の拒絶、宗教からの道徳の独立の要求などは、啓蒙の哲学の中で準備されてきたことがらだ。モンテスキュー、ヴォルテール、ディドロ、ルソーなどの十八世紀の思想を読書を通じて摂取していた当時の民衆が、フランス革命を惹き起こした、というわけだ。しかし、当時の読者たちは、別の作家たちの作品も読んでいたはずだ。たとえば、その中には、今日ではすっかり忘れ去られてしまった三流作家の作品や一時的な価値しかもたなかったパンフレットなども含まれているだろう。こんな中で、啓蒙思想家の著書が、まさにそこに書かれているとおりに人々を動かし、革命をもたらした、などと単純に想定してよいものだろうか？　シャルチエは、このように疑問を提起する。

十八世紀のフランスで、とりわけ都市を中心にして、書物の市場が急速に拡大していったことは事実である。十八世紀の初頭と八〇年代とを比較してみれば、生産された書物は、三倍ないし四倍になっている、と推定できる（Chartier［1992：111］）。公権力との関係で見た場合には、当時流通していた文書は、二種類に分けて考えなくてはならない。一方には、公式に出版許可されるか、そうでないまでも取締りの現場の中で実質的に黙認されているか、いずれにせよ許可されて出版されていた書物がある。しかし、このような許可された出版物は、読み物の市場の一部に過ぎない。他方に、許可されていない非合法の出版物が大量に出回っていた。非合法の書物は、さらに二種類に分けられる。第一に、出版する者の権利を侵害するがゆえに禁止された書物がある。いわゆる「海賊版」である。第二に、その内容のゆえに非合法化された書物がある。この第二のカテゴリーは、「哲学書」と呼ばれた。今、問題になっている啓蒙思想家の書物も、もちろん、この中に含まれる。哲学書は、だいたい国外で、すなわちスイスやドイツの領邦内のフランス国境付近の印刷所で印刷され、行商人によってひそかに王国内に持ち込まれた。それらは主として都市部で売りさばかれた（Chartier［1992：90–92］）。

合法的な書物と非合法的な書物の区別は明確であり、このことはすべての関係者にとって——つまり、売る者と読者の双方にとって——一目瞭然であった。つまり、二つの種類の書物は問題なく見分けられ、異なった扱いを受けていた（Chartier［1992：93］）。非常に多様な哲学書が出版されている。かなりの哲学書が読まれていたと推定できる。この事実は、啓蒙思想が大革命を惹き起こしたという通説にとって有利なものに思える。しかし、「哲学書」という名で一括されていた書物は、今日同じ名で指示されている書物とは、まったく異なった内実をもっているのである。

哲学書の中には三種類の本が含まれている。第一には、もちろん、われわれが理解しているような意味での「哲学」の本がある。啓蒙思想家たちの著述の大半が、このような意味での哲学書である。当時の出版社の哲学書のカタログの中には、啓蒙思想家たちの書物がたくさん入っている。中でもヴォルテールは人気の作家だったらしい。しかし、哲学書はこれらだけではない。第二に、――われわれだったら哲学書とはまったく対照的な書物だと見なすはずの――大量のいかがわしい文学、つまりポルノ文学が、哲学書の内に入っていたのである。第三に、政治家の腐敗を批判する風刺やゴシップ記事のようなパンフレットの類も哲学書に含まれる。すでに述べたように、当時の読者にとって、哲学書とそうではない合法的な書物との区別は明白であった。しかし、われわれにとっては明白な、哲学書の三つの種類を当時の読者も分けて考えていたと考えるべき根拠はどこにもない。少なくとも、書籍商の取扱いや弾圧の実施においては、哲学的な論説とポルノ的・政治的な作品とは、まったく同じものであった。シャルチエは、禁止されることによって他の書物から区分されたこれら一群の書物は、読む方の受け取られ方の水準でも、同一の部類に属していただろうと推定している。ルソーの『社会契約論』やヴォルテールの『哲学書簡』は、『修道院のヴィナス、あるいはシュミーズ姿の修道女』や『彷徨《さまよ》うふしだら女』のような作品と同じような水準で読まれていたのである。そればかりではない。書くという行為の中においてさえも、同じような一体性が自明化していたのだ。たとえばヴォルテールのような作家は、しばしば、政治的なパンフレットを書いているし、逆にポルノ作品の中に哲学的な言説（『女哲学者テレーズ、またはディラグ神父とエラディス嬢の物語のための覚書』など）が入り込んでいる。ポルノ作家が哲学者に軽蔑されていたわけでもない（Chartier［1992：89–98］）。

このように、同じ種類のテキストの内に、複数のジャンルの記述が混入しており、それらは、書く者、売る者、弾圧する者、そして読む者のすべてにとって、一体のものであった。そうであるとすれば、啓蒙思想の書物だけが、中から特別に区分けされ、今日われわれが期待するような内容において読まれ、しかも、そのとおりの反応を惹き起こしたという想定は、あまりに単純すぎるものだということがわかってくる。啓蒙思想家の作品は読まれていたが、それはポルノ作品と同じように読まれていたのである。読書の解釈のための地平には、今日のわれわれだったら区別していただろうような、複数の層が重ね合わされており、それゆえにテキストに多様な地位が与えられていたと推定しなくてはならない。テキストはとてつもなく多様な解釈にさらされており、ある読者が啓蒙思想家の著述の内容を支持していると自ら認識している場合でさえも、その読書体験が、彼に、フランス革命の思想や実践を直接にもたらしたとは限らないのだ。

哲学書に属する同一の書物が——たとえば啓蒙思想家のテキストが——、あらゆる社会層に熱心に読まれていたという事実が、その証拠となるだろう。確かに、革命を主導した民衆たちの中に、たくさんのルソー主義者がいる。しかし、民衆の対極にあり、革命によって打倒された社会層である貴族の中にも、多数のルソーの心酔者がいたのである。ルソーが書簡を交わした人々の中には、第三身分の人々と同じくらいの貴族が含まれている。反革命の亡命貴族の多くが、革命を経験した後でさえも、ルソーへの愛着を示したのだ（Chartier［1992：101-4］）。

このようなことから、啓蒙思想が革命を惹き起こしたという直線的な因果関係は、きわめて微弱なものだった、と結論できるだろう。では、読書体験と革命とは無関係なのか？ シャルチエの結論は「否」である。確かに読書の内容は、革命にはあまり関係ない。革命的な転換に結びついたのは、内容ではなく、読書という行為のスタイルなのだ。十八世紀後半のドイツに関して、「読書革命」という仮説が立てられている。この時期、伝統的な読書のスタイルから新しい読書のスタイルへの転換が起こったというのである。この転換の基本的な内容は、数は増えたが長持ちはしなくなったテキストに直面する読者の流動性であり、そしてより一層重要なのは、読書の個人化である。すなわち、読書という行為が、声を出さずにテキストに対する孤独な営みになったのだ。このような個人化と並行して、読書から「宗教性」が奪われる。それ以前の読書は、共同体の統合を直接に確認することになる宗教的な儀礼のような趣きをもっていた。これと同じような革命が、同じ時期のフランスに——少なくとも都市部において——生じていたことは確実だ、とシャルチエは断定する。たとえば、十八世紀末のフランスの作家や画家は、夜の集いにおける農民の読書の様を好んで描いている。集まった家族を前にして家長が声を出して本を読んでやる。このモチーフは、失われつつあった共同の読書への郷愁を表現しているのである（Chartier［1992：110-2］）。

俗語化の急速な進展と軌を一にするようにして、読書という行為のスタイルの急激な変動が生じている。個人化した新しい読書が現れる。本は一人で黙読するものになる。このように、外的な声は消去されることで、内的な「声」として蘇生する。黙読においてこそ、「内面の声」は純粋に確保されたはずだ。それは、外部の阻害要因（他者）を経由しない独白の構成をとっているのだから。読書の個人化が、フランス革命のような、王権を打倒する実践と結びつくのはなぜか？　読書の個人化と革命との結びつきは、個人化と同時に、文字が、また文字で書かれたテキストが、凡俗化していくという事実を示しているのだ。

文字が神聖なものとして現象しているときには、文字の直接の現れの向こう側に——もう少し厳密な言い方をすれば、文字という記号の現れに還元できないという否定性を介して——、超越的な他者の存在が積極的に（具象的に）想定されている。この超越的な他者は、共同体の規範の帰属点として機能すると同時に、文字における声と図像の結合を保証する審級としても機能する。この場合、文字の働きを支えているのは、この超越的な他者の外的な声である。この超越的な審級のもつ規範的な作用のゆえに、伝統的な読書は共同の実践たりえたのである。また超越的な他者が積極的なものとしてそもそも想定されているがゆえに、それが、たとえば家長によって、あるいは司祭によって具象化されることになんの抵抗もなかったのだ。このような読書が生きている間は、王権は安泰である。文字を読むという行為において前提されている超越的な他者と、王の超越的・政治的な身体とは、必ずしも同一のものではない。しかし、両者を維持する仕組み、両者を維持する心的な機制は、構造的に同型である。文字と書物の権威を認めるその同じ態度によって、王の支配は承認されてしまうのだ。

文字の凡俗化とは、文字の向こう側に、文字の実際の現れの否定を介して措定されていた超越的な他者が、空虚なものになってしまう、ということである。文字は、今や、ただの文字になってしまっているわけだ。読書を凡俗な文字への接触として感受する精神は、もはや、王の身体に具象化される超越性に帰依することはできない。このような人心の移動は、哲学的な書物から得られた教養に由来する「知的な反発」ということとは区別されなくてはならない(4)。文字の存立をかつて支えていた超越性の具象的な性格が還元されたときに、これと並行して、王の超越性が解消されてしまうのだ。両者は同じ機制の、二つの内容に過ぎないからである。

今、文字の凡俗化は、超越的な他者を空虚化してしまう、と述べた。これは、しかし、行き過ぎた単純化である。厳密には、超越的な他者・超越的な審級が、外的に事実存在《イグジスト》するような実体性——具象性——を否定し、そのような否定性を基礎にして抽象的なままで固有の実体性を確保したのだ、と言うべきである。抽象的な実体とは、それが存在するための必要条件として、具象的には現前しないという否定的な性質を持っているような実体である。個人の主体性は、このような抽象的な超越性への同一化によって果たされる。たとえば、自分が話すのを聞くという循環(「声」)が緊密な統合を示すことができるのは、話す主体としての自己の同一性が、(聞くという経験に先立つ)先験的＝超越的な水準で先取りされていることを要する。同一化の対象となった超越的な審級が、外的に事実存在していない抽象的な実体であれば、そこに同一化した個人は、(具象的な他者に支配されていない)直接に主体的なものとして現象するだろう。そして、その主体を構成した「超越的な審級への従属」は、不可視化する。

＊

だが、さらにその先には、すなわち超越的な他者の抽象化の先には、「いかなる形式でも事実存在しない」という否定的な性質が、存在の条件へと反転せずに直接に露呈するような場面が待ち受けているだろう。言い換えれば、超越的な他者の抽象化を極限まで進めれば、それは、本当に空虚なものになってしまうに違いない。主体性＝主観性を備えた個人を維持する機制は、このような空虚の深淵の一歩手前にまで来ているのである。超越的審級が空虚なものになってしまえば、そこには、何ものでもありえない他者への従属という、異様な形式が残存する。それは、具体的にいえば、いかなる大義、いかなる理由のゆえに従属しているのかを、知ることができないような従属のあり方である。従属する身体は、空虚な審級――何を言わんとしているか決定できない審級――には同一化できないので、主体として安定化することができない。

このような極限を、実際に描いたのがカフカである。スラヴォイ・ジジェクは、カフカが描いた官僚制の支配機構とアルチュセールのイデオロギー論との決定的な相違を主題化しつつ、この点を鋭く抉り出してみせる（Žižek［1989：234］）。カフカの小説は、いつも奇妙な呼びかけから始まる。主人公は、官僚的な存在（法や城）――権力の担い手――から、突然呼びかけられる。しかし、主人公がなぜ呼びかけられているのか、当の主人公自身にも読者にもわからない。主人公は、自分が同一化できるような特性や理由を必死になって探そうとするが、それは無駄な努力に終わる。彼に呼びかけ、彼をその支配圏に内属させようとする他者は、結局、空虚なままにとどまるのである。

ともあれ、本章で確認すべきことは、文字についての近代的な経験は、超越的審級の抽象化の機制に規定されて出現した、ということである。近代的な読書の成立が、絶対王権を拒否する態度の成立（フランス革命）と並行したのは、このためである。だが、カフカの小説は、文字の近代的な様態をもたらしたこの機制が、その極限に呈するはずの逆説を、先取り的に描き出している。そこでは、個人の身体の主体化が、その同一性《アイデンティティ》の不安定化にそのまま直結しているのかもしれない。

注

（1）なぜ、この時期に学術語の権威が低下したのか？　前章で論じたように、「文字」は、特権的な超越的身体の効果のもとで可能性を獲得する。私の考えでは、ちょうどこの時期、ヨーロッパの諸社会を統括する超越的身体の存立の仕方に、独特な断層があったのである。この点について、ここでは詳しく論ずる余裕はない。詳しくは大澤［1991a］、［1993-4］を参照。

（2）Anderson［1983＝1987：35-6］。フェーヴルとマルタンによれば、一五〇一年にパリで出版された八八点の本のうち、八点をのぞいてすべてがラテン語で書かれていたが、一五七五年には、ほとんどがフランス語の出版物になっている（Febvre and Martin［1958＝1985］）。

（3）本当は、文字を印刷する技術をもてば、単純に、俗語の「国語」化やネーションが形成されるというわけではない。この点については、次章註（5）を参照。

（4）王権の超越的な意味合いをはぎとってしまうのが、王権への敵意や反発であるとは限らない。それどころか、王権へのポジティヴな感情が、逆に王権を貶めるような帰結を生み出す可能性がある。たとえばシャルチエは、「王様風」という表現が多用されたことが、王権の標章やシンボルの神聖性を次第にはぎ取っていったと解説している（Chartier［1992：105］）。この場合、「王様風」という言葉が、「最上の」とか「すばらしい」ということを意味する比喩であることは間違いない。このような表現の濫用が、王権にとって危機的なのは、現前と非現前のバランスの上で王の身体を維持する精妙な仕掛けを傷つけることになるからだ。王の身体は現前可能な具象性をもつが、その可能性は制限されている。つまり王の身体には、他の諸事物の——たとえば文字そのものの——現前の否定を経由して間接的にのみ到達できる。王権を指示する表現の濫用は、たとえ好意的なものであっても——というよりおそらく好意的なものであればなお一層——、王権的なものを頻繁に想像させることを通じて、現前に対するこのような制限を無効化してしまう。

Ⅵ　マス・コミュニケーションの儀式

1　ネーションの空間

　ここまでの考察は、文字というメディアの存立が、特殊なタイプの従属の形式を前提にしているということを示してきた。文字が、「声」という形式において内面化した場合でも、この点に関しては同様な構成が維持される。文字は、単なる道具的な有効性によって、社会的に定着するわけではない。それは、特殊な権力の効果として定着するのだ。文字メディアは、——「声」として内面化するに到った場合もそうでない場合も——、それを使用する身体が、特定のタイプの超越的審級に従属していることを前提にしている。その超越的審級は、一般的な社会的拡がりにおいて妥当する規範の「供給源」として現れている。

　したがって、文字メディアのあり方は、社会構造と強い相関性をもつことになる。文字を可能にした超越的審級が、社会の特定の構造を指定しているからだ。たとえば、文字の登場は、近代以前の「帝国」的な社会の構造と結託している。それに対して、俗語化が進み、文字が「声」の形態で内面化したときに成立している社会の様態が、ネーション（国民）である。今日のわれわれにとって自明な社会の単位となっているネーションは、先立つどのような社会の類型とも異なるまったく新しい社会であった。

その「新しさ」は簡単にいえば、次のようなことである。それ以前のどのような社会においても、そこに内属する諸身体は、社会を、自らを中心として柔軟に伸縮するさまざまな——親族関係・主従関係・取引関係等々の——ネットワークとしてのみ想定していた。つまり、社会空間は、特定の個人の身体に視点をおいた遠近法の内に捉えられていたのであり、そのような身体を中心としてさまざまに（無限に自由に）設定可能な近傍としてのみ現実的だったのだ。それに対して、ネーションは、内属する特定の身体を中心とした社会的拡がりではない。どのような小さなネーションにあっても、これを構成する各メンバーは、他のメンバーの大部分を知っておらず、さらに自己を中心としたネットワークの末端がそれらの未知のメンバーに到達しているかどうかには無関心である。にもかかわらず、ネーションが他から区別された単一の全体をなしていることに関して、各メンバーは、不動の確信をもっている。ネーションは、それについて想定されるときに準拠となるような視点＝中心をその内部にもたない、均質的な全体なのである。

もちろん、原始的な土俗の共同体を越え、これらを多数包括するような王権をもった国家が登場した段階で、さらにまたそれらの国家を包括するような帝国が登場した段階で、すでに、社会の空間的な拡がりは、自己の身体から脱中心化されたものとして想定される。すなわち、これらの段階においては、社会の空間的な拡がりと同一性を規定する準拠点は、たとえば王の身体であり、皇帝の身体であって、一般の各個別の身体ではない。しかし王国や帝国は、内部の個別の小規模な共同体の構成をほとんどそのまま放置し、その上に覆いかぶさるようにして構成される。したがって、各個別の身体にとって緊要な社会的経験は、依然として、その身体を中心においた共同体的な関係であり、また共同体の周辺に連なるネットワークであろう。王国や帝国は、そのような緊要・親密な関係に還元できない社会関係として、否定的・外部的にのみ想定されていたに違いない。つまり、王国や帝国のような社会は、(内部の土俗の共同体が原初的な状態でそのまま保存され、それを国家的な共同体が外部から包括するという形式で)明確に二層的に構成されていたのである。通常の個別の身体にとっては、社会的体験の基本は、下層の小規模な共同体を中心においたものに限定されていた。帝国の内部の農民は、彼らの帝国の版図がどこまで及んでいたかを想像できなかっただろうし、ときには皇帝の名前も知らなかっただろう。さらに言えば、帝国や王国のような拡がりすらも、自己の身体を中心とした近傍としての社会空間を、王のような特権的な身体を中心としたものにそのまま移転し、再現したものに過ぎず、その存立の機制《メカニズム》としては同型的なものなのである。もっとも、それにしても、最初の文字が、小規模な対面的関係を中核においた共同体からの脱中心化が可能になり、王権・帝国が可能になった段階で登場した、ということは注目してよいだろう。

ともあれネーションが統一的な全体として捉えられているとき、それは、普遍的な空間として現れている。普遍的な空間というのは、特定の局所的(経験的)な視点とは不関与な拡がりをなしている、ということである。普遍的な空間を捉える視点は、いわば空間の超越的な外部にある。普遍的な空間としてのネーションの同一性を把握しうるこの超越的な視点こそ――詳しく検証する余裕はないが――、理念的には、ネーションへの諸身体の所属がそれによって判定されるような規範(の選択性)が帰属している、審級である(かのように現象する)。

ネーションの成立と内的な「声」の成立の並行性が示唆しているのは、「声」を各個人の身体が自身の内部に見出すということが、同時に、その身体が、社会的な空間を普遍的な拡がりとして把握するような脱視点的な視点――場所をもたない視点――を獲得することでもある、ということだ。すでに述べたように、文字メディアの存立は、超越(論)的な審級に位置づけられる特権的な身体の存在(についての想定）を条件としている。ここでの考察の中で示唆されていることは、この超越的な身体が、（たとえば王の身体が有しているような）経験的な性格を完全に脱却し、経験的な空間の局外にいわば押し出されたとき――かくして空間を普遍的な拡がりとして捕捉しうる視点を構成しうるに到ったとき――、ネーションが成立するための一つの条件が整う、ということである。

　そうであるとすれば、ここでは、反対方向に進む二つの運動が統一されていることになろう。「俗語」に基づく国民的な言語が成立するためには、（Ⅳ章で説明したように）超越的な審級を経験的な各個体の身体へと回収することが必要であった。このことは、超越的な審級を占拠する特権的な身体の「超越性」を純化しようとする運動とは、対立するように見える。つまり、ネーションが成立しているときには、純粋に超越論的な条件が、経験的な水準において実現しているのである。

　ネーションへの所属の意識は、何も、同じ「俗語」を話しているという共通性から、自然に醸成されるわけではない。そうではなく、標準的な「俗語」を構成することが、同時に、均質的な全体としてネーションを把持することを可能にするような心的な機制の作動を、各身体に対して強いるのである。

　ネーションが普遍的な空間であるという言明は、意外なものと思われるかもしれない。第一に、どのようなネーションもどうしようもなく特殊的なものだからである。そして第二に、普遍的な空間に照準した規範、すなわち普遍思想や世界宗教は、しばしば、ネーションに先立つ帝国のような社会構造においてこそ生み出されてきたからだ。ネーションは帝国よりはるかに限定された領域であり、人々は行動様式や慣習の些細な相違に拘泥して、ネーションを分化させる。ここでは、規範の内容の普遍化――もちろんそれは規範が対象化する可能的な空間の拡がりを普遍化する――がある閾値を越えて推進された場合（規範の超普遍化[1]）、かえって規範が現実的に照準しうる身体の集合が限界づけられてしまう、という逆説的な連関がありうるということを、示唆するにとどめておこう（詳しくは、大澤［1993-4］を参照）。

ネーションが普遍化された均質的な空間を前提にしているということは、アンダーソンによって、実に鮮やかに示されている（Anderson［1983＝1987：44ff］）。「小説」という文学の形式は、ネーションがまさに登場した時代と場所において――すなわち十八世紀のヨーロッパにおいて――開花する。[2]もちろん、小説のような表現様式の登場は、「声」の成立と連動した現象であろう。アンダーソンは、小説であれば、それが傑作であろうと、まったくの駄作であろうと――特別に実験的な性格の強い現代的な小説を除いて――一般に共有している一つの語法に注目している。それは、「この間《かん》（meanwhile）」という語法である。たとえば、ある男が妻と喧嘩をしているとしよう。「この間」、妻の浮気相手は、別の愛人と旅に出ようとしている。男は、妻の情夫の愛人のことを、さしあたってまったく知らない。小説が最後までいっても、結局、二人は一度も出会わないかもしれない。二つの場面が展開している地点は異なっているが、しかし、それらの場面は、「この間」によって結び付けられることによって同一の社会的な空間に組み込まれていると見なされ、まさにそのことのゆえに直接の交流なしで互いに関係しあうことになるのだ。このことを知覚できるのは、――どの登場人物でもなく――作者と読者（のみ）である。作者と読者は、小説の中には位置づけを持たない場所から二つの出来事の同時性を確認しており、両者が同一の空間の内に生起していることを知っている。このように、単一の時間を共有するがゆえに――すなわち異なる地点の間の同時性のゆえに――単一・均質とみなされる社会空間についての観念こそは、ネーションの存立にとって不可欠の前提条件である。空間の単一性・均質性を確認する作者・読者の場所は、いうまでもなく、超越的な視点の小説における対応物である。[3]

「この間」という語法は、たとえば中世の物語には見いだされない。中世の物語は、物語の内部に位置づけられる局所的な単一の視点から、すなわち主人公の視点から説かれているからである。だから、事件は中途から始まり、その全貌は、後から主人公と他者との会話を通じて明らかになる。会話のような直接の交流がなければ、主人公の体験と他者の体験との間の同時性は樹立されない。このようなあり方は、ネーション以前の社会的な空間の現れ方、すなわち自己の近傍としてのそれの現れ方に、対応したものであろう。

もっともネーションが位置づけられる空間の普遍性は、ネーションの形成が「俗語化」の運動と結びついているということから、特殊な制限を被ることにもなる。あるいは、単純な制限の関係というより、ネーションの空間の普遍性と（「俗語化」にともなう）「声」の形成との間には、逆説的な接合・随伴の関係がある、と説明すべきかもしれない。

「俗語化」の運動（「俗語」による文字表現を確立しようとする運動）が生ずるための前提条件は、ラテン語、中国語、アラビア語など、それぞれの地域における唯一の特権的な「表意文字」の地位が低下することである。これらの言語（文字）が特権的なのは、それらが、現実世界の直接の反映にもとづくものであって、現実世界に対して恣意的につくり上げられた表象ではないからである。つまり、これらの言語においては、意味作用は――つまり記号と意味との対応は――必然的なものであると見なされている。だから、これらの言語は、他の言語に置き換えられない真実の記号として、「普遍思想」を表現する媒体たりえたのである。それに対して、「俗語化」の運動においては、「フランス語」とか「日本語」といった俗語が、唯一の真実語だと主張されるわけではもちろんない。「俗語化」を支配しているのは、言語の意味作用の恣意性についての観念である（だからこそ、それは、日常的に話されるべき言語、つまり「俗語」と見なされるのである）。意味作用が恣意的であるということは、それが「他でもありうる」ということ、つまり偶有的だということだ。

したがって、ネーションは次のような対立的な二重の条件のもとに成立する。一方では、ネーションは、普遍空間を前提にしている。そうである以上、ネーションという社会は、同一の原理（規範）に被覆された外部をもたない空間の内に組み込まれていると想定される。自らの外部をもたないことは、普遍性ということの本性に属することなのだから。ネーションという領域は、そのような、外部をもたない均質な拡がりを前提にしない限りは、存立の基盤をもたないのである。しかし、他方では、ネーションは、記号の——したがってその使用法を規定する規範の——偶有性を前提にしている。つまり、ネーションは、自らの原理が妥当しない外部が存在していることを、積極的に肯定せざるをえない。ネーションの同一性《アイデンティティ》は、そのような外部との相関で、限界＝境界づけられるのである。以上の二つの条件が描きだす様相の分裂をどのように統一的に理解すべきかということについて、ここでは立ち入って探究することはやめておこう（詳しくは大澤［1993-4］参照）。

2　マス・コミュニケーションの可能条件

　ともあれ、ネーションは、普遍的な均質化された空間として現れる。このようなネーションという現象は、文字メディアの特殊な転態と連動している。ネーションの普遍的な空間は、その空間の内部に位置づけられていない外的な超越的な視点に対して存在している（もちろん、これは、小説に対して読者・作者が占める場所でもある）。このような空間のあり方は、コミュニケーションの特定の様式を、自らにとって適合的なものとして見出すことになるだろう。その様式とは、（通常は大量の）同一の情報（メッセージ）を、直接には対面不可能なほどの多数の受け手に対して、ほぼ同時に伝達するコミュニケーション、すなわちマス・コミュニケーションである。ネーションが前提にしている普遍的な空間は、マス・コミュニケーションを可能にする社会的な条件を準備し、またマス・コミュニケーションの働きを通じて不断に再生産される。

通常のコミュニケーション（パーソナル・コミュニケーション）と比較した場合のマス・コミュニケーションの著しい特徴は、送り手／受け手の役割がほぼ固定されており、互いの立場が交換されることがほとんどない、ということである。すなわち、受け手側から送り手側へとフィードバックするコミュニケーションのルートは、ごく限定的にしか作動しない。それゆえ、マス・コミュニケーションにおいては、送り手は、受け手にとって、対等に直面することが原理的に不可能な「第三者」のようなものとして現れている。ここで「対等に直面しえない」というのは、相手に対して情報を伝達しえないということ、あるいは仮に情報を発したとしても相手がそれを認知・受容したことを積極的に認知しえないということである。送り手のこの立場は、信仰する者にとっての「神」の立場と類比的である。信者の神への情報伝達は、「祈り」という形式をとるが、神がそれを聞き入れたかどうかを信者は確認する手段をもたない。マス・コミュニケーションにおける情報の送り手は、空間の局外にあるあの超越的な視点の場を、コミュニケーションの関係において擬制するのである。送り手から一方的に受け手たちに向けて発散される情報は、世俗化した「啓示」のようなものである。

情報の複製や伝達のための技術的な手段が整えば、いつでもマス・コミュニケーションのような現象が生じうる、というわけではない。マス・コミュニケーションが可能であるためには、送り手と受け手のそれぞれにおいて、次のような条件が整っていなくてはならない。送り手は、具体的に知ることができない大量の受け手が統一的な集合をなして待ち受けていることについての、明確な認知的な予期をもつことができなくてはならない。加えて、受け手たちが、仮に名前を知らされていたとしても決して直接には会うことがない送り手からのメッセージを受け取る準備があるのは、受け手たち同士が、互いに具体的に知ることなしに、密かな連帯感によって結びついているからである。対等に直面しえないことからくる、送り手という存在についての現実《リアリティ》の稀薄さは、受け手諸個人の次のような確信によって、つまり自分が孤立しているわけではなく、同じようにこの情報を受け取っている無数の仲間があることについての確信によって、埋め合わされているのである。実際には神ではない送り手が、神に類似した位置に立って、無遠慮にも、よくも知らない相手に情報を発信しうるのは、まさに受け手たちが大量にあるという事実によって、その送り手としての価値を不断に承認されているからである(4)。だから、受け手にとって、自分たちが大規模な統一的集合として存在していることについて、互いによく知っていることが、まさにマス・コミュニケーションの受け手となることの前提なのだ。

送り手と受け手の双方に対して要請される以上のような条件が充足されるのは、ネーション——あるいは少なくともネーションと類似した社会システム——の成立以降のことである。社会の現実性が、直接的な対面関係を基礎にした遠近法的な拡がりとしてのみ覚知されているような段階においては、互いに未知である大量の受け手たちの集合を、情報の送り手と受け手の双方が想定するようなことは、とうてい不可能だからだ。ネーションの成立は、マス・コミュニケーションが熟成するための前提条件である。

逆の因果関係もあるだろう。すなわち、マス・コミュニケーションの活動が、ネーションのような——必ずしもネーションでないにしても少なくともネーションに類似した——社会システムの形成を促進し、またその基盤を堅固なものにするだろう。マス・コミュニケーションの受け手は、彼以外にも同一の情報を受け取った者が多数存在していることを、しかも彼らの大部分を彼は直接には知らないということを、よく知っている。このとき、彼は、彼自身の身体との繋がりに基づくものとしてではなく、同一の情報の共有という事実を準拠にした連帯として——したがって比喩的には情報の供給源（送り手）の位置からのみ捉えうる統一性として——、「社会」を想定することが可能になるだろう。

技術的には、マス・コミュニケーションという現象は、情報を記録したメディアが大量に複製可能なものになることを、最低限の必要条件とする。そのような複製技術の中で最初に登場したものが、いうまでもなく印刷術である。印刷術は、大量の文字メディアの複製を可能にした。そうして技術的に可能になった、文字メディアが媒介するマス・コミュニケーションが「出版」である。とりわけヨーロッパにおいて「出版」のための市場の開拓が、「俗語化」の運動を駆動する非常に大きな要因であったこと、そうして形成された「出版語」が、「国語」とそれに基づく「国民意識」の基礎となったこと、これらのことについてはベネディクト・アンダーソンがていねいに論じている(5)。

さて、ネーションの中核的な特徴が、社会的な空間の普遍性にあるとするならば、ネーションに最も適合的なマス・コミュニケーションの形態は何であろうか。それは、単なる「出版」を越えている。同一の情報が、きわめて多数の人々——(ネーションの内部の)すべてのメンバー——によって、ほとんど遅滞なく同時に受け取られるような、そしてこのことを受け手たちが互いに認知しあっているような、そういったマス・コミュニケーションこそ、ネーションが可能にし、またネーションを可能にするようなコミュニケーションの極限的な様態であるに違いない。普遍的な空間とは、互いに近接していない諸地点の同時的な存在・持続によって特徴づけられる統一的な全体だからだ。今述べたようなコミュニケーションのあり方は、マス・コミュニケーションのまさにマス・コミュニケーションたる所以となるような特徴を、純化・強化したものである、と言うことができるだろう。振り返って考えてみれば、普通の出版は、半ばパーソナル・コミュニケーションとしての性格を保存してもいる。書物は、本を販売する商人や出版者と読者との散発的な出会いを通じて、徐々に伝播していったのだから。

だが通常の出版を越えた理想化されたマス・コミュニケーション(としての出版)は、「新聞」を媒介にしたコミュニケーションにおいて、きわめて高い完成度で実現する。今日のような新聞が一般化するのは、十八世紀のヨーロッパである。[6] すなわち、まさにネーションが誕生しつつあった時代が、新聞の揺籃期でもあったのだ。アンダーソンは、新聞がネーションの形成に対して与えたインパクトについても、よく論じている（Anderson［1983＝1987：55–6］）。新聞においては、単に（ほぼ）同じ日に生起したというただそれだけの理由によって、互いにほとんど内的な連関をもたないさまざまな出来事が、同一の紙面上に並べられる。均質化された普遍空間のあり方を、これほどまでに鮮やかに示すものはほかにない。[7]

しかし、目下の文脈では、より重要なことは、新聞が書物の極端な形態であるということ、すなわち「一日だけの大ベストセラー」だということである。新聞は、発行されるや、翌日には（ときには半日後には）無用のゴミと化してしまう。それゆえ、われわれはほとんど同時に――同じ朝に、また同じ夕方に――、同じ新聞の上に記された同じ情報を受け取る。そして、われわれ一人一人は、このことを、すなわち自分と同じことをしている数百万の仲間があることを、確信している（しかし、もちろん、われわれは、このことを具体的に確認しているわけではない）。それは、沈黙のうちに行われる超大型の儀式である。[8] 新聞のこのような特徴のことを思えば、新聞の登場とネーションの登場の並行性がほとんど必然であるということがわかるだろう。[9]

マス・コミュニケーションの完全性をこれ以上追求することは、文字メディアの枠内では不可能である。電気的・電子的な技術を援用したメディアが登場することによって、新聞に即して述べてきたマス・コミュニケーションの特徴は、さらに一層完全な形で現れる。たとえばラジオが普及することによって、受け手の規模は極端に拡大し、そして何よりも、それらの受け手たちの（情報消費の）同時性が、あらゆる比喩を排した物理的な厳密さにおいて実現する。新聞を読むことの同時性は、近似的な意味でしか言うことができない。しかし、人はラジオを聴いているとき、まさにこの同じ瞬間に完全に同じ音を聴いている、それこそ国民規模の同胞がいることを、確実に予期することができるのである。電気的・電子的なメディアは、マス・コミュニケーションという現象がこの世界に登場したときに無意識のうちに指向していた状態を、これ以上ありえないような律儀さにおいて実現してしまったのだ。もちろん、これは、すでに見たような電気・電子メディアの二つの技術的な特性（I章）に由来することである。

こうして、電気・電子メディアは、ネーションを可能にしたような普遍的な空間に、厳密に適合しようとする。しかし、その適合性は、あまりにも厳密で、あまりにも律儀であるために、ネーションという共同体の構成をかえって裏切ってしまう。それは、電気・電子メディアが、常に「誤配」の可能性とともにあるということ、すなわち伝達しようと意図されていた他者とは異なる他者へと情報が到達してしまう危険性を常態化してしまうということに由来している。電気・電子メディアは情報を特定の限界（境界）を越えて拡散させてしまうために、マス・コミュニケーションの送り手の方から眺めた場合には、受け手の集合は厳密に確定されえず、常にその度に単一の同一性から逃れて行ってしまう。この同じことは、受け手の側から眺めた場合には、共同体としての同一性から超過した、無意識の連帯性として現れる。電気・電子メディアによるマス・コミュニケーションを受容するということは、情報が予定されていた領域を越えて拡散していくがゆえに、受け手の一人一人がその連帯について意識している人々の集合を越えたところにまで、いわば客観的には連帯してしまったことになるからだ。言い換えれば、われわれは、直接的な交流がないのは当然だが、観念的にすら連帯を予期していなかった外部の身体たちと、電気・電子メディアの受容を通じて、無意識のうちに連帯してしまうことになるからだ。このことは、われわれのマス・コミュニケーション受容の行動が、常に、（ネーションのような）共同体が自らに関して想定している自己同一性を、客観的に裏切り続けてしまうということを含意している。[10]

3　火星人と平凡な女

マス・コミュニケーションの受容についての社会学的な実証研究は、（ここまで論じてきたような意味での）マス・コミュニケーションの完成とともに始まっている。すなわち、ラジオの登場（一九二〇年）とほぼ時を同じくして、マス・コミュニケーションの効果についての実証研究が始まっている。これら初期の研究成果が示しているのは、マス・メディアが浸透した、近代の熟成期に属する社会の、マス・コミュニケーションへの過敏さ、あるいはマス・コミュニケーションに対する固有の脆弱さである。われわれのここまでの考察が含意することがらも、ネーションというシステムをともなう近代社会が、まさにその存立の基本的な機制のゆえに、マス・コミュニケーションの受容に対してどうしようもなく開かれているということである。それは、社会の規範的な同一性を構成する観念的な準拠点を、マス・コミュニケーションの情報提供の仕組みが占拠し、内容を付与することから生ずる。マス・コミュニケーションに対する過敏な反応性は、個人の意識の問題というより、社会の客観的な構造のゆえに、不可抗なものとなる。

一九二〇年代から四〇年代前半にかけてとりわけアメリカで相次いで行われた、マス・コミュニケーション効果の初期の経験的な研究は、実際、近代社会のマス・コミュニケーションに対する高度な反応性を、明らかにしている。一九四〇年代に発表された二つの研究が、とりわけ著名である。キャントリルの『火星からの侵入』（一九四〇年）とマートンの『大衆説得』（一九四六年）だ。

一九三八年十月三十日の夜、アメリカのＣＢＳのラジオ放送は、Ｈ・Ｇ・ウェルズのＳＦ『宇宙戦争』を放送していた。このとき突然ドラマが中断され、「臨時ニュースを申し上げます」という興奮した声が侵入してきた。火星人の侵入を伝える、恐怖に満ちた臨時ニュースが、「実況中継」をまじえながら伝えられたのである。三十分後には、全米が混乱状態に陥った。祈る者、泣き叫ぶ者、逃走する者、家族や恋人を救おうとする者、別れの電話を交わす者、救急車やパトカーを呼ぶ者等々が現れた。この臨時ニュースによって、通常の社会生活を支配している規範のすべてが、一時的に失効してしまったのだ。少なくとも百万人が、この報道を「事実」として受け取り、恐怖したと伝えられている。キャントリルは、この番組を聴取していた人々に対する面接を行い、反応の相違——ある者は放送内容を事実として受け取り驚愕し、ある者は途中で虚構だと気づき、ある者ははじめから驚かなかった等々——がどこから生じたのかを分析した。キャントリルの調査は、きわめて常識的なことがらを確認している。すなわち、情報の内在的な整合性、（他の情報との関係から見た）外在的な整合性のチェックを試みかつ成功した者だけが、途中でニュースが虚構であることに気がつき、そうでなかった者は事実であると信じつづけたということ、こういった聴取行動の相違は、ニュースを評価する「批判能力」の程度からくること、これらのことをキャントリルは結論している。この調査は、もちろん、「批判能力」が、個人の感受性に規定されているだけではなく、聴取状況の影響を被ることを見逃していない。ともあれ、キャントリルが分析の対象としたこの事件は、ラジオからの情報が、聴取者による付加的な審問《チェック》に付されない限り、根拠もなしに、原則として「真」として受容されてしまうということを示しているだろう。

　マートンが分析の対象としたのは、第二次大戦中の一九四三年九月二十一日、アメリカのＣＢＳ放送が行った戦時国債キャンペーンである。キャンペーンの中で、主として視聴者の説得にあたったのは、ラジオ・スターのケイト・スミスであった。彼女は、十八時間連続でＣＢＳのスタジオにとどまり、その間六十五回のスポット・アピールを行った。その結果、一日で三九〇〇万ドルの戦時国債を売り上げ、キャンペーンは成功した。マートンは、スミスの説得の内容分析を行い、「献身の三角形」からの圧力が聴取者を国債購入へと導いたとする有名な結論を下している。献身の三角形とは、兵士とスミスと他の聴取者の献身の複合のことであり、マートンによれば、これが多くの聴取者の内に自己嫌悪と罪障感を生み出し、それらは献身に見合う自己犠牲（国債購入）によってのみ解消されたのである。この研究は、さしあたっては、愛国心の高揚に対してマス・コミュニケーションが果たしうる役割を教えてくれる。

二つの研究が扱う事例は、マス・コミュニケーションを通じて情報を提供する「他者性」の様態に関して、対照的な像を提供する。

キャントリルの事例においては、ドラマに対するニュースの突然の侵入と地球に対する火星人の突然の侵入とが構造的に同型であり、隠喩的な関係を構成している。ドラマ（『宇宙戦争』）の内容が、すでに宇宙からの侵入を示唆している。それゆえ、ドラマの内的構造、ドラマの「ニュース」に対する関係、「ニュース」が伝える「事実」の構造の三つが同型的な連鎖をなしている。ドラマが伝える「宇宙戦争」は、もちろん、さしあたっては虚構f_1であり、言ってみれば、ラジオを経由して聴取者が見ている「夢」のようなものだ。「臨時ニュース」は、この虚構f_1の内部に断絶を組み込む。それは、実は虚構f_1の内部に孕まれた虚構f_2であり、虚構f_1の部分なのだが、f_2がf_1の他のコンテキストとの間に構成する断絶のゆえに、虚構そのものに対する否定として、つまり「事実」として受け取られたのである。f_2のf_1に対する関係は、ラジオ番組f_1そのものの聴取者の現実rに対する関係と同型なのだが、このような関係を構成することでf_2は、現実rへと反転したわけだ。これは、有名な荘子の「胡蝶の夢」を想起させる。蝶になっていた夢から覚醒した荘子は、自分は実は蝶なのであって、蝶が荘子になった夢を見ているのではないか、と自問する。目下のわれわれの事例も、この説話と同じように、夢＝虚構（胡蝶＝宇宙戦争）の中の夢＝虚構（荘子＝臨時ニュース）は、現実の側にある。荘子が現実であって、胡蝶が夢であるという非対称は、結局、現実と夢＝虚構の関係についての問いそのものが――つまり両者の関係が――

荘子の側に属しているということからくる。『火星からの侵入』における一連の同型関係から、マス・コミュニケーションの機能に関して、次のような推測が成り立つ。

すなわち、キャントリルの事例が示唆しているのは、マス・コミュニケーション——この場合ラジオ——を通じての情報提供は、ここでの「臨時ニュース」に対応するような突発的な発話をもたらしうる偶有的な他者として機能していること、逆に言うと、通常のマス・コミュニケーションはこのような根本的な偶有性を隠蔽することにおいて、現実の一貫性を保証しているのだということ、これである。目下の事例では、偶有性の隠蔽は、臨時ニュースを虚構の一部に組み込むことで果たされるが、一瞬露呈しかかった偶有的な出来事は、十分に現実でありえたのである（実際、現実として機能したのだから）。他者の根本的な偶有性は、この事例では、たまたま放送に用いられた題材がウェルズのSFであったがために、それにふさわしい形象を与えられてイメージされる。「火星人」という形象が、それである（臨時ニュースの侵入と火星人の侵入の隠喩的な関係から）。もちろん、この根本的に偶有的な他者こそが、マス・コミュニケーションという現象を可能にしている超越（論）的な他者でもある。言い換えれば、規範の選択性を基礎づける超越（論）的な他者は、規範化されている現実を無意味化してしまうような「火星人」へと——つまり、現実の規範的な一貫性の総体を否定するような偶有性の深淵へと——常に転落しうるものとして、われわれの現実の上に君臨しているらしいのだ。

マートンが分析している事例は、「超越的な他者」に関して、これとはまったく逆の像を提供するように思われる。この事例では、マス・コミュニケーションにおける情報の送り手の審級は、ケイト・スミスによって代表されている。マートンの実証によれば、ラジオを通じてなされたスミスの議論が説得的だったのは、スミスが表現していた女性イメージに負うところが大きい。スミスは、特別に「魅惑的な女性」としてではなく、「ごく平凡な人」、「母性性の強い女性」として聴取者たちに受け取られており、そのため彼らはラジオを聞きながら、彼女と直接に対話をしているような錯覚を得ることができたというのである。人々を国債購入に直接に導いたとされる「献身の三角形」が構成されたのも、スミスがこのように平凡な女性として受け取られていたからである。ケイトは、ごく平凡な普通の女性であるがゆえに、彼女の献身は、ただちに、彼女もその一人であるところの他の一般の聴取者たちの献身への連想を導いたのであり、次いで、これら普通の人々を代表＝代理して戦場に向かう兵士たちの献身への連想をも惹き起こしたのである。もちろん、彼女が連想させる他者たち（他の聴取者）のうちに、ラジオを聞いていた個別の任意の聴取者が含まれている。こうして、聴取者たちは、自分がその一要素であるはずの他者たちに対して想定された行為によって、自身の行為を規定してしまうのだ。ラジオが与えた女性像は、このような他者性を一般的に代表するような「典型」として機能している。もちろん、これはネーション（的な共同体）の特殊な現れ方を利用して可能になる。つまり、人々にとって、ネーション（的な共同体）は直接に会うことがない多数の他者たちの集合として現れているという事態が前提になっているわけだ。

キャントリルの事例は、マス・コミュニケーションの送り手が占める超越的な審級が、「臨時ニュース」の突発性が象徴するような、社会内の人々からはおよそかけはなれた異和的な選択や認識を肯定しうる他者性（火星人）として存在していることを、示している。他方、マートンの事例は、これとは対照的に、そういった審級が、社会内のどの人々も互いに互いを類似した他者として認定しうるときに生ずる集合的な効果として存在している、ということを示唆している。この二つの対立的な像は、直接に結び付けて理解されるべきだろう。したがって、暫定的に次のような仮説的な言明をここでは提起しておこう。――超越的な審級が実効的なものであるとき、おそらく、われわれは互いに互いを類似した他者として認知することが可能であるような統一的な集合性を構成している。しかし、このような凡庸な他者も、まさに他者性を現実化しうる限りにおいて、社会の内的な規範性の側からは、徹底的に異和的なものとして現象するような突発的な偶有性の源泉でもありうる。このような他者の性格こそが、他者の超越性を構成する因子（の一つ）なのである。ただし、他者の他者性は、隠蔽され、いわば欠落していることこそがまさにそれが存在していることの条件であるような逆説的な仕方で、超越的な審級のうちに統合されているのだ。そういった本質的な隠蔽＝欠落の故に、超越的な他者によって代表される諸身体は、互いを類似性において認定しうる「普通の他者」として現れることが可能になるのである。

注

（1） 規範の普遍性の程度とは、その規範を適用することが可能な身体の集合の大きさである。つまり、普遍性の程度は、規範が現実に妥当している身体の集合に関して、問題にされるわけではない。それは、現実性ではなく、可能性の水準で定義される。普遍的な規範とは、原理的には任意の身体にとって意味をもちうる規範のことである。

（2） フランスにおける最初の小説は『クレーヴの奥方』であるとされており、これは、一六七八年にすでに出版されている。しかし、リチャードソン、デフォー、フィールディングらが活躍したのは十八世紀である（Anderson [1983＝1987：65]）。

（3） ここでは、一括して扱ってしまったが、（西欧の）小説の十八世紀と十九世紀の間には、重大な転換を見出すことができる。私は、その転換を、ほぼ次のようなものとして要約できるのではないか、という見通しをもっている。すなわち、ナショナリズムの本格的な実現に先立つ十八世紀の小説においては、超越的な視点は、経験的な個人の身体に対して外在的である。それに対して、ナショナリズムの嵐が吹き荒れていた十九世紀の段階の小説は、超越的な視点が経験的な個人の「内面」に固有化されたときにのみ可能になるような形態をとっている。なお、この点に関して、私は、(私へのインタヴューの中で) 武田将明が英文学の歴史的展開に則して指摘したことがらから示唆を得た。

(4) 真の神であれば、孤独な個人に一方的に情報を伝達することもできる (密かな啓示として)。神はア・プリオリに超越的だからである。マス・コミュニケーションの送り手の場合は、大量の受け手の存在によって、その「超越性」を後から構成されるのである。

(5) 本当は出版ということそれ自身は、社会システムの基本的な構造を変えてしまうような革命的な力をもつわけではない。たとえば、中国では、ヨーロッパよりも五世紀も前に印刷術が発明されているが、そのことの社会的な影響は取るに足らないものであった。ここでは詳しくは論じないが、出版がネーションの形成へと到る強烈な衝撃をもちうるのは、それが資本制という文脈の中に置かれた場合だけなのである。ただし、ここで私の言いたいことは、アンダーソンが論じているような因果関係ではない。すなわち、本が、利潤を追求する印刷業者や出版者によって、資本主義的な市場の中で売りさばかれたということが重要だった、と言いたいわけではない。資本主義的なやり方にもとづく本そのものの販売/購入の影響は、さしあたって、読書を好むごく限られた知識人層に対するものに限られていたはずだ。そもそも、読書によって特定の「出版語」を獲得するということが、ただちにナショナリスティックな感情を惹起する必然性は、さしあたってないようにみえる (もし、このような因果関係があるのだとすれば、なぜ、特定の出版語=国語を話しているという外的な共通性が、特定のネーションを中心化する熱狂にまで到るのかということが、あらためて説明されなくてはならない。それは、たとえば、肌が白いとか黒いといった外的な性質の差異が人種主義へと到るのはなぜかが説明されなくてはならないのと同様である)。私が示唆したいことは、いわば「図/地」の関係がアンダーソンと逆になっている。アンダーソンは、出版のもっている影響力が、資本主義的な活動によって助長されたと述べているのだが、逆に、私は、資本制という形で現象する社会システムの潜勢力を、出版の活動が促進したと考えている。アンダーソンとは異なる、ナショナリズムの生成や存立の機制についての私の考えの詳細は、大澤 [1993-4] を参照されたい。

(6) 近代の新聞の起源と見なされているガゼットは十七世紀末に創刊されている。しかし、新聞が一般化するのは、十八世紀になってからであると考えなくてはならない (Anderson [1983=1987 : 65])。

（7） 新聞は、小説を可能にした「この間」という語法の最も徹底した使用法を提起しているのである。つまり、新聞と小説は、同じ態度の中から生み出されるのである。実際、たとえば、前記註（2）でもその名をあげた、最も初期の小説家の一人デフォーは、ジャーナリストであった（註（3）で言及したインタヴューにおける武田将明の指摘）。

（8） ヘーゲルは、新聞を読むことは、近代人の朝の礼拝の代わりになっている、と論じている。

（9） 十九世紀的なナショナリズムに親和的なコミュニケーション・メディアの様態が、新聞であるとするならば、同じナショナリズムに親和的な交通メディアは、鉄道であろう（多木・大澤［1994］参照）。

（10） このような作用をもった電気・電子メディア（コミュニケーション・メディア）に対応する交通メディアは、飛行機であろう（多木・大澤［1994］参照）。

Ⅶ　マスコミへの理由なき従属

1　マスコミの限定的にして強力な効果

マス・コミュニケーションの受容過程に関する初期の経験的研究は、見てきたように、マス・コミュニケーションが社会意識の形成に対してもつ非常に強力な影響力を実証しようとしている。これらが示そうとしていた強力な影響力は、しばしば、「皮下注射」や「弾丸」にたとえられる。マス・コミュニケーションは、大量の受け手の身体にまるで注射器で情報を注入するような（あるいは個々の受け手の身体に情報という弾丸を打ち込むような）、一方的で直接的な効果を及ぼしている、とするモデルを、これらの経験的な研究は樹立しようとしたのである。

ところが、一九四〇年代の中盤から一九六〇年代にかけて、やはりアメリカ合衆国で主として進められた実証研究は、このモデルに反する――あるいは少なくともこのモデルを制限する――結果を導き出している。そこで提起されたのが、マス・コミュニケーション研究史の上ではきわめて有名な「コミュニケーションの二段の流れ」の仮説である。

この仮説は、一九四〇年の大統領選挙における投票行動を分析した、ラザースフェルド、ベレルソン、ゴーデットの共同研究『人民（国民）の選択』（一九四四年）において、最初に提起された。彼らの実証研究が提起した仮説は、次のような諸論点から成り立っていた。第一に、受け手には、政治に対する関心が強く、投票における選択を自ら主体的に決定する層と、そうではない層の二種類があり、前者の方がマス・メディアに対する接触頻度が高いということ。第二に、マス・コミュニケーションを通じた影響力は、受け手がすでに保有している意見や態度を全的に改変するものではなく、それを補強するような方向に作用するということ。第三に、政治についての観念は、まずラジオや印刷物を通じて集団のオピニオン・リーダーに到達し、そのオピニオン・リーダーから集団の非活動的なメンバーへと伝達されるということ。第三の論点が、「コミュニケーションの二段の流れ」の仮説であり、それに先立つ二つの論点が、これを補助している。要するに、マス・コミュニケーションの効果は、オピニオン・リーダーを経由する個人的影響《パーソナル・インフルエンス》を通じて諸個人へと到達するのであって、非常に限定されているということが示されたのである。この論点は、E・カッツとラザースフェルドによる『パーソナル・インフルエンス』（一九五五年）によって、さらに一般化される。すなわち、ファッションや日用品の購入など、ごく日常的な場面においても、コミュニケーションが二段階に流れていることが確認された。

以上の経験的な研究から、次のような論点を引き出すことができる。第一に、「コミュニケーションの二段の流れ」仮説が含意していることは、マス・コミュニケーションの送り手（マス・メディア）を通じて与えられる情報に対して、受け手である諸個人は十分に懐疑的であって、それを半ば否定してさえいる、ということである。決して、マス・コミュニケーションを通じて与えられた情報が、直接に文字通り信じられ、真剣に受け取られるわけではない。第二に、この仮説は、そのような情報に対する抵抗、情報への（部分的な）否定は、諸身体の間の直接的なコミュニケーションによって生み出されている、ということを含意している。このような直接的なコミュニケーションの主要な部分は、音声を媒介にする最も原始的なコミュニケーションであろう。したがって、「コミュニケーションの二段の流れ」とは、印刷や電子・電気メディア以降のコミュニケーション(とりわけマス・コミュニケーション)と主として音声に立脚するコミュニケーションの最も原始的な水準との間の逆立の関係を、剔出したのだと解釈することもできる。

このように、一九四〇年代後半から六〇年代にかけての諸研究は、マス・コミュニケーションの影響が限定的なものであるということを明らかにしつつあった。ところが、奇妙なことに、一九六〇年代後半以降の経験的な研究は、再び初期の研究と同様に、マス・コミュニケーションが受け手に与える効果が、きわめて強力であることを示しつつある。このような研究の潮流の最もわかりやすい例が、ガーブナーらの「涵養理論(cultivation theory)」と呼ばれるモデルである。ガーブナーらは、テレビの高視聴者と低視聴者とを比較した場合に、外界の認知の仕方や政治的な志向の分布に有意な差が見られると報告している(Gerbner et als[1986]など)。たとえば、ガーブナーによると、テレビの高視聴者は、低視聴者よりも、世間の人々が利己的である(自分のことしか考えていない)と考える傾向が高い。あるいは、さまざまな政治的な論題――たとえば妊娠中絶の是非、同性愛の是非等々――に対する意見の分布をテレビの高視聴者と低視聴者とで比較してみると、リベラルと保守との間の分化が、高視聴者の方が小さいという(主流形成の効果)。ガーブナーらの研究には、複合的な変数の統制の方法などに疑問があるが、ここでは、実証の細かい手順に拘泥するつもりはない。問題にすべきことは、認知や行為に対するマス・コミュニケーションの効果が限定的なものでしかないとする像と、逆に強力でほとんど全面的であるとする像との間の分裂を、どのように理解すべきか、ということである。

*

マス・コミュニケーションの強力な効果について論証しようとする最近の諸研究をつぶさに検討してみるならば、その影響の仕方にある種の「屈折」を予想していることがわかる。その点を最も明確に示しているのが、「議題設定仮説（the agenda-setting hypothesis）」と呼ばれるモデルである。マコームズ、ショー、ウィーバーなど多くの論者によって推進されてきたこの仮説によると、マス・コミュニケーションは、政治的争点や出来事に対する受け手の意見や態度を大きく変えることはない。それでは、マス・コミュニケーションの影響は、ほとんどないと見なすべきか？　そうではない。効果は、態度や意見ではなく、世界に関する認知や表象の水準において生じているのである。たとえば、マス・コミュニケーションは、政治的な争点に対する意見を変更させるのではなく、まさに何が政治的争点であるかということに、つまり争点の顕出性に影響を与えるのだ。このような事実は、いくつかの実証研究を通じて――たとえば一九七六年のアメリカ大統領選挙についてのウィーバーらの実証研究を通じて――確認されている。

　しかし、マス・コミュニケーションの影響が意見においてではなく、認知において現れるということはどういうことか？　マス・コミュニケーションの影響は、どこを標的として生じているのか？　このことを明らかにするためには、そもそも認知の水準と意見の水準とがどのように分節化されているのか、両水準を区別する因子は何か、を確認しておくことが前提となろう。二つの水準を分かつのは、それぞれの水準を構成する操作（つまり認知と意見）が含意している選択性が帰属される場所――あるいはむしろ選択性の帰属先として現れる場所――の相違である。

　認知にしろ、意見にしろ、客観的には――第三者的な観察者から判断するならば――、まさに認知し、意見を所有する当の身体に、そこに含まれている選択の作用が帰属している。というより厳密には、それらの選択性の宛て先になったその身体が、認知し、また意見を所有していると見なされるのである。

認知においては、対象を何ものかとして同定し、他の可能な同一性を否定する区別の操作、何ものかを意味あるものとして認定し、他の可能性を無視する選択の操作は、認知する当の身体に帰属する。同様に、ある判断が正しく、他の判断を排除する選択の操作が帰属していると見なされたその身体が、そのような意見を所有している、とされる。

ところがしかし、奇妙なことに、「認知」においては、選択性の帰属が特殊な屈曲を被って現象する。それは、ある身体に帰属する選択性が——その当の身体自身にとって——その身体の外部に現れるという分裂である。ある身体が、何ものかを認知しているということは、すでに述べたように、認知ということに伴う選択性がその身体に帰属していることなのだが、その身体そのものの視点に定位した場合には、その選択性は、その身体の外部に帰属したもの（たとえば世界や事物の客観的な構造に由来するもの）として現れ、それゆえ、自らの恣意によっては改変しがたい所与と見なされるのだ。「意見」に関しては、そのような分裂は見出されない。すなわち、意見においては、選択性の「客観的」な帰属と、（自己自身によって）認知＝自覚された選択性の帰属が、合致するのである。この選択性の現象形態を、認知や意見に随伴する単なる一個の特徴であるかのように、ここまで論じてきたが、むしろ、これこそが、「認知／意見」の相違を定義する要件であると見なすべきであろう。すなわち、選択の操作が帰属する身体にとって、選択性が自身の外部に現れる認識の形態が「認知」であり、選択性が自身の内部に現れる認識の形態が「意見」である、と。意見と認知の区別は認識の領域に与えられる分類だが、実践（身体的遂行）の上でのこの分類の対応物は、「行為」と「体験」の区別である。[1] しかし、それにしても、認知において——あるいは体験において——、自己に帰属する選択性が外部に帰属する選択として、つまりいわば疎外された形式において、現象するのはなぜだろうか？

ともあれ、以上のように定義できる認知と意見との区別を前提にした上で、「議題設定仮説」の含意を、あらためて考察してみよう。マス・コミュニケーションの影響が、意見の水準ではなく、主として認知の水準で——議題の設定の水準で——現れるという仮説の含意を、その可能性をできるかぎり拡張した上で引き出すならば、次のように要約することができるだろう。意見の水準におけるマス・コミュニケーションの効果が大きくないということは、認知（自覚）された選択性に定位すれば——いわば「意識」の内部では——、マス・コミュニケーションを通じて表明された情報は、むしろ拒否（否定）されているということである。受け手は、それほど「馬鹿」ではない。彼らは、マス・コミュニケーションを通じて与えられた情報を懐疑しているし、ときにはそれが「嘘（不誠実）」だと信じてさえいるのだ。しかし、それにもかかわらず、受け手は、マス・コミュニケーションの影響から自由ではない。受け手たちは、マス・コミュニケーションへの懐疑や拒否を経由しても、なおそれに従属してしまうのである。従属は、選択の可能性が自覚されている領域（意識）の外部で——体験の水準で——生ずる。マス・コミュニケーションは、いわば「疎外された選択」を規定するのであり、それゆえ受け手の懐疑の意識をすり抜けてしまうのである。マス・コミュニケーションの影響は、すでに選択されてしまっている（客観的にそうなってしまっている）がゆえに、選択や拒否の可能性がそもそもありえないと見なされているような領域で、生じてしまうのだ。それが、「認知」の水準におけるマス・コミュニケーションの影響として、検出されるのである(2)。

普通は次のように考えられる。ある情報の真実性が懐疑されているとき、その情報の影響力は減殺され、ときに無化されてしまう、と。しかし、ここで示されているのは、このような素朴な見解は成り立たないということである。情報の内容を懐疑し、それが誤謬である可能性に自覚的であったとしても、なお、影響の残滓がありうるのだ。その影響は、（自覚的に）行為するときにはすでに終わってしまっている（かのように現象する）選択の水準で生ずる。マス・コミュニケーションの影響力が発揮されるのは、この終わったものとして現れる選択（認知的・体験的領域）に対してなのである。[3]

マス・コミュニケーションのこういった可能性を極限まで追求し、典型的な形で実現しているのが、「商品の広告」の言説である。[4] 広告は、言うまでもなく、説得の発話行為の一形態である。広告は、商品の何らかの意味での有効性を消費者に対して示し、その商品への需要を喚起し、購入を促すことを目的としている。広告されている商品が売れることは、広告する者に利益をもたらす。それゆえ、説得ということの常道からするならば、広告であるということを知られることは、広告にとって不利なことであるように見える。売り手が自身の利害のために行っている戦略的な言語行為であるという可能性が示唆されることで、説得の真実性（誠実性）に疑問が生ずるからである。ところが、実際には、すべての広告が、それが広告であるということが明白に理解できるような文脈においてのみ、提示されるのである。このことは、広告が広告であるということが受け手に理解されてしまうことが、必ずしも広告の効力を奪い取らない、ということを示唆している。のみならず、最近の「高度な広告」は――文脈を経由する間接的な言及によるのではなく――、自らが広告であることを積極的に自己指示してさえいるのだ。いくつかの広告は、これが広告に過ぎないということ、売り手すらこの商品の有効性が他の商品に勝っていると本気には信じていないということ、商品の有効性にかかわるような実質的な根拠もなしにこの商品が宣伝されているということ、こういったことが理解できるような内容をともなって提示されている。広告においては、説得に対する懐疑や説得の不誠実性（説得の背後にある売り手の利害）が、あえて隠されることなく、直接に示されているのだ。要するに、広告は、自ら自身に対する否定的な自己指示（「これは広告である」≒「これは嘘である」）とともに提示されているのだ。それでも広告は効果をもつ。なぜだろうか？　われわれのここまでの考察は、この問題に関して、確かに一歩前進した。

われわれは、選択性の現れ方に二つの水準があることを示してきた。ある水準において、選択は、本源的に疎外された形式においてのみ、選択した身体に所属する。したがって、それは、選択の操作が発動された瞬間に、外部にあるものとしてのみ、したがって「すでに終わってしまった」という形式においてのみ、実現する。広告の発話が効果を獲得するのは、意識の発動においてはすでに完了してしまっている、このような選択の水準においてなのである。だから、広告という説得の発話行為が、自身に対して自己指示的・自己否定的に関与することは、自らの効果を減殺させはしない。それどころか、標的を外的な――疎外された――選択の水準に焦点化するためには、このような自己指示・自己否定は有効でさえあるだろう。

同じことは、これほど顕著ではないにせよ、政治的な言説の領域でも妥当する。実際、議題設定仮説のような理論モデルが実証研究の中で提起されるのは、政治的な言説や宣伝もまた、商品の広告と類似の構成をとっているからだ――そしてまた、受け手が広告と同じように受容しているからだ。政治的な言説のこのような可能性に最初に自覚的になったのは、おそらく、マキアヴェリである。マキアヴェリは、政治の問題を、道徳的な善悪や誠実性の問題と切り離して考えるべきだとする。どんなに道徳的に堕落した人物であっても、大衆的に支持されれば政治家としては十分である（柄谷［1989b：238］参照）。それで、「善人」であったのと同じ効果を得られるからである。同様に、広告がいかに嘘であろうと、商品が認知されたり購入されたりすれば（商品が大衆的に支持されれば）、広告が真実であったのと――広告が誠実に商品の有効性を説得していたのと――同じことになる。

政治におけるよりいっそう明示的な事例は、ナチズムのような全体主義である。全体主義は、しばしば、虚偽による強制のシステムである、と――もう少していねいに言い直せば――虚偽を真実として受け取らせることによって可能になった強制のシステムである、と理解されている。しかし、それは間違いである。たとえば――柄谷行人［1989b：240-2］が指摘していることだが――、ヒットラーの『わが闘争』には、政治的な宣伝の技術が細かく書かれている。つまり、ナチズムは、自らによる政治的な演出が一個の宣伝に過ぎないということを、大衆に明確に告知しているのである。その点で、今日の広告の方法と、ナチズムの宣伝とはまったく同じである。だから、ナチズムの支配の中で、大衆が騙されていた、と単純に言うわけにはいかない。大衆は、ナチスのやり方が欺瞞的な宣伝であることを知っていたのに、それに魅きつけられていたのである。(5)(6)

アメリカの社会学者がマス・コミュニケーションについての実証研究のフィールドとして好んで利用する大統領選挙に関しても、同じような状況を見ることができる。よく指摘されているように、アメリカの大統領選挙は、マス・コミュニケーション――とりわけテレビ――を利用した宣伝の争いであり、ときには政見以上に、演出の成否が結果を規定する。アメリカの国民は、選挙が操作された宣伝であることをよく知っているに違いない。しかし、その認識が、候補者たちの資格を傷つけはしないのである。

それゆえ、マス・コミュニケーションの効果に関する（とりわけ戦後の）研究の中に現れていた明確な分裂（二つの受け手像）は、次のように統合して理解することができる。一方では、受け手に対するマス・コミュニケーションの効果は制限されたものであり、受け手はマス・コミュニケーションが与える情報に対して選択的（主体的）に関わっている。受け手が、選択性を自身の内部に帰属させうる領域（意見・行為の領域）においては、このことは実際に妥当する。しかし、他方では、それでもなお、マス・コミュニケーションの効果は強力であるということもできる。自らの選択性が、自らの外部に現れるということがあり、マス・コミュニケーションは、そのような外的な選択性の水準（認知・体験の領域）に作用するからである。内的な選択性の領域において、いかに、受け手がマス・コミュニケーションを相対化し、自身の能動性を保有していたとしても、外的な選択性の領域が残存しており、マス・コミュニケーションの効果はこの領域で確保される可能性があるのだ。

2　田舎の婚礼準備と父親の死刑宣告

だが、外部に現れる（自己による）選択とは何か？　マス・コミュニケーションからの情報内容を拒否しているのに、なお、それに従属したのと同じことになってしまうのはなぜだろうか？　マス・コミュニケーションの影響を、全的に拒否することができないのは――少なくともきわめて困難なのは――、なぜだろうか？　外部に現れる（自己による）選択が、マス・コミュニケーションの情報によって規定される（ように見える）のはなぜだろうか？

「沈黙の螺旋（spiral of silence）」と名付けられているノエル＝ノイマンの仮説が、考察の手掛かりを与えてくれる。この仮説は、ほぼ次のように説く。社会的な認知の形成過程全体を統合する因子は、「孤立への恐れ」である。人は、準統計能力とでも言うべきものをもっており、社会的環境を観察することによって、さまざまな認知や判断のあり方の社会的な分布――ある認知内容が支配的であるのか少数派なのか――について、直観にもとづく予期を形成する。孤立への恐れがあるため、自身の認知や判断が支配的であるとの予期をもった場合には、積極的にその認知や判断を表明するが、逆に少数派であると予期した場合には、沈黙を守ることになる。そのことが、ポジティヴにフィードバックして、多数派の見解をますます支配的なものと見せ、少数派を実際以上に少数であるかのように見せることになる。やがて人々はこの傾向に気づき、多数派の認知や判断に同調することになるので、多数派はさらに一層拡大し、少数派は逆に減少していく。

だが、各個人が有する準統計能力とは何か？　すなわち、人は認知や判断の社会的な分布をいかにして知るのか？　もちろん、それは、（友人や家族との）直接的な対人的相互作用によっても、ある程度予測しうるだろう。だが、マス・メディアを通じて与えられた情報こそが、より一層重要な「データ」である。社会がネーション以降の秩序に属する場合には、そうなるほかない。人々の社会についての現実性《リアリティ》が、自己を中心とした直接の繋がりを大幅に越えており、しかもその領域が、主要にはマス・コミュニケーションの受容範囲によってこそ規定されているからである。それゆえ、マス・コミュニケーションは、自らの影響力が確保されるための前提条件を、自ら自身の作動を通じて構成していることになる。受け手が、マス・コミュニケーションを通じて供給された情報に正に反応して、ある認知的な選択を行ったとき、その受け手が、そのように選択した理由は、まさにマス・コミュニケーションを通じてその情報が供給されていたという事実以外には何もないのである。こうして、「沈黙の螺旋」の過程を仮設することは、マス・コミュニケーションの強力な効果についての概念を導くことにもなる。

以上のノエル＝ノイマンのモデルは、マス・コミュニケーションに影響されるということが、どのような事態であるかを解析するためのヒントを与えてくれる。マス・コミュニケーションの影響とは、（直接には出会うことのない）他者（たち）において生じているような認知を、認知的に予期することから来るのである。その予期は、もちろん客観的な事実である必要はない。勝手な想定や憶測であってもかまわない。だが、他者における認知の予期が、それぞれの個人へと影響するのはなぜか？　すなわち、他者に関して予期された認知に、人が従属することになるのはなぜか？

それは――あえて挑発的な表現を使えば――自己こそがその他者であるからだ、と言うほかない。もう少し穏やかな言い方に置き換えるならば、自己が他者と同じ（同類）であることが先取りされているからだ。このように先取りされたことの、心理的な結果は、「孤立への恐れ」である[7]。（自己との）絶対的な差異であるはずの他者が、まさに同時に、自己に通底しているがゆえに、他者に帰属するものとして想定されてしまった認知に、人は同調してしまうわけだ。

＊

この問題を理解するための興味深い糸口を、たとえばカフカの作品の中から得ることができる。それらは常に、不可解な呼びかけと主人公のそれに対する肯定的《ポジティヴ》な応答を、基本的な主題としているからである。つまり、主人公は、不可解な呼びかけを、その不可解さにもかかわらず――というより実はその不可解さのゆえにこそ――、肯定的に受容し、それにいわば影響されてしまっているのである。ちょうど、われわれが、無意識のうちに――つまり自らそれと認知することなく――マス・コミュニケーションからの情報を受容するのと同様に。

たとえば、このような呼びかけに対する反応の極限を表現し、カフカ的なモチーフを圧縮してみせているのが、たった一夜にして書き上げられたといわれている短編『判決』である。ある春の日、婚約したばかりの幸福な青年ゲオルクは、父親から突然死刑を宣告される。それを受けて、彼は、ただちに家を出て、河に身を投げ自殺してしまうのである。主人公が、この理由なき判決を受け入れるのはなぜだろうか？

作品を少しばかりていねいに読めば、手掛かりを見出すことができる。物語の焦点に、決して積極的には姿を現さない一人の人物がいる。それは、ゲオルクの「ペテルスブルグの友人」である。ゲオルクは、この友人に婚約を知らせる手紙を送ろうとしている。この人物こそが、彼と父親との対立の原因でもある。この人物が作品の中に積極的に現前しない（現前できない）ことには、理由がある。異国に亡命し、三年前から見る影もない哀れな姿になっていると描写されるこの人物こそは、ゲオルク自身の分身であり、彼のもう一つの身体にほかならないからだ（この点については小林康夫［1991：22-3］参照）。重要なのは、この友人、つまり裏返されたゲオルクに対する父親の態度の変化である。父親は、最初、

「ペテルスブルグの友人などお前にはないじゃないか」と、彼の現実存在そのものを否定しているが、やがて、その友人のことをよく知っており、自分の息子と呼びたいくらいに心にかなった人物だと言いはじめる（ゲオルクこそが、本当の「息子」であることに注意せよ。父親は、ここで、ペテルスブルグの友人を「息子＝ゲオルク」として同定しているのである）。そして最終的に、父親は、自らを、ペテルスブルグの友人の「代理人」として指示することになる。父親のペテルスブルグの友人へのこの急速な接近、つまり存在の単純な否定から、存在の認知を経て、自らとの等置に到る過程、これこそが、不条理な判決にゲオルクが服従せざるをえなかった理由を説明してくれる。

ペテルスブルグの友人とは、ゲオルクにとって、自己自身でもあるところの他者なのだということができる。このゲオルクの「自己自身でもあるところの他者」を父親が奪い取り、自らの内に統合してしまったときに、父親の死刑宣告がゲオルクにとって意味あるものとして発効するのだ。父親の内に統合されることになる「友人」は、一方では、ゲオルクに対する「他者」として現れていなくてはならず、根本的な差異性を解消することはない。このことの意味上の反響が、死刑宣告の受け手であるゲオルクにとって、判決の内容が決して内面化できないものとしてあるということ、つまりまったく判決が不可解であるということである。しかし、他方で、その友人は、自己つまりゲオルクに直接に通底しているのであり、そのような資格において父親に組み込まれているのである。そうであるとすれば、父親の示した判断が、自己にとって、いかに疎遠で外的なものとして現れていようと、同時に自己に帰属される――つまり自己が採用すべき（学習すべき）――ものとして定位されてしまうのだ。

沈黙の螺旋と名付けられた現象が生起しているときに生じているのは、これと構造的に同一の事態である。マス・コミュニケーションの受け手たちが、その準統計能力を通じて索出する他者（たち）は、ゲオルクの父親として――あるいはもう少し正確な表現を使えば、父親を表示する者として――機能しているのだ。そして、彼らが、その他者（たち）の判断に従属するのは、そこに、「自己における他者性」がすでに組み込まれているからである。

カフカの『判決』を通じて示したことを、もう少し前に書かれたとされている彼の未完の小品『田舎の婚礼準備』と対応させて、さらに論点を補強しておこう（小林康夫［1991］参照）。この作品は、ただ、主人公ラバーンが、田舎にいるオールドミスの婚約者のところまで行く過程を描いていく。その間に、言うほどの事件は何一つ起きない。この作品は、ラバーンが、玄関を出て門の前まで来た場面から始まる。彼は門の前に相当長く止まり、外を眺めたり、あれこれと思いをめぐらしたりする。さて、この「門の前」という場所《トポス》は、カフカのすべての読者に、後に書かれた有名な作品『法の門前』（『審判』の第九章に組み込まれている）を想起させる。——法の前に門番が立っている。そこに一人の田舎者がやってきて、法の中に入れてくれと頼むのだが、門番は、「今はだめだ」と言って許可しない。結局、許可はいつまでもおりず、田舎者は死んでいく。——『法の門前』においては、田舎者は門を通過することはできない。それに対して、『田舎の婚礼準備』では、ラバーンは門をくぐり抜けることにはなる。だが、ラバーンは、冒頭の場面で、玄関を出た後に門の前に到達しているのである。つまり、ラバーンは初めから一つの門を通過しているのに、やはり門の前に到達するのだ。そうであるとすれば、彼は、二つ目の門を通過したとしても、なお依然として、本質的には門の前にいると言うべきではないか？　実際、小林康夫［1991：9-10］が細かく読み取っているように、ラバーンは田舎への道程の中で、次々と、門に、あるいはそのヴァリエーションに遭遇する。そして、結局、彼は許嫁の所に最後まで到達しないのである。つまり彼は、いつまでも「前」に止まり続けるのである。こう考えてくると、この作品にとって、未完成であることは本質的なことではないか、と思いたくなる。すなわち、この作品は、未完成であることを完成のための不可欠の条件としているのではないか、と問いたくなるのだ。

言うまでもなく『法の門前』においては、田舎者は、法の内部に参入することができず、ただひたすら待ち続けるということ――行為の不在――において、まさに法に服属しているのである。つまり、彼は、法の「意図」を知ることなしに、法の軍門に下ったのだ。それは、『判決』における、父の不可解な宣告への従属に対応する。では『田舎の婚礼準備』は、法についての主題をもたないのか？　もっている、と小林は読解する。たとえば、例の門の前に立ったとき、彼は道路の反対側に立つ――門の向こう側にいる――女の「無関心な視線」に遭遇する場面に、法についての主題を見ることができる。ラバーンは、一方では、女の視線に「無関心」の表示を見ているのに――つまり、いかなる積極的な意図も存在しないという空虚のみがそこに表示されていると見なしているのに――、他方では、その同じ視線に、彼の疲れている様子を責めているかのような規範的な追及を読み取り、心の中であれこれと釈明を始めるのである。そして、釈明の最後に、「だが、それはお前自身だと白状しようものなら、したたか文句を言われたあげく、首にいいなってしまう（entsetzt）」と述べる。ここには、法的発話を思わせる言葉が埋め込まれている。

そして何よりも、許嫁の呼びかけに応じるようにして、（明らかに気が進まないのに）田舎に向かうということが――『判決』のゲオルクが父に服従したのと同じように――、ラバーンが田舎の許嫁に従っているということを示す兆候である。翻って考えてみれば、門の向こう側の無関心な目をした女は――ラバーンがそこに審判の目を見てしまったこの女は――、門の遥か向こうにいるはずの許嫁の代理人だったのかもしれない。

しかし、ラバーンは、なぜ許嫁の呼びかけに応じてしまうのか？　そこには、『判決』で確認したのと同じ機制を見ることができる。ゲオルクにとっての「ペテルスブルグの友人」にちょうど対応するような分身を、ラバーンももっている。レメントなる友人がそれである。レメントとラバーンは、さながら双子のように、田舎への旅を伴にすることになっていたらしい。結局、レメントは都会に残り、ラバーンだけが田舎に向かうのだが、レメントは、田舎の事情にずいぶん通じている。どうやら、ラバーンの目的地である田舎は、レメントの故郷でもあるらしい。そうであるとすれば、ラバーンの分身――ラバーン自身でもあるようなラバーンにとっての他者――は、一方では、ラバーンの本来の領域に所属し（都会に残る）、他方では、許嫁の領域である田舎に所属していることになる（田舎を故郷としている）。だから、ラバーンも、ゲオルクと同様に、自己における他者性を、彼に命令を差し向けるもう一人の他者（許嫁）に奪われてしまっているのだ。ラバーンが、許嫁の呼びかけに応じるしかないのは、このためである。

『法の門前』の終結部で、衰え死にかけている田舎者は門番にたずねる。誰もが法に到達しようとしているのに、これまで私以外に入れてくれるように求めるものがいなかったのはなぜか、と。すると門番は、この門がただこの田舎者一人のためだけの門であるということを教える。このことの意味するところは、門の向こうにあるはずの法の秘密は、ただ田舎者自身の欲望の相関物だということである[8]。彼の欲望がそこに参入していないならば、法は空虚である。その意味で、法こそが、彼自身であるということができる。しかし一方では、彼自身（の欲望）が、法の内に自らの真実を見出しうるのは、彼が法から排除されているからである。つまり、法が彼にとって他者であり続けるからである。それゆえ、法に捉えられた田舎者にとって、法は彼自身であり、かつ他者でもある。この参入させかつ排除しているということこそが――排除を前提に参入させることこそが――、法や呼びかけが実効的に主人公の身体を捉える条件なのである。ところで、すでに確認した『田舎の婚礼準備』の主人公ラバーンの道程は、まさに、この二重性を表現している。彼は門（玄関）をくぐり抜けており、その意味で門の向こう側に参入しているのに、やはり門の前にとどまっている（つまり門の外に排除されている）からである。このことをふまえて振り返ってみれば、法の前に止まり続けている『法の門前』の田舎者も、ある意味では、すでに門を通過してもいるのだ。実際、門番は、田舎者がこの門を通過しても、やはり次の門に遭遇し、いつまでも門の前に回帰するだろうということを示唆している。

＊

さて、以上の回り道を経た上で、マス・コミュニケーションの影響に関するわれわれの本来の問いにたち戻ってみよう。まず説明されなくてはならないことは、自己に帰属する選択が外部に現れるという屈折が生ずる機制である。さしあたって、外部に現れる（自己の）選択性とは、他者に帰属する選択性である、と解析しておくことができる。このように、自己の内部から外部へと、選択性の帰属点が反転して現象するのは、自己が他者と直接に通底しているからである。すなわち、自己自身が、まさに同時に、他者でもあるからだ。このことは、他者を他者たらしめている差異が還元されてしまうということではない。他者の他者性こそが、その他者がまさに「自己」として顕現することを可能にしているのである（もう一度、法の門の内側に田舎者が自身の欲望の真実を見出しうるのは、彼が法の門から排除されていたからだということを思い起こしておこう[9]）。

このように、自己自身が他者化され、他者として現れることがありうる、と仮定してみよう。この仮定から、さらに次の補足的な論点を導くことができる。第一に、他者が自己自身のもう一つの存在であったとしても、それは否定的な仕方でのみ、つまり自己を徹底的に排除するものとして（自己への現前から撤退するものとして）現れる。第二に――原理的にいえば――、自己が反転してその内部に顕現する他者は、その都度、誰でもありえたはずだ。この二条件を基盤にして、他者の存在の様態は次のような形式に転回しうるはずだ。すなわち、他者が、自己をその一要素として含む一般性を代表することにおいて、自己の選択を先行的に規定してしまうような存在として機能することがありうるだろう。他者は――自己の否定的な存在でもあるということを一つの起点として――、超越（論）的な審級の内に投射・転移されるのである。ちょうど、ゲオルクにとっての「ペテルスブルクの友人」が、権威的な父親の内に吸収されたのと同様に。

マス・コミュニケーションの影響力を規定するのは、この超越（論）的なものへと転回した他者である。この「他者」は、もはや、あれこれの具体的な他者のことではない。それは、包括的な共同体を一般的に代表する他者＝第三者の審級なのだ。ところで、ネーション的な――あるいはネーションを越える――共同体の他者たちの選択を一般的に表示しうるのは、マス・コミュニケーションを経由する情報以外には、ほとんどありえない。そうであるとすれば、マス・コミュニケーションの情報こそが、超越（論）的な他者の座を占拠し、その働きを実質化するものとして機能するだろう。マス・コミュニケーションが表示する（超越的な）他者に現れた選択は、自己の選択でもある。他者の内に自己が映し出されている限りでは、他者の選択は、自己に固有化される＝学習されるはずだということが、先取りされているからである。言い換えれば、他者に関して予期されてしまえば、自己が選択しているのと同じことになってしまうのだ[10]。

ここに、マス・コミュニケーションの情報を懐疑したり、拒否したりしていながら、その懐疑や拒否の営みを通じて、かえってマス・コミュニケーションからの情報に従属してしまうという逆説が生ずる根本原因がある。次のような複合的な要因が、この逆説的な因果関係を支えている。第一に、自己としての自己、自己の直接性においてあるような選択の水準で、マス・コミュニケーションからの情報を否定したとしても、他者に帰属するような選択までは拒否できない。第二に、ある認知の内容がまさにマス・メディアを通じて表明されるという事実が、その認知が他者＝第三者の審級において存在していることを表示するものとして機能してしまう。そして第三に、他者において想定される選択の方が、自己としての自己における選択よりも、一層根源的なのだ（つまり、より基礎的な前提をなしているのだ）。

こうして、再び、初期のマス・コミュニケーション研究の中ですでに潜在的に主題化されていた問題へと回帰する（Ⅵ章参照）。マートンの研究は、マス・コミュニケーションが説得的な効果をもつのは、マス・メディアが、任意の聴取者にとって類似した（同一的な）他者を提示してしまうからだ、ということを示していた（Merton［1946＝1970］）。しかし、情報への従属の理由が、他者に帰属する認知の発見にあるのだとすれば、結局、それは、自己に則して見た場合には、この従属にいかなる合理的な根拠もないと言っているに等しい（実際、論じてきたように、合理的な根拠から自己がマス・メディアの情報を拒否していても、その情報は、人々の間に実りある効果を残すのである）。他者は、自己に対する異和であって、自己にとっては、結局は不確定的な偶有性であるほかないからだ。その先端には、「火星人」のような突発的に侵入してくる他者がいる。しかし、このような極限的な他者は、一貫した規範の備給源としては機能せず、実質的にはまったく存在しない――空虚化している――のと等価なことになってしまうだろう。キャントリルの事例における「臨時ニュース」の突然の侵入は、マス・コミュニケーションの影響を示していると同時に、通常のマス・コミュニケーションの影響が除去されてしまっている生の状態を露呈させたとも言えるのである。

3　二つの声

われわれは、内面化した文字、すなわち「声」が、特殊な超越（論）的な審級が可能にする権力への従属を前提にしてのみ可能だった、という理解を基礎にして、考察を進めてきた。マス・コミュニケーションという情報伝達の様式は、この権力／支配の関係に便乗するようにして、その可能性を与えられるのである。すなわち、超越（論）的な審級に、いわば実質的な内容を付与するものとして、マス・コミュニケーションは登場するのである。ところで、マス・コミュニケーションの影響力が発動される機制についての、ここでの考察は、この権力の形態にカタストロフィックな移行が生じつつあることを、あるいは移行への可能性が熟しつつあることを示唆しているように思われる。翻って考えてみれば、「声」の成立自身が、権力の形態の大きな転換によって可能になったものだったのだ（V章）。

今また生起しつつある変容の兆候とは、次のようなことである。議題設定仮説の含意を拡張しながら述べてきたように、意識的な拒否を続けてもなお残ってしまうような従属の次元がある。ということは――繰り返し確認しておけば――、この従属には、理由（大義）がないということだ。従属は、なんら積極的に選択されてはいないのだから。非合理的な従属として現れるのは、それが同一化できない他者への従属だからである（なおV章の終結部も参照）。従属の対象となる他者は「同一化不能」である、と述べたのは、その他者の他者性（自己からの異和性）を還元してしまうこと――その意志を予め選択してしまうこと――が、原理的に不可能だからだ（火星人と地球人の差異は絶対的で乗り越えられない）。そうであるとすれば、その他者は、積極的には、何ものとしても――何を意志し欲望しているものとしても――規定できない。言い換えれば、その他者の極限的な様態は、前節の最後に述べたように、空虚への漸近であろう。そうなれば、もはや、実体的な超越性への従属という構成自身が、破綻してしまうだろう。このとき出現するのは、何ものとしても積極的には現れず、恒常的に変異しつづける他者への果てしない従属であろうし、さらには、その変異の幅がある極端にまで到れば、従属という関係そのものが無化してしまうかもしれない。

ともあれ、マス・コミュニケーションの影響力の現代的な形態は、ここで描き出した変容をすでに完遂してしまっているわけではない。しかし、そこには、そのような変容への予兆が確かに書き込まれている。ネーションとともに登場してきた近代の権力は、マス・コミュニケーションという現象にその適合的な方法を見出したのだが、それはさらに、マス・コミュニケーションの展開の中で、否定され、転態しようとしているのである。

*

変容を規定しているのは、超越的審級の言わば閾値を越えた抽象化である。マス・コミュニケーションによって占拠される超越性は、まったく空虚な形式であって、抽象的なものとして想定される。マス・コミュニケーションの情報が、その抽象的な形式に、その都度、実質的な内容を付与するのだ。すなわち、マス・コミュニケーションの「啓示」が機能するために、「神」のような実体的・積極的な超越性についての仮定は不要であるし、また邪魔でさえある。実体的・積極的な超越性――何らかの程度における具象性を帯びた超越性――とは、そこにある実質的な内容をもった選択（たとえば神の定めた律法）を改変不能なものとして、つまり既定されているもの（神の不動の意志）として、顕在的に帰属させることができる超越的な審級である。それに対して、マス・コミュニケーションの影響力を規定している超越性は、ただ存在だけが想定され、その選択内容に関してはまったく開かれている超越性である。マス・コミュニケーションによって提供された選択（認知）が、まさに選択されているという事実を通じて、後から超越的な場所に投射されるのである。

個人に内面化した文字としての「声」は、文字の可能性を保証する超越的審級の抽象化によって生じるのだと述べておいた。超越的審級の抽象化は、その外的な事実存在を消去し、超越的審級の個人の身体への内部化を可能にするからである。しかし、抽象化は、超越的審級を再外部化もするのである。抽象的な超越的審級は、その抽象性のゆえに、常に具体的な内容をもつほかない個人の内面の選択との、不一致を基礎にしてこそ、機能しうるからである。そのような不一致を確保するためには、抽象的な超越性の働きを、個人にとって外的な他者の内に投射するほかない。したがって、抽象的な超越性が、個人の内的な契機として維持され、作動するためにこそ、かえって、それが外的な他者の上に転移され、確保されていなくてはならないという逆説が生ずることにもなる。

この点を例示するために、ジジェクが論じている「支配者（master）」と「指導者（leader）」の区別を利用することができるだろう（Žižek［1989：145-9］参照）。よく知られているように、マルクスは『資本論』の脚注において、次のような意味のことを述べている。人々は彼が王だから彼に従っているのだと思っているのだが、実際には、彼が王でありうるのは人々が彼に従っているからなのだ、と。マルクスがここで論じていることは、承認の反省的な循環である。マルクスによれば、王が王たりうるための条件は次の諸点にある。第一に、人々が従属という遂行《パフォーマンス》を通じて王をまさに王として承認していること。第二に、しかし、その王の資格が人々の承認に依存しているということ自身は隠蔽されており、人々に自覚されていないこと。しかし、ジジェクが述べているように、このような条件に依存して人々の上に君臨しうるのは前近代的な支配者の場合であって、近代的な指導者が権力を握る場合には事情が異なっている。近代的な指導者は、前近代的な支配者の存立にとってまさに隠蔽されていなくてはならない事実を明示することによってこそ、正統化されるからである。すなわち、指導者は、彼につき従うことになる人々に承認されているということが明らかになることによってこそ、まさに指導者たりうるのだ。顕在化した場合に支配者の権威を完全に奪ってしまうあの「秘密」が明示されることこそが、指導者にとっては、逆に正統性の源泉になる。

このような逆転が生ずるのはなぜか？　ジジェクが示したこの区別の由来を、われわれは次のように説明することができる。支配者とは、外的であること、外部に事実存在をもつ具象的な実体であるということを条件にして、作動しうる超越性である。その超越性を構成しているのは、もちろん、従属する者たちの承認――従属する身体たちによる投射――である。しかし、超越的な存在（としての支配者）の外在性を確保するために、この承認は隠蔽され、抹消されていなくてはならない。それに対して指導者は、超越的審級が抽象化され、各個人に内部化されていることを前提にして機能する権力の座である。経験の様態を構成する超越性は各個人に内部化されているから、指導者の権能は、それら諸個人の明示的な承認を通じて備給されなくてはならない。支配者の場合は、その存立が従属する者たちの内的な承認に依存しているという事態は本源的であり、それゆえにこそ隠蔽されなくてはならなかったが、指導者においては、逆に、内的な承認への依存は派生的であり、それゆえにこそ明示されなくてはならないのだ。

ここまでわれわれが行ってきた議論の文脈の中で重要なことは、超越的審級が個人の身体に内部化されていたとしても、それが実効的に機能するためには、その外的な事実存在が――指導者という形式において――あらためて確保されていなくてはならない、ということである。その外在性こそが、各個人の内面に生起する具体的な判断・選択との距離を通じて、超越的な審級の抽象性を保証するからである。だから、抽象的な超越性の機能が、外的に存在する具象的な対象（たとえば指導者）の内にそれが現実化しているという事態によって保証されるという、逆説がここに生ずることになる。

超越的審級の抽象性が極端に高度化し、それゆえその再外部化への要請が強化されると、マス・コミュニケーションの影響力に即しながら言及してきた、一見奇妙な現象が生ずることになる。すなわち、内的な確信においては懐疑し、拒否さえしている対象に対して従属し、それに影響されてしまうということが起こりうる。われわれはマス・コミュニケーションが与える情報の誠実性（真実性）を信じていないのに、それに影響されてしまう（ことがある)。カフカの主人公は、呼びかける者の意志を理解していないのに、どうしようもなくそれに従ってしまう。このような現象は、次の二つの原因によって導かれる。第一に、抽象的な超越性への従属が、個人の具体的な選択とは無関係であること。第二に、この従属という関係が、（再）外部化されている超越性に帰属される（具体的な）選択を受容することによってしか、実効的なものとして維持されえないこと。

＊

ここまでのわれわれの全考察の中で、声というものの三つの形態が扱われてきた。最も原始的なコミュニケーション・メディア（の一形態）としての声の単純な形態を別にすると、隠喩的な声の二つの興味深い形態に出会っている。一つは「声」と表記した形態であり、主観化された個人の内面性に対応した実体であった（Ⅴ章)。もう一つは〈声〉と表記した形態であり、それは、とりわけ電話体験の中に見出すことができた。〈声〉は、電話が聴覚的な機械であるという自明なことを意味する指標ではない。それは、電子・電気メディア（この場合は電話）に接続されることで断裂を被った身体の「自己における他者性」を、表象するのであった（Ⅱ章)。

おもしろいことに、両者はまったく正反対の現象を代表している。「声」は、個人としての身体の自己との一致の、すなわち自己同一性（自分であって他者でないこと）の究極の根拠のようなものとして現れる。これとは対照的に、〈声〉は、身体の自己性がどうしようもなく他者性へと反転してしまい、自己から独立してしまうということを示している。両者はまったく無関係なのか？

両者の関係を暗示する象徴的な——しかしごく些細な——事実に言及しておこう。吉見俊哉［1992］は、各家の中で電話が置かれる位置が少しずつ遷移しているという事実に注目している。日本では、電話が最初に一般に普及しはじめたころ、ほとんどの家で、電話は玄関に置かれた。吉見によれば、電話は家族の各メンバーを外部の社会（他者）へと接続するメディアであり、それゆえに、いわば本能的に、それに相応しい位置に、つまり家庭が外部と接する境界的な位置に置かれることになったのだ。[11] ところが、電話利用が日常的なものになっていくにつれ、電話は、次第に家庭の内部に移動していく。すなわち、まず応接間や台所へ、そして居間へと移動していくのだ。さらに電話が日常化した現在では、家の内面ということを踏み越え、より私秘的な領域へと、つまり各個人の個室や――また移動電話などを使った場合には――各個人の身体そのものに密着した位置へと移動していく。

個室の体験や私的な秘密の領域とは、個人としての身体が、自己を他者から分かち、他者には還元できないものとして、実際的に体験する場所である。つまり、個室とか私秘性《プライヴァシー》といったものは、個人の内面性という哲学的な事態の社会的な対応物だと言うことができるだろう。そこは「声」が確認される場所なのである。ところが、電話の位置の遷移は、そのような場所にあえて〈声〉（他者の声）を引き入れることを意味しよう。そうであるとすれば、電話の移動が含意しているのは、「声」が〈声〉と隣接してしまうということ、そしてやがて両者が融合してしまうかもしれないということ、あるいは「声」がいつのまにか〈声〉へと反転してしまうようなポイントがありうるということ、こういったことである。

「声」は、特殊な超越的審級――それは文字の可能性を与えた審級の変容したものであった――への従属の効果として存立するのではないか、という仮説を述べておいた（Ⅳ章、Ⅴ章）。そうであるとすれば、「声」の〈声〉への漸近は、今し方述べたような、超越的審級のさらなる変容（閾値を越えた抽象化）と、それに連動する権力の変態とに対応した出来事なのかもしれない。つまり、「声」の〈声〉への漸近は、このような変化の極限に生ずる現象を暗示しているのかもしれない。[12]

『田舎の婚礼準備』において、ラバーンがどうしようもなく婚約者の要請に従属することになるのは、すでに分析しておいたように、自らの分身（自己における他者性）が、田舎に所属する婚約者の領域に統合されてしまっているからである。このように超越的な支配者（田舎の婚約者）に統合されることが予定されている限りで、分身の他者性（異和性）は、相対化される。それによって、他者は、従属する者が自ら（の欲望）をそこに映し出す鏡として機能することができるからだ。つまり、従属する者は、今や、他者を、自らと本質的には異ならない者として認定することができるのである。だから、厳密には、ここまでの議論にいくぶん留保を付けておかなくてはならない。（自己と通底する）他者の他者性は、決して還元されないのだ、と論じておいた。しかし、その他者が超越的なものに統合されたとたんに、その他者の絶対の差異は隠蔽されるのである（が本源的には消失しない。その差異こそが、超越的なものが支配する審級として機能する条件である）。ところで、ラバーンは、途中で、奇妙な夢想に耽っている。自分がベッドの上で虫になってしまえば、あの嫌な婚礼準備のために田舎に行かなくてもすむのではないか、と。この部分は、後の『変身』を予告する場面として、広く知られている。自らの身体の転態によって生み出される「虫」もまた、自己における他者性である。しかも、その他者性は、虫であるということの極限的な異和性のゆえに、決して、超越的な審級へと回収されることはない（だから、虫である場合に限っては、不可解な命令から逃れられる）。『変身』においても、虫になることによって、主人公ザムザは、家族における父的な権威を、また自らがその権威を代行することを、拒否することができる。各身体の上に孕まれる〈声〉という異和性は、カフカの「虫」への予感を秘めていないか？

注

（1）　ここでの「行為／体験」の区別は、ルーマンの同じ区別を念頭においている（大澤［1988］参照）。

（2）ここで論じられていることは、議題設定仮説が言わんとしていることの、正確な解釈ではない。ここで私が試みていることは、議題設定仮説の内に可能性として含意されていることの極限的な拡張であり、その意味で、この仮説をデフォルメすることである。

（3）『資本論』の有名な公式「彼らはそれを知らない。しかし彼らはそれをやっている」を取り上げて、スラヴォイ・ジジェクは、「イデオロギー」は、この公式のどこにあるのか、すなわち「知っている」にあるのか、「やっている」にあるのか、と問う。イデオロギーは、社会的現実についての誤った表象であるとする常識的な見解にしたがえば、それは、当然「知っている」にあるはずだ。しかし、ここでのわれわれの議論にしたがえば、イデオロギーは、むしろ、「やっている」の水準で——厳密には「やっている」ときにすでに終わっているような選択の水準で——定義されるべきである。実際、ジジェクが「シニカルな理性」についてのスローターダイクの議論を発展させつつ試みているのは、まさにそのようなことであると理解することができるだろう。

（4）実際、今日の広告効果に関する主流のモデルは、広告が現実の購買行動に影響するまでの過程に、数々の媒介的なステップがあると想定している。たとえば、最も有名なＡＩＤＭＡモデルは、「注意（Attention）→関心（Interest）→欲望（Desire）→記憶（Memory）→行動（Action）」という因果系列を仮定している。この系列から「記憶」のステップを省略したＡＩＤＡ理論、「知名→知識→好み→選好→確信→購買」という因果系列を仮定する階層理論、「問題認識→情報探索→代案評価→購買→成果」という消費者行動の連続を仮定するエンジェル、コラート、ブラックウェルのモデルなども、ＡＩＤＭＡモデルの変形と見なしうる。これらはみな、意見（行動）の水準より前の認知の水準でマス・コミュニケーションの影響は現れるとする「議題設定仮説」と類似のアイディアを共有している。

（5）ジジェクはアドルノを批判しつつ、述べている。「アドルノは次のような前提から出発した——イデオロギーは厳密にいえば、自分こそが真実であると主張する一つのシステムにすぎない、つまりたんなる嘘ではなく、真実として経験された嘘、真剣に受け止められているような振りをしている嘘である、と。もはや、全体主義イデオロギーはそんな振りをしない。その作者たちですら、真面目に受け取ってもらえるなどと思っていない。いまや全体主義イデオロギーの地位は、大衆操作の手段と変わらない。」（Žižek［1989：254］）

(6) 宣伝相が権力の中枢にあったことからも直ちにわかるように、ナチズムは、もともと広告的な現象なのである。

(7) ノエル＝ノイマンが「沈黙の螺旋」の究極の原因とみなしている「孤立への恐れ」は、自己が他者と同じであることが先取りされていることの結果であると見なすべきであろう。このような先取りがなければ、自らが孤立していることの発見は、何ら否定的な事態ではない。

(8) ジジェクは、『法の門前』のこの部分を解説して、「主体〔田舎者〕は、自分〔自分の欲望〕が最初からゲームの一部だったこと、この入口は彼のためだけの入口だったこと、話の目的はたんに彼の欲望を捉えることだけだったこと、を体験する」のだと解説する。そして門番は田舎者に向けて、次のように言い放つことができたはずだ、と推測する。「門の向こうにある真の秘密というのは、おまえの欲望がそこに持ち込んだものにすぎないのだ……」と。

(9) 自己性と他者性の合致という現象についての仮定を、ここでの議論は、空想的な小説の解釈を通じて、独断的に導入しているだけだ、という印象をもつ人もいるかもしれない。しかし、実際には、われわれはすでに、フロイトによる「fort-da（いないいないばあ）遊び」についての分析を基礎にして、自己性と他者性が、反転可能な双対性を維持しているということを確認してあるのだ（Ⅲ章）。その中で示したことは、ある身体の自己性を定義するような、志向作用（認識・実践）のその特定の身体への求心的な帰属化が、それと裏返しの、志向作用の遠心的な疎隔化と常に連動するということ、志向作用の帰属点を反対方向に分離するこれら二つの運動の間に、原理的な反転可能性が保証されているということ、これらのことである。自己性と他者性が反転可能である（つまり両者が通底しあう）からこそ、両者を区分し、互いに排除しあうような、志向作用の（帰属点の）分離が可能になるのである。

(10) あることがらを自分がまったく信じていなくても、自分以外の他者が全員信じていると想定すれば、結果的には――外的に現れる実践においては――自分が信じていたのと同じことになる。たとえば、自分自身では貨幣の価値をまったく認めていなくても、任意の他者たちが貨幣の価値を信用し、それに基づいて交換している、と想定できれば、自らも貨幣を交換に用いることが――つまり、貨幣の価値を信用しているかのように振る舞うことが――有効なものとなろう。

(11) ただし、ごく実用的な理由もあった。吉見も記しているように、すべての家に電話があったわけではない段階では、玄関に電話があることは、呼び出しにとって便利だったのだ。

(12) この文脈で、電話がもともとラジオに類似したマス・メディアとして構想されていたのに、実際にはパーソナル・メディアとして結実したという技術史の意図せざる結果について、もう一度考え直しておくのもよいだろう(水越 [1991]、第Ⅱ章参照)。電話は、いわば、マス・コミュニケーションというものが内破してしまう境界線の上にあるような媒体なのかもしれない。

Ⅷ　超パノプティコンの機能

1　パノプティコンの理想

マーク・ポスターによれば、現代の電子メディアが可能にしたデータベースは、「パノプティコン」の理想を完全なかたちで実現する（Poster［1990＝1991：136–187］）。パノプティコンは、ベンサムの考案した監視の技術であり、よく知られているように、ここにフーコーは近代的な権力の物質化された隠喩を見たのであった。

パノプティコンの中核的な特性は、その名が示唆しているように、権力に従属する身体に対する普遍的な監視を可能にしたことにある。その際、従属者の身体は、不可避的に「個人」という資格において対象化されることになる。普遍的な監視を可能にしたことの補償は、権力の始発点と終着点の間における「視線」の完全な非対称性である。すなわち、監視者が（従属者に）決して見られることなく（従属者を）見ることが可能でなくてはならない。監視する視点の不可視性、すなわち監視する身体の抽象性こそが、従属者を、永続的に「見られていること」の可能性に捕縛するのである。なぜならば、このとき、従属者は、監視する身体の具体的な現存がたとえ省略されていたとしても、――いずれにせよそれを可視的な対象としてとらえることはできないのだから――自らが監視されている可能性を(認知的に)予期せざるをえないからである。パノプティコンとは、慎重な工学的・光学的な配慮によって、ここに論じたような視線の非対称的な二極性を可能にする建築物であった。

普遍化された監視を担う抽象的な身体は、規範的な裁可(判断)が帰属する身体として、従属者たちに承認(認知)されており、まさにそのことのゆえに、彼らに権力的な効果を及ぼすことができるのである。つまり、パノプティコンが表象するような監視は、従属者の身体を、特定の規範のもとで規格化=規律化する性能を有しているわけだ。もともとパノプティコンは監獄における囚人を監視する装置として設計された。だが、それは――フーコーが明らかにしたように――社会の全体へと、つまり学校、工場、兵舎、病院などへと、監視の技術の範型《モデル》として拡散していく。ここから、次のような仮説が、すなわち、パノプティコンは、物理的な建築物であると同時に、近代社会を存立させる機制の物質化した形象であるとする仮説が、示唆される。

しかし、この十九世紀的装置を構成している、概観してきたような「論理」は、もちろん、厳密な意味で完全に現実化したわけではない。以上に剔出した条件は、あくまで理念型的な描像であって、パノプティコンが表象している近代的な権力は、常に、何らかの程度において制限された形態でのみ、作動したのである。すなわち、完全に普遍化された(個人の身体への)監視は、技術的に不可能であった。なるほど、たとえば囚人は、監房に入れられている限りでは、あるいはまた、犯罪学的な配慮のもとで彼の逸脱の歴史が書類に記録され続けている限りでは、ほぼ持続的な監視のもとに晒されていると言うことができただろう。しかし、囚人は、やがて監房の外に解放されたし、記録の配慮のおよばない所まで移動することもできた。このような場合には、権力の効果は、従属者=囚人による「普遍的な監視の視線についての認知的な想定」にのみ依存している。このような想定の中では、普遍的な監視の現実性は、通常、十全なものではありえない。すなわち、普遍的・抽象的な監視が実在しないかもしれないという想定を、完全に排除することはできない。翻って考えれば、囚人が監房の内にある場合でさえも、彼が監視者の視線の実在（についての想定）をときには否定する可能性を、排除しつくすことはできないのだ。

だが、ある身体とある身体の選択を接続するコミュニケーションが電子メディアによって媒介されているような条件の下では、ときに、このようなパノプティコンの現実的な限界が打開される。すなわち、電子メディアがコミュニケーションをデータベースのフィールドに接続しており、選択の結果がそこに記録されるようになっている場合には、パノプティコンの理想が実現するのである。このような条件が満たされている限りにおいては、コミュニケーションが遂行したあらゆる日常的な選択が、ことごとくデータベースに記録されてしまい、したがって――このデータベースにアクセスすることができる者による――完全に恒常的な監視がおよんでいるのと同じことになるからだ。十九世紀の粗野な技術のもとでは、このようなことは不可能だったわけだが、二十世紀後半のテクノロジーは、われわれの日常のコミュニケーションを、パノプティコンの理想に肉薄させている。ポスターが注目したのはこういった現代的な状況である。

たとえば、現代の先端的な資本制社会を生きようとすれば、そこに内属する諸個人は、社会保証カード、クレジット・カード、運転免許証、図書館カードなどを使用し続けなくてはならない。これらカード類を利用した相互行為の結果はすべて記録され、蓄積されていく。しかもカードを使用する以上は、諸個人は、自分で自らの行為の結果を記入していることになるのだ。こうしてできあがったデータベースにアクセスすることができ、記録を検索したり、並べたりすることができる者は、原理的には、諸個人の細々とした相互行為の結果を、すべて監視することができる。実際、電子メディアに媒介されたディジタル・コード化とコンピュータ化によって、記録のこのような処理は、非常な高速で可能になっているのだ。[1] ポスターは、製造者に接続されたモデムを通じて消費者が商品を発注する「ホーム・ネットワーキング」に、このような現象のほとんど完成された形態を認めている(Poster［1990＝1991：176］)。ホーム・ネットワーキングにおいては、消費者は、購買という行為によって、その当のコミュニケーションの結果を直接に入力してしまうため、製造者は、個々の消費者のそれぞれについて、彼が過去においてどのような傾向の商品を欲求してきたか、それらの商品への支払いが滞っていないかなどを、ただちに知ることができる。

現在、記録のディジタル・コード化は急速に進んでおり、データベースの数と規模は急激に拡大しつつある。デヴィド・バーナムによれば、一九八三年の段階で、合衆国最大の五つのクレジット・リポート会社は、そのコンピュータの中に一億五千万人以上の個人のクレジット記録を保存していた(Burnhan［1983：42］)。たまたまこの年に自動車を購入しているポスターは、そのときの体験を次のように書いている。

契約書にサインするより先に、ディーラーはいつもそうしているように私にＴＲＷのクレジット・チェックをした。……私の目の前で、二、三秒のうちに私のすべてのクレジット取引のリストがプリンターから吐き出されてきた。その中には私が長い間忘れていた教育ローンや細々としたものも含まれていた。今日では技術的に些細な到達と思われているが、クレジット・チェックは、「すべての場所、すべての時代におけるすべての情報」ということの不気味な意味を目に見える形で示しているのである。(Poster［1990＝1991：139］)

クレジット会社のデータベースだけではなく、警察、保険会社、病院、銀行、企業なども、同じようなデータベースに、それぞれの目的に応じて、個人についての膨大な記録を蓄積している（あるいは、やがて蓄積するようになるだろう）。もしこれらのデータベースを結合することができれば——それは実際に容易にできる——、個人の生活歴を日常の非常に細かい部分まで再構成することができるだろう。こうしてできあがる個人の生活の記録は、「天国にあるという無限の帳簿」（Poster ［1990＝1991：140］）に比することができよう。

パノプティコンのあの不可視の抽象化された監視者の位置に立つことができるのは、このデータベースにアクセスできる者である。したがって、言い換えれば、特定の技術さえ習得すれば、誰でも、監視者としての位置に立つことができるということである。それは、表面上は、個人のプライヴァシーの大がかりな侵害の危険として現れる。合衆国は、一九七四年にプライヴァシー条例によって、この危険に対抗している（Poster ［1990＝1991：140］）。この法律は、連邦政府が保持しうるデータベースの種類やその利用目的を制限し、特定の条件の下での名簿の売買を禁止し、さらに、各個人に、保存されている自らの記録を見ることを許可している。このような法律が公布されているということは、一九七〇年代の前半の段階ですでに、個人の身体に対するほとんど普遍化された——私秘的な領域にまで貫通する——監視の可能性が予感されていたということを示している。

しかし、この条例は完全ではない。ポスターは、条例が、州政府、地方自治体、私的機関をカヴァーしていないということ、それが法の執行者を規定していないということ、という二つの難点を指摘している。だが、この種の条例の不完全性の由来は、単純な法律的な不備にあるわけではなく、条例が樹立しようとする試みに内在する原理的な自己否定性の内にある。第一に、データベースの種類や使用法を制限するにしても、このような制限が遵守されているか否かを監視する方法自身が、データベースを侵犯する電子的な技術と同種のものであらざるをえず、したがって、常にデータベースの利用者によって欺かれる可能性がある。第二に、データベースの使用法を監視する者自身は、データベースの全体を踏破せざるをえず、このような監視者が可能であったとしても、それが、再び、プライヴァシーの危険な侵犯者となる可能性をもっている。この危険を回避するためには、監視者が監視されなくてはならないが、もちろん、このような反復は終わらない。だから、プライヴァシー条例の執行者は、規定されていないのではなく、究極的には規定できないのである。

データベースに蓄えられた情報は、十九世紀的な監視の場合と同様に、規範的な意味を担いうる。すなわち、情報は、それが言及するそれぞれの主題に関係して、各個人の適合性／非適合性、正常性／異常性を教えることになる。もし否定的な記録から逃れたければ、それぞれの領域に関して、完全に規格化された行為を選択し続けるしかない。一度でもなされた非妥当的な選択は——たとえば一度犯した駐車違反は——データベースのフィールドに記録として、ほとんど抹消されることなく保存されるのである。「天国の帳簿」という先の比喩は、データベースのこういった機能のことを念頭におくと、ますます相応しいものであることがわかる。

こうして現代のデータベースは、——少なくともそれが極限に目指している情報の蓄積の形態は——完全に限界のないパノプティコンである、という見解が成り立つように思われる。これを、ポスターとともに「超パノプティコン」と呼んでみてもいいだろう。だが、このように完璧に理想化されたとしても、パノプティコンはいかなる質的な変容も被らないのだろうか？　すなわち、超パノプティコンは、パノプティコンが制限された程度においてしか果たせなかった機能を、単に強化させて実現するというに過ぎないのだろうか？　ポスターが事実上主張していることは、このように無限化されたパノプティコンによって、監視と規律化の程度が著しく強化されるということだけであって、十九世紀的な権力の政治学からの実質的な断絶を認めていない。しかし、われわれはこのような理解に疑念を抱く。

2　二つの「イエス」

疑念は、たとえば、次のような観察に基づいている。超パノプティコンの段階にあっては、その最終的な出力が、従来のパノプティコンの効果を否定してしまっているように見える、あるいは少なくともそのような傾向がある、という観察に。この点を少しばかり説明しておこう。それは、前章（3節）で「声」から〈声〉への転換として議論しておいたことがらと関係している。

フーコーの論点は、パノプティコンが表象する普遍化された監視が、個人の身体を主体として構成する機能をもっている、というところにある。主体性＝主観性とは、実践や認識を構成する選択に関して、自己原因的に自己に関係する能力のことである。フーコーが見出したのは、自己の自己への循環的な関係づけが、他者への従属を条件としているという逆説だったのである。「声」が表現の最も純粋な領域であるとする直観は、主体を定義するこの自己原因的な自己関係づけの能力が完成されている場合に、典型的に現れるに違いない。「声」が特権的なものに感じられるのは、「声」においては、その最終的な受容とその産出が一致している（かのように見なしうる）からである。要するに、「声」においては、聞くことと話すこととが合致するのだ（「自分が話すのを聞く」場合に）。ここでは、結果たる対象（「聞く対象」）が、その原因となる作用（「話す作用」）に、絶対的に近接しているのである。デリダが「自己への現前」と呼んだのは、このような態勢である。「声」の特性がこのようなものであるとするならば、これは、主体を構成する自己関係の構図の適切な比喩たりえたはずだ。

だが、「声」は〈声〉へと接続していく。〈声〉を出現させるのは、一般には自己に帰属しているものとして把持されている（個人の）内的な声が、異和的な身体に、すなわち他者に帰属したものとして現象する、というメビウスの帯のような捩じれの体験である。このような捩じれは、主体の内に根本的な断裂を持ち込み、その自己同一性を否定してしまうだろう。

われわれがここまでの観察の中で確認してきたことは、身体が電子メディアに接続されたときに現れる体験の核心的・革新的な特徴は、「声」よりも〈声〉によって特徴づけられる、ということであった。コンピュータのパワーに依存するデータベースは、もちろん、電子メディアに基礎をおく技術の先端にあるものだ。そうであるとすれば、データベースの超パノプティコンが、相変わらず十九世紀的な主体の構成に与かっているという理解には、疑問を抱かざるをえない。

もちろん、われわれが直接に〈声〉を見出したのは、データベースに関与した行為・体験の領域においてではない。すなわち、データベースに入力したり、それを分析したり、さらには、データベースを想定して選択したり、といった行為・体験の領域においてではない。それは、最初、電話に媒介されたコミュニケーションに即して見出された（Ⅱ章）。ついで、マス・コミュニケーションの影響力の形式の変容が、「声」から離脱し〈声〉へと転態していく過程と連動しているのではないか、という仮説的な展望を得たのであった（Ⅶ章）。

マス・コミュニケーションの影響は、匿名で超越的・抽象的な他者（第三者の審級）から個人の身体への「呼びかけ」の形式をとっている。その「呼びかけ」は、とりわけ認知・体験的な水準に作用する規範的な命令として機能する。マス・コミュニケーションの場合には、個人の認知・体験の領域に直接に構成的に関与するので、受動的な監視に徹しているように見えるデータベースの機能とは区別して考えなくてはならないかもしれない。だが、厳密には、データベースによる情報の蓄積が、単純に、個人の選択を後から追いかけ、蓄積するだけである、という理解は間違っている。それは、個人の選択と、さらには個人の自己同一性を、積極的に構築しているのである。第一に――この点についてはポスターも指摘しているのだが（Poster［1990＝1991：181］参照）――、そのような構築は、データベースのフィールドの内部で生ずる。データベースは、その度に、あいまいさを残さない二項対立の内に、各個人の選択を記録していく。それは、選択の微妙な多様性や遷移をすべて無視し、そのうえで、それぞれデータベースに固有の仕方で整序することを意味する。こうして、データベースの内部で、情報の要素の恣意的な関係を通じて、それぞれの個人の固有の現実性が構成されることになる。第二に、このようなデータベースの記録法を認知し、また想定することによって、個人の現実性が、今度は、自己了解の内部で、あるいは他者からの了解の内部で、データベースが構成した現実性に見合った形態で、構成されるだろう。だから、データベースも、それぞれが援用する二項対立を通じて、個人に「呼びかけ」ているのである。

してみれば、現代の電子メディアの普及に連動したマス・コミュニケーションの影響力の形式の変容にちょうど対応する変化を、データベースの構築・拡大という現象もまた刻印しているのではないか、と仮定してみることはできるのではないだろうか。この仮説が含意していることは、パノプティコンがもともと照準していた効果――すなわち個人における「主体性」――に対して、超パノプティコンはむしろ壊乱的に作用しているかもしれないということ、超パノプティコンは「主体」が変容し内的に否定されていく過程にこそ適合した権力の様態なのかもしれないということである。このことを、データベースという特定対象を離れて、つまり電子メディアについてのコミュニケーションの一般的な領域で、現実性を構成する論理の変容を剔出することを通じて、検証してみよう。

もしこの仮説が妥当するならば、パノプティコンの作用に関して、少なくとも次のような逆説を確認することになる。パノプティコンは、制限され、純化されていないその限りにおいてこそ、そこに――

無意識のうちに——予定されていた効果を確保することができるということ、を。パノプティコンは、その適度な限界を通じてのみ、——少なくともある時代と場所で——正常に作動することができていたのかもしれないのだ。

＊

近代的な主体の完成を思想の水準で典型的に表現するのは、カントの哲学であろう。フーコーは、カントを読解する中で、実際にそのような理解を提示している。ところで、スラヴォイ・ジジェクは、フーコーによるカントの読解とラカンによるカントの読解を比較した論考の中で、両者の間に決定的な裂け目があるのを確認する（Žižek［1993］）。それぞれから、まったく対立した「主体」の像が引き出されるのだ。フーコーから引き出すことができるのは、自ら普遍的な規則（規範）を樹立する自己関係づけの能力としての主体性であり、これは、ここまで論じてきた（十九世紀的な）主体についての古典的な定義に合致した像である。ところが、ラカンは、逆にカントから、決して「自分自身になる」ことができない主体という像を引き出している。そうであるとすれば、ラカンは、カントの哲学から、むしろ主体の自己同一性の否定を導出していることになる。重要なことは、どちらがカントの正しい読みか、ということではない。カントの倫理的・哲学的な姿勢が、両方の可能性に連なっているということが、ここでは興味深いのだ。カントについての分岐した二つの像の存在は、主体という現象が、それを構成する内的な機制そのものを通じて、その否定へと導かれていく可能性があるということを示しているからだ。この自己否定の過程は、メディアのタイプの変化に並行して生じているものとしてわれわれが観察してきた主体の領域の変容に、ちょうど対応している。なぜこうなるのか？　主体が自身の否定に直接に連接していくのはなぜか？　カントの主体の像が分岐していくのはなぜか？　この問題については、後の考察の中でもう一度振り返って考察することになるだろう。その前に、ここでは、ジジェクがフーコーとラカンのカントの読解に言及するのに先立って分析している、ベルトルト・ブレヒトの「教育劇」から含意を取り出しておこう。

ブレヒトの『イエスマン』（一九二九年）は、ある村を襲った疫病を防止する薬を取りにいくための遠征隊に参加した一人の少年の物語である。遠征隊は険しい山脈を越えて、遠くの町に行かなくてはならない。しかし少年は途中で病気を患い、隊の前進を阻んでしまう。そこで少年は死を受け入れ、他の隊員たちに殺される。この作品の一年後に書かれた『処置』は、これと同型の物語を共産主義革命に当てはめている。

『イエスマン』の少年は二度「イエス」を言う（『処置』の主人公も同様である）。この点にジジェクは注目する（Žižek［1993：137-138］）。最初の同意は、彼が志願した任務への同意であり、第二の同意は、死への同意である。この死への同意は、少年の意図的な選択に服さない、いわば消極的・形式的なものである。背後で歌う合唱隊が、主人公の返事のいかんにかかわらず、彼が殺されることになるということを強調しているのは、この点を示すためである。少年が同意する死は、大義のための英雄的な死ではない。それは存在そのものの完全な抹消であり、彼は人々の歴史的な記憶の中にすらとどまることを許されない。

この二つの同意は、ジジェクによれば、それぞれ、キルケゴールがいう「倫理的なもの」の引き受けと、それに対する「宗教的停止」に対応する（Žižek［1993：158］）。過度に倫理的なものに同意してしまえば、それに優越するもう一つの同意を引き受けざるをえなくなる。後者の同意は、前者の意表をつく同意、前者の停止を含む同意である。たとえば、真実のみを語ることに同意すれば、真実のために嘘をつくことに同意せざるをえなくなる。敵と戦うことに同意すれば、味方と戦うことに――あるいは自分自身が味方に殺されることに——同意せざるをえなくなる。[2] 要するに、ある原則に同意し、それを貫徹させようとすれば、かえって、その根本的な例外を引き受けることを強いられるのである。

だが、倫理に過度に同意するということはどういうことであろうか？　それは、倫理、すなわち規範の、完全に普遍的な性格を承認するということである。だから、ブレヒトの教育劇の二つの同意が示しているのは、規範の普遍性を徹底させると、その普遍性への根本的な侵犯へと導かれてしまう、ということである。ここに、われわれの考察への教訓を得ることができる。

パノプティコンの理想とは、述べておいたように、完全に普遍的な監視の実現である。監視は、同時に、その対象となった身体が従属すべき規範を実定化する（肯定／否定の弁別が一義的に決定できる判断として定立する）。それゆえ、パノプティコンが可能にしているのは、高度に普遍化された規範であり、その規範の相関項として、主体化された個人が生み出されるのだ。そうであるとすれば、『イエスマン』が——そして『処置』が——示唆しているのは、この主体化の機制に亀裂が走るということである。個人を主体として形成するためには、個人を捉えつづける普遍的な規範の支配が前提となる。規範のこのような支配を保証しているのがパノプティコンであった。しかし、規範の普遍性が完成されたとたんに、それを停止させる根本的な例外が現れざるをえず、したがって同時に個人の主体としてのあり方自身が否定されることになる。この示唆は、今し方「超パノプティコン」の作用との相関でわれわれが予示しておいた仮説と合致する。主体はまさに主体を可能にしている機制の完成とともに逆に崩壊していくだろう、というわれわれの仮説と。

3　裏切られた「神の眼」

一九七一年合衆国で試みられた「テレビ＝ヴェリテ〔真実〕」なる実験的な番組は、パノプティコン的な装置を、高度に完成された状態で実現した。そして、この極点において、パノプティコンの視線は、混乱に追い込まれてしまう。パノプティコン的な監視の終焉を象徴する先駆的な事例として、この番組に注目したのは、ボードリヤールである（Baudrillard［1981＝1984：39-45］、また亘［1984：42-43］も参照）。

番組は、合衆国のある平凡な家族を、七カ月間、約三百時間にわたって密着撮影したものだ。この「生の歴史的ドキュメント」は、テレビ・カメラを使って、家族を二千万人の視聴者の監視のもとにおく。監視が持続的で私生活の深部にまで及んでいること、監視者が被監視者にとって匿名的であること、こういった意味で、この試みは、二十世紀的なテクノロジーであるテレビを使ったパノプティコンであった、と要約することができるだろう。七カ月の撮影の最中に、夫婦が離婚し、一家は離散してしまう。それはテレビの責任か？　テレビがなかったらこのような結果に到らなかったのか？　それは決定不能である。

興味深いのは、――ボードリヤールが指摘しているように――さながらテレビ・カメラが存在していないかのようにこの家族を撮影することができた、という番組製作者たちの錯覚である。ディレクターは、「彼らはまるでわれわれがそこに存在していないかのごとく生きた」と番組の勝利をうたいあげた。もし監視する一切の視線が存在していないのと同様に事態が進行し、家族が自律的に生活を営み自ら崩壊していったのだとすれば、そこでは、パノプティコンを特徴づける視線の非対称的な二極性が停止してしまっていることになる。なぜならば、パノプティコンとは、監視する側が（視覚の）能動性を独占し、監視される側を受動的な対象として分離する装置のはずだが、もし監視者の身体が抹消されているかのように状況が構成されているのならば、被監視者が、受動的な対象としての地位から格上げされ、それ固有の能動性を回復したことになるからだ。しかし、テレビを通じて監視する身体が、見られている身体たちにとって完全に無化されてしまっている――つまり気づかれない覗き穴から窃視しているのと同様なことになっている――、と断ずることはできない。ボードリヤールが述べるように、ここでは、「まるでわれわれがそこに存在していないかのごとく」は、「まるであなた方がそこにいたかのごとく」と同じことなのである。結局、監視する身体の方に能動性を局在させようとすれば、監視する身体の抽象性の水準を高め、監視される身体がそれを積極的に対象化し、逆規定することを困難にすればよいのだが、このことを極端に進めてしまうと、監視する身体が、被監視者にとって存在していないのと同様なことになってしまい、監視という関係そのものを無意味化してしまうのだ。

フィリップ・ノイス監督の一九九三年の映画作品『SLIVER（硝子の塔）』は、パノプティコン的な監視の徹底にともなう視点の二極性の崩壊という「テレビ・ヴェリテ」が暗示した逆説を、端的に顕在化させ、作品構成の骨組みとしている。舞台は、パノプティコンと化した高層マンション、すなわち完全にすみずみまでテレビ・カメラによって監視されているマンションである。この作品の中では、見られる身体こそが同時に見る身体であることが示唆される。見られる側にあった身体が、やがて監視する側へとその立場を逆転させ、ときには、（録画を通じて）自分自身の私生活や性行為を眺めることにするなるのだ。主人公ノリス（シャロン・ストーン）は、このマンションに入居することが許されたことで、そうとは知らずに、マンションの所有者であるジーク（ウィリアム・ボールドウィン）に監視される立場に、自らをおくことになる。しかし、監視される身体であるノリスが同時に監視する身体でもあるという両義性が、彼女が望遠鏡（実はジークからの贈り物）を好んで使用して遊んでいるということによって、また彼女が「伝記物」を得意とする編集者であるということによって（伝記とは他人の人生を全体として監視することにほかならないのだから）、はじめから示唆されている。この両義性は、ノリスがジークの愛人となり、彼女自身もジークが使用していたカメラを通じてマンションの住民を観察し、そして自らの（録画された）私生活を監視する立場へと転態することによって、顕在化する。作品の全体を通じて、視覚の領域が、触覚の領域によって浸透され、徐々に置き換えられていく。たとえば、監視のための画像は、指で触れることで操作する仕組みになっている。また見ることと見られることの非対称性によって分離されていたノリスとジークは、やがて性的な接触によって交流する。視覚の特徴は、志向作用（知覚）が帰属する身体をその対象から分離する傾向が強いことにあり、逆に触覚の特徴は、容易に両者を反転させてしまうことである。つまり監視を特徴づける二極性は、触覚への接近を通じて、自己崩壊していくのだ。

ちなみに、「テレビ・ヴェリテ」がアイロニカルに模倣している「シネマ・ヴェリテ」は、もともと、撮影者が対象に意図的に介入することで、対象から「真実」を引き出そうとする方法である。だから、「シネマ・ヴェリテ」は、見る身体（監視する身体）の存在をあえて誇示する方法である。この方法は、だから見る身体の能動的な介入を確保するものだが、逆に、見られる側の反作用に身をまかせることでもある。この反作用への依存を断ち切り、見る身体の能動性を純粋化しようとすると、「テレビ・ヴェリテ」のひたすら撮影するだけの方法になる。その意味で、「テレビ・ヴェリテ」は、「シネマ・ヴェリテ」の徹底である。見る側の純粋化に連動して、見られる対象の性質も変化をこうむる。すなわち、「シネマ・ヴェリテ」から「テレビ・ヴェリテ」への転換によって、対象の「真実」から「深さ」が失われる。「シネマ・ヴェリテ」は、通常は隠蔽されているが、特殊な意図的介入によって初めて暴き出される真実の次元の存在を仮定している。もちろん、このような隠れた真実の中核にあるのが、個人の「内面」である。だが、表面を見ることにのみ徹する「テレビ・ヴェリテ」にとっては、暴かれるべき秘密の真実は存在しない。確かにパノプティコンは、監視を通じて主体の「内面」を構築するのだが、それが可能なのは、監視に、単に見ることを越えた行為性＝能動性が伴っている場合に限られるのである。

＊

見られる側に派生してしまう能動性が、見る／見られることの二極の分立を混乱に陥れる、とここまで論じてきた。テレビは、逆の側でも変異をもたらす。すなわち、見る側においても、その能力が強化されることで、かえって見ることの全能性の幻想が破壊されてしまうのだ。

先に（Ⅵ章1節）、近代に登場した「小説」という文学の形式は、（社会）空間のさまざまな領域で同時進行する出来事の全体を一挙に捉え比較することができる超越的な視点を、前提にしており、この超越的な視点こそ、読者の視点である（そしてまた作者の視点でもある）と論じておいた。このような超越的な視点の機能は、「新聞」においては、より一層強化されて援用される。このように、空間内の各局所の出来事をすべて把握し、そのことによって諸領域の全体を均質化された単一の普遍空間として捉える超越的視点は、その構造からすれば、パノプティコンの監視の視線と同一のものである。小説の読者に要請されているような視点の機能を純粋化して、権力に援用すれば、そのままパノプティコンが現れるのである。

とはいえ、もちろん、小説の読者の視点の超越的な機能は、まったく限られたものである。すなわち、「単一の普遍空間の内部で生ずるすべての出来事を見る視点」として仮設されているとしても、その視点には、現実には、筋の展開に関与的なごく一部の（虚構の）出来事が与えられるだけである。同一の日付に帰しうるということを別にするとさしたる共通の文脈もなくさまざまな出来事を併置する新聞は、読者の機能を強化しはするが、なおいくつかの限界を残す。第一に、当然のことながら、新聞にすべての出来事が拾われるわけではない。第二に、さまざまな地域で生ずる出来事についての情報が到達するまでの時間に、読者が立っている場所に応じた差異が生ずるので、読者は、自分自身が特定の空間の一地点に内在していることを、不可避に感受せざるをえない。第三に、情報伝達の時間に差異が生ずるだけではなく、より根源的には、出来事が生じている現場との空間的な近接度に、情報伝達される出来事の選択や伝達される内容の濃度が規定されているので、紙面の構成を通じて、読者の視点の空間内属性（非超越性）が表現されてしまう。結局、詳しく早く報道される出来事は読者にとって近く、遠くの出来事は、告知されるまでに相当な時間がかかったり、ときには告知さえされない。こうした情報の疎密の反作用として、読者の空間への内属性が指示されるのだ。

こうした限界は、しかし、マス・コミュニケーションが電気・電子メディアに媒介されるようになると、大幅に改善される。とりわけ、テレビの浸透と、それに対応した報道体制の発展が、状況を変えた。たとえば、現在のわれわれは、テレビを通じて、地球上のほとんどどのような出来事でも即時に知ることができる。世界中のあらゆる地点にテレビの視線を配置すれば——そして実際、このような状況に現状は漸近しつつあるわけだが——、このとき、原理的には、テレビが置いてある個室から世界全体を見ることができる、ということになる。テレビを通じて、視聴者各個人が、神の超越的な眼の近似的な対応物を獲得しようとしているのである。

テレビの視線が、実在の、そして同時に虚構の空間のあらゆる地点に侵入していこうとすれば、当然、チャンネルは一つでは足りなくなる。一つのチャンネルは、その度に、特定の局所的な視点のみを現実化するからである。したがって、小説の読者の内に仕込まれていた欲望の実現のためには、テレビの多チャンネル化は不可避である。

このとき、テレビの視聴者が、「神の眼」で世界を見ようとすれば、多数のチャンネルの間を遷移していくしかない。その極限に現れる行為が、いわゆる「ザッピング」である。テレビ視聴を導いた「本来の欲望」を現実化するのは、一つのチャンネルの視聴にほとんど定住することなく、リモコン・スイッチで次々といつまでもチャンネルを切り換えていく行為なのである。ここに到って、人は「神の眼」を獲得したことになるのか？

だが皮肉なことに、ザッピングのような行為を規定する視点は、神の眼の対極にあるといわざるをえない。チャンネルの間を浮動する行為をもらたすのは、常にその度に、自らが採用している視点が局所的で、そこに現れる空間が部分的なものであることについての意識である。すなわち、自らの視線が不完全であって、視野が限られていることについての意識である。視野が及んでいない影の部分を次々と捉えようとして、視点はチャンネルの上を遊牧民のように動いていくのである。

ザッピングの視点は、空間の全体を一挙に同時的に把握する神の普遍的な眼の反対物である。ザッピングの視点が神の眼たりえないのは、結局、それが内実をもった同一性＝単一性を持続させることができないからである。なぜか？　多チャンネル化は、ただ「可能性」の水準において、われわれの視点を神の眼に漸近させるに過ぎない。しかし、それを現実化するときには、われわれは、世界に内在するどれか特定の局所的《ローカル》な視点（一つのチャンネル）を選ばなくてはならなくなる。多チャンネル化によって、われわれが採用しうる視点は可能性としては十分に普遍化しているがゆえに、特定の局所的な視点の現実化は、常に、先鋭な欠落感をもたらさずにはおかない。この欠落感が、常にその度に、未だ現実化していない他の現実化されうる視点へと次々に移動していくことを、強いるのである。(3)

もともと、「小説の読者」という現象は、社会が、それ以前の文学の形式――たとえば中世の物語――

を構成していた視点の局所的な空間内属性を乗り越え、空間を無限遠の外部から眺めているような擬似的な超越性の幻覚を獲得したことによって、可能になった。しかし、小説の読者を生み出したような萌芽の条件を、徹底して育成した場合には、再び、視点は空間のどうしようもない局所へと回帰していく。つまり、徹底した視点の超越性の彼岸には、徹底した内在性が待機していたのだ。

しかし、回帰してきた局所的な視点は、出発点にあったもともとの局所的な視点と同じものではない。たとえば物語の局所的な視点とは、主人公の視点である。筋の通時的な展開を通じて、もちろん、主人公の同一性《アイデンティティ》は持続する。主人公の視点とは、読者が物語に参入するときに帯びる同一性であり、したがって、物語を読んだり、聴いたりしている限りにおける「自己」の視点である。他方、テレビの多チャンネルの間を移行するときには、一つのチャンネルを選択するその度に、ある局所の視点を得るのだが、チャンネルを変えてしまえば、その視点の同一性は、当然のことながら、全的に変異する。したがってそれは、――繰り返し強調しておけば――、特定の同一性を否定し続ける視点だということになる。それゆえ、ここに見られる局所の視点は「他者」の視点なのだ、ということができるだろう。テレビというメディアは、見る身体に、このような意味で、他者の視点を強いるのである。

だから、全体の過程をあらためて要約するならば、次のようになる。自己の局所的な視点から出発して、擬似的な神の超越的な視点を指向した結果、他者の局所的な視点が獲得されたのだ、と。ところで、その利用者の身体に内的な他者性を構成する作用は、電子的・電気的なメディアの共通の傾向ではなかったか。われわれは、たとえばテレビについても、別の角度から、つまり分裂病者の「テレビ体験」との相関で、このような傾向をすでに剔出しておいたのだった（Ⅲ章）。

ともあれ、ここで確認すべきことは、次のことである。すなわち、パノプティコン的な普遍的な監視を可能にする超越的な視点と同種の見る作用を徹底して追求した結果、視点の同一性＝単一性そのものが解体し、徹底して内在的な視点の多様な散乱が現出した、ということ。「主体」を構成する機制が逆説的な破綻へと向かってしまうことの秘密も、実はここに予告してきたようなダイナミズムの内にあるのだ。

4　直接民主主義の悪夢

個人の身体の主体化は、普遍化された超越的審級を、個人の「内面」に固有化することによって実現する。しかし、テレビの視聴体験にそくして概観してきたように、普遍性を目指す超越性は、実際には、局所的な他者たちの視点の内に散開してしまう。このことは、主体化されるべき個人の身体の側では、身体＝個人の持続的・空間的な自己同一性《アイデンティティ》の解消として、つまり統一されていた視点の多様な異和的な視点への分解として、現れるはずだ。実際、絶えずザッピングするテレビ視聴者は、このように分解され、空無化した主体のあり方を象徴しているだろう。確かに、チャンネルを次々と変換していくのは同じ一人の個人である、と言われるかもしれない。しかし、変換の全体を貫く意志の統一性は、きわめて稀薄にしか見出すことができないだろう。

ザッピングなどは、たわいのない遊びであるように見える。しかし、電子メディアの一層の浸透をみる将来においては、これと同型な出来事が、社会システムの全体の構造を規定するような「政治的局面」でも生ずるかもしれない。このときには、事態は、由々しきものとなる。

しばしば、発達した電子メディアは、諸個人の未曾有の主体性を補佐する強力な技術的な方法として、語られている。たとえば、インターネットや情報スーパーハイウェイのようなもので、地球上の無数の端末が結び付けられているような状態を考えてみよう。テレビの多チャンネル化や大量のテレビ・カメラの配備は、多様な情報を受け取る能力を上昇させるだけだ。それは、受動的な能力である。しかし、もし、自分の眼前の端末が地球上のあらゆる端末とネットワークで接続されているならば、情報の受信の能力だけではなく、情報を発信する能力をも普遍化することになるだろう。すなわち、地球上の任意の地点に、自らが創発した情報をきわめて効率的に送り届ける可能性が、生ずるのである。それは、たとえば、きわめて広範な直接民主主義の可能性を保証するように見える。

今日の多くの近代的な制度のもとでは、個人が究極の主権者＝主体として認定されている。しかし、実際上は、その主権＝主体性は、きわめて制限された形態でしか現実化しない。ほとんどの主体は、多くの政治的な決定から疎外されているのだ。主体の数はあまりに多く、一々の政治的な決定の度にその多様な意志を集計していたのでは効率が悪すぎるからである。

そのための「次善の策」として採られるのが、代議制による間接民主主義である。代議制のもとでは、すべての個人の十全な主体性は、ただ代表を選出する選挙においてのみ発揮される。すなわち、決定の遂行者を決定する場面でのみ、個人は真の主体として振る舞うことが許されるのである。他の意志決定は、選挙で選ばれた代表たちの間の民主主義に全面的に委ねられることになる。だから、（間接）民主主義とは、――理念的にいえば――社会システムの既得の構造を定期的に無化する仕組みを組み込んだ政治的な決定方式だ、と言うこともできるだろう。もちろん、構造の「無化」の局面を構成するのが選挙である。選挙においては、個人たちの間の序列＝秩序がいったん解消され、彼らがそれぞれ独立に決定を下しうる主体であるという事実のみが、前提にされるからだ。しかしこれは、――繰り返せば――個人を主体＝主権者とする理念的な想定のもとでは、ベストの方法ではない。

最高の方法は、言うまでもなく、あらゆる政治的な決定にすべての主体が排除されることなく参加することができる、直接民主主義である。直接民主主義は、これまで、技術的な理由から阻まれてきた夢であった。しかし、もし電子メディアによるネットワークによってすべての個人が有する端末が結び付けられたならば、このような直接民主主義への技術的な可能性が開かれるかもしれない。そうなれば、主権＝主体性の発露を、「決定のための決定」の局面に制限する必要はなくなる。きわめて多様な政治的な決定に、主権を有する個人が直接に参加し、その意志が効率的に集計されるのである。こうして、歴史上初めて、個人の主体性という理念の上に厳密に立脚した社会システムの可能性が生まれるように見える。

だが、今し方テレビ視聴の態度に関して見出してきた展開は、以上のような予測があまりに単純に過ぎるということを示唆している。普遍化されたコンピュータ・ネットワークが実現されたときに、社会システムと個人＝主体を襲う変化を、テレビについての考察を敷衍することから、予想してみよう。

第一に、テレビの場合と同様に、可能性の水準で獲得される普遍的な能力と現実化されうるコミュニケーションの局所性との間の乖離が、深刻な欠落として認識されることになるだろう。情報を受信したり、発信したりする能力が普遍化したとしても、双方向的なコミュニケーションによって現実に実質的な関係を結ぶことができる範囲は、そのうちの局所的な部分に過ぎない。この部分性は、潜在的な可能性の水準では接続範囲がすでに普遍化しているがゆえに、深刻な不能性を表示するものとして受け取られざるをえない。

しかし、コミュニケーションにおいて現実化される部分的な相手の範囲は、電子メディア以前の段階のように、物理的な空間における距離によって制約されているわけではない。すなわち、物理的に近接している者同士の間のコミュニケーションが、より濃密化する、というわけではない。このことがもたらすと予想される帰結が、ここで指摘しておきたい第二の論点である。民主主義は、分散する諸個人による決定を集計して、単一の決定へと収斂させることで、有効な政治手段となる。その集計の範囲は、近代以降の制度においては、典型的には国民国家と合致している。さしあたって現実に与えられているのは、互いに独立した諸個人のそれぞれに帰することができる多様な決定だけである。それらを単一の決定へと集計するという操作が意味をもつためには、集計の対象となっている領域が――通常は国民国家が――統一的＝単一的な意志を有すること（有すべきこと）が、あらかじめ想定されていなくてはならない。それに対して統一的＝単一的な意志が帰せられる領域は、それまではコミュニケーション・メディアや交通手段による技術的な制約によって、自然の与件のようなものであった。たとえば、書籍や新聞が流通する範囲が、また鉄道による比較的自由な移動の範囲が、国民国家の領土を、半ば自明の意志決定の範囲として構成してきたのである。しかし、電子メディアによるコミュニケーションの範囲が、このような物理的な距離の制約を越えてしまったときには、たとえば国民国家が統一的＝単一的な意志を有する自明の単位であることをやめてしまうだろう。

かといって、電子メディアによるコミュニケーションが、地球の全体を、統一的＝単一的な意志の範囲として構成するわけでもない。先に述べたように、コミュニケーションの範囲は、可能的には普遍化しているが、現実的には常に特殊的な部分でしかないからだ。諸個人は、その特殊的な部分を自らが所属する集団として見出し、また意志の集計のための単位と見なすことになるだろう。しかし、その集団の存在する場は、国民国家のように、物理的・地理的な領土とは合致しないことになる。従来の法や政治は、領土に照準して構成されてきた。領土を規準としてきた制度と、所属集団やそれに準拠している規範・生活様式との間の乖離は、やがて深刻な社会問題として現れるかもしれない――いや、すでに現れつつあるのだ[4]。

さらに、第三に、安定的・持続的な所属集団を見出せない者は、ザッピングしながらテレビを眺める者のように、その自己同一性を多様な他者性へと解体してしまうかもしれない。たとえば、今、ある集団と濃密なコミュニケーションを結んだとしても、それは、コミュニケーション可能な身体の集合の特殊的・部分的な領域であるに過ぎず、常に、他の外部の人々へと接続の相手を変えることができる。どの集団も、自分にとって、必然的・宿命的な所属の領域とは見なされないだろう。こうして、所属集団の多様化や分解に導かれて、主体の自己同一性も稀薄な「部分」へと分解していくに違いない。

同じような分解は、多様な集団＝集合の共時的な関係の線にそってだけではなく、時間的な持続との関係においても生ずる。たとえば、完全な直接民主主義が技術的に可能になったとしよう。このとき、諸個人は、どのような些細な政治的決定に関しても、またどの瞬間においても、端末を通じてその意見を表明することができる。その結果は、瞬時に集計されていく。そうなれば――システムの全体の水準でいえば――法や政治的決定は、極度に不安定なものになるに違いない。それだけではない。効果は、個人の水準においてより絶大である。「私」は気が変わるかもしれず、ついさっきとは異なる意見を端末に入力するかもしれないのである。そうなれば、「私」という主体の（人格的）同一性ということも疑わしいものとなろう。昨日の「私」は、意見が変わってしまった今の「私」を、同一の主体と見なすことができるのか？　こういった疑問が生じよう。さらに、時間的に持続する（人格的）同一性が保持されないならば、主体がある瞬間に意志を表明する、ということの意味すらも極度に薄いものになるだろう。先に、（間接民主主義の）選挙は、社会システムの構造が一時的に無化される瞬間であると述べた。持続的な直接民主主義は、こういったシステムの無政府性を常態化してしまうのである。

電子メディアが保証する直接民主主義は、平等な諸個人の主体性の最も強力な実現形態であるかのように見える。しかし、われわれの予想は、主体は、まさにその十全なる実現の瞬間に自己解体を運命づけられているかもしれない、ということである。主体性の理念や、それに基づくシステムの政治は、実は、主体性が制限された範囲でしか現実化していなかったから、うまく機能しているように見えただけなのかもしれないのだ。ほとんどの主体が、選挙を通じて部分的な決定に参加することができるだけであり、そして彼（女）がいったん表明してしまった意志は、実際にはどうであれ、容易には変わらない選択として受け取られてしまうからこそ、主体という形象はまもられてきたのである。

注

（1）データの検索や分類は十分に高速にできなくてはならない。検索や分類に極端に時間がかかり、効率が悪ければ、そのようなデータベースは存在しないに等しいことになる。

（2）一九七二年に連合赤軍が起こした「浅間山荘事件」「リンチ殺人事件」の悲劇の究極の原因を、このような逆説に求めることができるかもしれない。

（3）一九九三年二月十八日から十九日の深夜に、フジテレビとTBSが協働で製作した「ザッピング・テレビ」の試みは、ザッピングにともなうこのような状況を自覚化する恰好の機会を提供した。「ザッピング・テレビ」とは、同一のストーリーを、二つの放送局のそれぞれで、異なる登場人物の視点から、同時進行で映像化していく試みである。視聴者は、必ず、その度に、どちらかの人物の視点を選び取らなくてはならない。たとえば男性の視点で見ているときには、必然的に女性の視点に対して現れる視野は隠されるので、視聴者は、痛烈な欠落感とともにストーリーを追わなくてはならない。もちろん、好みのところでザッピングによって視点を切り換えることができるが、そのときには、今まで採用していた視点に対する映像が脱落する。決して、両方の視点を、同時に全体として獲得することはできない。「ザッピング・テレビ」は、もちろん、戦略的に仕掛けられた番組なので、二つの視点が相補的で、調和するように、初めから予定されている。だが、少なくとも番組の進行中に見ている視聴者には、この調和はあらかじめ見えてはいない。そして、この視点の間の相互的な調和を本当に奪ってしまえば、本来のザッピングの体験になる。

（4）たとえば、ベネディクト・アンダーソンが指摘している「遠隔地ナショナリスト」は、今日すでにこのような乖離を生きる者たちである。

Ⅸ　権力の変容

1　資本の運動過程

フーコーが剔出したような個人を主体化する権力は、まさに完成へと向かおうとする途上において、変質しつつある。前章で指摘しておいたいくつかの観察は、このような結論を示唆している。変質は、社会空間の全域を被覆する権力が帰属する「超越的審級」の変容に、規定されているように見える。

ところで、資本制を、超越的審級をめぐるダイナミズムとして概念化することができる（大澤［1991b］参照）。この場合、超越的審級の終極的な形式は、貨幣＝資本として実体化される。そうであるとすれば、超越的審級の変容を導く要因を、資本制を規定する原理との関係で剔出することができるかもしれない。

資本の運動過程の最も簡潔なモデルは、

G－W－G´　　G：貨幣　W：商品　　G´＝G＋△G

の形式をとる。このモデルは、資本の単純な形態、すなわち商業資本の運動過程を表現するものと見なされている。産業資本の場合はもう少し複雑で、次のようなモデルが運動過程を表現する。

G－W…P…W′－G′　P：生産

いずれにせよ、これらのモデルは、経済的な行為が指向する究極的な価値対象が、貨幣であることを表現している。(近代特有な)超越的審級の終極の形式が、(増殖する)貨幣として実体化されると述べたのは、このためである。

商業資本の場合、価値の増殖――あるいはむしろ利潤の実現――の成否を握る最も重要な過程は、最後の「売り」の段階、すなわち「W－G′」であることは間違いない。他方、産業資本の場合、鍵となる過程は、価値を生み出す生産過程にあるように見える。したがって、産業資本にとって最も重大な課題は、「価値の源泉」である労働力を、十分な量だけ安定的に確保することにある。しかし、産業資本にあっても、技術革新によって資本の有機的構成が高まり、労働力の相対的な価値が下落すると同時に、生産性が高まっていくと、生産すること(労働力を集めること)よりも、売ること、つまり「W′－G′」が、より一層困難な課題となって現れてくる。内田隆三［1993：250］の表現を使えば、産業資本も、結局、商業資本を偽装(simulate)せざるをえなくなるのだ。

確実に「剰余価値ΔG」を実現するためには、消費者の多様でありうる欲望を、商品W′への欲望へと規格化＝規範化することを要する。それは、――内田［1987］［1993：250］が指摘するように――「商品は人々の欲望＝需要を前提にし、それを目標に生産される」という命題を転倒させることを含意する。すなわち、資本の活動は、商品を生産しつつ、その商品への志向の形式で欲望を分節化するわけだ。このような現象は、ガルブレイスの「依存効果」という概念の内に直観的に含意されていたことがらの、極端な一般化である。

資本の原型が商業資本であるとして、「G→W→G′」という単純な変形の過程で、価値の剰余(利潤)が生ずるのはなぜだろうか？　少なくとも、次のことが必要条件になる。柄谷行人［1978］が指摘しているように、価値が増加するためには、前半の変換すなわち「買いG－W」と、後半の変換すなわち「売りW－G'」とが、異なる価値（価格）のシステムにおいて評価されていなくてはならない。商業資本においては、通常、空間的に離在している二つの市場が、異なる価格システムを提供してくれる。しかし、このような複数のシステムが、つねに利用可能な形ではじめから与えられているわけではない。過剰に生産する産業資本が直面している課題は、商業資本が利用していた価値（価格）のシステムの差異に相当するものを、自ら作為的に創造しなくてはならない、ということである。商業資本と産業資本の差異とは、最初から与えられている価値（価格）のシステムの差異を利用するのか、それともそのような差異を何らかの仕方で人為的に創出するのか、という相違だと言うことができるだろう。

もちろん、対象の側で価値（価格）のシステムとして現象するものは、それを需要または拒否する消費者の側では欲望のシステムの形態をとる。したがって、商品への欲望を喚起するということは、その商品への欲望を規範化＝規格化された願望としてその内部に組み込んだ欲望のシステムを構成することである。それは、いかにして実現されるのか？

技術革新によって生産費用を低下させ、同一の商品を供給する競争者たちよりも商品の実質的な価格を下げることは、価値のシステムの重層性を構成する最も単純な方法である。この場合、現在の市場で一般に通用している商品の価格と、（技術革新によって）潜在的に低下してしまっている商品の価格との相違が、価値（価格）システムの二重性に対応するわけだ。また、独占によって、競争者をほとんどもたないような状態で商品を供給することからも、技術革新と同一の効果を得ることができる。しかし、これらの方法には限界がある。独占を指向しても、潜在的な競争者を排除しつくすことはできない。また、技術革新は、資本の有機的構成（総資本に対する不変資本の比率）の高度化にともなって、相対的に困難になっていく。

結局、やがて多くの場合、商品Wの差異を、有用性（機能性）の位相よりも、記号や情報の位相において設定し、そこから、資本が横断すべき価値（価格）システムの差異を得ようという戦略がとられることになる。ボードリヤールが「消費社会」と呼んだ現象は、もちろん、資本制のこのような段階に対応する。資本が、そこから剰余価値を獲得すべき記号的・情報的な差異を分節化するために決定的な機能をはたすのが、――内田隆三が注目してきた――広告表現である。広告が担うことが期待されている課題は、二つである。第一に、ある特定の商品を、他の類似の諸商品に対して、記号的な差異として提示すること。第二に、その差異を消費者の欲望にとっての対象＝原因として構成すること。さて、そうだとすると、資本が横断すべき価値システムの差異とは、どのような差異なのか、ということが問題となるだろう。差異が技術革新による価格競争のような形態で創出されている間は、このような問題は顕在化しなかった。差異が、貨幣の価値の同一性によって支持されていることが明白だったからだ。すなわち、貨幣の価値の同一性を前提にする限り、価格が低い商品が消費者にとって有利であること（欲望の対象となりうること）は、自明だったからである。それに対して、記号的に新奇な商品への欲望は、直接には貨幣への欲望と同一視できない（最終的には貨幣への欲望に収斂することがありうるとしても）。差異は、もっと繊細なものでなくてはならない。

ともあれ、資本制は、規格化＝規範化された欲望のシステムの間を、経済的なコミュニケーション（売買）が横断していくということを前提にして可能になる。資本が横断すべきシステムの差異は、常に維持されていなくてはならない。単一の欲望のシステムは、まさにその単一性を代表する単一の超越的形象を前提にしている。それは、先の資本の運動過程についてのモデルが示唆しているように、貨幣＝資本によって実体化されるのだ。だから、貨幣＝資本が不断に剰余を産み続けるということは、複数の欲望のシステムが共存していることを端的に表象しているのである。

2　モード

商業資本を偽装する産業資本が、広告に依拠するとき、広告は商品について何を表現しているのか？広告は、商品についてそれが「現在流行中である」という意味を付与するのである。このような意味を付与する広告の表現を、内田隆三［1993：252-3］は「モードの言説」と呼び、「mode｛D｝」と表記している。商品に「モードの言説」が投入されることによって、価格の差異として結果するような記号的な差異が商品に生ずる。すなわち、

$$W + mode\{D\} \rightarrow W'$$

という関係を導くことができる（内田［1993：252］）。この場合、モードの外部の言説（商品が流行中であるとの意味付与を行わない言説の集合の場）D_iとモードの内部の言説（商品が流行中であるとの意味付与が与えられる言説の集合の場）D_jが、商業資本における空間的に隔たった市場に対応する機能を担う。「モードの言説」を投入する操作が、商業資本を偽装しているというのは、この意味である。言説の場の差異（D_i／D_j）が、価格体系の差異（G／G'）に対応している。この関係を内田は、

$$\underline{G - W} / \underline{W' - G'} \quad (D_i / D_j)$$

と表示している（内田［1993：253］）。

だが、ここで分節されている差異は、どのような差異なのか？　これが問いであった。解答の手掛かりは、「モード」ということ、すなわち「流行中である」ということの意味が何であるかを明らかにすることから示唆されるだろう。

「流行中である」ということは、現在その商品を所有し、享受する者が、消費者の多数派を構成してい

る、ということであろうか？　もしそうだとすれば、広告が惹起する過程は、「沈黙の螺旋」に近いものであることになる。沈黙の螺旋とは、マス・コミュニケーションを通じて多数派として提示された判断や行為の形式が――多数派として意味づけられた者は積極的に自らの判断や行為を表明するが、逆に少数派として定位された側はそれを差し控えることで――、自己増幅的に実際以上に多数派として現れ、結果として、孤立を恐れる人々の同調を導くことで、実際にも多数派になっていく過程であった（Ⅶ章参照）。沈黙の螺旋という仮説は、主として政治的な判断に関して立てられたものだが、確かに、ある商品が急激に普及していく過程は、この仮説が描いた過程に似ている。

しかし、「モード」ということは、単純な沈黙の螺旋に支えられた「多数派の現在性」と同一視することはできない。ボードリヤールを初めとする消費社会論者が強調するところにしたがえば、消費者が求めているのは、他者への同化ではなく、他者からの異化だからである。もしそうだとすれば、広告することによって、ある商品の所有が多数派であるとの印象を与えることは、むしろ不利だということになる。広告は、本源的に自家撞着的な試みだということになろう。実際、広告には、しばしば、自家撞着に応じた工夫が仕組まれている。たとえば、この広告は「あなただけ」に訴えているということ、この商品は「違いがわかるあなただけ」が受け入れるだろうということを示す表示などが、その工夫である。ある商品を享受することが、集団の中の少数派なのだということを説得しようとするのだが、わざわざ広告するということが、「少数派」という名前の多数派を産出しようとしていることを示すパフォーマンスになってしまうので、広告の自己矛盾性は解消されない。つまり、任意の者が「あなただけ」でありうるならば、それは、単純な多数派以外のなにものでもありえない。

だが、多くの論者が指摘しているように、モードは完全な孤立にまでいたる過激な差異の追求でもない。自分自身以外の誰にも承認されず、誰にも欲望されないことは、決してモードとはなりえない。モード（流行）ということは、ある種の現在性の表示をともなっている。だからこそ、広告ということが有効性をもちうると信じられているし、また沈黙の螺旋を想わせるような過程を惹き起こしもするのだ。モードのこの対立的な二様の現れを、すなわち現在の多数派でありかつ少数派でもあるという表現を、どのように統一的に理解すべきなのだろうか？

　次のように考えるべきである。第一に、モードは、現在すでに多数派になっている、ということでは断じてありえない。そうではなくて、モードとは、現在もうすぐ多数派になろうとしている、ということなのである。だから、モードが志向の対象としているのは、現在ではなく、未来なのだ。モードが指示する多数派とは、未来の多数派である。それが多数派として現実化するのは未来においてなのだから、現在においては、常に少数派でなくてはならない——ときには、現在においてはまったく存在しなくてもかまわない。したがって、第二に、モードは、第一次的には、他者の欲望に準拠するほかない。「自己」とは、定義上、すでに現在してしまっている規定性であり、それゆえどの「自己」も、未来の多数派ではありえないからだ。未来性という規定は、自己性の否定——あるいは他者性——を含意しているのである。だが、未来の他者の欲望を欲望するものは、再び、現在の多数派（の「自己」）でなくてはならない。そのような関係によってのみ、モードが未来の多数派となりうることが保証されるからだ。だから、モードということをめぐって、少数派であることと多数派であること、現在性と未来性とが交錯する。現在における少数派（差異への志向）であることにおいて、それが未来における多数派（同一化への志向）である可能性が支持されているのだ。

　モードには、本質的な矛盾が孕まれている。未来における傾向性として措定されている行為を、いつまでも先送りし続ける緊張に、モードという現象は耐えることができない。つまり、それは、いつまでたってもやってこない終末の時や最後の審判のようなものではありえないのだ。モードの未来性は、ただちに現在化することによって実証されなくてはならない。しかし、すでに現在化してしまったものは、モードではありえない[1]。それゆえ、実際に圧倒的に多数派であるということを示された現象は、急速に縮退していく。この点で、モードは、通常の沈黙の螺旋と異なっている。それは、しかし、沈黙の螺旋が作動していないということではない。そうではなく、螺旋が、現在の多数派ではなく、未来の多数派に照準しているのである。広告が訴求しているのは、その商品が未来の他者の欲望である、ということである。だから、モードは、原理的に自己消費的であり、束の間の現象であるほかない。そして一度ある行為の形式がモードとして消費されてしまった後には、ただちに行為の異なる形式が、モードとして（つまり未来に属する傾向性として）措定されなくてはならない。ロラン・バルトは、「モード」を、「商品の自然な消耗のリズムuに対して購買のリズムaが十分に大きいこと a／u＞＞1」によって定義している（Barthes [1967＝1972：407-8]、内田 [1987：37-8]）。このような現象の加速された遷移は、みてきたように、モードに内在する必然である。

さて、問題は、資本が横断する欲望のシステムの差異とは、どのような差異なのか、ということであった。以上の考察が含意していることは、売りが行われる未来的なシステムが、買いが行われている現在的なシステムよりも普遍的なシステムとして定位されている、ということである。ここで、普遍性と呼んでいるのは、そのシステムの内部で規格的＝規範的なものとして認知されている行為や志向作用の多様度のことである。（最後の売りにおいて）商品の価値が評価される欲望のシステムは、現在の社会システムでは支配的ではない未来の他者たちの欲望（志向作用）を包括し、それを一般的な形式として承認する未在の社会システムである。原理的にいえば、その未在のシステムに新たに包括される他者たちの欲望は、現在のシステムの内部にまったく存在していなくてもよい。重要なことは、その未在のシステム（が志向する対象）の価値は、最終的には、現在の限定的なシステムに再び送り返され、その内部で評価される、ということである。すなわち、普遍化されたシステムの内部の他者たちの欲望が、現在の限定的システムに内属する志向作用によって欲望されるわけだ。このとき、普遍性の落差が、現在的システムにとって「剰余（価値）」として現象することになる。資本が照準している価値システムの差異とは、それゆえ、差異の一般ではなく、普遍性の落差なのだと結論することができる。普遍化されたシステムの方から、限定的・現在的なシステムに内属する志向作用（行為）を捉えなおすと、それは、特殊化されたアイデンティティへの拘泥として現象する。資本は、普遍化されたシステムを、諸身体を特殊なアイデンティティへと緊縛する限定的・現在的なシステムに対して提示し、前者のシステム（で許容される欲望）を後者にとっての欲望の対象へと変換するわけだ。広告の機能は、未規定で発散していく〈他者〉の欲望を、特定の商品への欲望を核にして、包括的・普遍的な同一性の内部で規定された他者の欲望へと転換することである。言い換えれば、単なる〈外部〉的な欲望を、より包括的・普遍的なシステムの内的な欲望へと変換することで、資本という運動が可能になるわけだ。

＊

資本の運動を経済システムという文脈を離れて、今述べたような一般性の水準で理解するならば、「情報化」と呼ばれている社会変動を、資本が志向している社会のダイナミズムの一環として把握する道が開かれる。内田隆三によれば、情報化のトレンドは、情報のリアリティという観点から眺めた場合には、二重の水準で現れる。情報化する社会の中では、意味の論理的なつながり（統辞法 syntax）、すなわち「ストーリー」に関していえば、稀薄化の傾向が見られる。しかし、感覚に与えられる情報の精細度（definition）に関しては、濃密化していく傾向が支配的だという（内田［1993：261-2］）。

単一の社会システム（共同体）の内部で与えられる情報の精細度には、ある程度の安定性が見られる。

身体の感覚器の感度が特定の水準で規範化され、それに応じて訓練されてしまっているからである。しかし、現代の社会では、精細度は決して常数ではない。新たなメディアの登場とともに、われわれが慣れ親しんできた程度よりもはるかに高い精細度の情報が与えられるようになってきている。そして、われわれの身体は、あらためてそれに適応するだけの柔軟性を備えているのだ。内田は布施英利の次のような告白を引用している（内田［1993：264］）。

医学部の解剖学実習のハイ・ビジョン撮影に参加したことがある。胸の開いた死体で、心臓や腸をもちあげたり裏返したりする様を撮った。……受像機のなかの死体はリアルで、そこにはモニターの画面がないのではと錯覚してしまうほど透明な映像だった。その夜は家で見るテレビが、どのチャンネルの番組も、画面が乱れているように感じられて仕方がなかった。あまりの鮮明な映像に「目」が変わってしまったのだ。（布施［1990：160］）

より高い精細度の情報の受容は、身体にとって、まずは、社会システム（共同体）の外部に属する外的な他者性として出会われる。したがって、高い精細度の情報に適応していくことは、そのような他者性を内部に取り込むことで、感覚に関する身体の自己同一性《アイデンティティ》を普遍化していくことでもある。ところで、このような普遍化は、資本の運動が規定する変容の基本的な傾向でもある。そうであるとすれば、資本が、身体の感覚的な反応度を、投資し利潤を得るための場所として見出したとしても不思議なことではない。

カントの主体は内的に分裂している、とするラカン＝ジジェクの見解を紹介しておいた（前章2節）。カントの主体が分裂に追い込まれるのは、それがあまりに完成されているからである（Žižek [1993：164-5] 参照）。

3　権力の変容

主体としてあるためには、たとえば倫理＝価値的規範の水準では、自律的（自己関係的）な意志＝志向作用の方針が、同時に普遍的な道徳法則と合致していなくてはならない。主体が採用する方針は、はじめから特殊化されているような法則であってはならない。はじめから特殊化された法則に依拠する主体は、法則を特殊的なものとして限定する作用に無条件に従属したことになり、自律性＝自己関係性の原則に反するからである。

道徳法則の普遍性に到達するために、主体は、規範の超越論的な基礎ともいうべき「最高善」の場所から、徹底的に感覚的な内容を排除しなくてはならない。特定の感覚的な内容が、道徳法則を特殊化してしまうからである。こうして、最高善は、完全に空虚な抽象性としてのみ残存することになる。だが、そのとたんに主体は内的に破綻する。破綻は二段階で生ずる。

まずは、破綻は、法則（社会的な規範）の領域で生ずる。主体の要件は、もちろん、自律性（自己関係性）にあり、それを追求して、規範の基礎から感覚的なものが排除されたのだった。ところが、自律性に到達したとたんに、主体は、もっとも過酷な命令に従属せざるをえなくなる。道徳法則は、主体の（感覚的な内実をともなった）欲望や能力をまったく根拠としない無内容な——それゆえに容赦のない——命令となるからである。こうして、自律的であるために完璧に他律的であることが要請されるという逆転が生ずる。その場合、他律性は、根拠のない空虚で形式的な命令への従属という形態をとる。よりいっそう破壊的な転倒は、快楽の領域で生じている。感覚的なものの排除、すなわち快楽の完全な放棄が含意していることは、まさに苦痛こそが快楽へと転化しているということである。この「苦痛であることの快楽」とは、ジジェクが指摘しているように、ラカンが「享楽《ジュイサンス》」と呼んだところのものにほかなるまい。

こうして、カントは二度転倒する。ここに理論的に純化された形態でできた事態と同型的な転倒が、社会的な領域においては、いわば緩和されて再現されているのだ。

＊

フーコーが近代社会に関して剔出した権力、すなわち主体構成的に作用する権力は、普遍的な規範化された監視を張りめぐらせる。この権力の規範的な監視から逃れる行為は、原理的にいえば、外延的にも、内包的にも存在しない。とはいえ、この「普遍的な権力」という描像は、第一次近似であり、実際の状態の正確な写しではない。それは近代的な権力が指向する「理想」でしかない。だが、前章の考察は、この権力の「理想」があまりに完全に実現されてしまった場合には、権力の作動がかえって攪乱してしまい、もはや主体を産出する機能を喪失してしまうということ、を示唆している。

しかし、社会システムの編成は、いやおうなくこの「権力の理想」へと漸近している。前節の考察が含意しているように、それが資本の運動の必然だからである。資本の運動とは、社会システム（単一の共同体）の内部で暗黙裡に許容されている規範的に妥当な（規格的な）行為と志向作用の容量を次々と拡張していく過程である。すなわち、資本制は、社会システムの規範的な容量をより普遍的なものへと置き換えていく運動を、システムに強いるのである。そうすることで、システムにとって外的であり、それゆえ危険でもあるような行為の可能性は、漸次消滅していくことになる。その極限に望見されるのは、完全に普遍的な単一の規範性の場としてシステムが構成されているような、権力の理想の状態であろう。

だが、普遍性の高度化は、それに見合った代償を伴わずには進まない。フーコーが剔出した「規律・訓練型の権力」が作動するためには、権力の源泉であり、かつその権力の標的となる規範性の場（行為と志向作用の集合）の統一性を代表する、超越的な身体（第三者の審級）が、抽象化されていなくてはならない。規範的な領域の普遍化は、それと相関して、規範の選択性の帰属点（規範の想定された担い手）となるような超越的な審級（第三者の審級）の一層の抽象化を促すことになる。抽象性とは、何らかの経験的な操作に対する現前の可能性の逆数である。従属者たちによって規範の選択性の帰属点として想定される審級の同一性が、そこに帰属している規範の集合の統一性を保証する。規範が普遍的であればあるほど、その規範の選択性が帰属している（と想定される）審級は、抽象的なものにならざるをえない。超越的な審級を具象的なものとして想定することは、それに見合った内容的な特殊性を、そこに帰属する規範に与えることになるからだ。言い換えれば、規範が帰属するとされる超越的な審級が、何ものかとして把持可能な対象性＝現前性を帯びた場合には、その何ものかとしての同一性の内に含意されている範囲内の規範がそこに帰属されるのであって、規範は不可避に特殊化されざるをえない。規範の内容的な容量を拡張すればするほど、その規範を担うものとして想定された超越性は、積極的な現前の可能性をもった具象性を脱色させていくわけだ。

マス・コミュニケーションの影響力を規定しているのは、マス・コミュニケーションを通じて表明される認知的・価値的な判断の帰属点として想定される、抽象的な超越的他者であるということ、このことをすでに確認しておいた（Ⅶ章）。ここでの考察は、この超越的な他者の存立が、資本制の運動の内に根拠をもっているということを、確認したのである。

ところで、抽象性が「現前することの一般的な困難さ」に対応しているのだとすれば、極端な抽象化は、その実在性（存立の可能性）そのものの欠如へと漸近することである。この欠如は、何らかの仕方で埋められなくてはならない。現前（現在）しない存在を確保する方法は、それが存在すべき場を、「未来」に求めることである。

ベケットの『ゴドーを待ちながら』は、抽象化された超越性が、どのような仕方でその存在を確保しているかを示す寓話である。よく知られているように、この戯曲の全体を通じて、ゴドー＝神は決して現れない。決して現前しないこと、つまり抽象的なままにとどまることが、この神を構成する要件である。神は、二人の登場人物エストラゴンとヴラジーミルの「待つ」という行為の、決して充塡されることのない相関項（志向された対象）である、という限りでのみ存在する。「待つ」という行為、あるいはむしろ行為の不在は、神の超越性に関して、次の二つを含意している。第一に、「待つ」ということは、（神への）従属という形式のみを保持しながら、行為としての内容的な特定性を一切欠いている。それは、神に帰属している律法（規範）が、特殊性を超克した普遍性の高みに到達していることの反作用であると解釈することができるだろう。第二に、「待つ」という態勢は、神の現前しない存在が「未来性」としてのみ確保されていることを含意している。神は、未来において到来すべきであるがゆえに、現前しない実在として、想定されるわけだ。

さて、規範が帰属する超越的な審級を極限的に抽象化していくことは、特有な逆説的な帰結を導くことになるだろう。逆説は、空間的な水準と時間的な水準で現象するはずだ。

超越的審級が十分に普遍化し、ほとんどすべての行為が規範的な裁可の対象へと変換された場合には、その多様化した規範的な判断の全体を、単一の規範的選択（意志）へと収束させることが不可能になってしまうに違いない。規範の普遍化は、多様で分散した行為の全体が、規範的な正負の判断の対象に変換されることを含意する。その多様度が高まれば高まるほど、その全体を下属させる単一的＝統一的な意志（選択の作用）の内容的な具象性・特定性は稀薄なものにならざるをえない。たとえば、今し方確認したように、「ゴドー」は、二人の従属者に「待つ」という空虚な行為以外の何ものをも要求していない。このような稀薄化が進捗した場合には、やがてついには、規範的な選択の全体に対して統一性を想定することが、ほとんど不可能な段階にまで到達するに違いない。

仮に統一的な意志を想定しようとしても、それは、内実をほとんどもたない空虚なものになってしまっているだろう。ここでわれわれは、実践的道徳（価値的規範）の全体を包括すべき、カントの「最高善」が、あるいはまた理論的認識（認知的規範）に統一性を与えるはずの「超越論的な統覚」が、ほとんど内容を欠落させた空虚な選択の座と化していたことを思い起こすべきだろう。あるいはまた、前章（3節）で、テレビを通じて理想に近い状態で獲得される「神の眼」が、「神」ということから通常想像されていることがらとは対照的なきわめて貧困な選択の座と化してしまうということを明らかにしておいた。

つまり、あまりに多様化した規範的な判断に対しては、その全体を束ね、自らに帰属させる統一的な作用の座を想定することが、困難になっていくわけだ。その結果、超越的審級はかえって普遍性を失い、特殊化された多様な「規範的な作用の帰属点」として空間的（共時的）に分解することになるだろう。超越的審級は、普遍化したことの反作用として、特殊化された超越的な審級の分散へと逆転してしまうのである。

逆説的な帰結は、時間軸にそった形でも生ずるはずだ。すでに述べたように、規範化された超越性が抽象性の水準を高次化した場合には、それは、未来的なものとして想定される。だが、超越性が具象的な対象性を極端に喪失した場合には、それを十分に遠方の未来に隔離しておくことも困難になる。もはや、超越的な審級は、単に未来において到来するはずだということ以外に存在していることの実質をもたない。そうであるとすれば、超越性がただちに到来し、それが「未来」に存在していたことが実証されない限り、その存在についての想定を確保し続けることは困難になるだろう。こうして、超越的な審級の存在が想定される未来は、次第に切迫した未来、現在（現前）に直接する未来へと転換されることになるだろう。

再び『ゴドーを待ちながら』に立ち戻ってみよう。この戯曲は、二幕で構成されており、それぞれの幕が一日に対応している。第一幕の最後に、ヴラジーミルとエストラゴンに、「明日必ず行く」というゴドーからのメッセージが届けられる。しかし、まさにその「明日」にあたる第二幕も、同様に、「明日行く」というゴドーからのメッセージが届けられるところで終わる。ゴドーの未来における到来が期待されているのだが、それは、直接する未来、すなわち「明日」でなくてはならない。しかし、この戯曲の構成は、すなわち連日の「明日行く」というメッセージの反復は、ゴドーの到来が、いつまでも「明日」という直接の未来へと先送りされていくということを暗示している。また、モードという現象が、常に、一方で、未来における「他者」の欲望（承認）を想定しながら、他方で、その「他者」の欲望を次々と脅迫的に現在に回収しようとする、反復であったことを思い起こしておこう。モードにおいて、未来に所属するものとして想定されている、より普遍化された「規範（人々の正の承認）」は、ただちに現在化されることにおいてのみ、その内実を確保できるのである。

だから、時間的な水準における逆説とは、次のような二律背反的な状況である。一方では、超越的な審級の現前性を回避するために、その存在の場として「未来」が想定される。しかし、他方で、超越的審級の現前性（具象的な対象性）が稀薄化した場合には、その「未来」は現在（現前）にますます近接しないわけにはいかない。

＊

以上の推論は、現代社会において、権力の様式が、フーコーが描きだした規律・訓練型の形態とは異なったものへと変容しているはずだ、という推定を支持するものである。この推定は、実際の観察結果とも合致する。

規律・訓練型の権力の特徴は、身体の集合（集団）の同一性と個人の同一性を同時的に構成していくことにある。それは、全体化しつつ個人化するのだ。それに対して、新たに生成しつつある権力は、全体と個人の両方の水準の同一性を分解してしまう。権力の普遍化が空間的な分散性へと裏返ってしまうという推論が妥当であるとすれば、新たな権力は、個人の身体を持続的に一貫して標的にするものではない。それは各行為にその度に差し向けられる禁止と承認の連続として現れるだろう。その連続を貫く理念は存在しない。この権力の要素は、内容のない拒絶／許可の指令である。これは、カントの「道徳法則」の無内容を想起させる。この権力の典型的なあり方は、社会的な資源――とりわけ情報的な資源――にアクセスすることへの許可と拒絶であろう。規律・訓練型の権力の原的なイメージが「軍隊」であるとするならば、新たな権力の原的なイメージは、アクセスが制限されている「データベース」であろう。新たな権力のもとでは、分解不能だったはずの個人（individual）も、分解可能（dividual）なものとして扱われるのである。そこでは、個人は、特定の行為に則してのみその度に主題化されるだけなのだから。このようなやり方は、前章で分析した、多様な他者性へと分散してしまう主体のあり方（3節、4節）に対応した、権力の変容である。同時に集合の持続的な同一性も非問題化する。身体の集合は、サンプルとかデータのような、特定の課題ごとにその度に構成される便宜上の集塊として、主題化されるのだから(2)。

二つの権力は、その作動の場として、組織の異なった形状を要請するはずだ。規律・訓練型の権力は、決定の権限が一点に持続的に集中しているヒエラルキーにおいて最も効率的に作動する。それに対して、新たな権力は、権限が分散的でまた一時的な、ウェブ〔クモの巣〕のような組織を要求するに違いない(Reich［1991＝1991］参照)。

両者は時間的な展望においても異なった様態を呈する。規律・訓練型の権力は、長期にわたって持続的に個人の身体を捉え、そこに単一の恒常的な目的への指向を植え込む。それに対して新たな権力は、短期的な展望しかもたない。従属者には、その都度、短期的な目的が与えられ、彼がそこに到達すると同時に、再び新たな目的が与えられる。つまり、目的を極めて近接した未来に次々と新たに設定していく反復こそが、新たな権力のもとでの教育や指導の典型的なあり方であろう。

4　死刑囚の映像

エストラゴンとヴラジーミルは、ゴドー(神)の到来を待ちつづける。しかし、ゴドーはもうすでに到着してしまっているのかもしれない。つまり、エストラゴンとヴラジーミルこそが、ゴドーその人なのかもしれない。二人の愛称、すなわちゴゴ(エストラゴン)とディディ(ヴラジーミル)は、両者が合わせてゴドーである可能性を示唆している。

権力の原点となる超越的審級の空間的な分散性、超越的審級に帰せられる規範的な理想の時間的な近接性、これらのことがらの極限には、どのような事態が出現するだろうか？　それは、超越的審級が、身体の経験的な内在性の水準に完全に同化し、個別の行為＝出来事にまで分解しつくしてしまう状態であろう。あるいは、規範的な理想が各身体の現在性（現状）からまったく距離化されず、行為を導く指針として機能しなくなるような状態であろう。『ゴドーを待ちながら』はこのような極限への暗示も含んでいるのだ(3)。

身体の同一性《アイデンティティ》は、身体に規範を与える超越的な審級の効果として与えられる。だが、いま望見されている事態は、超越的審級が身体の内在性の水準にまで引きずり下ろされてしまい、自己否定へと導かれる極限である。このような極限にあっては、身体の原始的で固有な現実が、直接に露呈するだろう。それは、身体的な志向作用に随伴する二つの作用――求心化作用と遠心化作用――によって規定されて立ち現れる現実である（Ⅲ章参照）。この二重の作用の連動によって、身体は自己自身であると同時に自己以外の何ものかでもあるという二重性を帯びる（厳密には、大澤［1990a］参照）。

電気的・電子的なメディアに接続された身体は、自己自身に対する他者性を孕み、内的な断裂を被るということを確認しておいた（Ⅰ章〜Ⅲ章）。この種のメディアが、現代社会を、つまり後期資本主義と呼ぶべき段階の社会を代表するテクノロジーとなりえたのは、この社会の変容が、メディアが規定する体験の位相を指向していたからではないか？　電子的・電気的なメディアは、いわば「社会の欲望」を充足させるための用具として機能しているのではないか？　もし電子的・電気的なメディアが与える体験を、メディアに接続された身体に現象するままに直接に記述しようとすれば、たとえば「サイバーパンク」と呼ばれている一群のSFが身体―機械に与えてきた諸表現を得ることになるだろう。ウィリアム・ギブスンのあまりに有名なSF『ニューロマンサー』は、身体自身を端末と化して、コンピュータ・ネットワークに直接に没入させてしまうというヴィジョンを提起する。端末化した身体は、同じようにネットワークに参加している他者の神経系に直接にアクセスすることができる。端末＝身体は、自己が他者であるという矛盾を直接に生きるわけである。このようなアイディアは、常軌を逸した想像力の産物であるというよりも、電子的・電気的なメディアへと接続している身体に対して立ち現れる「現実」を忠実に再現しようとすればかえって強いられてしまうような「虚構」である。実際、たとえば極端に高い精細度の映像を見てしまった身体は、自身の眼を、他者の眼であるかのように感受しているのである（2節）。[4]

最後に再び、死刑執行の直前に自らが映像化されているニュースを見たという、あの死刑囚のことを思い起こしておこう（Ⅲ章）。彼は、映像の内に他者化された自己自身を、死の圏域へと漸近する者として――つまり到達不能な差異として――確認していたのだ。この作業は、カントの哲学が自己否定的に予告している享楽を、つまり「苦痛をともなう快楽」を与えるだろう。他者性＝自己否定性（苦痛）において生ずる快楽は、死という「体験の到達不能性」においてのみ、純粋状態で獲得されるのだろうから。

注

（1）したがって、すでに圧倒的に多数派になっているような「流行」を取り入れることほどトンマなことはない。

（2）ジル・ドゥルーズがここで指摘したような権力の転換について、示唆的な発言を行っており、われわれのここでの議論もこれを参考にしている（Deleuze［1990＝1992：292-300］）。彼は、新しい権力が支配する社会を、フーコーが照準した「規律社会」に対して、「管理社会」と呼んでいる。また内田隆三は、フーコー的な権力の現実と管理社会のそれとの関係を解明しようとしている（内田［1993］）。

（3）だから『ゴドーを待ちながら』を引き継ぐべき文学的な課題は、待たれるべきゴドーの立場にたった作品を書くことである。その場合、ゴドーはごく平凡な人物として描かれなくてはならない。実際、この課題は、いとうせいこうの秀抜な戯曲『ゴドーは待たれながら』によって果たされた（いとうせいこう［1992］）。

（4）もっとも、事態は、おそらく単純ではない。新たなタイプの権力の帰属点として機能する（分散した）超越的審級の存立を支持しているのも、この身体の内的な他者性かもしれないからだ。つまり、超越性の零度が、そのような極限への漸近を阻むもう一つの超越性の産出を可能にしているかもしれないのだ。こういった逆説は、たとえばキリストのあり方と類比させてみれば、想像できないことではない。キリストとは、ごく惨めな人間（超越性の否定）という形態において、神＝超越性を肯定することなのだから。

付録　オタク論

1　「オタク」という現象

一九八〇年代の、とりわけその中盤以降の日本の「サブカルチャー[1]」を代表する現象が、周知の「オタク」である。「オタク」という名で指示されたのは、以下に論ずるような特定の行動パターンを示す、主として十代・二十代の若い人たちだ。これらの人たちをまさに「オタク」と命名したのは、中森明夫が八三年に書いた文章である。しかしこの名が広く人々に知られるようになったのは、八九年に、幼女連続殺人事件の容疑者Mについて、新聞・テレビなどが広く報道してから後である。

このとき、たとえば『週刊読売』（一九八九年九月十日号）の「おたく族」についての囲み記事は、彼らを「アニメやパソコン、ビデオなどに没頭し、同好の仲間でも距離をとり、相手を名前で呼ばずに「おたく」と呼ぶ少年のこと」だと紹介している。この記事は、さらに、彼らは「人間本来のコミュニケーションが苦手で、自分の世界に閉じこもりやすいと指摘されている」と述べている。この定義は、これから徐々に解明していくように、オタクという現象を規定するにはあまりに不十分なものだし、また「人間本来のコミュニケーション」などというあいまいな概念との対照によってオタクを捉えようとしている点など、うさんくさいものだが、さしあたってのガイドラインは与えてくれる。少なくとも、オタクという若い人々が、社会通念の側にどのように映っていたかを知る手掛かりにはなる。

第一に、オタクとは、アニメーション、ヴィデオ、SF、テレビ・ゲーム、コンピュータ、アイドル歌手、鉄道などのいずれかに、ほとんど熱狂的と言っていいほどに没頭する人たちである。オタクが一般の人を驚かすのは、この熱狂である。もう少し厳密に言えば、彼らの知識を彩る、意味的な稀薄さと情報的な濃密さの交錯である。オタクの行為や知識は、支配的な社会規範から判断すれば、いかなる有効な意味をも持たない。それらは、何にも役に立たないし、また「高尚な芸術」のようにそれ自身として価値あるものとして遇されているわけでもない。ところが、それにもかかわらず、彼らの知識は、対象となっている領域のごくごく些細な部分にまで及んでいる。オタクたちは、彼らの知識がどこまでつまらない細部に及んでいるかを競い合う。一般には、情報の濃度は意味の濃度に規定されている（つまり、意味があるから、より細かい情報までが蒐集されたり、配慮されたりする）のだが、オタクの場合には、こういった常識的な結合が成り立たない。フジテレビが九一年十月より放映していた深夜のクイズ番組「カルトQ」は、このような意味と情報の逆立関係が与える効果を、ショーとして人々に提供していたのである。[2] この番組が、「カルト」と呼ばれるのは、見てきたような逆立が、一般の人々には神秘的な異能のように現れるからである。この番組では、その領域に通じている人――要するにオタク――でなくては、ときには、解答はもちろんのこと、出題されている問題の意味すら理解できない。つまり視聴者が享受しているのは、オタクの発揮する神秘的な能力だけなのである。

ここで注目しておいてよいことは、異様な密度において集積されている彼らの知識が、しばしば、領域固有の「歴史」（あるいはむしろ「物語」）の様相を示しているということである。それは、たとえば、ちょっとした出来事（エピソード）に対する偏執的な興味として現れる。ここには、オタクを支配する独特の時間感覚の片鱗が見えている。

しかし、オタクであるということは、特別な対象に常人を越えた興味を持っているということだけではない。それは、何かの「マニア」であるということ以上のことなのである。オタクは、――先に引用した『週刊読売』の記事も注目しているように――、コミュニケーション的な現象なのだ。オタクは、興味の対象となった事物との関係において以上に、他者との社会的な関係のうちにその固有性を示すのである。「オタク」という名も、彼らが切り結ぶ社会関係の特質に由来している。これが、オタクを現象の側から規定するときに注目される、第二の条件である。オタク的なコミュニケーション（対他関係）の特徴については、後にていねいに見ることにしよう。ともあれ、オタクの二つの側面――対事物的な関係と対社会的な関係――の繋がりを、的確に把握しなくてはならない、ということだけを、ここでは注意事項として銘記しておこう。

もちろん、自分だけの特殊な趣味に非常に熱心な人は、常にいた。しかし、以上の二つの条件を満たすような真正な意味でのオタクは――多くの論者が認めているように――、ある特定の時期に登場したものである。たとえば、通常の「意味」ある活動（仕事や勉強）の「影」として営まれている趣味は、人がそれにどんなに熱心に打ち込んでいようと――たとえ「意味」ある活動以上に情熱を傾けていても――、オタク的な熱中ではない。あるいはまた、その名が含意するような（社会）関係的な性質を持たなくては、オタクではない。

では、オタクがこの社会に登場したのは、いつなのだろうか。事情に通じている論者たちは、だいたい一九八〇年代の幕開けとともに、オタクが現れたと推定している。浅羽通明［1989b］の力のこもった論考は、オタクの起源にあたるようなタイプの若い人たちが、七〇年代の末期に登場してきたと見なしている。すでに述べたように、コミケ（コミック・マーケット）を見て驚いた中森明夫が「オタク」という名を使ったのは、一九八三年のことである。コミケ自身は、七五年に始まっており、そのときの参加サークル数は三二、入場者数は六〇〇人だった。八〇年代初頭からコミケの規模は急速に拡大し、参加サークル数は五〇〇前後、入場者数も一万人規模になってきた。その後、コミケの規模は拡大し続け、九〇年代初頭には一〇万人以上の参加者を得ている。これらを含むさまざまな事実から推して、八〇年前後頃、ごく初発のオタクが現れ、そして八〇年代の中盤に急速に拡大していった、と考えてよさそうである。

浅羽通明の論考は、また、初期のオタクについて、次のような注目すべき分析を行っている。一九八〇年代の前半には、この国では「新人類」と呼ばれる若い世代の登場が注目されていた。新人類のステレオ・タイプのイメージは、「感性」に優れ、流行に敏感で、特定の価値観に拘泥しない若者といったところだろう。浅羽は、本来、オタクとこの新人類は未分化であった、あるいはオタクと新人類は同時代的な現象であった、と述べている。宮台真司［1990］も、後に類似の指摘を行っている(3)。

＊

しかし、オタクが、この時期、この社会に登場したのはなぜか。もちろん、この問いをめぐっては、すでに多くの言葉が費やされてきた。とりわけ、幼女連続殺人事件の容疑者Mの逮捕以降は。これらの言葉は、量的には膨大だが、ほぼ同じような方向へと結論を収束させているように見える(4)。だから、浅羽通明の分析を取り上げることで、おおむね主要な議論を代表させることができる。

浅羽が提起するオタク登場の社会的原因は、大きく二つに整理できる。第一に、子供社会の総体的な学校化が背景にある。かつては、学校社会に還元されない、子供独自の共同態、すなわち遊び集団があった。その主要な活動の場は、原っぱである。遊び集団の内部の年齢を横断した協働と競争によって、子供たちは、学校や家族によるものとは別の独自の仕方で、社会化されたであろう。この遊び集団の内部では、子供たちは、その個性に応じた多様な仕方で評価されたはずだ。たとえばマニアックな趣味をもった少年も、「〜博士」などと呼ばれて、相応の敬意をはらわれていたに違いない。しかし、高度経済成長とともに、これら子供たちの関係の基礎になっていた近隣コミュニティが崩壊し(これと並行して原っぱも失われ)、子供たちの放課後の共同態が壊滅してしまう。

こうして、学校に拮抗しうる子供たちの自律的な共同性が失われた。学校の外部に登場し、急速に拡大していったもう一つの集団である塾は、もちろん、学校と拮抗するどころか、学校的な社会を補佐し、強化するだけだ。こうして、子供を評価する価値基準が、学校的なものに、すなわち偏差値に一元化されるだろう。家庭も、この学校化を補強する。親たちは、子供に惜しみない愛を捧げつつも、子供に対して一種の失語症に陥っている。つまり、親たちは「勉強しなさい」以外に子に言うべき言葉を持たないのである。と同時に、学校とは異なる家庭独自の社会化の機会であった「お手伝い」が、急速に失われていった。

第二に——浅羽によれば——、とりわけテレビを核においた、現実性《リアリティ》と関係性の変容が、以上の変動に加算される。現実性《リアリティ》の変容とは、次のようなことを言う。原っぱを失った子供たちは、すでに、自分たちの環境世界に対する現実性《リアリティ》の感覚を稀薄化させているに違いない。これを基盤に消費社会化が進む。消費社会化の名のもとに一括される都市の装飾化や広告の氾濫は、生活臭のある汚れた現実性《リアリティ》を隠蔽し、世界をいわばコーティングしてしまう。言い換えれば、世界は有機的現実性《リアリティ》を喪失し、情報の束として映現する。もちろん、これを最も強く推進するのは、テレビを中心としたメディアが散布するフィクションである。

テレビは、同時に、子供たちをめぐる関係性の質の転換も象徴している。世界のコーティングは、各子供たちを「勉強部屋」という名の個室《カプセル》に撤退させることによってより完全なものになる。この個室に、専用テレビが入れられるのである。初期のオタクは、各家庭に一台ずつテレビが普及したときに生まれており、二台目のテレビが子供部屋に入れられる時期に思春期を送っている。浅羽は、佐藤健二［1987］の次の文章を引いている。

柳田国男は『明治大正史世相篇』において、屋根の変化と紙・ガラスの導入による明るさの増大とがからみあいながら展開した家のなかの火の機能的・空間的な分裂は、家々の成員たちに小さなそれぞれの居場所を成立させたと論じ、つぎのようにつけくわえた。

家の若人が用のない時刻に、退いて本を読んでいたのもまたその同じ片隅であった。彼らは追い追いに家長も知らぬことを知り、また考えるようになってきて、心の小座敷もまた小さく別れたのである。

こうして、家長の支配のもとにある空間と個的な読書空間とが、分裂する。テレビの個室への導入は、この過程の強化された反復である。

以上のような諸原因を背景にして、浅羽は、オタクの出現を次のように説明する。原っぱの遊び集団を持たず、家庭内でも孤立した子供にとって、両親や学校社会の友人よりも、同じ時刻に同じような個室で同じ『宇宙戦艦ヤマト』や『機動戦士ガンダム』のようなテレビ番組を見ている、全国の同世代のアニメ・マニアに、より身近な連帯感を感ずるのだ、と。もちろん、こういった連帯感に媒介された共同性が、「オタク」の仲間集団を結節するわけだ。

＊

以上のような説明は、おそらく、ある真実をついているだろうが、私には、なお不十分なものに見える。たとえば、オタクを出現させた原因として、子供の自律的共同態の解体や家庭における子供の孤立が指摘される。なるほど、このような原因は確かに作用していただろう。しかし、このような関係の破壊が、オタク化によって補償されていたという論理は、否定的《ネガティヴ》＝消極的な説明である。つまり、それは、後ろ向きの説明である。このような要因だけでは、オタクがメディアや事物へと熱狂的に没入していくときの、あるいはオタク的なネットワークを享受するときの、行動の積極性《アクティヴィティ》を説明することはできまい。言い換えれば、背景となる共同性が破壊されたがために仕方なくオタク的な生へと押しやられたということ以上の理由がなくては、オタクたちが、その独特のスタイル（態度）や行動から快楽を得ているということを理解することができない。浅羽が指摘したような学校化や子供の孤立は、オタク出現のための必要条件ではあったかもしれないが、十分条件ではない。オタクが積極的な生のスタイルとして結晶したとするならば、これらの必要条件をオタクへと結実させる媒介的な機制が存在していたはずだ。われわれは、それを摘出してみなくてはならない。

　また、テレビや消費社会化がもたらす現実性《リアリティ》の変容という契機については、次のように言わなくてはなるまい。これは、オタクを結果した要因ではなく、それ自身オタクという現象の一部なのだ、と。オタクの行動や発達過程が、テレビの普及や使用法と深く結びついていることは間違いあるまい。しかし、このことを、テレビがオタクを産み出した、と記述すべきではない。たとえばテレビというメディアが自身の生の不可欠の部分として採用されたということが、すでにオタク的な現象なのである。われわれは、ある社会が、またその社会の中の一群の人々が、まさにテレビを選択したということ自身を、説明の対象としなくてはならない。テレビが普及したから特定の人格類型が登場したのではなく、テレビがある社会（のある層）に、不可欠の小道具として選択されたということが、テレビを普及させ、時代を象徴する機械装置に仕立てあげたのである。

さて、すでに述べたことの繰り返しになるが、オタクをそれ以前からあったマニアや趣味人から区別する条件（の一つ）は、オタクにおいては、日常的な仕事とアニメなどへの没入の価値づけがまったく逆転しているということである。一般には、いかに趣味が嵩じても、いかに趣味に喜びを見出していても、なお通常の仕事の方により高い価値が配分されている。なぜならば、仕事は、まさにその人物が存在しているということの条件であって、趣味は、そうして確保された存在の内部ではじめて意味をもつのだから。ところが、オタクにとっては、無意味な（ように見える）アニメやゲームやらの方こそが、彼らが存在しているということの基本的な根拠になっているのだ。このことは、「オタク」が自己同一性《セルフ・アイデンティティ》の問題として解かれなくてはならない、ということを意味している。(5)

2　自己同一性

オタクの問題に立ち入る前に、自己同一性《セルフ・アイデンティティ》を構成する仕組みの骨子を、どうしても簡単に概観しておかなくてはならない。言うまでもなく、自己同一性を備えているということは、私が何者であるかということが、私自身によって決定可能だ、ということである。(6) さらに言えば、それは、私が従うべき（広義の）規範が、（私自身にとって）決定されている、ということである。

しかし、自己同一性は、自己（私）において構成されるのではない。個体としての身体を自己同一的な主体へと変形するのは、他者である。ここに介入してくる他者は二種類であることを理解することが、肝心な点である。

第一に、自己にとって好ましく、しかもまさにそのようになりうるものとして現れているがゆえに、自己の同一化の対象となるような他者が必要である。つまり、理想性（正の規範的な評価）と模倣可能性によって特徴づけられるような他者が、同一化される像として機能しなくてはならない。後者の契機、すなわち模倣可能性が含意しているのは、この他者が、自己にとって本源的に類似したものとして現れているということである。

しかし、このような他者への同一化によってだけでは、自己同一性は獲得されない。模倣の対象となる他者の理想性は、ア・プリオリに決定しているわけではないからだ。そこで、第二に、規範的な正負の判断を与えるような他者が必要となる。この他者は、自己がまさにそこから観察され、そしてその規範的な位置が判定されるような視点を構成しているのである。自己同一性の獲得には、このような視点を自身の内に固有化することが——要するにこのような他者にも同一化することが——、要件となる。第一の他者が理想的なものとして現れるのは——そしてまた自分自身が自分自身にとって好ましいものとして現れるのは——、この第二の他者の作用のおかげである。この第二の他者も、それ自身、先験的な理想性を構成しているのだが、それは、このあと論ずるように、第一の他者のそれとは、まったく異なる理想性である。

この第二の他者を、私は「第三者の審級」と呼んできた。それは、規範的な判断の究極的な帰属先として現れるような、超越（論）的な他者である。これとの対照で言えば、第一の他者は、内在的な他者と呼ぶことができる。ラカン派の精神分析学との関係では、内在的な他者が、想像界の他者に、そして超越的な他者が、象徴界の大文字の他者に、それぞれ対応していることは、言うまでもない。実際、われわれは、ここでの議論を、ラカン派の理論家S・ジジェクの議論を参照しつつ、組み立てている（Žižek［1989：105-7］）。また、フロイトにまで遡れば、二種類の他者の理想性を、それぞれ、理想自我 Idealich と自我理想 Ichi-Ideal のそれに対応させることができる。

二種類の他者を区別しておくことは、非常に重要である。たとえば、神経症のような現象を理解するときには、この区別が鍵になる。強迫神経症のことを考えてみよう。強迫神経症を患う者は、自分自身にとってすら不合理に見える行為のとりこになっている。彼は不合理を、つまり自分自身の失敗を模倣しているのである。これは、もちろん、内在的な他者の水準に属している。しかし、これだけでは、強迫神経症者の自罰的な行為の意味を理解することはできない。強迫神経症者は、その不合理な行為が、そこから見ればまさしく当為であるような他者に同一化しているのである。その他者が、超越的他者である。

＊

このように二つの水準の他者を区別しておくことが必要だが、同時に、両者の繋がりを理解することも重要である。すでに述べておいたことから明らかなように、内在的他者の機能は、超越的他者を前提にしている。つまり、内在的他者は、超越的他者に従属している。内在的他者が、まさにそれとして――つまり理想的かつ模倣可能なものとして――現象するのは、超越的他者の作用によるからである。しかし、より重要で、しかもより把握困難なのは、逆の関係も存在しているということである。超越的な他者（第三者の審級）の方こそが、内在的な他者の存在を前提にしている、と言うほかないような関係も見出されるのである。ラカン派の精神分析学が見逃しているのは――少なくとも十分に理論化していないのは――、こちらの規定関係の方である。私は、この関係を「（第三者の審級の）先向的投射」と呼んできた。この関係を産み出す機制は、いくぶん複雑なので、ここでは簡単に構図だけを示すに止めておこう。それは、結果を原因としてしまうような転倒を含んでいる。

私は、内在的な他者が超越的な他者の前提になっている――したがって超越的な他者が内在的な他者の結果として理解できる――、といった意味のことを述べた。しかし、本当は、これは暫定的な言い方であって、事柄の正確な説明ではない。原始的な水準においては、まさに（自己への）差異であるということ以外にはいかなる規定ももたないような他者（絶対的な差異性）が存在している。そのような他者を、〈他者〉と表記しよう（→大澤［1990a］参照）[7]。このような〈他者〉との連鎖的な関係（間身体的連鎖）[8]は、〈他者〉がまさに差異であるということ以外のいかなる実質をもたないということをバネにして、この関係には解消されない、超越的な他者を投射してしまう。これが、第三者の審級である[9]。

　この場合、第三者の審級は、（〈他者〉の）効果でありながら、遡及的な方向に、つまりそれを産み出したところの関係に論理的に先立つ原因的な位格をもつものとして、投射される。第三者の審級を産み出す機制を、先向的投射と呼んだのは、そのためである。このような投射は、したがって、（本来の）原因であったところのものの変形を、つまり原因の結果への転移を、ともなっているはずだ。要するに、第三者の審級の構成によって、〈他者〉が隠蔽され、第三者の審級に従属したものへと変形されるのだ。内在的な他者とは、このような遡及的な作用によって変形された〈他者〉なのである。このとき〈他者〉の絶対の差異性（剝き出しの差異）は排除され、同一性に下属する相対的な差異へと移動してしまうのだ。内在的な他者を規定しているのは、第三者の審級の視点から捉えられた同一的な世界の「内的な差異」である。自己もまたこの同じ世界に内属しているということが、（内在的）他者との差異の前提になる。内在的な他者との差異が、「相対的」なものだと言ったのは、このように、（自己との）同一性＝類似性が、その差異の前提になっているからである。

　先向的投射の仕組みをていねいにあとづけていっては、この論考の本来の目的からはずれていってしまうので、ここでは、ある映画作品を援用して、これを例示《イラストレート》してみよう。取り上げるのは、黒澤明の衆知の作品『羅生門』である。この作品は、ある貴族（金沢武弘）が変死していた――他殺それとも自殺？――という事件に対する四人の人物の証言を、次々と映像化したものである。四人とは、貴族とその妻を襲ったという盗賊多襄丸、貴族の妻真砂、死んでいた貴族武弘――巫女の口を借りて語る――、そして目撃者である杣《そま》売りである。よく知られているように、四人の証言は、根本から一致しない。ここで、誰が真実を語っており、誰が嘘をついているのか、と詮索しても仕方がない。どれもが真実であり、また虚偽なのである。この根本的な不一致こそ、互いが互いに対してまさに〈他者〉である、ということを表示しているのだ。

しかし、このような不一致にもかかわらず、これらの証言は、同じ一つの事件に対する異なる記述として定位されてしまう。誰にとってそれは同じ一つの事件なのか。たとえば、証言者を取り調べる検非違使（裁判官）にとってである。基本的な舞台は、白洲の場だが、尋問する検非違使の役人は一度も映像として対象化されない。その存在は、ただ、証言者たちが発する応答によって、消極的に示されるのみである。取調べる者としての検非違使の態度は、〈他者〉たちの不一致を、同一性の内的な変異として先決し、措定してしまう。しかし、このような差異を同一性に下属させる態度は、そもそも、このような不一致、証言の徹底した分散なしには、ありえなかったものなのである。同一性は、この証言者たちの、同じ一人の他者（検非違使）への訴えによって、構成されるのだから。この対象化されない他者が、第三者の審級である。証言者たちを見下ろす検非違使の視線は、ちょうど観客の視線と合致する。観客は、こうして、映画を見ているうちに、そうとは知らずに、第三者の審級の立場に置かれることになる。

映画の最後の場面が重要である。映画では、取調べそのものが羅生門にいた旅法師と杣売りの回想だという形式になっている。突然、門の陰から赤子の泣き声が聞こえてくる。誰かが捨てたのだ。赤子を抱く旅法師。彼は、四つのまったく異なる証言を前にして、すっかり人間への信頼を失い、混乱している。杣売りが、赤子を渡すように、と手を出す。しかし旅法師は渡さない。そして、この子をどうするつもりだ、この子の着ているものを奪い、子供もろとも売り飛ばしてしまうつもりか、と詰問する。杣売りは、自分の子供と一緒に育てるつもりだ、と言う。旅法師は、疑ったことを恥じ、子供を杣売りにゆずる。子供を連れて去っていく杣売り、それを見守りつつ、荒れはてた都の羅生門の下に一人佇む旅法師。

この映画になぜこのようなラストが付いているのか。四人の証言をすべて順次映像化したところで、骨子の筋は終わっているのに。実は、ラストの場面は、〈他者〉の差異が相対化される瞬間を映像化したものなのである。旅法師の杣売りへの不信は、証言の完全な不一致を基礎にしている。もはや誰も信じられない、というわけだ。彼は〈他者〉の差異に困惑しているのだ。それは、ほとんど「世界」そのものを失ってしまったような混乱である。しかし、杣売りの善意を信じたとき、〈他者〉が〈他者〉たる限りで帯びる絶対の差異は隠蔽される。それは、自分と杣売りとの間の基本的な同一性（善意の共有）を、独断的に仮定してしまうことである。[10] このことによって、旅法師は、世界喪失の混乱から、かろうじて救われるのである。[11] こうして、ラストの短い部分で、映画の全体構図を支えるミクロな機制が、表現されるのだ。

＊

内在的な他者と超越的な他者は、それぞれに相関して、主体にとっての「理想性」を表示する。しかし、それぞれに対応した「理想性」は、本質的に異なったものである。内在的な他者に相関した理想性は、主体との類似性を基礎にしたものである。すなわち、それは、主体にとって、模倣可能（実現可能）なものとして提示される。しかし、超越的な他者に相関した理想性は、逆に、まさに模倣不可能、実現不可能なものとして与えられるがゆえに機能するような理想性なのである。言い換えれば、それは、

——内在的な他者の理想性とは対照的に——、主体の現実（現在）との距離によって意味を確保するような理想性である。超越的な他者の理想性の「実現不可能性」に対する、最も端的な表象は、「去勢コンプレックス」にほかならない[12]。

二つの理想性の差異を示すのに、再び映画を使ってみよう。ここでは、ラカンの想像的な同一化と象徴的な同一化の相違を明らかにするためにジジェクが提示した、ウディ・アレンの映画『ボギー！俺も男だ（Play it Again, Sam）』の分析が、そのまま利用できる（Žižek［1989：109-10］）。この映画は『カサブランカ』の引用から始まる。主人公は、ハンフリー・ボガートに憧れている。しかし、主人公の性生活はうまく行かず、妻は彼のもとから去っていってしまう。映画の全編を通じて「ボガート」の形象が登場し、主人公にアドヴァイスしたり、皮肉を言ったりする。映画の最後の場面で、主人公は、『カサブランカ』のボガートのように、友情のために恋人と別れる。そうすることで、主人公は、やっとボガート的な人物への信仰から解放される。

これは、一見、主人公がボガートに同一化しようとする強迫から解放されて、自律するまでの過程を示しているように見える。しかし、そうではない。最後にボガートのイメージに主人公が語るのは、次のような台詞だ。「確かに君だってすごく背が高いというわけではないし、少しはみっともないところだってあるじゃないか。なんてこった。それなら十分に背が低くて、十分にみっともない僕は、一人でうまくやっていけるんだ。」主人公は、最初、内在的な他者の水準で、つまり模倣の対象として、ボガート的人物を理想化しようとしているがために、人生に失敗している。最後の場面では、ボガート的な人物との差異を肯定することによって、ボガート的な人物を理想化したのである。ボガートと自分とのあいだの埋められない距離を肯定することで、ボガートは、今度は超越的な他者の水準であらためて理想化されたのだ。

3 「オタク」という集合

さて、オタクの問題に戻ろう。オタクは自己同一性《セルフ・アイデンティティ》の問題として考えられなくてはならない。述べてきたように、自己同一性は、二種類の他者の区別を前提にして構成される。このことを背景にすると、オタクと呼ばれる若い人たちの自己同一性の仕組みの特殊性がよく見えてくる。

アイドリアンと呼ばれているオタクがいる。女性アイドル歌手を追いかけまわしたり、歌手についての情報を蒐集したりするオタクである。たくさんのアイドルを相手にする場合もあれば、特定の一人に集中する場合もある。その熱意は、驚くばかりである。たとえば、たくさんの女性アイドル歌手を追いかけまわすことを主としているあるアイドリアンは、「今年（一九八九年当時）になってから参加したイベントの数は？」というインタヴュアーの質問に、「昨日の九月二十日現在で、二百九十本です」と答えている。これはたいへんな数字である。一月一日から九月二十日までは二百六十三日しかない。彼は一日一本よりもハイペースでイヴェントに参加していることになる。彼は大学入ってから三年間で、イヴェント九百本、延べ千六百人のアイドルを見てきたのだという（古橋 [1989：26]）。

アイドリアンの顕著な特徴、一般の人々に意外だと思わせる最も目立った特徴は、彼らの対象となるのが、ほとんど二流・三流の、通常はデビューしたばかりのアイドルであるということだ。彼らが自己を捧げるアイドルは、決して、国民的な人気を博するような大物アイドルではないのだ。アイドリアンにとっては、アイドルはマイナーであるほど良い。人気が出てきて売れっ子になってしまったアイドルは、もはや、アイドリアンの没入の対象ではない。

アイドル（偶像）が位置づけられる位相は、基本的には、超越的な他者の準位であると言わなくてはなるまい。確かに、アイドルの多くは、超越的というにはあまりにも、脱・聖化されてはいる。しかし、アイドルが呈示する理想性は、直接にそれに同化できるようなそれではなく、一般の人々（ファンを含む）との距離において機能するようなものであろう。それは、アイドルのもつカリスマ性として結実するに違いない。だがしかし、アイドルがこのようなものであるならば、大物の人気のあるアイドルこそが、より大きな崇拝の対象となりえたはずだ。にもかかわらず、アイドリアンは、むしろ小物の、したがって自分たちの仲間（同級生のような）とさして異ならないアイドルを要求する。ここから推定できることは、次のようなことである。アイドリアンにとっては、超越的な他者が、同時に内在的な他者としても機能しているのだ、ということ。あるいは、超越的な他者が、内在性の水準に引き寄せられ、内在的な他者に隣接した場所でその働きを確保しているのだ、ということ。

このような推定は、たとえば、三年間で九百本のイヴェントに出たという、今しがた引用した男の、次のようなエピソードから裏付けられる。彼は、これまでのなかでいちばん感動したイヴェントはどれか、という問いに、「やっぱり、アレかな」と呟き、渋谷で行われたあるイヴェントの話をした。そのイヴェントには、神崎聖子という出始めのアイドルがゲスト出演していた。だが、ここで問題なのは神崎聖子ではない。このとき、神崎聖子の同級生で彼女と仲のよい藤谷美紀（第一回国民的美少女コンテスト・グランプリ受賞者）が、他の同級生と一緒に神崎の応援に駆けつけていた。だから神崎が歌い始めると、藤谷らが前の方に出てきた。そこでは、アイドリアンたちが、彼らがよくやる「パンーパパン・ヒュー」という四拍子で踊っていたので、藤谷たちもそれに触発されて声援を送り踊り始めた。

「横を見たら、藤谷美紀ちゃんがいっしょに踊っているなんて……」

そう呟くと、彼はそのときの情景を反芻するかのようにまたゆっくりと天井を見上げた。それまでの冷静な解説口調とは打って変わって、いかにも嬉しそうにそのときの様子を話すその至福の表情に、僕ははじめてアイドル・マニアの心に触れたような気がしたのだった。（古橋［1989：30–1］）

この男が感動したのは、藤谷美紀が自分のすぐ隣で、自分と並んでいた、という事実である。つまりアイドルである女性が、文字通り、自分と同じ平面に立っているという事実である。この状況は、超越的であったはずの他者の内在化を、端的に象徴している。

アイドリアンの誕生時点は、かなりはっきりしている。多くのアイドリアンが、一九八五年にデビューした「おニャン子クラブ」を、その起源だと指摘する。おニャン子クラブは、フジテレビの番組「夕やけニャンニャン」の中でつくられた、「フッー」の女子高生たち約五十名の集団アイドルである。しかも番組内に「ザ・スカウト／アイドルを探せ！」というコーナーがあり、ほとんど同級生のような少女たちが、次々と新規メンバーとして追加されていった。おニャン子クラブの革新は、意識的に、アイドルをファンと同一平面に置く演出がなされていることだ。集団として組織されてしまったアイドルは唯一性を持たず、また自分たちのすぐわきにいるちょっとかわいい少女たちが、たちまちアイドルの位置に立ちうることが証示されてしまったのである。アイドル歌手の新曲キャンペーンにおいて、デパートの屋上のようなところで、ファンとの握手会が企画されるようになったのも、おニャン子クラブ登場の時期とほぼ重なっている。握手会は、もちろん、アイドルをファンにとって親近なものとして提示しようとする演出である。このように、アイドリアンは、アイドルの超越性が切り崩されてしまったときに、誕生したのである。

ここで見てきたような現象を一般化し、オタクにおいては、自己同一性《セルフ・アイデンティティ》を規定する二種類の他者、すなわち超越的な他者（第三者の審級）と内在的な他者とが、極度に近接しているのだ、という仮説に立ってみよう。この仮説から、さまざまなオタク的な現象が、統一的に見えてくる。

＊

やおい族と呼ばれるオタクのグループがある。アイドリアンはもちろん少年が中心だが、やおい族は、美少年同性愛漫画のファンである少女たちである。コミック・マーケットに集まる約八割が女性であり、そのうちのかなりの数がやおい族であると推定されている（梨本［1989：120］）。「やおい」という名は、彼女たちの漫画の特徴、「やまなし、おちなし、いみなし」から来ている。少年愛をテーマにした少女漫画は一九七〇年代からあった（萩尾望都、竹宮恵子、青池保子などの漫画）。やおいは、もちろん、このような「伝統」の系列に属している。しかしやおいが群がる漫画は、単に、少年同士の愛を描いているだけではない。一般には、「原典」となる少年漫画があり、そこにある少年たちの関係を「同性愛」的な関係に読み換えていくのである。有名なのは、八五年にブームになった『キャプテン翼』をベースにした作品群である。ほかに『聖闘士星矢』や『サムライトルーパー』、『天空戦記ジュラト』などを原典としたものがある。

少女たちが少年たちの関係に憧れるのだから、超越的な他者が内在的な他者の準位へと近接し、ほとんど内在的な他者に同化してしまっている、というわれわれの仮説とは合致しないように思われるかもしれない。内在的な他者とは、模倣の対象となるような類似性において設定される他者なのだから。しかし、このような単純な見方は間違っている。このことは、ヒステリーの心的構造との対照で、やおい族を捉えてみるとわかってくる。

ヒステリー患者は、しばしば、か弱い典型的な女性性を演じてみせる。精神分析は、しばしば、彼女の女性的なキャラクターへの想像的な同化の背景に、典型的な強い男性――父性の象徴となるような男性――への象徴的な同化があることを明らかにする（Žižek［1989：106］）。つまり、ヒステリーの女性性へと過度に同調するのは、彼女が、男性的な超越性を準拠として採用しているからなのである。もちろん、彼女は、自身を、その男性にとっての欲望の対象へと成形しているのである（だから彼女は極度に女性的なのだ）。

逆に、やおい族が少年同性愛に憧れるのは、男性的な超越性が評価のための準拠として機能していないからである。女性にとっての想像的な対象の理想性を規定する視点が、再び女性的なものなのだ。したがって、ここでは、自分や他者の望ましさ（と欠点）を規定する評価の視線が、自分自身との間に、十分に批判的な差異を保っていないことになる。少女たちが少年同性愛にあこがれるのは、超越的な他者が、女性的（少女的）なものであって、内在的な他者から分離していないからだ。だから、当然、そこに描かれる同性愛は、現実の同性愛とは無縁である。むしろ、そこからは、性の現実は奪われてしまう[13]。

やおい族が「原典」として採用する少年漫画には、共通した特徴がある。それらの漫画では、主人公とその仲間は、宿命的な使命を与えられており、強大な敵と抗争している。それらは、しばしば、神話を基調にした物語である（梨本［1989：120-1］）。つまり、原典では、主人公は、つねにある超越性に呼び掛けられており、そのことゆえの大きな目的を持っているのだ。やおい族は、この超越性に感応する。主題を同性愛的な関係へと読み換えることで、それを、脱超越化（内在化）するのである[14]。

少女たちを少年同性愛へと向かわせたのと同じ機制が、多くの少年たちをロリータ的な愛へと向かわせる。アイドリアンにもその傾向が見られるように、多くの男性オタクの趣味は、幼い少女へと向かう。幼女とは、決して超越性として顕現することのない女性、つまり彼らの男性としての価値を全面的に規定してしまうような超越的視点として機能することのない女性ではあるまいか。

オタクのコミュニケーション上の特徴も、以上の仮説から説明できる。自己同一性は、2節で述べたように、もともと対他者関係についての現象だからである。

オタクについて語るほとんどの論者が指摘するのは、次のことである。すなわち、オタクたちがみな、同一のジャンルのオタク――すなわち同じ事物に没入している他のオタク――に、密かな連帯感をもっている、ということ。浅羽は、オタクとして活動する真の動機は、自分が愛好するアニメや漫画などを楽しんでいる仲間がいるという同類意識にある、と断定している。そのうえで次のような興味深い指摘を行っている。

*

浅羽は、読者経験は、通常は人を個人化するとして、佐藤健二の文章を引用している。「声を排除した読者は、自分の耳の存在を必要としなくなるとともに、他者の耳をまきこむような空間を消滅させてゆく。すなわち、自らの聴覚をはじめとする他の諸感覚を遮断することを通じて、「個」の内面に向かう読みを完成させてゆくのは、人びとがこうした読書の態度をもつようになってからのことである」（佐藤［1987］）。この声の排除は、逆に言えば、デリダ的な意味での「（内面の）声」の成立である。ところが、浅羽によれば、紀田順一郎は、ミステリー・マニアの友人と出会ったとき、「徒党を組んで本を読む」ということがありうるのを知り、驚いたのだという。紀田が驚いたのは、彼が佐藤が描いたような内面的な読書態度を習得してきたからである。しかし、ミステリー・マニアの読書は、個的な内省を促進するよりも、同一の情報をもつマニアたちを群れさせる傾向の方が強いのである（浅羽［1989b：258］）。

この連帯感が嵩じてきて、顕在化したものが、「同人誌」である。同人誌の成立に先立って、オタクのいくつかの分野で、一般の雑誌が、ほとんど実質的に同人誌と言ってよいようなものとなっていた。すなわち、これらの雑誌は、その分野についての相当な知識をもっている読者のみを対象にしていること、読者投稿を重視し、読者と執筆者の境界をあいまいにしていること、などの特徴を持っていたのである[15]。そして、実際、ほどなくして熱心なオタクたちは、自分たちで同人誌をつくるようになる。これらの同人誌、あるいは同人誌的な雑誌は、同一の情報を持っていることの確認や、あるいはその同種の情報をより先鋭に細部にいたるまで究めていることの自己顕示のための媒体として読まれ、またつくられたのである。これらの連帯がさらに拡張すれば、同類の同人誌同士の間の交換にまで到るだろう。それが、七五年に始まったコミック・マーケットである。

同人誌（的な雑誌）の中心的な方法は、パロディである。パロディが好まれるのは、浅羽が呉智英の論述をもとに述べているように（浅羽［1989b：259］）、パロディが、作者と読者のあいだに共通の教養を、しかも相当に細部にいたる共通の教養を、前提にしてのみ可能な手法だからである。つまり、それは、共有された情報にもとづく連帯という、同人誌の本来の目的にきわめて合致した方法なのである。

同人誌が象徴しているのは、同じ情報を持っているということを根拠にした同種の仲間と、しかもそのような仲間とのみ連帯しようとする、オタクたちの強力な志向である。オタクたちは、自分と同じようなタイプの人間とのみ、つまり自分の直接の映し（鏡映）となるような相手とのみ、積極的に関係しようとするのだ。すでに、オタクにおいては、超越的な他者が内在的な他者の方へと引き寄せられ、ほとんど内在的な他者の内へと埋没しているのだ、という仮説を述べておいた。こうなれば、内在的な他者との関係のみが、実質的なコミュニケーションの構成素として残留することだろう。内在的な他者とは、鏡映的な他者——類似性（同一性）を基礎にした他者——の様態である。オタクは、この内在的な他者との関係にコミュニケーションのネットワークを内閉しようとしているのだ。だから、オタクたちのコミュニケーションのあり方は、われわれの仮説とよく合致する。このような内閉をともなった連帯は、超越的な他者が失効し、内在的な他者の方へと引き寄せられたときに、当然起こりうる帰結だからである。アイドリアンやおい族が、対象（アイドル、少年愛漫画）への没入において実現していたのと同種の関係を、多くのオタクは、オタク同士の横の連帯においても構成しているのである。[16]

「オタク」という名のもとになった事実、つまりオタクが互いを「オタク」と呼び合うという事実も、この点に関係している。[17] オタクというのは、もともと、イエとイエとが呼び合うときに使われていた語である。イエを集合的な全体として対象化し、それを構成している個々人にまで直接に分解しない場合に、「オタク」と呼ばれる。これによって排除されるのは、相手を、固有の単一的な個体として把握する語、すなわち「あなた」、「きみ」のような（二人称）指示代名詞や固有名である。だから、「オタク」という語には、ある態度が表明されている。互いを固有の個体として差異化していくような内面へと深入りしない、という態度がそれである。要するに、「オタク」と呼び合うオタクは、相手が自分と同種の知識や情報に意欲をもっているということ以外には、相手に興味がないのである。もしそれ以上相手に深入りしていけば、それぞれを独自なものとして構成しているさまざまな事情を発見してしまうだろう。このとき、互いが互いに対して内在的な他者として関係しあっているという――つまり互いが互いを映し合うような類似性の集合に埋没しているという――、夢のような安逸は破られてしまう。ここで、「夢のような安逸」と言ったのは、相手が自分と同じであることが先決しているような集合においては、思いがけない他者の侵入によって生じる不確定性にたじろぐ恐れがまったくないからだ。言い換えれば、相手を「オタク」という形式で対象化することは、相手が不確定的な他者として出現することに対する、予防装置としての意義をもっていることになる。

＊

超越的な他者の失墜は、制度的なレヴェルでは、浅羽が指摘したような社会の学校化（子供の共同態の解体）、家庭における子供の孤立といった形態で現象するだろう。たとえば、子供を評価する公認の価値観が、学校教育的なもの（偏差値）に一元化するということは、子供にとっては、超越性そのものが撤退していく、ということである。学校や（勉強しなさいとしか言わない）親は、子供を主体化し、その自己同一性を規定する超越的な他者としては機能しない。それらは、子供たち自身からの内的な支持（承認）を得ていないからである。超越的な審級による規範的な規定は、それ自身、その超越的な審級に従属する者からの内的な承認に依存している。超越的な審級は、このような反照規定の循環の中でのみ存立することができるのだ。それが、先に述べた「先向的投射」ということである。だから、超越的審級（超越的他者の場所）は、子供たち自身の自律的な共同態に順接するような形でしか、樹立できないだろう。

内在的な他者との関係の至高のモデルは、母子の双数的な関係であろう（父性的審級の排除）。もちろん、その極限には、幼女連続殺人事件の容疑者Mをめぐって誰もが思いついた「母胎回帰」がある。実際、数千ものヴィデオテープに囲まれた個室、テレビやヴィデオの映像世界、そして犯行にも使われていた彼の車（日産ラングレー）が、「母胎」の隠喩によって語りうる何かであることを直観するのに、フロイトやラカンの教養などは要らない。その点で、Mという存在自身が陳腐である。言い換えれば、Mは、あるいは少なくともMの上に投影された犯人像は、異常なのではなく、あまりに現代的（異常なまでに典型的）なのである。

われわれは、オタクにおいては、自己同一性《セルフ・アイデンティティ》を構成する際に通常維持されているはずの二種類の他者の区別が、失調している、ということを述べてきた。しかし、これだけでは、現象の説明という点でも、また論理的な展開という点でも、まだ不十分である。説明として不備であるというのは、オタク的な熱狂が、またオタク的な対象のもつ特定の傾向性が、理解されていないからである。オタクが没入する対象は、もちろん、オタク諸個人の能力や関心に応じてきわめて多様ではある。しかし、それらは任意であるわけではない。オタク的な事物の共通の傾向を抽出したり、それらを分類することにはなんの興味もないが、それでも、オタクがなぜ特定の対象を選出するのかを、解明しておかなくてはなるまい。また論理的に不十分であるというのは、次のような意味である。すでに述べたように、内在的な他者の作動は、超越的な他者の作動を前提にしている。そうであるとすれば、厳密には、超越的な他者が内在的な他者の水準にまで降りてしまった場合には、超越的な他者だけではなく、内在的な他者もまた失効するはずだ。われわれは、超越的なものの内在化がもたらす帰結をまだ、完全には追尾していない。

Mの幼女殺害の背景には祖父の死があった、ということは、弁護士の意見陳述の中でも述べられていることである。祖父は、Mにとって、超越的他者を具体化する人物だったのではないか。祖父の存在によって、Mは、超越的他者と内在的他者との小さな距離を、かろうじて維持していたのではないか。Mは、祖父の死後、祖父を復活させるための魔術的な儀礼まで執り行っている。それは、超越的な他者を再樹立しようとする、必死の試みであったようにも見えてくる。Mの犯罪が祖父の死を契機にしていたとすれば、このことは、Mの幼女への欲望の爆発は、超越的な他者の完全な失効を一つの原因としていた、ということを示唆しているだろう。われわれがまだ見出していないのは、Mの場合であれば、祖父の死と幼女の殺害とを結ぶものである。われわれは、それを、Mの特殊な生活史にではなく、オタクの一般的な特性に見出してみよう。今述べたように、もともと、Mの存在自身が、驚くほどに一般的な現象なのだから。

4　二次的な投射

テレビ・ゲームに没入するオタクは、よく知られているように、一九七九年にタイトーから「スペース・インベーダー」が発表されたときに登場した。「インベーダー」はごく単純なゲームなのだが、何人かのゲーム・ファンを魅了したのは、ここに、プログラマーですら知らない、あるいは少なくともプログラマーが意図的に提示してはいない、特殊なテクニックを見出しうるということであった。たとえば、このゲームには、敵と隣接すると敵弾がすり抜けるバグがある。これを逆用したのが、有名な「ナゴヤ撃ち」である。あるいは画面上方にときどき現れるＵＦＯを二十三発目のビームで撃破すると、ボーナス得点が跳ね上がるということが、マニアたちには知られるようになった。この規則性は意図的にプログラムされたものではあったが、プログラマーたちは、これに気付くユーザーがいるとは思っていなかったらしい（以上、成沢［1989］）。このような、ゲームの意図的に提起されていない――つまり、プログラマーのユーザーへのコミュニケーションにおいて意図されたメッセージになっていない――仕組みへのあくなく追求の有無が、単純なゲーム好きからゲーム・オタクを分かつポイントであると言ってよいだろう。

このような仕組みを、プログラマーの方が意識的に組み込んだのが、画期となったのはナムコのゲーム「ゼビウス」（一九八三年）である。「ゼビウス」には、敢えて公表されていない「隠れキャラクター」があちらこちらに秘められていた。ゲーマーたちは隠れキャラクターを追い求めるが、まったくの偶然によってしかそれは見出されない。隠れキャラクターとの偶然の遭遇に浴したゲーマーは、狂喜したという。隠れキャラクターの出現場所や出し方は、口コミで――後になってからは同人誌的な雑誌によって——、またたくまにマニアたちに広がった（成沢［1989］）。

このさらなる発展が、「ゼビウス」をつくった同じ遠藤雅伸の作品「ドルアーガの塔」である。「ゼビウス」は基本的には、「インベーダー」と同じシューティング・ゲームだったが、こちらの方を完全にそぎおとし、ただ、「裏ワザ」と呼ばれる公表されていない秘密のテクニックの発見にゲームの楽しみを完全に特化したのが、「ドルアーガの塔」である。ゲーマーが同一化する主人公は、六十階建ての塔を敵をたおしつつ昇っていくのだが、それだけではなく、各フロアーに隠されている宝物をその度に発見していかないと、ゲームを完了させることはできない。もちろん、宝物の取り出し方は、あらかじめ与えられていない。宝物の隠し方は著しく凝っており、ゲーマーは、その度に、異常なテクニックを試行錯誤的に見出していかなくてはならなかった。このような難しさのため、一般の人は、「ドルアーガの塔」にまったく手が出なかった。ただ、極端なマニア、つまりゲーム・オタクだけがこれに夢中になった。そして、それでも、十分に採算が採れたのである（成沢［1989］）。こうしてみると、「ゼビウス」―「ドルアーガの塔」といったゲームの形態に、後のロール・プレイング・ゲーム（ＲＰＧ）的なゲームの基本的な要素が、すでに揃っていることがわかる。

ゲーム・オタクたちのこの異様な情熱には、私の考えでは、特殊な他者体験の位相が伏在している。ゲーム・オタクが享受しているのは、その他者体験である。このことを示すには、議論を、原理的な水準にたち戻らなくてはならない。

＊

3節では、いくつかの現象から、オタクの世界においては、超越的な他者が、内在的な他者に著しく近接しているようだ、ということを確認してきた。このことの論理的な帰結は何か？

内在的な他者は、超越的な他者への従属によって、偶有的な選択可能性（他でもありえたもの）として現れる。つまり、それは、個人にとって選択しうる——したがって他でもありうる——可能性の一項として現象している。[18] それに対して、超越的な他者は、妥当的な可能性の領域全体を指定するものであり、それ自身は選択不可能な必然性（非偶有性）の様相を帯びる。[19] 内在的な他者によって呈示される理想性は、超越的な他者によって措定された領域の内部の可能な選択肢の一つとして現象する。内在的な他者のこの選択可能性は、一つの根本的な選択不能性、すなわち超越的な他者の選択不能性を前提にして、はじめて実効的なものになっているのだ。2節で述べた、〈他者〉の内在的他者への変移（先向的投射の遡及的な作用）は、このことに関連している。それ自身は選択不能な単一的＝同一的な領域に内属する（相対的な＝他と比較可能な）選択肢の一つとして現象しているとき、〈他者〉は内在的な他者へと変移しているのだから。

それゆえ、超越的他者を内在的他者へと近接させ、ときにはその内部に埋め込んでしまうことは、超越的他者をも偶有的なものにしてしまう、ということである。それは、可能な選択肢の領域の全体（世界）の必然性を指定するはずの超越的な他者それ自身が、根本的に、他でもありうるものとして、顕現してしまうということだ。このことは、もちろん、超越的な他者の不可能性を意味する。

超越的な他者は、規範的な選択性の帰属先として機能している、と述べておいた。今ここで論じている困難は、実は、選択の作用をなにものかに帰属させるということが原理的に孕む問題に由来している。ある規範的な判断を、超越的な他者の選択（意志）に帰属させたとする。しかし、選択は、他でもありうる可能性を留保しているからこそ、まさに選択なのである。そうであるとすれば、なぜまさにそれが選択されたのか、ということが常に問われうる。選択において真に意図されていたものが何かが、問われるのだ。要するに、選択において、まさに選択されていたものが何か、ということがもう一段問われてしまうのである。このように、選択の帰属は、もう一段の選択への問いを誘発する。選択は、常にもう一段上位の選択へと向かう余剰性を含意しているのである。

しかし、超越的な他者（第三者の審級）が、まさに超越的なものとして機能している場合には、超越的な他者に帰属される選択性＝偶有性と、それが与える世界の単一性＝必然性とが、重ね合わされてしまい、超越的な他者の「真の意図」への問い——より上位の選択への問い——は、抑止される。だが、超越的な他者が、内在的な水準へと引き下げられたとき、そこに帰属している選択の本来の偶有性が、あらためて顕在化することになるのだ。

超越的な他者の根本的な不可能性から生ずる帰結は、明白である。克服されていたはずの〈他者〉の再来が、それである。ここで、〈他者〉とは、純化された差異性であり、なにものとしても規定できない原理的な不確定性（偶有性）である。

われわれは、ゲーム・オタクが、ゲームに隠された、ほとんどバグのような仕掛け、秘密の非常に思いがけない仕掛けに魅了される、ということを見ておいた。これらの仕掛けは、ゲームの作者からゲーマーへと、積極的にはコミュニケートされていない（公表されたテクニックとは違い、それを積極的に伝達しようとする意志が見出せない）。あるいは、ここでは、コミュニケーションの否定そのものがコミュニケートされている（つまり、まさにそれが見出されえないことを意図して、仕組まれている）。だから、これらの仕掛けは、純粋に偶有的な遭遇としてしか、見出されない。バグのような仕掛けが特殊な方法によって引き出されたということに、プログラマーの積極的な「意図」を読み取ろうとしても無駄である。それは、ただ偶然、そこに埋め込まれているだけなのだから。

これらのことから、われわれは、次のように結論することができるのではないか。ゲームの中のバグや隠れキャラクターは、ゲーマーにとって、〈他者〉を表示する兆候になっているのだ、と。あるいは、より厳密には、それらは、〈他者〉の代理物の兆候だと言うべきだろう。純粋に差異でしかありえない〈他者〉は、積極的な現象形態を持ちえないのだから。つまり、〈他者〉を積極的に呈示するということは、すでに一種の〈他者〉の隠蔽を含んでいるのだから。

電話・無線の盗聴や電話の不法無料通話をねらうハッカーたちが享受しているのも、まさにこの種の〈他者〉（の代理物）の兆候である。ハッカーたちは、『ラジオライフ』誌を媒体にして、ハックのテクニックについての情報を交換している。彼らの中心的な活動は、盗聴である。あらゆる通話が盗聴の対象となる。しかし、彼らの盗聴にはいかなるねらいもない。ただ、盗聴それ自身が自己目的となっているのだ。たとえば、警察無線や軍用機（自衛隊や米軍の）の無線も格好の盗聴対象となるが、そこには、まったく政治的な意図はない。

盗聴は、通信者の方から眺めれば、純粋に「意図せざる配信」である。盗聴者は、だから、それを、まったく偶然の出会いとして、引き受けるしかない。したがって、傍受された通信は、ゲームの「隠れキャラクター」よりも一層、〈他者〉的な位相に近づいている。ハッカーたちは、盗聴において、ただひたすらに、〈他者〉（の代理物）が彼らの聴覚に現前するのを楽しんでいることになる。

＊

意図していない電波の散布や敢えて隠されているようなゲーム上の仕掛けなどが、〈他者〉の代理物の存在を示す兆候として、受容されているのだ、と述べてきた。〈他者〉そのものは、何度も述べたように、いかなる積極的な対象性ももたない。〈他者〉に接近するためには、〈他者〉は代理物に置き換えられていなくてはならないのだ。しかし、このような置き換えは、いかにして可能なのか。これなくしては、単なる機械上の反応が、ほかならぬ「〈他者〉の」顕現としての意義をもつこともないのだから。

ハッカーたちの盗聴の対象として、とくに好まれているものがある。警察と軍、とりわけ警察である。もともと深夜放送リスナーのための雑誌たらんと意図していた『ラジオライフ』が、ハッカーの雑誌になってしまったのは、創刊号に掲載した「誰が聴いてもいい警察無線」という特集がきっかけだった。警察無線は、現在ではディジタル化しているので、盗聴が非常に難しくなっているが、『ラジオライフ』には、無線には必ずしも関係しない、警察（あるいは消防士・自衛隊などのその類似物）についての話題や投稿が、かなり掲載されている。『ラジオライフ』の読者には、警察のさまざまな書類や備品（手帳、拳銃の箱等々）を集めることに没頭している者が、相当数いる。警察のような、最も厳重に備品を管理しているところから、何とかそれらを手に入れることが、ハックの代償行為になっているのであろう。次の文章は、覆面パトカーの模造品をつくることに熱中している、あるオタクについて述べている。

なんと彼は毎朝このパトカーで通勤している。走っていて本物の覆面パトカーと出くわすこともあるらしい。大丈夫なのかな。「挨拶をされることもありますよ。僕の車は良くできているので」。もしかすると、本物の覆面パトカーに同僚と間違われることが彼の快感なのかも知れない。（永江［1989：52］）

この文章の筆者も述べているように、覆面パトカーは、警察内部でしか解読できないコードのようなものを形成しているわけだから、自分の車を覆面パトカーと思わせることは、ハックの一種だと言える。

しかし、警察が対象となっていることの理由は、警察が広義のハックにとって大きな障壁になっている、という事実だけには還元できない。『ラジオライフ』の投稿欄には、警察に職務質問されたときの体験談が、頻繁に掲載されている。彼らは、警察に職務質問されること、警察に目をつけられること自身を、楽しんでいるのである（永江［1989：53］）。要するに、ハッカーたちは、あえて危険を冒すことで、警察という国家権力の代理執行人からの否定的な承認（不正行為としての評価）を、誘発しようとしているのだ。

以上の事実は、次のような推論を支持する。述べてきたように、超越的な他者（第三者の審級）の内在的な他者への近接は、〈他者〉の次元を露呈させてしまう。ところで、〈他者〉は、もともと、第三者の審級（超越的他者）の素材とも言うべきものである。オタクたちは、この〈他者〉の次元を活用して、再び第三者の審級を構成しているのではないか。つまり、第三者の審級の第一次的な崩壊を前提にした、第三者の審級の二次的な投射が生じているのではないか。今見てきたハッカーの場合には、二次的に投射された第三者の審級は、たとえば「警察」によって占められている。この第三者の審級の二次的な投射のもとで、〈他者〉は再び変移され、加工される。そして、〈他者〉は、変移された形式である限りにおいて、（たとえば隠れキャラクターという兆候によって）積極的に表象可能なものとなるのである。こうして、〈他者〉は再度、隠蔽される。

しかし、二次的な投射は、最初の投射の単純な再現ではありえない（それゆえ、転移された〈他者〉も、同じような形態で現象することは、もはやありえない）。二次的な投射は、述べてきたように、第三者の審級の第一次的な崩壊を前提にしている。ところで、第三者の審級とは、もともと、現実そのものの統一性を産み出す審級であった。そうであるとすれば、二次的に構成される第三者の審級のもとでは、本来、非・現実とされていたような領域、幻想の領域こそが、まさしく一個の現実として現象するに違いない。[20]

ハッカーたちの場合には、警察の否定的な評価そのものを、肯定的な承認として受け取ることによって、このような逆転（幻想の現実化）が実現されている。しばしば、オタクに対して、彼らはメディアの中に現れるような虚構と現実とを混同している、との批評が浴びせられる。私の考えでは、このような「混同」が生ずるのは、彼らの現実が、述べてきたような、第三者の審級の二次的な投射に依存しているからである。幼女殺人事件の被告Mが、「覚めない夢」の中にいて、その中で事件をおこしたような気がする、と述べたのは、まったく正直な告白だったに違いない。

＊

一九八九年七月、北海道の大雪山で、風倒木を地面に並べてつくった大きな「ＳＯＳ」の文字と救助を求めたメッセージを吹き込んだテープが発見された。遺留品から、これらを残したのは、五年前に失踪したＩであることが判明した。Ｉはたいへんなアニメ・オタクだった。

しかしＩが残した二種類のＳＯＳは、常識的に考えれば、非常に奇妙なものである。そのへんを朝倉喬司［1989：197-8］に従って解説しておこう。「ＳＯＳ」の文字は、明らかに上空に向けられたものであり、一文字が縦五ｍ、横約二・五ｍというたいへんな大きさだった。これだけのものをつくるには、屈強な大人でも丸二日はかかるという。こんなものをつくっている時間と労力があれば、正規のルートにもどる努力をした方が、はるかに合理的である。テープのメッセージは、もっと不思議である。一人遭難している彼のテープは、誰も聴けない。ここに救援のメッセージを吹き込んだところで、なんの意味もない。さらにテープの内容がおかしい。テープによると、彼は「崖の上で身動きとれず」という状態にあるはずだが、「ＳＯＳ」の文字があった場所は、そんな場所ではない。そして、彼は自分の居所を「はじめにヘリに遭ったところ」と指示しているが、彼を確認したヘリがない限り、このメッセージは何も特定していない。瞬間眺めたヘリについて、相互に認識しあったという勝手な解釈を行ったか、あるいは、そもそも完全な虚構であったかのいずれかであろう。

これらの不合理は、出来事が、すべて幻想＝現実の中のものである、と考えなくては解釈できない。自分の死に隣接した切迫した状況にあって、なお、現実的なものが一種の幻想である、ということは注目すべきことである。このIの幻想を、一個の統一的な世界としてまとめあげている中核的な要素は、上空から「SOS」を捉えたはずの、そしてまたなんらかの遠隔操作によってテープのメッセージを聞き取ることができるはずの、ヘリである。ヘリに託された上空からの視線こそが、おそらく、この場合、二次的に構成された第三者の審級の位置を占めているのだ。

このような推定は、一九八八年二月に東京都世田谷区のある中学校で起こった「9の字事件」と考えあわせることで補強される。朝倉喬司も、二つの事件の類同性を示唆している。この事件は、深夜、構内に侵入した九人の少年たちが、机約四百脚を校庭に持ち出して、鮮やかな「9」の形に並べたというものである。事件の首謀者は、逮捕後、この文字は「宇宙人へのメッセージ」であると述べ、「一九九九年には自分たちが日本のトップに立つ」ということの宣言なのだと解説した（朝倉［1989：198］参照）。

Iにとってのヘリが、すでに、十分に幻想的なものであった。「9の字事件」の少年たちにとっては、それは、より一層端的に幻想的な「宇宙人」に置き換わっている。「宇宙人」という像を、上空へ――校庭の大きな「9」を対象化できる上空へ――投射することによって、幻想が現実として機能しはじめるのである。

＊

単純なコレクターやマニアとオタクとの相違としてよく指摘されることは、オタクの欲求が対象そのものに向けられているだけではなく、その対象が置かれた一個のまとまった世界の獲得へと向けられている、ということである。たとえば、切手の蒐集家とテレビ・ゲームオタクの相違は、後者は、ディスプレイ上の空間を、外部から遮断した自律的な世界として享受し、そこに内在している、ということだ。切手のコレクターは、このような「現実」から分離したもう一つの現実をもたない。

「ゼビウス」の成功の一因——先に述べた「隠れキャラクター」の設定と並ぶもう一つの勝因——は、「インベーダー」と同じ単純なシューティング・ゲームでありながら、背景の「ゼビウス星」の世界を、非常に緻密に設定しておいたことだ。ゲームがつくられるにあたって、シューティングには関係ない、この星の文化や政治、言語体系までもが、考案された（成沢［1989：15］）。さらに、ロール・プレイング・ゲームやシミュレーション・ゲームの場合は、空間的・時間的な世界性が単に背景として設定されているだけではなく、ゲーマーたちの直接の享受の対象になっている。

今や、オタクが志向する対象が、世界性を帯びることの理由は、明らかである。オタクたちは、二次的な——言わば裏返った——先向的投射によって、現実の外部に、もう一つの現実を構築せざるをえないからである。それは、狭義の「現実」からは独立しているがゆえに、つまり通常の非現実（幻想）の領域を舞台にしているがゆえに、それ自身として固有に閉鎖されていなくてはならない。つまり、完結した世界として成立していなくてはならない。

そうであるとすれば、オタクたちは、自己同一性《セルフ・アイデンティティ》を、あらためて、この幻想的な世界の中で——幻想的であるがゆえに現実的であるような世界の中で——獲得しなくてはならない。彼らは、日常的な現実の中での自己同一性——これは第一次の第三者の審級＝超越的他者と内在的他者の組合せからつくり出される——を、完全に放棄してしまっているのだから、幻想の世界での自己同一性を、日常の自己同一性の延長に設置することはできない。

『ムー』や『トワイライトゾーン』などのオカルトや怪奇現象を扱った雑誌の文通欄には、毎月、異様な投書が何通か載せられるという。たとえば、次のようなものである（浅羽［1989a］より）。

前世名が神夢、在夢、星音という三人の男性を捜しています。早く目覚めて連絡を…（『ムー』一九八七年七月）

前世の仲間を捜しているのである。この種の投書は、編集部すらまったく予想していなかったものであり、彼らは、その対処に非常に困惑しているようだ（ある時期から掲載をやめたり、読者にこの種の「現実と虚構を混同した」投書をやめるように呼び掛けたりしている）。前世の仲間を捜すということは、もちろん、自分自身の前世を知っているということである。投書者たちは、前世を仮定することで、幻想的な自己同一性を構成しているのである。もちろん、仲間（幻想的な内在的他者）の存在は、この自己同一性を補強することだろう。

この自己同一性が設置されている位相は、彼らが使う「名前」によく反映している。引用した投書の場合もそうだが、自分や仲間の前世名が、ありふれた日本人の名前であることはまずない。英語やフランス語の名前すらまれである。名前は、北欧風だったり、インド風だったり、あるいはエキゾチックな響きを出すような漢字の巧みな組合せであったりする（浅羽［1989a：15］）。要するに、名前が、日常的な「現実」の中に、決して指示対象をもたないようにつくられているのである。だから、名前は、純粋に自己準拠的なものになっている。たとえば、「神夢」という名の指示対象は、幻想的な領域で、ただ「神夢」と呼ばれているということ以外の方法では固定できないのだから。

興味深いことは、幻想的な現実の中に自己同一性を確保するときには、その自己同一性は過去（前世）に投射される、ということだ。それは、幻想的な領域において第三者の審級が二次的に形成されるときも、やはり、先向的に投射されているからであろう。こうして、自己同一性は、「私が常に既にそうであったところのもの」として確立される。もちろん、この場合の「過去」は、「現実」の過去ではありえない。実際、浅羽によれば、彼らが「前世」と言うとき、歴史時代を指していることはごくまれであり、ムー大陸のような超古代や天上界のような異界を指しているのである（浅羽［1989a：15］）。

逆方向の時間感覚、すなわち未来への感覚にも、特徴が見出される。世界の終わりが近づいているという感覚は、さまざまなタイプのオタクを通じて広く共有されているように思われる。たとえば、『ムー』や『トワイライトゾーン』への投書者は、しばしば、自分たちを「戦士」であると自己規定する。戦士とは、ハルマゲドン（最終戦争）を戦う戦士のことである。

このような「終わり」への感覚は、オカルト少年・少女にのみ見られるものではない。ゲーム・オタクたちにはよく知られている、次のような事件があった。「ゼビウス」が流行しているとき、このゲームについての不思議な噂が流れたのである。「ゼビウス」をあるパターンにそってプレイしていくとゼビウス星が出現し、そこへ進むとゲームは終局に向かう、というのだ。この噂は二週間ほどで全国のマニアの知るところとなり、皆がこぞってその終局を求めてプレイに打ち込んだ。結局、この噂はまったくのでたらめで、開発者遠藤雅伸の反論によって終息した（成沢［1989：16-7］）。ここで興味深いことは、ありもしない終局、誰も到達したことがない終局が、勝手に想定され、広く信じられてしまったということである。このことは、「終わり」の存在への切迫した感覚が彼らの間に深く潜在していることを、証示しているだろう。

「終わり」の設定は、幻想の領域に構成された世界に、「物語」の外観を与える。それを意識的に取り出せば、ロール・プレイング・ゲームになったり、アニメーションになったりするだろう。オタクがアニメーションの領域で始まり、現在でもアニメーションこそが、オタクの最も大きな温床であるのには、理由があったのだ。

しかし、なぜ「終わり」は近いのか。ていねいに論ずる余裕はないが、ここで述べてきた議論をもとにした、ごく簡単な仮説だけ述べておこう。現在と終わりとの落差は、内在的な他者と超越的な他者〈第三者の審級〉との差異を、時間軸に投影したものなのである。もう少していねいに言えば、それは内在的な他者に相関した理想性（可能なものとしての理想性）と超越的な他者に相関した理想性（不可能なものとして理想性）の落差に由来している。「終わり」の近さの感覚――これ以上「終わり」が先送りされることはないという感覚――は、それゆえ、このような落差が、非常に小さいことを含意している。それは、二次的に投射された第三者の審級が、〈第三者の審級としては〉非常に原始的なものである、ということに対応した事実である。(21)

ともあれ、さしあたっての結論はこうだ。オタクとは、〈他者〉に直面（再会）してしまった社会の臨界部に生きるものたちが、〈他者〉の絶対の差異性のうちに自身の同一性《アイデンティティ》と現実とをまったく失ってしまうことを防御する、苦肉の策なのだ、ということ。オタクの熱狂は、この意味で、実存的なものなのである。

5　シニシズムからの変転

それにしても、超越的他者と内在的他者との近接は、なぜ生ずるのだろうか。最後に、この問題について、ごく簡単にふれておこう。

ていねいに証拠をあげて論ずる余裕はないが、超越的な他者の内在化については、かなりの程度、この国固有の事情が介在していると思われる。すなわち、この国の社会を成り立たせている仕組みの内には、超越的な他者を内在的な水準へと吸引しようとする特殊な要因が、もともと含まれている。

しかし、これだけでは、近代のこの時期、二種類の他者の距離がかつてないほどに縮まり、ついには

「オタク」のような人格類型を産み出したのはなぜか、ということを説明できない。また、オタクに対応するような類型は、他の「先進的な」近代社会にも、見出すことができるのである（ハッカーや米国のＮＥＲＤ(22)など）。そうであるとすれば、近代社会の一般的なダイナミズムの内に（も）、このような現象――二種類の他者の近接化――が起こりうる要因を、見出せなくてはならない。ここでは、一九七〇年代後半から八〇年代のこの国の文学界を代表していたある作家の作品を、ごく簡単に概観してみることから、この問題についての表面的な手掛かりだけでも、探ってみることにしよう。その作家とは、村上春樹である。とりわけ、柄谷行人［1990］による村上の読解が有効である。

柄谷は、村上の作品には固有名がない、ということに注目している（厳密には、ただ一つだけ例外がある）。つまり、その作品の中の人物は、名前をもたない。名前らしきものをもつ場合はあるが、それは、本質的には弁別的な記号に過ぎない。たとえば、『一九七三年のピンボール』で主人公は双子の姉妹と同棲するが、主人公は、この二人を２０８と２０９という数字によって指示する。これらは、固有名ではなく、単に二人を区別する情報的な――コンピュータの「０／１」とまったく等価な――二項対立に過ぎない。固有名の不在は、どのような態度の反映なのか？

ここから帰結するのは、徹底してシニカルな姿勢である。主人公は、決定的な判断や主張を決して行わない。結局は、すべてが等価だからである。しかし、逆に言えば、いたるところに、判断と主張があるとも言える。それらは、すべて趣味判断、つまり「独断と偏見」である。それらは、すべてが等価であるがゆえに、かえって無根拠に主張されてしまうような恣意的な選択なのである。たとえば、『一九七三年のピンボール』で「僕」の行動らしい行動は、ただ、日本に三台輸入されたはずの幻のピンボール・マシーンを捜し当てるということだけである。有意味だと考えられていることにまったくこだわらず、無意味に見えることに真剣に立ち向かうことで、結局はすべてが等価であるというシニシズムが強調される。これは、村上の多くの作品に共通する態度である。

この態度は、ある種、オタク的である。意味あるものに無関心で、無意味なものに没頭するというのは、オタクの本性の一つだったではないか。また、自分が関心をもっている領域の情報に対してさえ、ときにひどくシニカルな距離をもった態度をとるということ、しかしそのくせ、根拠のない徹底した趣味の主張があるということ、これもまた、オタクについて、よく指摘される特徴である。これらのことは、オタクが、村上春樹的な態度の末裔であることを、暗示している。

さて、村上のシニカルな主人公は、「私」や主体などは存在しないかのように語る。本当に村上の作品の中で、自己や主体は否定されているのか。そうではない、と柄谷は言う。シニシズムによって、確かに、経験的な主体（自己）は否定される。しかし、そのことによって、自己や世界をすべて等価な全体として眺めるような、超越論的な自己が無条件に肯定されるのだ。

超越論的な自己とは、超越（論）的な他者が、個体の身体の内に完全に内化されたときの形式にほかならない。しかも、主人公が、シニシズムに徹しているのだとすれば、そこに内化されている超越的な他者（超越論的自己）は、言わば、最も発達した、最も肥大化した超越的な他者でなくてはならない。すべてが等価であるように世界を対象化するためには、超越的な他者は完全に普遍化し、世界内のすべての事物、すべての可能性に対して等しい距離を保てなくてはいけないからだ。

浅羽は、オタクの態度について、次のように述べている。

「オタク」がサブカルチャーに向かうときの視点は、この学校秀才の視点と似ている。「オタク」たちは、むろんそれぞれ好きな作品や作家を持つが、そうでない作品等についても「オタク」しているジャンルに含まれる以上は「フォロ」し「おさえて」おくことが必要だと考えている。……

こうした、あるジャンルの情報のすべてが等距離に鳥瞰できる位置に自らのスタンスを定め、脱価値的態度を気取るのは、また、評論家やマスコミ人特有のポーズでもあった。……「ベスト10遊び」という遊びは、あるジャンルの作品全体に対するこうしたスタンスの象徴であると言えよう。
このスタンスは、要するに「傍観者」の立場である。それは……冷笑的で没価値的で無責任でもある。（浅羽［1989b：268］）

超越論的な自己とは、ここで浅羽が「傍観者」と呼んでいるあり方である。オタクは、村上の主人公が世界に対して採っていた態度を、自分が専門としている特定の知識の領域に対して採っているのである。

さて、ここで、村上の『世界の終りとハードボイルド・ワンダーランド』という作品が、注目に値する。この作品には、われわれが自己同一性《セルフ・アイデンティティ》の構成要件とした、二つの水準が、同時に主題化されているからである。ここには、二つの筋が交互に出てくるように書かれている。一方が、「ハードボイルド・ワンダーランド」と呼ばれる筋で、こちらは、それ以前の作品と同じシニシズムに徹した主人公のアイロニカルな姿勢が描かれている。他方は、「世界の終り」という名の小さな町についての物語である。ここでの主人公は、明らかにシニシズムを緩和させている。「世界の終り」の「僕」は、「ハードボイルド・ワンダーランド」の「私」に比べると明らかにウェットで、「自我」へのこだわりも見せているのだ。「世界の終り」は、実は、「ハードボイルド」の主人公の内面の世界なのである。それゆえ、「ハードボイルド」が超越論的な自己の水準に定位した世界であるとすれば、「世界の終り」は、超越論的な自己に従属する内在性の水準に視点を置いていることになる。「世界の終り」は、内在的な他者との関係それ自身を、自己の内部に射影したものなのだ。ここで、「ハードボイルド」では主人公は「私」と呼ばれ、「世界の終り」では「僕」と呼ばれていることに注意しておこう。加藤典洋が、この作品にふれながら指摘しているように、「私」というのは、他者との距離を保とうとする自己意識を反映している。つまり、ここで描かれている主人公は、内面を私秘的に閉じた、独我論的な態度を採っている。他方、「僕」は、他者に対してより開かれた自己意識を反映しているだろう。つまり、「僕」は、内在的な他者――自分と類似した他者――との、親和的な関係を予想しているのだ。

この作品の最も重要な特徴は、最終的に、この二つの筋が一点に収斂してしまう、ということにある。つまり、超越（論）的な自己と内在的な自己との間の距離がやがてまったく失われ、両者が一致してしまうのである。これは、われわれの考察にとって示唆的な帰結である。このような作品の構成は、超越（論）的な水準が、より純化し――つまり世界に対して距離をもった態度を貫こうとし――、また普遍化したときに、やがて、かえって、超越（論）的な水準が消尽してしまう、という逆説が存在していることを暗示している。この逆説の内的な機制の分析には、立ち入らないことにしよう。ただ、村上の次の作品が、この逆説的な帰結を証明している、ということだけは指摘しておこう。

次の作品とは、『ノルウェイの森』である。村上の作品を継続的に読んできた者ならば、誰でも、直ちに、この作品が、それまでのものとは、まったく異なるタイプに属するものであることを知るだろう。この作品は、商業的には記録的な成功をおさめた。ということは、これまで村上の作品を読まなかったような人たちの中に、この作品だけ読んだ人がかなりいたということである。しかし逆に、作品の基調の極端な変化のために、これまで村上を支持してきた人たちの中に、この作品だけを拒否した者もいた。たとえば、村上とほぼ同世代に属する中野翠は、「ずっとひいきにしてきた料理評論家が、結局、実はかつどんが好きだと知ったとき」のようだと、その失望を表現している。

『ノルウェイの森』の変化とは何か。これは、単純な、ロマンチックなラヴ・ストーリーである。ここには、村上作品の精髄であるあのシニシズムはまったくない。これは、一切から身をひくあの「超越

（論）的な自己」の場所を失った世界なのである。逆に言えば、これは、内在的な他者のみの世界である。登場する美しい女性たちが、さしたる理由もなしに主人公を次々と愛するのは、主人公との本源的な同一性（類似性）のゆえに、彼らの結びつきが初めから約束されているからである[23]。つまり、ここに登場する女性たちは、主人公の理想（内在的な）を女性において実現する、主人公の鏡映像にすぎないのである。

われわれは、この内在的な他者の世界が、超越論的な水準が徹底的に強化されたあと、突然到来するということに、注目しなくてはならない。『世界の終りとハードボイルド・ワンダーランド』が、すでに変化を予告していた。そして、このカタストロフィックな変転の先には、……そう、オタクの世界があるのだ。

注

（1）「カルチャー／サブカルチャー」などという陳腐な区分が未だに有効であるとはとうてい思えないが、非常にわかりやすいので、暫定的にこの言い方を採用しておこう。

（2）この番組は、その人気のゆえに、一九九二年十月より放送時間帯を日曜日のさほど遅くない夜の時間（午後十時半より十一時）に移動した。しかし、時間帯を移してからは、番組はその「前衛性」を失い、九三年三月に放送は終わった。

（3）厳密には、オタクと新人類の関係のつけ方が、浅羽と宮台では異なっている。興味ある方は、直接当該論文にあたっていただきたい。

（4）もちろん、例外——つまり「個性的」な議論——もある。

（5）まさにオタクのチャンピオンとして承認される、ということ以外にいかなる報酬もないフジテレビのクイズ番組「カルトQ」の予選に、毎回、実にたくさんの応募があることを想起しよう。

（6）これは何も私の本性についての形而上学的な問いに答えることではない。たとえば、人は、その名で呼びかけられたときに返事をするだろう。命名された個体として自身を認知しているということは、その個体が自己同一的な主体だからである。

（7）〈他者〉を顕現させる仕組みは、身体の自己（〈自己〉）性の基礎になる働きである求心化作用と連動しながら、それをまったく反転させた働き——遠心化作用——である。詳しくは、Ⅲ章、および大澤［1990a］［1990b］などを参照。

（8）「バネ」になるのは、〈他者〉が、この身体（〈自己〉）にいかようにも解消されず、この身体から逃れていく（遠心化していく）という性質である。

（9）ラカンの理論との対応関係についても、厳密には、次のように言い直すべきである。内在的な他者が、「想像界の他者」になるのは、正確には、「象徴的な他者」との相関においてである。〈他者〉は、想像界と象徴界の双方の外部である。それは、象徴的秩序の設立の後に、想像界の方に転移されて表象されるのである。なお、このような他者の性格については、4節の議論をも参照されたい。

（10）この仮定には根拠がない。むしろ、根拠があるのは不信の方である。その直前の場面で、杣売りが、貴族の妻真砂の短剣を盗んだらしいということが、そしてこのことを彼が隠していたということが、下人（次註参照）によって暴かれているのだから。

（11）『羅生門』には、もう一人、徹底して聞き役に回る下人が登場する。彼の役割は、旅法師と対照的である。旅法師は、すべての証言をできるだけ信じようとするあまりに、混乱する。それに対して、下人は徹底的にシニカルである。すべては嘘だ、と彼は言う。しかし、このシニカルな態度により、つまりすべての証言を斥けることにより、彼は、それらをまさに嘘として定位するような一つの真実への信頼を、逆に表白してしまったことになる。旅法師が、（一度は）〈他者〉に捕らえられたものだとすれば、下人にとっては、〈他者〉は初めから存在しない。だから、彼は、旅法師と杣売りとの最後の遣り取りに先立って、映像から退散しなくてはならなかったのだ。

（12）大澤［1990a］［1992］などで「理想態」と呼んでいるのは、この後者の理想性である。

(13) アメリカにも「やおい」に似た若者が見られる。すなわち、女性ファンが、既存の小説や映画作品の中の男性登場人物の間に、「同性愛」的な関係を仮定し、自ら独自に作品を構想するのである。そのような作品は、「／《スラッシュ》フィクション」と呼ばれる。／フィクションの素材として、圧倒的に頻繁に利用された作品は、『スター・トレック（宇宙大作戦）』（一九六六年から六九年までテレビ放映され人気を博す。七三年に一度アニメ化もされた。七九年には映画化され、熱狂的に迎えられた）である。つまり『スター・トレック』は、日本の『キャプテン翼』に対応する作品なのだ。『スター・トレック』のカーク船長と副官スポックの間に同性愛的な関係を想定した作品が、いくつも書かれ、「Ｋ／Ｓフィクション」と呼ばれた。「／フィクション」と呼ばれるのは、このように、同性愛関係に読み換えられた登場人物のイニシャルが、「／」を挟んで併記されるからである。アメリカにおける「／フィクション」の流行と、日本の「やおい」の蔓延とを、単純に、同じ社会的な原因によるものと分析するのは早計かもしれないが、しかし、両者の間には多くの共通性が見られる（小谷［1994：246］参照）。

(14) やおい族の読み換えの対象になっているのは、実は漫画だけではない。ドラマや有名人たちの人間関係にも、そのような勝手な解釈が施される。この場合にも、たとえばプロ野球チームのように、一丸となって、特定の超越的な使命へと呼び掛けられている集団が、しばしば対象となる。

(15) アニメの『ＯＵＴ』、『ふぁんろーど』、ＳＦの『ＳＦイズム』、『ＳＦの本』、マンガの『だっくす』、さらにパソコンの『Ｉ／Ｏ』、『ＡＳＣＩＩ』、無線の『ラジオライフ』などが、この種の雑誌である。これらは七〇年代の後半から八〇年にかけての間に続々と創刊された。

(16) もちろん、アイドリアンややおい族の間にも横の連帯があるし、彼らもそれぞれ同人誌を持っている。特にやおい族の漫画は、パロディとしての意義も担っている。

(17) 実際には、オタクが「オタク」と呼ばれるようになって以来、「オタク」と呼び合うような間抜けなオタクはほとんどいなくなったという。しかし、にもかかわらず、「オタク」という名は――定着したという事実が示しているように――、オタクのある本質を表現している。

(18) 偶有性とは、可能ではあるが、必然ではないことを言う。つまり、十分に他も可能だったのにたまたまこうである、ということである。

(19) ここでいう必然性ということについては、大澤［1994a：1章］を参照。これは、比喩的に言えば、偶有性を封じ込めてしまった（抑圧してしまった）ときに成立するような必然性である。

(20) ここで言う「現実」とは、特定の身体の恣意（選択）から独立して存在していると認知されているような存在者の領域のことである。たとえば、一般には、夢は、夢みる身体の恣意に依存していると見なされているので、現実を構成しない。

(21) ボーヴォワールは、「人類は消滅するであろうなどとわれわれが断言するのを、何ものといえども許しません。人おのおのは死にますが、人類は死ぬべきではないことをわれわれは知っています」（真木［1981：2-3］より）と、述べている。「人類は死なない」という命題には、もちろん、いかなる実証的な根拠もない（むしろ、他の生物種が辿ってきた運命から帰納するならば、「人類もいずれ死ぬ」と予想する方が、適当であろう）。真木悠介は、ボーヴォワールにとって、人類の不死ということは、——カントにとっての「神の存在」や「霊魂の不死」の要請のような——実践理性の要請なのだ、と言う。人類が不死でなくてはならないのはなぜか？　真木によれば、それは、行為や存在の「意味」が、未来へと疎外されているからである。行為の「意味」は、その目的との相関で決まる。言い換えれば、行為の意味は、それがもたらす結果によって決定される。「意味」が、未来へと疎外されているときには、行為や存在の「意味」を保持するためには、どうしても、行為し存在している主体が、より後続の未来においてなお存在していなくてはならない。ボーヴォワールは、本当は、「人おのおの」も死ぬべきではない、と考えたいのだろうが、それはあまりにも不合理なので、少なくとも、人類という全体については、不死の要請を公準としてかかげたのであろう。たとえば、思想の妥当性を評価したり比較したりするためには、人類の存続ということを前提にしなくてはならないように思われる。人類の存続により有効な思想が、より妥当な思想なのである。このような観念のもとでは、人類が死滅してしまうならば、思想を掲げること自体が無意味なものになってしまう。

ところで、真木によれば、このような観念は、すなわち「意味」が未来によって評価されるとする意識は、決して、普遍的なものではなく、とりわけ近代社会に特徴的なことである（真木［1981］）。それでは、このような「意味」を未来へと疎外する態度の起源はどこにあるのか？　真木は、時間を決して反復しない不可逆的な——

つまり帰無する――直線として表象する意識は、ヘブライズム（厳密には後期ユダヤ教に属する段階）を起源としている、とする。そこにおいて初めて、真の終末論が、つまり終わりが同時に始まりであるような回帰する終末論ではないような終末論が、誕生した。ヘブライズムは、終末論を唱えたが、その「終末」は、いつまでもやって来ないところに特徴がある。たとえば、イエスは「神の国は近づいた」と述べたが、近づくだけで、いつまでも神の国はやって来ない。

　直進する時間を基礎づける終末論が定式化され、その上で、終末に絶対に到達しないときに、その帰結はどうなるのか？　それは、実質的には、直進する無限の時間を帰結するだろう。それが、近代の時間意識の形態である。このような時間意識は、近代の初頭においてキリスト教の原理主義――プロテスタントとりわけカルヴァン派――を、いったん経由することによって、完成したと考えられる。つまり、近代的な直進する無限の時間が成立するためには、神の超越性がいったん強化される媒介的な段階が必要になる（大澤［1994b］［1994-5］参照）。その結果が、ウェーバーも述べたように、資本主義である。指摘しておいたように、「意味」が未来へと疎外されているとき、無限の――終わりのない――直進する時間が、どうしても必要になる。実際、資本制は、終わりのないシステムである。それは、終わり（決済のとき）を暫定的に設定しつつ、それを、その度に先送りしていくことで成立する。究極の終わり（最終的な決済）があるとき、遡行帰納論理的な原理にしたがって、一切の売買が停止してしまい、システムは破綻する（それが恐慌である）。

　ところが、オタクは、究極的な終わり（世界の崩壊）が切迫していることを願望する。だから、そこには、実践理性の不可避の要請として「終わり」を排除してきた近代の時間意識からの、完全な転回が見られることになる。転回は、第三者の審級の裏返しの（つまり二次的な）投射によって生ずる、というのがここでの仮説である。

（22）「NERD《ナード》」というのは、いわば、アメリカ版のオタクを指示するスラングである。そのステレオタイプのイメージは、「コンピュータなどには妙に詳しいが、人付合いが下手くそで、デートもできないダサイ奴」といったところである。

（23）中野翠は、万事につけ普通だと形容されている主人公が、なぜこうも次々と美人にもてるのかという違和感を、彼女の友人の男性のものとして、紹介している。

新曜社版あとがき

本書は、一九九二年から九四年にかけて書きつづけてきた論考を基にまとめたものである。メディアについて書かれた出版物は、巷間にあふれている。メディアがこの現実の中でいかに圧倒的であり、ときに現実そのものと等置されるまでの構成的な作用を及ぼすことを論ずるこれらの多くの書物を横目に眺めながら、本書のもとになる論考を書く中で、私は、これらの書物の分析にどうしようもなく還元されえない何かについて考え続けていたように思う。ここで「どうしようもなく還元されえない」と形容したのは、これらの書物の内に表現されずに取り残されている何かが、その書物の筆者の知力の不足や情報の欠落に由来しているのではなく、メディアの存在の様態に基礎をもつ原理的な困難に由来しているように直観されるからである。だから、それは、直観できても、積極的に指示したり、定義することがほとんど不可能な何かであった。しかし、日本の戦後五十年を印づけるかのように、今年になってこの国に生起した大きな二つの悲劇的な出来事が、それが何であったかということを間接的に表現する機会を与えてくれたように、私には感じられる。このことを本書の最後に記しておこうと思う。

二つの出来事とは、第一に、今年の冒頭に神戸近辺と淡路島を襲った未曾有の大地震であり、第二に、その約二ヵ月後に首都東京の中心を走る地下鉄に毒ガス・サリンがばらまかれた事件である。前者は、観測史上最高と言ってもよいほどの大規模な揺れを惹き起こした地震であり、これによって、神戸および、淡路島を含むその周辺地域で、高速道路や多数の建造物が破壊され、五千人にものぼる信じられないほどの数の死者が出た。後者は、通勤客が多数乗っている東京の地下鉄で「サリン」と呼ばれる毒ガスを溶かした液体が意図的にばらまかれ、十人以上の死者を含む多数の被害者を出した事件である。私の考えでは、この二つの出来事の間には、ある種の構造的な同型性がある。

＊

阪神・淡路地震に関して注目すべきことの一つは、それが一種の「戦争」として感覚された、ということである。たとえば、地震への対処として「危機管理」が問題にされ、また地震の災禍が空襲のそれと比較されたりした。このことは、地震が、人為的な災害であるかのように感受されたということを含意しよう。もちろん、地震は、基本的には自然災害である。地震に関して、通常の人災のように、その結果に全面的に責任を負う人物や集団を特定することはできない。にもかかわらず、今度の地震を、純粋な自然災害であると言い切ってしまうと、なおその断定の内に回収されない違和感が残るように見えるのである。この違和感が、われわれをして、この地震を「戦争」として語らせたのだ。

もちろん、地震をきっかけとして生じた災害のある部分は、ごく単純に考えても、明白に人為的な災害としての側面をもつ。建造物が十分な耐震性をもっていなかったなど、地震への対策があらかじめなされていなかったことが、災害を深刻なものにしたのだから。とは言え、災害のすべてを人為性に還元し尽くすことは、もちろんできない。それどころか、人為性に還元しきれない圧倒的な自然の驚異を示したところに、この地震の衝撃があったのである。それにもかかわらず、なおこの地震は、一種の人災であるかのような印象を与えるのである。それゆえ、この地震は「地震兵器」によって惹き起こされたのだと推論する者すらある。この仮説は幻想的なものだが、これを誘発する根拠は、ほとんどの人の阪神・淡路地震に対する印象の中で共有されている。あるいは、自身の究極の原因を、人間による地球生態系の破壊に求める者もいる。こちらの仮説は、今のところ因果関係は特定できないとは言え、十分にありそうなことであるようにも思われる。ともあれ、ここで指摘しておきたいことは、阪神・淡路地震が、基本的には自然災害でありながら、自然災害には還元できないものとして、つまり自然災害とも人為災害とも言い切れない中間性を呈するものとして、多くの者たちに受け取られたという事実である。

もし、この地震が「戦争」の類比物として受け取られているとするならば、私は、これを、どうしても、一九九一年の初頭に惹き起こされ世界中の人々に注目された、もう一つの戦争と比較したくなる。というのも、この「もう一つの戦争」は、メディア論的な文脈で大いに考察されてきたからである。「もう一つの戦争」とは、もちろん、イラク軍とアメリカ中心の多国籍軍（連合軍）の間で交わされた「湾岸戦争」である。この戦争は、一ヵ月強の短期間で終結した。湾岸戦争のとき、アメリカ軍によるイラク爆撃の映像を見た者の多くが、この「現実の戦争」が、テレビ・ゲームの中の戦争とほとんど変わらない、という「発見」をしたのであった。テレビ・ゲームの中の戦争は、もちろん、仮想現実《ヴァーチャル・リアリティ》である。だから、われわれがこのとき発見したことは、現実の戦争も一種の仮想現実なのだ、ということである。

この「発見」は、いわばポスト・モダン的なものであり、一九七〇年代から八〇年代——とりわけ八〇年代——の思潮に沿ったものである。ポスト・モダン的な思潮を戯画的に単純化してしまえば、それは、次のような仕方で、「現実（オリジナル）／虚構（コピー）」という二元論を解体するものであった、と言うことができるだろう。伝統的には、客観的な「現実」と、それの模倣であったり変形であったりするがために二次的にしか現実ではない「虚構」とが存在している、と見なされてきた。現実は、それとの照合によって主張の真理性が確認されるような最終審級を構成している。だが、言語論的転回の後の思考にとっては、このような二元論は評判が良くない。そこでは、現実と信じられてきたことがらも、一種の虚構——認識・実践する者が依拠している言語や記号のシステムによって構築された虚構——と見なされたのである。こうして、現実が虚構の方に還元されることで、両者の間の厳密な区別が放棄されたのだ。

このやり方は、類比を逆方向に再類比するということである（同じことを、ジジェクは「隠喩の逆転」と呼んでいる）。たとえば、メディアが定立する世界、すなわち仮想現実は、虚構の一種である。仮想現実は、メディアを使った現実の再現、現実の類比に他ならない。やがてメディアが電子的なものになり、その技術的な性能が向上すると、仮想現実も「真」に迫ったものになる。つまり、仮想現実と現実との外観上の相違が縮小してくるのだ。そうなると、類比の関係が逆流し、現実の方こそが仮想現実ではないか、現実も仮想現実と本質的に同じような仕方で構築されているのではないか、との発想が現れるようになる。これが、逆方向の再類比である。ポスト・モダン的な思潮も、基本的に、これと同じ形式の類比の反転に依存している。「前衛的」な思想も、「大衆的」に進捗するメディア的な現象と無縁ではなかったのだ。

「現実／虚構」の二元性が解体され、一元論に到達してしまった場合には、もはや、現実だとか虚構だとかいうことに、たとえば「現実も虚構である」と主張することに、たいして意味がないように思われるかもしれない。しかし、そうではない。現実を虚構の方へと還元することには、独特な含意がある。このような方向で還元された現実を、ボードリヤールは「ハイパーリアリティ」と呼んだ。かつては、現実は、実践し認識する者とは不関与な客観性と見なされていた。現実を虚構に引きつけることは、現実を、この種の絶対性から解放し、実践し認識する者に相対的な現象と見なすことである。現実そのものが恣意的なものであることが発見され、現実＝虚構から離脱したり、他の現実＝虚構へと移行することの原理的な可能性が確認されたわけだ。さらに、このような思想的な体系にまで高めれば、「脱構築学派《デコンストラクショニスト》」の主張に到ることになる。

湾岸戦争に対する見方は、述べたような類比の逆流の突端に現れる。これとの対比で言うならば、今度の「戦争ならざる戦争」、つまり阪神・淡路地震が教えたことは、類比の逆流の中に入らない残留物が〈現実〉の側にある、ということである。たとえば、テレビ画面の中のレポーターは、ほとんど顔面蒼白で、声を震わせて被災地の状況をわれわれに伝えてくる。レポーターは、なぜ、これほど驚愕しているのか。レポーターも、当然、神戸に行く前に被害の映像を見ていたはずだ。レポーターを戦慄させたのは、テレビ＝メディアを通じて得た映像と彼（女）が目下直接に見ている〈現実〉との間に、あまりにも大きな乖離があるからである。実際に、レポーターや直接に被害にあった多くの人が、映像と〈現実〉とがこれほどに大きな差異があるということを初めて知った、と告白している。つまり、〈現実〉の側に、仮想現実＝虚構に還元できない何か、が残留しているのである。

翻って見直してみると、湾岸戦争が類比の逆流の中に収容されうるように見えたのは、この戦争の主要部分が、戦争の自己否定でもあったからだと考えることもできる。たとえば、いかにもテレビ・ゲーム的であることで有名になった湾岸戦争の映像として、「ピンポイント爆撃」の映像がある。ピンポイント爆撃とは、ミサイルなどを厳密に制御して、敵の特定の軍事施設のみを正確に爆撃することである。民間人や民間の施設にまで打撃を与えることは、国際的な世論の批判を受け、結果的には、攻撃側を不利化する。その意味で、現代の戦争にあって、ピンポイント爆撃は、非常に効果的な攻撃である。ピンポイント爆撃とは、極論すれば、相手の損害をできるだけ小さくすることで成り立つ攻撃である。しかし、もともと、戦争は敵の陣営にできるだけ大きな損害を与えることを指向するものであったことを思えば、ピンポイント攻撃のようなやり方は、戦争としては、自己否定的であることがわかる。ボードリヤールが、湾岸戦争の直後に、「湾岸戦争は起こらなかった」を書いたのは、戦争の本性がこのような自己否定性にあると見なしたからである。戦争がこの種の自己否定性の外観を呈している限りでは、メディアを通じて与えられる世界を、そのまま現実の一種として把持することができるのだ。

しかし、阪神・淡路地震は、このような、自己自身の存在を消去していく否定的な戦争ではなかった。そして、さらに言えば、現在になってわかっていることは、本当は、湾岸戦争も、自己否定的な極小化の外観に収束していった部分はほんのわずかであって、大半は、メディアの内に迫真性を掬い取ることができなかった〈現実〉によって構成されていたということである。

だから、メディアが構成する世界（仮想現実）を現実と見なすこと、つまり現実へと反転する再類比には、限界がある。〈現実〉を〈現実〉たらしめしているのは、この再類比の反転の中では取り残されてしまう残余なのだ。そして、私が、多くのメディアについての分析の中に「どうしようもなく還元されていないもの」と感覚していたものは、おそらく、この「残余」だったのである。阪神・淡路地震についての経験が、われわれに、これについて実感をもって語ることを可能にしてくれたのだ。

だが、そうであるとすれば、〈現実〉の構成原理を探究するためには、メディア論は無力であるというのだろうか？　確かに、メディアが再構築した世界を〈現実〉にストレートに類比して語る試みは成功しなかった。しかし、〈現実〉が仮想現実の中に解除できない残余の方をこそ核にしているということを認識するためには、どうしても、逆方向へと反転してくる再類比が、つまり現実を仮想現実に還元しようとする作業が必要だったのである。この還元の挫折を通じてしか、ここで「残余」と名付けたものについて、積極的に語ることはできないからだ。だから、私の考えでは、メディア論を通じて〈現実〉を語ることに意味があるとすれば、それは、探究がやがて、メディアの否定的な可能性をこそ照らし出すことになるからなのである。

しかし、それにしても、類比の反転が取り損なう「残余」とは何なのか？　粗雑で直感的な表現を許してもらえば、それは、〈現実〉に実践的・認識的に対峙する者が、全的にその〈現実〉に内属している、ということからくる効果のようなものである。本書で「身体」と呼んできたのは、この「内属」の様式である。身体と〈〈現実〉を構成する〉現象とは、一方の存在が他方の存在を含意するような直接の相互依存の関係の内にあるからだ。仮想現実は、いわば、身体の〈〈現実〉への〉内属性を外部に取り残すことにおいて成立する。つまり、身体の存在（あるいはその否定としての死）は、仮想現実を構成する因果連関に不関与な場所に、放置されているのである。〈現実〉たとえば阪神・淡路地震が鬼気せまるものになるのは、そこに内属している身体に対してだけである。

われわれは、メディアを間に挿入して〈現実〉にかかわることに、あまりに慣らされている。それゆえ、今や、〈現実〉に内属する者としての視点と、メディアを挿入しつつそれに外部から関与する（したがって〈現実〉を仮想現実化する）視点との、整合的な結合の中でのみ、われわれは、〈現実〉を秩序のある統一的な世界として認識することができるのである。日常の中では、二つの視点は矛盾なく結合しているので、われわれはこのような視点の重層性に気づくことはない。しかし、突発的な仕方でその間に亀裂が入り、二重の視点が解離して現れることも、ときにはある。

たとえば、阪神・淡路地震についての体験報告の中で、私がたいへん驚いたことは、神戸やその近辺で地震に遇った多くの人が、地震直後には、大阪も（あるいは東海地区も）、彼らが目の当たりにしている被害に匹敵する壊滅的な打撃を受けているに違いないと根拠なく確信した、ということである。逆の報告もある。すなわち、被害は彼らが直接に知覚している局所においてのみ深刻なのであって、あれほどの拡がりをもった地域の全体が同じような打撃を受けているとは思えなかった、と言う者もいる。多くの者が、神戸が被災した以上は、同時に大阪も被災しているに違いないと確信してしまったのは、われわれの社会のコミュニケーションのネットワークがしばしば「阪・神」を一つのまとまりとして構成されており、われわれが、それを一個の単位として対象化する思考の習慣をもってきたからであろう。実際、われわれは、あの震災を「阪神大震災」と呼んでいる。淡路島と神戸の周辺を対象化する適当な名前を、われわれはもっていないからである。もちろん、「阪神」は、「想像」の準位に属する単位であり、まずは、新聞やテレビなどのメディアの中で主題化されてきた。地震という〈現実〉に内属する身体は、事態を意味づけ秩序化するために、無意識のうちに、〈現実〉を外部から捉えるもう一つの視点を投射していたのである。そして、「身体の現在（今・ここ）」から遊離した「外部からの視点」は、思考の習慣に従って、被害の地域として「阪神」地区を幻想的に定位したのだろう。逆に、被害の拡がりをあまりに狭い領域に限定した者は、極度に非日常的な出来事に直面したがために、外部から〈現実〉を対象化するときに動員されている日頃の参照系を完全に失効させられてしまったのである。これらの被災者たちが、被害の拡がりを正確に認定したのは、彼らが地震後最初にテレビやラジオの報道に接したときである。言うまでもなく、それは、被害地区の外にいて、震災をテレビのみを通じて擬似体験していたほとんどの日本人が被害のおおよその地理的な拡がりを知った時刻よりも、ずっと後のことであった。

仮想現実が、「（〈現実〉への）内属性という事態」を直接に自らの構成の内に反映することができなかったときに、何が根本的に取り残されているのか？　つまり、仮想現実を〈現実〉から隔てる根本的な要因は何なのか？

宝塚で地震に遭遇した内田隆三が深い実感をもって語ってくれたことだが、阪神・淡路地震の衝撃は、何といっても、多数の人々が死んでいったという事実に由来する。誰も予期していなかったこの大量の突発死が教えてくれることは、われわれの生が、常に、根本的な偶有性と隣接している、ということである。偶有性とは、「他でもありうる」という可能性が留保されていることである。われわれの生は、予期が及んでいない「他でありえた可能性」を潜在させる限りにおいて、成り立っていたのだ。予期の光が最も及びにくい偶有性の極点に、突如として生が全的に否定されてしまう可能性が、要するに「死」が、置かれている。地震は、生が突然中断されてしまう可能性が本当はいつでもあったのだ、ということをあらためて想起させたのである。しかし、われわれの生にこのような極端な偶有性が潜在的に隣接している、ということは、しばしば、われわれの思考の中で、無視されている。もっとも、他方では、「生が、死を含む極端な偶有性に取り囲まれている」ということが次第に露呈してくる途上にわれわれの社会はある、という直観が、多くの人々の想像力を刺激してもいる。たとえば、都市の未来像を「廃墟」として描くSF的な予感は、このような直観を表現しているだろう。が、それにしても、震災が神戸を本当に廃墟にしてしまうまでは、この直観に文学的な修辞による間接的な表現以上のものを与えることは、難しかったのである（このことを、多木浩二は、最新著『都市の政治学』の執筆体験との関係で、示唆してくれた）。

だが、それにしても、地震が一種の戦争として感受されたのはなぜか？　戦争であるということは、それが、単なる偶然の産物ではなく、〈他者〉の意志＝選択に帰しうる行為だということである。私の考えでは、われわれの無意識の感受性の中で地震が戦争でもあったのは、地震が想起させる偶有性が、何らかの不確定で予期されていない〈他者〉への感応という形態でのみ、実質化することができたからである。突然の死という偶有的な可能性は、われわれの生を突然中断させるかもしれない不気味な〈他者〉の存在を想定することとの相関項としてのみ、設定されうるのだ。たとえば、内田隆三は、地震の後しばらくの間は、見る物すべてが「凶器」に感じられていたという。つまり、事物の背後に、〈他者〉の不可解な悪意を見てしまうのだ。われわれの生を取り囲む偶有性をまざまざと実感することは、不可避に、このような〈他者〉の想定を無意識のうちに招き寄せ、結果として、その〈他者〉が惹き起こした戦争という表象をもたらしたのであろう。

だが、その〈他者〉は、具体的な誰として特定することもできない。誰が惹き起こしたとも言いえないという意味では、地震は、やはり「自然災害」として概念化するのが適当である。しかし、それでも、われわれの地震についての生々しい恐怖の内に、不確定的な〈他者〉の存在が想定されてしまう。というより、その〈他者〉は、誰とも具体的に確定できないがゆえにこそ、〈現実〉的なのである。

外部の誰とも特定できないこの〈他者〉、それは、われわれ自身の生の偶有性の必然的な随伴項であった。そうであるとすれば、この〈他者〉は、われわれの自己のもう一つの相——いわば「裏返しになった自己」——である、と言うべきである。自己が、同時に「自己の同一性《アイデンティティ》を越えたもの」でもあるということ、地震はこのことを不可避に体験させたのだ。私の考えでは、〈現実〉への内属ということは、自己性がこのような〈他者〉性への通路を開いてしまうということである。そしてこの二重性こそが、仮想現実の内に吸収されていなかった、メディアの否定的な可能性にほかならない。

*

このように考えてくると、「地下鉄サリン事件」についての体験が、地震についての体験と、ある点で類似していることがわかってくる。サリン事件は、より端的に「戦争」に属するものとして理解されている。たとえば、迷彩服や防毒マスクを着用して捜査する警官たちの姿が、まるでショーのように、これ見よがしにテレビを通じて放映された。もちろん、この映像は、警察よりも軍隊を連想させる。あるいは、ときに、サリンのさらなる散布に備えて「厳戒体制」が敷かれたりする。また、官庁や警察がおかれた首都の中心に向かう通勤電車に、毒ガスをまくという行為は、単なる一個の犯罪としてではなく、社会体制そのものに対する攻撃として解釈されている。つまり、ある種の「内戦」が起きていると見なされているのだ。実際、捜査を主導しているのは公安警察である。

災害の自然性／人為性ということに関して、サリン事件は、阪神・淡路地震とは逆方向から、同じ中間的な位置に接近する。サリンは自然発生することは絶対にありえないので、サリン事件は、全面的に人為的に惹き起こされたものである、と考えるほかない。状況から判断して、それは、間違いなく、何らかの強い意図をもつ集団が、その意図を実現するために高度に計画的に実行したものである（たとえば、サリンは、たまたま過失によって生じてしまうような物質ではありえない）。だが、このような極端な人為性にもかかわらず、他方で、サリンの発生は、ある種、自然災害的な避け難さをもっているかのように感受されてもいる。サリンの脅威の多くは、サリンの生成・散布が通常の人為性の枠からはみ出しているように感じられる、ということに由来しているように見えるのだ。阪神・淡路地震が、自然災害でありながら、人為災害のように受け取られたのに対して、サリン事件は、逆に、明白な人為災害でありながら、自然災害のような外観を（も）もっているのだ。

サリン事件を「自然災害」に近いものに感覚させる要因の一つは、サリンという物質の性質にある。たとえば、銃弾や爆弾を用いた犯行の場合であれば、誰が狙われていたかが明示的にならざるをえず、同時に、多くの場合、それらを発した個人の姿が具体的に知覚されたり表象されたりする。つまり、この場合には、犯人の意志や、まさに犯人がいたという事実を、容易に想像することができる。ところが、空中に拡散することで作用するサリンを用いた犯行の場合には、同一の空間にたまたま居合わせたすべての人が同様に被害を受けるため、犯人が誰を狙っていたのかを特定することは難しい。また、サリンの存在が知覚されているときには、犯人はとっくに立ち去ってしまっているので、犯人を具体的に知覚することはできない。つまりサリンは、その物質としての性質上、犯人の意志の痕跡を残さず、無差別に人を襲う自然災害と同じような仕方で被害をもたらすのである。

またサリンは兵器としてはあまりに凶悪なので、これを、殺人の道具として用いる者の意図を想像することが、たいへん難しいという事情が、サリン事件を、まごうことなき人為災害でありながら、自然災害のような「人間の制御から独立した不可避の脅威」として感覚させる要因になっているだろう。さらに、今回のサリン事件の社会的な特性が、このような感覚を強く補強する。都心を走る地下鉄にサリンをばらまくという行為は、一種の「テロリズム」であると考えられている。しかし、通常の政治的なテロリズムであれば、犯人は、自らの意図を誇示するために、犯行声明を発表する。ところが、地下鉄サリン事件においては、このような声明は、一切出されなかった。そのためサリンは、誰の意志＝選択に服することもなく、偶発的に発生してきたかのような印象を与えてしまうのである。こうして、サリン事件は、阪神・淡路地震と類似の両義性を呈することになる。

だから、サリンの発生が、人為的な犯罪でありながら、まるで不幸な自然災害のように感覚され、そのことによって、地震と同じように、われわれの生の根本的な偶有性を照らし出す。だが、重要なことは、このような偶有性の意識は、サリンをばらまいたと想像されている犯人についてわれわれが抱く「像」の独特な性格と相関してのみ、生ずるということである。

自然災害／人為災害という区別を横断してしまう事件の両義性に規定されて、サリンをばらまいた犯人の像は——多くの人々にとって——近くかつ遠いとでも形容するほかないような二重性を帯びている。一方では、猛毒ガスを一般の市民が多数集まっている場所に発生させるという行為が、想像を絶する「悪」であり、自然災害のような非人間的な脅威であることを思うと、それを実行した犯人は、通常の社会規範とはまったく異なった規範のもとで行為する、われわれからは隔絶した〈他者〉でなくてはならない。しかし、他方では、サリン事件が与えた最大の恐怖は、その〈他者〉が、われわれの社会の外部にいるのではなく、その内部の各所に浸透しており、したがってわれわれのすぐ脇にいるかもしれない、という感覚に由来している。これは、外国からの脅威とはまったく異質のものである。サリンは、冷戦下に外国から飛んで来るかもしれなかった核兵器とは違い、われわれの社会の内側から気がつかないうちに発生してくる「内的な異和」を表象しているのである。このような内的な異和への感覚は、サリンの発生が、いかにわれわれの常識的な規範を越えており、自然災害のように見えようとも、間違いなく誰かの冷静な意志によってもたらされたものだという屈折から生じている。

あらん限り遠い〈他者〉が、われわれのすぐ近くにいるかもしれない。サリンが象徴している恐怖はこの二重性からくる。そうであるとすれば、われわれは、もうすでにその〈他者〉に十分に近接（類似）しているかもしれないのだ。この予感の極限には何があるのか？　そう、われわれがすでにその〈他者〉である、という可能性がそこには待っているのだ。サリン事件が炙り出すこの〈他者〉は、阪神・淡路地震の体験が想起させる〈他者〉と同質のものである。

私の考えでは、この〈他者〉の次元は、ここで「逆方向の再類比」と呼んだ「現実のメディア的現実（仮想現実）への還元の作業」によって、しかも、その作業の不可能性によって、剔出することができる。メディア論は、その不能性において、真の有効性を発揮するのだ。その〈他者〉がもし見出されるとすれば、それは、メディアが構成する仮想現実の内部ではない。それは、メディアと身体が接触する界面でこそ発見されるはずだ。私が、この論考で、「身体の内的な断裂」と呼んだ事態は、このような〈他者〉性の効果の一つである。

本書の表題で「身体のメディア的変容」と呼んだのも、電子メディアの普及と連動する、〈他者〉性を孕んだ身体のこの「内的な断裂」への傾向性にほかならない。〈他者〉性の水準は、まさに「われわれが身体である」ということに由来するわれわれ自身の存在様態との関係で、電子メディアが一般化していく現象を把握する場合にしか、捉えることができないだろう。

もっとも、ここで大急ぎでもう一言付け加えておかなくてはならない。電子メディアと身体の接触は、〈他者〉を生成すると同時に、その同じ〈他者〉を解消もするのだ、と。電子メディアは、われわれを〈他者〉と直面する機会を与えつつ、他方で、〈他者〉の差異性を去勢し、その衝撃を、われわれ自身の安定的な同一性《アイデンティティ》の中で相対化するわけだ。たとえば、地震やサリン事件の報道に反復的に接する中で、そこに示唆されている〈他者〉は、見ているわれわれにとって無関係な代物に変換されてしまうのだ。もちろん、それは、われわれが自らの身体を仮想現実の外部に確保しながら、その仮想現実を知覚することができるからである。

＊

本書の第一章から第九章までは、季刊誌『Inter Communication』（NTT出版）で創刊0号（一九九二年春）から八号（一九九四年春）まで九回にわたって連載した論文に手を加えたものである。また付論は、「ポップ・コミュニケーション全書」（PARCO出版、一九九二年七月）に掲載された論考を加筆・修正したものである。

これらの論文の執筆機会を与えて下さった関係者の方々に、この場を借りてお礼を申し上げたい。とりわけ、『Inter Communication』誌の編集を担当された荻原富雄氏、高田明氏には、いつも締切りに間に合わない私の原稿をぎりぎりまで待っていただいた。両氏のねばり強いお付合いなくして、この論考は完成できなかっただろう。また「オタク論」の執筆に際しては、アクロス編集室の成實弘至氏から有効なご助言とご協力をいただいた。

そして何よりも、本書そのものの編集の仕事を担当して下さった、新曜社の渦岡謙一氏に、心より、感謝の言葉を申し上げたい。氏とのちょっとした会話の中で得られたヒントが、この論考の書き直しに、明確な足跡を残すことになった。

大澤真幸

一九九五年四月二九日

第Ⅱ部（増補）

電子メディアの共同体

マクルーハンの描いたグローバル・ヴィレッジ

きょうは「電子メディアの共同体」というテーマでお話ししますが、最初に、電子的なメディアということを考えるときに必ずその名前が出てくるもっとも有名な人、マーシャル・マクルーハンのことからはじめたいと思います。

マクルーハンは、電子メディアについて哲学的・思想的に考えた最初の人です。彼は、電子メディアの可能性をきわめて強く信じていました。彼は、将来出現する人間社会についてのイメージとして「グローバル・ヴィレッジ」ということを言っています。「グローバル・ヴィレッジ」とは「地球村」ということですから、国境線とか、そのほかの細かい部族的な集合の持っているバウンダリー（境界線）がだんだん無意味なものになっていって、やがて地球が一つの村のような非常にグローバルで普遍的な共同体になっていくだろうという予言をしたわけです。

今日でも、インターネットなどの話をするときに、これに近いようなことを言う人はよくいます。実際に私たちは今日、情報的に見ても、物の流れで見ても、あるいは、人間そのものの流れで見ても、国境線というものを無視して動いていると言ってもいい段階にきています。少し前だったら、日本の外に出るとか、一生涯を日本の外で暮らすという可能性のある人は非常に少なかったわけですが、いまではそんなことはあたりまえになっています。みなさんも十年後にここに暮らしているという可能性はそんなに高くない。ですから、実際に国境線の意味とか、それに近いローカルなコミュニティの意味はどんどん低下している。そして、やがてグローバル・ヴィレッジに近い、インターナショナルな世界がやってくるのではないか。このようなことが、いまでもインターネットなどの話をするときにはいつでも出てきます。

しかし、実際にグローバル・ヴィレッジに近づいているだろうかと考えると、必ずしもそうはなっていません。どういうところからわかるかというと、一九九〇年代になって非常に顕著になっている民族運動やナショナリズムの運動です。現在、未曾有のと言っていいような規模や頻度での民族紛争・民族運動の盛り上がりが見られるのです。

遠隔地ナショナリズムの出現

ベネディクト・アンダーソンという人が、一九八〇年代のはじめに『想像の共同体』という非常にレベルの高い本を書きましたが、そのなかで彼は「ナショナリズムの最後の嵐」という言葉を使っています。第二次世界大戦後の旧植民地国が独立していくプロセスのことを、「ナショナリズムの最後の嵐」と表現したわけです。この本は、いま読んでもじつに教えられるところが多いのですが、この件に関してはいくらか予想がはずれました。つまり、「ナショナリズムの最後の嵐」はまだあったのです。ほとんどの旧植民地国がすでに独立してしまって、いまやグローバル・ヴィレッジがつくれるような状況になったときに実際に出てきたのは、むしろナショナリズムの嵐です。私はこれを「ナショナリズムの季節はずれの嵐」と呼んでいますが、そういうことが起きているのです。

そのなかで、メディアとの関係でとくに興味深いのは、これまたベネディクト・アンダーソンが、二年ほど前に書いた論文のなかで使っている言葉ですが、「ロング・ディスタンス・ナショナリズム」（遠隔地ナショナリズム）という現象が起きているという指摘です。「ロング・ディスタンス・ナショナリズム」とは、直観的なイメージでいえば、インターネットなどの電子的なメディアができたことで可能になったナショナリズムということです。

これは興味深い現象です。もう少し具体的に言えばこういうことです。日本人の場合、ほとんどの人が自分たちは単一民族だと信じきっているのでふだんあまり気にしませんが、たとえばアメリカなどでは「○○系アメリカ人」という言い方がありますね。「アングロサクソン系アメリカ人」「イタリア系アメリカ人」「アフリカ系アメリカ人」などという言い方をします。

かつては○○系ということについて、人々はそれほど意識してはいませんでした。自分がコリアンであるとか、アフリカ系であるとか、自分の家族がインドの出身であるとか、そういうことはあまり気にしていなかった。ところが、インターネットなどの電子メディアによる接続が可能になったとたんに、それまであまり気にしていなかった「○○系アメリカ人」の「○○系」という部分が急に重要な意味を持つようになってきたのです。

インターネットが出てくる前は、「○○系○○人」のうち、明らかに「○○人」のほうに重点があったのですが、インターネットが出てきたとたんに、自分は「○○系」であったというようなことが急に気になりだす。そういうことが起きるわけです。

どうしてこういうことが起きるのかというと、たとえば、かつては、アメリカにいるクロアチア人は、クロアチア人がもともといた場所からは大きく隔たっていたので、かの地でのクロアチア人の民族運動と関係することはできなかったわけです。ところが、インターネットのおかげで、アメリカのクロアチア人はヨーロッパのクロアチア人と連帯して、彼らの運動を支援することができるようになる。つまり、インターネットによってクロアチア人のネットワークが可能になるのです。すると、自分はアメリカ人である以前にクロアチア人であるということに突然目覚めるという現象が起きるんですね。こうして国民国家のバウンダリーとはまったく無関係に、インターネットを通じて一個のナショナリスティックな自覚が芽ばえる。そういう現象を「ロング・ディスタンス・ナショナリズム」といいます。

マーブル・チョコレートのような世界

これは、社会的な現象として非常に深刻な意味を持っています。たとえば、北アイルランドには、イギリスからの独立をうたうＩＲＡといわれるたいへん過激なグループがいます。この人たちを陰で支援しているのは、国際的な武器密輸業者と、イギリスやアメリカからインターネットを使ってイデオロギー的に彼らを支援するアイルランド系市民です。場所としてはアイルランドと関係ない、大西洋を隔てたアイルランド系アメリカ人がきわめて重要な役割を担うことになるわけです。

もう一つ有名な例でいえば、インドでは、ヒンドゥー系の人たちとイスラム系の人たちとのあいだにときどき対立が起きて、ヒンドゥー系の人たちがイスラム系の聖地や寺院を破壊するテロ活動をおこなうということがよくあります。あるいは、原理主義的なイスラム系の人たちがテロをおこなうことがある。この場合、イスラム系の人たちは、「インターナショナル・イスラム・ネットワーク」とでもいうようなインターネットを通じたネットワークを持っていますし、ヒンドゥー系の人たちも、アメリカに住んでいる在外インド人たちからの大量の援助を受けています。こうした援助によってはじめて対立が可能になっているという部分もあるわけです。

もっと有名な例をあげると、ユーゴもそうです。かつてのユーゴは細かく分裂していくわけですが、そこからたとえばクロアチアが独立できたのも、オーストラリアからインターネットを使ってクロアチア人を支援するクロアチア系オーストラリア人などのおかげです。もちろん、それはネガティブな面だけではなくて、たとえばフィリピンの反マルコス運動も、フィリピン系アメリカ人が非常によく支援をしていたということがあります。

こういうかたちで、その国の法律にも従わないし、税金も納めない、遠くから支援する「ロング・ディスタンス・ナショナリズム」というものが出てくるわけです。ここから出てくる社会のイメージは、「グローバル・ヴィレッジ」とは違います。それどころか、むしろ逆の方向です。かつては、〇〇系であるけれども、いちおうはみんなアメリカ市民だというところに力点がありました。ところが、自分は〇〇系だということがアイデンティティーの構成素としてより重要になりはじめれば、一つのアメリカではなくて多数のアメリカになっていきます。つまり、いままでよりもずっとずっと小さな細かい共同体に分かれていく。そういう動きのほうがかえって目立ってきています。

かつて民族の集合は、物理的な空間の広がりと基本的に一致していました。ですから、このへんにクロアチア人がおもに住んでいるとか、このへんはセルビア人が住んでいるとか、そういう分布が物理的な空間として与えられていたわけです。ところが、「ロング・ディスタンス・ナショナリズム」は、物理的空間とは関係なく形成されます。電子的なネットワーク、サイバースペースのなかに存在している民族運動ですから、物理的に見れば、言ってみれば、マーブル・チョコレート状態です。つまり、このへんは赤い人が集まって、このへんは黄色というようにはなっていなくて、いろいろな色の人がごちゃごちゃと交ざっている。こういう社会をどうやって政治的にまとめていくかということは、今後非常に大きな課題になっていくでしょう。

それはともかくとして、マーブル・チョコレートのように分散する、不均一でまだらな細かい共同体に分散する——これは、マクルーハンが考えていた事態とは逆です。マクルーハンは、「「グローバル・ヴィレッジ」になる。一つの包括的な共同体に地球は向かっている」と言った。しかし、実際に起きているのは逆で、マーブル・チョコレートのように不均一でばらばらで、いわばモザイク模様のような、そういう細かい共同体に分割された世界にこの社会は向かっているわけです。

オタクの共同体

いまは民族の話をしましたが、べつにこれは民族だけではありません。多くの日本人にとってなじみの深い例をあげれば、「オタク」という現象があります。若い人たちにとっては、ある意味でもはや「オタク」は珍しい人ではなく、「オタク」のほうが主流といっていいぐらいになっていますが、「オタク」というのはある種の小さな共同体です。「オタク」にとって重要なのはコミュニケーションです。仲間をつくることが重要な意味があって、彼らは同人誌的なものをたいてい持っています。

たとえば、かつて紀田順一郎がどこかで書いていましたが、「オタク」の人たちが読書をしているのを見て、彼はとてもびっくりしたというのです。いままで自分は、読書というのは個人的にやるものだと思っていた。ところが、「オタク」にとっては、読書は個人的なものではない。いわば共同的な読書です。簡単にいうと、一つのものをみんなで読みあって、非常に細かいところまで読みながら、「オタク的」なマイナーな知識をお互いに交換して盛り上がっていくような一種の連帯です。ですから、「オタク」もある種の共同体になっていく。

しかし「オタク」も、さきほどのマーブル・チョコレートと同じです。つまり、一つの大きな普遍的な知識のもとに集まっているのではなく、より分割された、より閉鎖的で、より相互に通約するのがむずかしい、そういう細かい知識によって内部の人々がお互いがつながりあう。そういう細かで小さな、ある意味で親密な共同性へと分割されていく、そういうことになるわけです。

そうすると、電子メディアというのは、マクルーハンが想像していたようなユニバーサルで包括的な共同性へと向かうという方向ではなくて、逆に分散的で排他的な共同性へと人間の社会を導いているわけです。

そのようなわけで、なぜ電子メディアは、「グローバル・ヴィレッジ」ではなくて、マーブル・チョコレートのような共同性に適合するのか、ということをこれから考えていきたいと思います。

極限的に直接的なコミュニケーション

さて、まず問題提起として言っておきたいことは、電子メディアが入ってきたことによって、コミュニケーションの形式そのものを変えてしまったということです。たんにコミュニケーションのなかに新しいテクノロジーが入ったということだけではありません。

つまり、いままで手紙を使っていたものが電話に替わったとか、電子メールに替わったとか、一週間かかったことが一、二分ですんでしまうとか、切手を貼る手間が省けるとか、そういうことではありません。コミュニケーションの道具の部分でイノベーションがあったということではなくて、むしろコミュニケーションのスタイルがすっかり変わったということを、まず最初に確認しておく必要があります。

このことを考えるのに、私が二年前に書いたオウム真理教についての話から入ろうと思います。一九九五年のことですから、もう三年ちかく前の話になるわけですが、例の地下鉄サリン事件があって、オウム真理教がマスコミで話題になったときに、みんなの注目を集めたのは、幼児を含むほとんどの出家信者が奇妙なヘッドギアをつけていたことです。これを彼らはＰＳＩ（Perfect Salvation Initiation）とよんでいますが、これがオウム真理教のシンボルのようなものになりました。

ＰＳＩとはどういう装置かというと、信者たちの説明によると、ある電子的な方法によって、彼らがグルと呼ぶ麻原彰晃の脳波——広い意味の身体の波動——を、信者に直接電送する一種の電子メディアだったわけです。具体的には、グルの脳波を記録した記憶装置があって、電極がついたヘッドギアに導線でつながっている。簡単にいえば、ウォークマンです。ウォークマンにも記憶装置があって、それが耳に直接つながっています。つまり、ウォークマンに記録されているのが、音楽ではなくてグルの脳波で、それが脳を直接刺激することで脳波を同調させる。そういうことになっていたわけです。

ＰＳＩというのは、まだ完全に完成したものではなく、いわば過渡的なテクノロジーで、いまの段階ではあいだにＣＤのような記憶装置で仲介されていますが、将来的にはそういうものなしで、即時にグルの脳波が空間を超えて信者に直接つながって、いつでもグルの脳波と信者の脳波が同調するような方向性をねらっていたと思われます。

このＰＳＩは一種の妄想的・幻想的なメディアにすぎないわけで、当時、もちろん徹底的にバカにされましたが、そんなことをバカにしていてもしようがなくて、これを使用したときに、どういうコミュニケーションがめざされていたのかということを考える必要があると思います。

この場合、重要なのは、彼らのコミュニケーションについてのイメージのなかで、電子メディアが重要な装置として機能していたということです。なぜこのような形容をしなければいけないかというと、オウムが実現しようとしたコミュニケーションは、私たちの日常の電子メディアによるコミュニケーションの一種の戯画——漫画チックなデフォルメ——であると考えられるからです。つまり、現実に起きていることがうまく検知できないときに、半分ぐらい妄想的なフィクションであるような想像力のなかで、現実に起きていることが、デフォルメされることによってかえって拡張されて見えてくる。そして、そのことによって現実がかえってわかりやすくなるということがあるわけです。ＰＳＩはその典型です。

ついでに言っておけば、ＰＳＩというのがいかに特別なものではなかったかということは、一九八〇年代にアメリカを中心にはやったサイバーパンクとよばれるＳＦをみればわかります。オウムのつくっていたＰＳＩをはじめとする妄想的な科学装置は、サイバーパンク的なＳＦに出てくる装置とよく似ているのです。たとえば、サイバーパンクのなかで代表的な、バイブルとされる作品に、ウィリアム・ギブスンの『ニューロマンサー』という有名な小説があります。このなかには、まさにいま言ったＰＳＩのような装置があります。人間の脳がそのままコンピュータの端末になっていて、脳と脳の関係が一種のコンピュータ・ネットワークになっているわけです。そうすると、コンピュータ・ネットワークで他人のコンピュータをのぞきこむことができるのと同じように、他人の脳のなかに自分が入っていけるようになります。ＰＳＩは、こういうサイバーパンク的なテクノロジーとじつによく似ています。ですから、言ってみれば、オウムのものの考え方が時代の想像力と非常にシンクロしていた。そういうことをまず念頭に置いておかなければなりません。

ＰＳＩの話を少しだけ補足しますと、ＰＳＩは、オウムの人たちによれば、もともとシャクティ・パットといわれるヨーガの技法のかわりに導入されたものです。シャクティ・パットとは、べつに麻原彰晃だけがやっていたものではなくて、ヨーガのなかにある普通の技法なのですが、グルがその身体のうちにもつ霊的なエネルギーの波動を弟子たちに伝達する技術です。どのように伝達するかというと、目と目のあいだの部分に、見えない第三の目がある。この第三の目を通じてエネルギーが伝わっていくんだというわけです。だから、その部分を指で押さえて一種のマッサージのようなことをします。すると、グルの身体のエネルギーの波動が弟子たちに直接伝わっていって、弟子たちの解脱が促進される、という構造になっているそうです。麻原という人は、このシャクティ・パットの名人だったと言われています。オウムが小さな教団だったときには、いまのような方法でいちいちマッサージしていればよかったのですが、何千人というスケールになってくると、そんなことはやっていられない。グルにとって、このマッサージはものすごく疲れるらしいのです。ですから、それをいろいろな装置で代理していこうとします。ＰＳＩだけではなくて、なんとかイニシエーションという名前でよばれた技法がオウムにたくさんありました。そのイニシエーションは、みんなシャクティ・パットの代わりになった技法のことをいうそうです。ＰＳＩの〝Ｉ〟は"Initiation"の〝Ｉ〟です。

ここで何を言いたいかというと、このPSIという装置によって何がめざされていたのかということです。これは私は「極限的な直接性」という言葉でよんでおきます。「極限的な直接性」とは、他人の身体が直接に自分の内に入ってくる、ということです。自分が自分であることの根拠そのもののなかに、他人の身体が直接入ってくる。具体的に言えば、麻原の身体の波動がそのまま自分に入ってくる。自分自身が、いわば麻原化していくという構造です。これは、さきほど言ったウィリアム・ギブスンのサイバーパンク的な想像力でもそうです。自分の脳が他人の脳に直接入る。他人の脳に入ってしまうから、いわば自分でありながら、他人の目で世界を見ることができるわけです。あるいは、他人が自分のなかに入ってくる。いま、みなさんのだれかが私の脳に直接ジャック・インしてくる。そうすると、みなさんは私の目で世界を見ることになるわけです。ですから、他人が自分の身体のなかに直接入ってくる、そういう関係によってできるコミュニケーションのことを「極限的に直接的なコミュニケーション」と言っておきたいのです。これが、ＰＳＩやシャクティ・パットによってめざされていたことです。

ついでに言っておけば、この構造は、一九九五年の終わりから九六年にかけてのテレビ、あるいは九七年の劇場版の映画ではやった『新世紀エヴァンゲリオン』というアニメにおいても見ることができます。このなかで、シンクロ率という言葉が重要なキータームになっています。シンクロ率というのは、エヴァという人造人間と、それに乗るパイロットとのあいだの、身体の直接的な共鳴関係です。エヴァはロボットであると同時に半分は生き物で、エヴァと搭乗者のあいだには不思議な、いわば霊的なといってもいい、テレパシーのようなコミュニケーションがある。それがシンクロです。つまり、エヴァは、神経系が直接共鳴するということによって動きはじめるわけです。これは、麻原の脳波と信者のあいだの直接的なシンクロという、そういう夢想とほとんど同じものだと考えていいと思います。

電話の欲望

いま言ったのは全部フィクションの話です。サイバーパンクにしても、ＰＳＩにしても――ＰＳＩは現実にあったわけですが、半分ぐらいは特殊な考え方を持った人の幻想のようなところがあります――、エヴァンゲリオンにしても、もちろんみんなフィクションです。だから、こういうことは私たちの現実の電子ネットワークには関係ないと思われるかもしれませんが、そんなことはありません。じつは、いま言ったような話は、私たちの通常の電子的なネットワークのなかでめざされていることを非常に極端に拡大してみせたものにすぎないのです。

一つ例を出します。たとえば電話というものがありますね。電話は初歩的でアナログな電子メディアですが、じつは電話によるコミュニケーションは、いま言った「極限的に直接的なコミュニケーション」という方向に少しずつ向かっています。比喩的な言い方をすれば、電話は「極限的に直接的なコミュニケーション」をひそかに欲望しているわけです。

前回ここでお話しした、私の友人でもある吉見俊哉君が、何人かの仲間と一緒に数年前に出した電話についての研究のなかで言っていることを借りて説明します。吉見君は、電話が急速に普及してくるプロセスで、置かれる場所が徐々に変わってきたということを指摘しています。

ある程度年配の方であればすぐにわかると思いますが、最初に電話が普及した当時は、玄関などに置かれました。もちろん、これにはごく実用的な理由もあります。最初のうちは、すべての家に電話があるわけではないので、隣の家の人と電話を共有していました。呼び出し電話で奥に入っていかなければならないのは不便であるうえに、なんとなく奥を見られるのがいやだという理由もありました。

しかしそれだけではなくて、もう少し心理的な理由もあります。電話というのは、いわば声の訪問者です。ですから、その訪問者の出入り口を玄関に置いたわけです。これは非常に自然なアナロジーが働いています。人間が肉体でやってくるのではなく声でやってくる。その声の訪問者を、まず最初に玄関で迎えたわけです。その次には、応接間ぐらいに入ってくる。それから、各家の居間、リビングルームに入ってくる。やがて家族のそれぞれの個室に入ってくる。そしていまでは、みなさんが携帯電話を持っていますから、身体そのものにくっついてしまうというところまできているわけです。

そうすると、自分の個室だとか身体そのもののようないちばんプライベートな場所、つまり、自分が自分らしく生きる、自分らしさの拠点になるような場所に、いきなり他者が入ってくるようになる。電話によるコミュニケーションは、そういう構図になるわけです。

みなさんも、あるいはみなさんのお子さんもそうかもしれませんが、たとえば、家族とすら話をしたくないときには個室に入ります。そうやって他人をシャットアウトしているわけです。ところがどういうわけか、他人をシャットアウトしておきながら、その個室には穴があいている。そしてそこからいきなり人が入ってこられるような仕組みになっている。それが電話です。つまり、自分のもっともプライベートな核心部にいきなり他人が直接入ってくる。そういう構造が電話というメディアにあるわけです。

みなさんもよく経験されると思いますが、たとえば新幹線に乗ると、客席で携帯電話をかけてはいけないと言われます。あるいは、電車でだれかが携帯電話をかけていると、異様にうるさい気がしてくる。これは、べつに音が大きいからうるさいわけではありません。隣で雑談していてもそれほどうるさくはありませんが、携帯電話でひそひそと話されると、ものすごく不愉快な気がしてくる。

これはどうしてなのかというと、たぶんこういうことです。私たちが電車に乗るとき、まわりの九九パーセントは知らない人です。しかし人間というのは不思議なもので、一緒に同じ空間を占めていれば、お互いにほとんど無関心だけれども、同じ電車にたまたま乗りあわせた者ということで、気がつかないうちに無意識の連帯感を持つものなのです。一緒に電車に乗りあわせてしまった人として、本当にはかない一瞬の共同性がそこでできているわけです。

ところが、そこで一人電話をかけている人がいるとどうなるか。電話とは、そもそもいちばんプライベートな空間に他人を引き入れるメディアですから、その人は、目の前にいるのに、一人だけプライベートな個室に隠れているのと同じ状態になります。そういう感覚を他人に与えます。

これが不快なわけです。うるさいから不快なのではなくて、そこに見えない空間の断絶が生じているから不快なのです。共同的な電車の空間に、一つだけ質の違う空間ができてしまう。その違和感に耐えられなくて、不愉快だという気分になるわけです。ですから、いくらひそひそ話でもダメです。だいたい、ひそひそ話せばよけい不快です。音の大きさの問題ではないのです。

裏返しのコミュニケーション

もっと先端的なテクノロジーの例でいえば、みなさんも知っているインターネットなどのようなコンピュータのネットワークがあります。インターネットはなぜおもしろいかというと、それはみなさんがホームページをつくることができて、人のホームページをのぞくことができるからです。

ホームページとは、ホームという言葉が比喩的に示しているように、家族的な空間、家庭的な領域という意味です。ですから、ホームページを開設するということは、自分のなかばプライベートな部分をオープンにしてしまうということです。

　みなさんもインターネットをやると、最初のうちはネットサーフィンというのが楽しくていろいろ見ると思いますが、そのうちやたらとくだらないホームページに出合います。自分の日記を公開してあるとか。その本人はけっこう楽しいのかもしれないけれども、読むほうからしたら、くだらないものです。最初のうちはなんとなく読みますが、そのうちにバカらしいと思うようになってきます。

　この前、私は自分の名前を検索してみました。いったい自分がどのようにリファーされているかを見てみると、こういうものが引っかかってきました。私が七年前に千葉大学にはじめて赴任して最初に授業をしたときに、たまたまいた学生が日記を書いているわけです。その日記で、きょう新しい先生が来て変だったとか、そういう意味のことを書いているのです。私にとっては、いちおう自分のことが書かれているから少しは意味があるかもしれないけれども、ほかの人にとっては無意味な情報が書かれている。それはなぜかというと、プライベートなものだからです。それをそのまま表にさらしているのです。

　このように、いちばんプライベートで親密な部分に他人が直接入ってくることができるような構造を持ったコミュニケーションが、電子メディアによってめざされているわけです。

　これは、伝統的なコミュニケーションのプロセスとの関係で見てみると、まったく裏返しのコミュニケーションだと私は考えています。コミュニケーションとは何か。関係する教科書を見れば、必ずこういう図が書いてあります（図1）。いちばん有名なのはクロード・シャノンというコミュニケーション学者が考えた図ですが、発信者と受信者があって、これらがなんらかの方法で接続されていなくてはいけません。ここで必要になるのが「コード」です。つまり、両方をつなぐ共通の記号体系です。

　通常、受信者も発信者も、相手のなかを直接のぞき見ることはできません。だから、発信者は自分の心のなかのインテンション（意志）をコードによって翻訳するわけです。これがエンコーディング（記号化）です。そうすることによってはじめて、インテンションはコードによって表現されたメッセージのかたちになります。そして、受信者はもう一度コードからデコードする。こういうプロセスが必要になります。直接相手を見ることができないから、そのための共通コードと、それを何らかのかたちで接続するようなチャンネルが必要になるわけです。

　したがって、本来の構造からいえば、相手の外側しか見えなくて、内部を見るということは原理的にありえません。ところがいま起きているのは、この内部が直接見えてしまうということです。つまり、内部に直接穴があいていて、この穴から何の媒介項も経ずに他者がダイレクトに内部に入っていける（図2）。まさにこういうコミュニケーションが、電子メディアによって生じつつあります。そしてこれを、「極限的に直接的である」といったわけです。

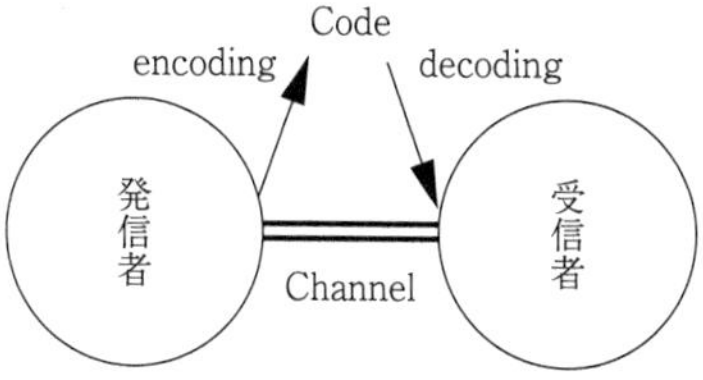

図1

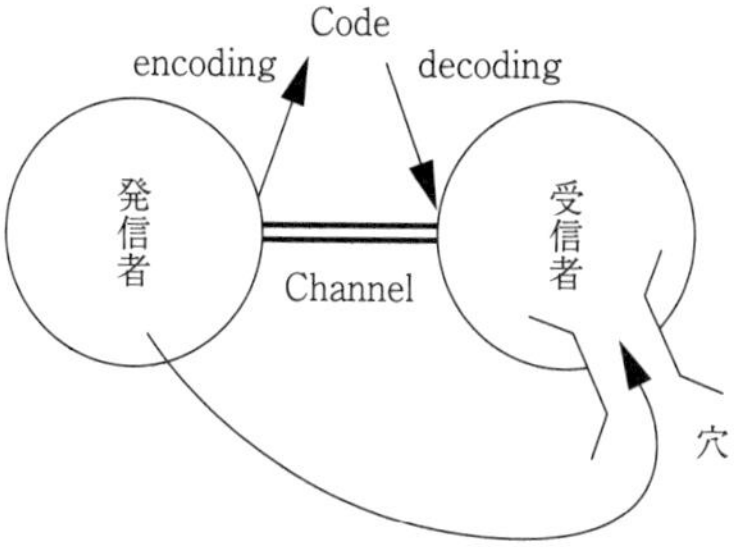

図2

　普通であれば、どんなコミュニケーションも、必然的にある種の間接性をまぬがれられません。ところが、電子メディアがめざしているもの、あるいは電子メディアについての想像力がすでに書き込んでしまったことは、直接自分のなかに他人が入ってくるというコミュニケーションです。

　コミュニケーションの一般的な図式のなかでも、どんなコミュニケーションも、発信者と受信者をつなぐチャンネルが技術的に変わったただけで、その構図は変わらないと通常は考えられがちですが、いま電子メディアによるコミュニケーションのなかでは、こういうコミュニケーションの一般的な構図そのものが壊れつつあるわけです。だから、ただ一つの技術や道具が変わったということではなくて、コミュニケーションの形式そのものが全体として変わってきたと考えていかなければなりません。

精神の「内面／外面」の決定不能性

これは逆の方向でも同じことです。内部が直接外にさらされてしまっているということは、内面性と外面性という区別がなくなってくるということです。いまやいちばん内的なものが外的であり、いちばん外的なものが内的となる。精神の内面性と表面上の仮面である外面性との区別がなくなってくるというのが、電子メディアによるコミュニケーションの非常に大きな特徴です。

たとえば、みなさんがコンピュータ・ネットワークなどでサイバースペースに入るときに、ハンドルネームという、一種のつくられた名前、フィクションとしての名前を使って、そのなかでいつもとは違う自分を演じることがあります。普通の世界ではじつは非常に気弱でだらしのない男なんだけれども、サイバースペースのなかでは、ものすごいマッチョで強い男としてふるまっている、あるいは、そういうふうにふるまうことができる。サイバースペースのなかで、自分の仮のペルソナ、つまり仮面を持つわけです。

その場合、次のように問うとどうでしょう。サイバースペースのなかでいかにも男らしく格好よくふるまう自分と、じつはうだつのあがらないサラリーマンで、気が弱くて、女の子にも声をかけられない自分の、どっちが本当の自分だろうかと。

そうすると、仮面と本当の自分とのあいだに区別がつかなくなる。サイバースペースのなかの自分は仮面だけれども、ある意味で、この仮面こそ自分の真実だという感覚もあります。電子メディアを通じて、ふだんは表現できない、本当の欲望、本当の願望、本当に思っていることを思う存分表現できる。だから、これは仮面であると同時に自分の内面の真実でもある。いちばん外側にあるものが自分の内面的な真実でもある、ということになるわけです。ですから、サイバースペースは、精神の内面性と外面性のあいだの区別をなくしてしまうのです。

もともとのコミュニケーションでは、内と外という構造を持っていて、内のものを外化して、そしてそれをまた再び吸収するという構造がつくられていました。それが、電子メディアによって「極限的な直接性」というかたちのコミュニケーションになったときに、内と外の区別が無意味なものになってしまう。そのことの一つのあらわれとして、仮面こそが自分の真実だと言いたくなるような転倒が起きはじめているのだと思います。

コミュニケーションとメディアの外形的変化

では、どうして電子メディアでそういうことが起きるのかということについて少し説明しておきます。オウムのヘッドギアは、シャクティ・パットというマッサージの代わりなのだとさきほど言いました。ですから、いかに電子的な方法であっても、一種のマッサージです。つまり触覚です。

ところで、最初に名前をあげたマクルーハンが言った有名な提言の一つに、「メディアはメッセージである」というものがあります。さらに、彼はそれをもじって「メディアはマッサージである」とも言っています。つまり、電子メディアというのは、なにかマッサージのような触覚的な感覚をもたらすということです。このことを頭の隅に置きながら話を聞いていてください。

まず、メディア論的に言うと、メディアのコミュニケーションの構造は、大きく三段階に分けられます。第一段階では、絵やボディランゲージなども含みますが、基本的には音声によるコミュニケーションがありました。その後、第二段階では、文字が発明される。文字を持つのは一部の社会だけでしたが、非常に画期的なメディアの発明でした。文字段階でも、手書き文字が中心だった段階と、グーテンベルグ以降の活版印刷の技術が入ってくる段階があります。それから第三段階が、電気的なメディア、技術メディアの段階です。技術メディアの段階も、アナログ的なメディアと、その後のコンピュータによるデジタルなメディアの時代に分けられます。

そして、これらの各段階とある程度対応しながら、コミュニケーションの外形的な形式も変わっていきます。もっとも初歩的なものは一×一です。これはコミュニケーションの原則です。もちろん、音声の場合も基本的には一×一、あるいは少し人数が多くても一×一の延長線上で考えられます。

ところが、文字が入ってくると、一×n、つまり一人対不特定多数というコミュニケーションが可能になります。とくに印刷が入ってくると、それが出版などによって頒布され、一人から不特定多数へ向けたコミュニケーションが強化される。

技術メディアも、ラジオやテレビなどの初期の段階では一×n型のコミュニケーションですが、電話やさらにはコンピュータ・ネットワークになると、ついに不特定多数対不特定多数、つまりn×nというコミュニケーションができる。インターネットはその典型です。

他者の自己への内在

電子メディアの技術上の特徴は二つあると思います。時間的な側面と空間的な側面です。時間的に言えば、情報の伝達が非常に速くなります。空間的に言えば、情報を非常に広く拡散できるようになります。これらが二つの特徴です。

一×一型は、情報の伝達が非常に速いけれども、空間的な広がりには限度がある。声が届く範囲しかつながらないわけです。しかし空間的な限界は、文字段階になると少し克服されます。文字で伝えることによって、空間的な限界を超えて、遠くの人に伝えることができるようになりますが、今度は伝達速度が犠牲になります。つまり、空間をとれば時間が犠牲になる、時間をとれば空間が犠牲になる、という構造になっていたわけです。

ところが、電子メディアは両方の欲望を同時にかなえてくれる。つまり、まるで一×一の直接的なフェイス・トゥ・フェイスのコミュニケーションに近いような速度性・親密性があるけれども、その一方で情報を空間的に非常に広く拡散できることに特徴があるわけです。

そう考えていくと、電子メディアがどういう方向に向かっているのか、電子メディアが極限的にめざしているユートピアというのがどういうものなのか、だんだんわかってきます。

もし完璧な電子メディアがあるとすれば、どういう状態になるのでしょう。ある情報が発生するやいなや、瞬時に全空間に一挙に発散して浸透していく。比喩的にいえば、水面にインクをポトッと垂らすと、パッと拡散する、このパッというのがものすごく速くなる。そういう状態が電子メディアの理想です。

一般に、遠くの他者に情報を伝えるということは、いろいろなリスクをともないます。まず、他者は不確定です。ちゃんと受け取ってくれるかどうかわからない。自分が言ったことをちゃんと理解してくれているかどうかわからないし、聞いているかどうかすらわからない。目の前にいれば、なにか聞いているらしいとか、同調しているらしいとか、わかっているらしいとか、わからないらしいとか、そういう他者の不確定性はかなり減殺されます。しかし、遠くの他者に伝えようとすれば、それは不確定にならざるをえません。いちばんリスクが大きいのは、誤って別の人に伝わってしまうことです。たとえば手紙は、誤って配達されたり、あるいは誤って理解されたりする可能性につねにさらされています。

ところが電子メディアは、そういう不確定性をもった遠くの他者を、自分に近い親密な領域に連れてきます。遠くにいながら近くにいるのと同じことになってしまう。つまり、遠くにあって疎遠であることと、近くにあって親密であることを、一つのものに重ねて近づけていく。これは本来まったく別のことです。遠くにいるがゆえに疎遠であり、それゆえ自分にとっては不確定性が高いということと、近くにいるがゆえに親密であり、それゆえ非常に確実性が高いということは、本来、相互に排他的なものだったわけですが、電子メディアはその二つをいわば強引に重ねあわせるのです。

遠くにあって不確定であるということは、他者へと向かうベクトルです。自分にとって疎遠であり、自分を理解してくれないかもしれないと思うがゆえに、他者性へと向かう。逆に、自分の近くにあって親密であるというのは、自己性に近づいていくベクトルです。反対方向に向いているこの二つのベクトルを、強引に重ねてしまう。他者的であることと自己に近いということが同じものになっていく。これが電子メディアの特徴です。そしてその結果として、「極限的に直接的なコミュニケーション」というコミュニケーションの独特のモードができあがっていくのです。

ですから電子メディアでは、自分の内に直接他者が入ってくる感覚、いわば自己分裂の感覚というのをどうしても味わうことになります。自分のなかに他者が入ってきて、それが他者なのか自分なのかよくわからなくなってくるという妄想は、分裂病によくある妄想ですが、それに近いような感覚をつくりだしていくわけです。私が『電子メディア論』という本を数年前に出したときには、そのことを強調して書きました。

たとえば、みなさんはどうかわかりませんが、私は昔、長電話が非常に好きでした。学生時代はいまほど忙しくなかったので、朝から晩まで、相手が電話の向こうで寝ていることがわかるぐらい長電話をしていたこともありましたが、長電話をしていると、自分が自分であらざるような、トリップしたような変な感覚を味わうようになります。それはやはり、電話が持っている自己分裂的な感覚のためだと思います。本当は遠くで話しているはずの他者が自分のすぐ近くに来ることによって、自分がこの空間にいながら電子的な空間のなかに入り込んだような感覚になるのだと思います。

また、さきほど言ったような、仮面こそが自己であるという感覚もここからきます。仮面とは、自分の他者にさらしている、いわば自分にとっての他者的な部分です。自分を一つの他者として演じるわけです。たとえば、本来はうだつのあがらないサラリーマンが、ロッキーのような英雄としてふるまう。ところが、それこそが自分にとっての真実に変わっていく。このような、サイバースペースにおける仮面的ペルソナの持っている両義性も、こういうところからくるわけです。

権力の遠近法

次に、このような電子メディアの特徴を、電子メディア以前のメディアとの関係で考えてみたいと思います。

カフカの短編に「万里の長城」という話があります。これは、中華帝国のある田舎に住んでいる知識人が、中華帝国の制度についていろいろ説明するという仕組みになっている話です。この話のなかでは、帝国には次のような言い伝えがあるとされています。

皇帝がその死に際して、一介の平民、名もない臣民に――この小説では「あなたに」という言い方をしています――使者を送った。皇帝は、この使者にだけ自分の伝えたいメッセージを与えます。このメッセージを持って、使者は皇帝が死んだその直後に旅立つわけです。彼は非常に屈強で、マラトン平野を走った兵士のように猛然と走り抜けるのですが、彼はやがて、十重二十重と皇帝を取り巻いている高官たちのわきを通り抜け、群衆をかき分け、そして家並みや野のなかを駆け抜けていきます。

しかし、それはずっと先の話で、じつはこの使者はまだ宮殿すら抜け出していないと書かれています。第一の部屋を抜けても、その向こう側にはまたもう一つの部屋があり、その向こう側にもう一つの部屋があって、やっと内庭に出る。そしてそれを越えると、さらに第二の宮殿があり、そして部屋がありと、ずっと部屋がつづく。そして、やっと宮殿を出ると、今度は途方もない帝都が待ち受けている。

けっきょく、この使者はまだあなたのところに着いていないということです。おそらくこの使者の言葉は、名もなき臣民であるところのあなたには届くことはないだろうという、暗示的な言い伝えが書かれているわけです。

もちろんこれは、カフカ一流の想像力によって書かれたものですが、なかなかおもしろい教訓を含んだ話だと思います。もともと皇帝の権力にとって、距離がたいへん大きな障害物であるという事情をよく示しています。目の前にいない人に対して命令を発して、その命令が相手に受け入れられるという可能性は高くありません。つまり、皇帝は何千万の民を治めていて、彼がある法令を発して、民がそれに従うという保証は必ずしもないわけです。したがって、権力にとって距離を克服するというのはじつに大変なことなのです。

非常にプリミティブな段階の共同体では、せいぜい目の前で直接知りあえる程度の範囲のなかからリーダーが出てきます。そういう段階での権力は、音声をもとにした命令ですから、声の届く範囲が権力にとってもっとも効果的な範囲になります。

その次に、より広く国家とか王国とかさらに帝国というものができるようになると、そのリーダーとして、直接目の前にいない人、つまり皇帝や王が出てきます。こうなると、目の前にいない人に対して、どうやって命令に服従させるかということが課題になってきます。そのときに重要な役割を果たすのが文字という媒体です。

つまり、メディアのあり方は、社会の構造と密接につながっているのです。声だけの段階というのは、村落共同体が各地に割拠しているような社会のあり方とフィットしています。その次に国家というものが出てくる。国家が意味を持つようになるのは、文字が発明されてからです。権力は、ここではじめて、ある程度距離を克服することができるようになります。ただし、文字によって命令するにも、書いたものを運んでいかなければなりません。ですから、文字で書かれた命令をできるだけ効果的に遠くに運べる技術を持っている人が、強い権力者ということになるわけです。

たとえば、ギリシャ時代のヘロドトスの歴史書にこう書いてあります。アケメネス朝ペルシャはものすごい権力を持っている。その源泉は、馬による一種の駅伝式のメッセンジャーシステムにある。つまり、一日ごとに馬を使いつぶして、乗り手も替えながら、次々とメッセージを伝えていくという技術です。ヘロドトスはアケメネス朝ペルシャのメッセンジャーほど速いものはないといってその技術をたたえていますが、ようするに、速く伝達する技術を持っているということが、重要な権力の源泉にあったわけです。

カフカの「万里の長城」という話も、皇帝が命令を発してもなかなか末端までは伝わっていかないということを例に、権力にとって距離がいかにたいへんな障害物であったかを物語っています。

脱遠近法的権力としての近代の権力

ところが、十九世紀になると、権力にとって距離が決定的な障害物であるという段階が終わります。みなさんもよくご存じかと思いますが、ミシェル・フーコーという、二十世紀後半の社会思想や社会学・歴史学の研究のなかでもっとも重要な人物がいます。彼は、近代になると独特な権力が始まると言っています。十九世紀にジェレミー・ベンサムという人が考えた監獄についての建築プランを持ってきて、この建築が、じつは近代的な権力の比喩になっていると言ったわけです。

具体的にどのような監獄かというと、図3のように、まんなかに塔があって、外側に円環状に独房を配置する。まんなかの塔は監視塔で、ここに監視員が立ちます。そして、各独房はちょうど監視塔に直面する場所とその反対側の壁面に窓があいています。まんなかに監視員がいて、外側へ向かって独房を監視するという構造になっています。このように配置すると、このまんなかはまっ暗になります。だから、独房から監視塔のなかを見ようと思っても暗くて見えません。けれども、監視員からは、光がまっすぐ通るのでとてもよく監獄のなかが見えてしまうわけです。

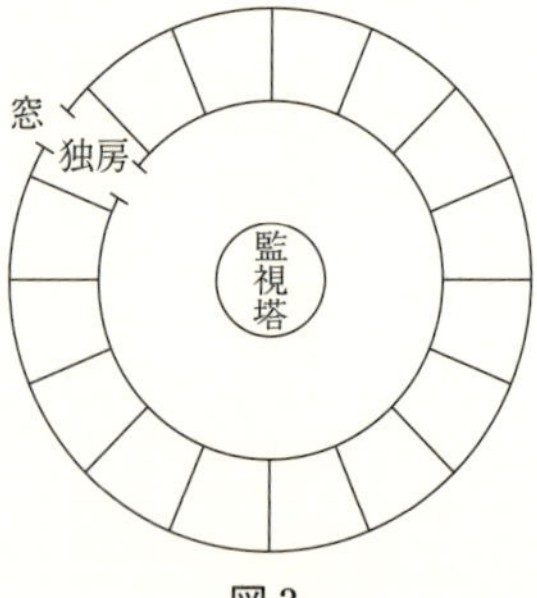

図3

ベンサムは、このような形は非常に経済的だと言っています。まず、ずっと監視ができる。重要なのは、囚人から監視員が見えないということです。だから、じつは監視員がいなくてもいい。なぜかというと、監視員がいるかいないか確かめられないわけですから、実際にいなくても、いるかもしれないと囚人は思います。そのことによってつねに監視されているに等しい状態になるわけです。監視者がいなくてもつねに監視されているに等しい、つまり、百パーセント、権力から逃れることができないわけです。

もちろんこれはただの監獄のプランにすぎません。しかしフーコーは、近代的な権力がこれと同じ構造を持っていると指摘しています。この権力の根本的な特徴は、逃れることができないということです。

では、昔の権力はどこに特徴があるかというと、さきほどのカフカの例のように、帝国があって、中心に皇帝がいます。中心から外へ外へと権力が伝わっていく。これは非常に時間がかかります。ですから、遠くに行けば行くほど、権力はなかなか伝わらない。仮に命令がたまたま伝わったとしても、従わなくてもいいわけですから、マージナルな場所にいればいるほど、皇帝の権力は弱まっていきます。だから、人はいつでも権力から逃れることができる。もちろん、外まで行けばもう届かないということになります。軍隊を派遣しても、軍隊が途中で届かなくなる。もしかすると、軍隊そのものが途中で解散してしまうかもしれない。だからけっきょく、遠くにいれば届かない権力です。これが、いわば「万里の長城」型の権力です。

一方、近代的な権力の下では、人はつねに監視されていて、権力から逃れることができない。実際に、近代国家はこういうロジックでつくられています。たとえば私たちは、日本の首都・東京にいろいろな重要な機関や建物があることを知っていますが、いかに国境線の近くに行っても、日本の国の法律は同じ程度に守られています。北海道に行くとあまり憲法が守られていないとか、沖縄に行くと警察が信用できないとか、そんなことはありえません。どんなに周辺に行っても、同じように権力は機能している。逆に言えば、周辺というものは存在しないわけです。

「万里の長城」型のシステムでは、マージナルな場所に行けば、王様が派遣した役人が王様の言うことを聞くとはかぎりません。ですから、末端になればなるほど、王様の権力はじつは怪しげなものになっていって、通用しないということになります。ところが近代的な権力は、違います。それは距離に依存しない権力なのです。

新聞を読む近代的な主体

これは、メディア論的に興味深い現象です。さきほど、プリミティブな共同体から王様の権力へ移るにあたって、文字の発明が非常に重要な意味を持ったと言いました。では、こういう近代的な権力にフィットしたメディアのあり方というのは何かと考えてみると、それは印刷した文字です。いちばん典型的なのは新聞です。新聞のあり方と、この近代的な権力のあり方は、ある種パラレルな関係にあります。

私たちはいま、新聞をあたりまえのように見ていますが、よく考えてみるととても独特なメディアです。たとえば、新聞に載っているできごとのあいだには、じつはなんの共通の脈絡もありません。ある国会議員が自殺したということとだれかが金メダルを取ったということのあいだには、なんの物語的なつながりもない。みなさんは、その二つの記事が並んでいることを何も気にせずに新聞を見ると思います。では、その二つが並んでいる根拠は何かというと、両方ともきのう起きたということだけです。つまり、同じ空間で同じ日に起きた。このことだけが、その二つのできごとをつないでいるわけです。

新聞というのは、このように何の脈絡もないさまざまなできごとを、一つの同じ空間で同時に起きているように見せるのです。同じというのは均質的という意味ですが、新聞は、全体としてさまざまなできごとが起こる一つの空間を、均質なもの、ホモジーニアスなものとして与える。そのようなものの見方です。

これは、じつは近代的な権力と同じです。さきほどの皇帝の例では、権力は局在しています。ですから、そこでの空間は中心と周辺という構造を持っています。中心は質的にレベルの高い空間です。王様がいて、秩序が保たれていて、コスモロジカルに見ても質が高い。しかし、周辺に行けば行くほどいかがわしい空間になって、やがて、夷狄《いてき》が住んでいたり、人間ともつかないような魑魅魍魎の住んでいたりする空間へとなっていく。つまり、中心は質的にレベルの高い空間で、周辺は劣悪な空間になっている。空間が均質ではないわけです。このような空間を、私は「遠近法的な空間」とよんでいます。

ところが、近代的な権力は中心と周辺を持ちません。べつに沖縄だからといって、周辺なわけではないのです。たんに国境線に近いだけで、日本の法律が守られていない可能性が高くなるわけではありません。むしろ、東京のほうがよっぽどいかがわしいかもしれない。だから、そのような質的な区別がない。つまり、全体を均質なものとしてとらえるような感覚が必要なのです。それが近代的な権力をつくっているし、新聞も同じような感覚に立脚しているわけです。

だから、こちらは脱遠近法化されているといえます。脱遠近法化された空間と対応しているのが、いわゆるマスコミュニケーションです。一×nのマスコミュニケーションを可能にしたのが、このような空間の編成の仕方であり、社会の構造であり、また、共同性のあり方なのです。

フーコーは、「近代的な権力との関係で近代的な個人の主体性がつくりだされる」ということを厳密に論じていますが、ここでいう「近代的な主体」のイメージとは、新聞を読む市民です。ですから、そういう意味でも新聞というのは近代的権力とつながりがあるのです。

新聞を読む市民は、いわば十九世紀がつくりだしたブルジョア的主体の典型的なイメージです。新聞を読むと、部屋にいながらにして、国民国家の空間のなかで起きていることを一望に見わたすことができます。一望に見わたして、そのなかで重要なものを読み取っていることになるわけです。

言ってみれば、一つの大きな空間を一挙に見るということは、神だけがやれたことです。新聞を読むということは、比喩的に言うと、神の持っていた視点を所有するということです。この空間のなかのいろいろなところで起きているものを一挙に眺めて、それらのなかの重要性を判断したり、反省や考察を加えたりする。こういうことが、「近代の主体」であり、市民であるわけです。

「近代的な主体」の夢の実現

では、電子メディアは、これにどういうことをつけ加えたのでしょうか。結論的に言うと、新聞がはたそうとしてはたせなかったことをはたした、ということになります。つまり、近代的権力がひそかにねらいながら、じつは完全にはできなかったことをなしとげたということです。

新聞は、一つの空間、もっと理念的には地球全体で起こったことを一望のもとで見わたすことができればいちばん望ましいわけですが、実際にはいろいろな技術的な限界がありますから、そこまで完璧ではありません。新聞といえども、実際にピックアップできるできごとには限界があるわけです。

もう一つ重要な限界は、新聞にはきのうのことが書いてあるということです。つまり、完全に即時的にできごとを観察できるわけではないのです。さきほど「神の目」と言いましたが、それは言いすぎであって、神はその瞬間に眺めているわけですから、新聞が持っているのは神よりも少し遅れた目なわけです。

それから、新聞といえども、けっきょく運ばなくてはいけないし、記者を派遣しなくてはいけない。そのほかいろいろな理由があって、完全な地球規模にはなりません。ある程度ローカルな範囲内のものをとらえるだけです。主要には国民国家の範囲内です。国境線を越えると、新聞の情報収集力は非常に劣ってくる。したがって、一つの完全にユニバーサルな均質空間をつくり、そのなかのできごとを一望のもとに見わたすという新聞の欲望は、完全にははたされないわけです。

次に、ラジオやテレビが出てきます。これらは、百パーセントにちかいかたちで新聞の夢を実現してしまいます。具体的に言えば、まず、テレビは新聞よりもずっと広い領域の情報を、より多くの視聴者に向けて、よりすみやかに伝達できる。電子的な方法で伝わっていきますから、場合によっては、完全に同時に伝達することができるわけです。しかも電波は、新聞のように物によって運ぶのと違って、伝達するのが非常に簡単ですから、より広いところにいる人たちに伝えることができる。むしろ、受信者を制限するほうがむずかしくなります。だから、より広いところにいる人に向かって、より多い情報を、より速く完璧に伝達する。したがって、テレビが実現した目というのは、言ってみれば、新聞が実現しようとしてついに実現できなかった目です。

こうなると、人は自分の個室にいて、世界中のことを見ることができるようになります。自分の目によって世界のできごとを自分のものにできる。さきほど、「近代的な主体」の話をしましたが、簡単に言えば、「神の目」を自分のなかに内面化した主体のことを「近代的な主体」といいます。それは、新聞を読むぐらいではまだまだ弱い。ところが、テレビを持っていて、それによって世界中の情報を一挙に同時的に見ることができれば、「神の目」を持っているに等しいような状態になるわけです。

いまでは、コンピュータの端末を持ってネットワークのなかに入って、いろいろなタイプのデータベースにアクセスすることができます。そうすると、世界中の情報を、端末を通じて全部集めて、一望のもとに眺めわたすことができるわけです。だから、本当に神と同じになります。ここで、「近代的な主体」の夢が実現するわけです。

完成した主体こそはもっとも惨めな主体である

みなさんもよく知っている哲学者にカントという人がいます。カントは画期的な哲学者だと思います。カントより前の哲学者のものは、いま読むといかにも前近代的な感じがします。しかしカントのものは、基本的には近代的な感じがします。だから、哲学者で言えば、カント以降が近代になります。

カントの哲学は、いまの文脈で言えば、主体とは何かということについて書いてあります。カントは、主体とは――彼のむずかしい哲学的な言葉を使えば――統覚を持たなければいけないと言っています。ドイツ語では〝Apperzeption〟、翻訳では統覚といいます。統覚というと、なにかいかにもむずかしい感じがしますが、言っているのは簡単なことで、ようするに、人はいろいろなものを感覚したり知覚したりしますが、それらの感覚を総合して統一化して判断する、ということです。知覚したり感覚したりしたことを自分の生のなかで統一的に眺めるという作用を、統覚というわけです。

ですから、この統覚の力を持っている人は、いろいろなできごとを全体として整理し、統一化する力を持っている人です。具体的にいえば、テレビを持ち、あるいは完璧なデータベースにアクセスできる人は、カント的に言えば、「パーフェクトな統覚」を持っているわけです。カントはただ哲学的・抽象的に言っただけですが、哲学的・抽象的に言われていたことが、テクノロジーのおかげで文字どおり実現してしまう。これが現在の段階です。

このように、新聞の理想をテレビが実現し、データベースにつながっているコンピュータ・ネットワークが実現した。そして、それとパラレルに、十九世紀がつくりだした主体というビジョンを文字どおり実現し、完璧な統覚を持った主体ができあがった。この瞬間に何が起きるかというと、「近代の主体」が、突然、権威を失墜するのです。つまり、夢が実現したその瞬間が敗北の瞬間になるわけです。

具体的に言います。「理想的な主体」とは、地球上で起きるすべての情報をいっぺんにアクセスできる完璧な情報を持っています。その場合、主体はいったい何をするでしょうか。もちろん、これは思考実験です。日本では現在、テレビのチャンネルは少ししかありませんが、やがてチャンネル数がどんどん増えていって、千チャンネルぐらいになると考えてみてください。そのおかげで、地球上のいろいろなできごとをいつもリアルタイムに見ることができます。

多チャンネル化した完璧なテレビを前にして人は何をするかといえば、いまでももうすでにはじまっていますが、ザッピングです。つまり、チャンネルのなかをただわたり歩くだけです。すべての情報を見るということは、チャンネルを次々とわたり歩く以外に方法はないわけです。

ある有名な歴史学者の話ですが、その先生はテレビが好きで、自分の部屋にテレビを六つぐらい置いていて、つねに映像を映しているというわさを聞いたことがあります。音は消してありますが、それをずっと見ていて、なにかおもしろそうなものがあれば、そこだけ音を出すということをするそうです。でも、その先生といえども、千チャンネルになったらどうなるのでしょう。けっきょく、すべての情報があっても、一挙に見わたすどころか、せいぜいそれぞれのあいだを、ただひたすらザッピング調に移動していくことしかできないわけです。これは、カントが考えていた統覚という高尚な技ではありません。情報やできごとを総合するどころか、情報のあいだを、これといったことも考えずにただただ移動しつづける。やっていることといえば、チャンネルのスイッチを押しつづけるだけです。

コンピュータについても同じことがいえます。コンピュータ・ネットワークでは、いまや情報が多すぎるというところまできています。だから、なにか必要な情報があるかと思って、たとえば私の名前で検索する。そうすると、ほとんどどうでもいいことばかりが発見されるわけです。一九九〇年十月何日に大澤が授業のときにどんな服を着ていたとか、そのような情報が発見されたりするけれども、そんなことはどうでもいいことです。ここではザッピングのかわりに何が起きるかというと、ネット・サーフィンです。いろいろなデータベースやホームページをただひたすらわたり歩く。そのなかから自分の重要なものを選び出すということは、もう不可能になってしまいます。

ザッピングしつづけるということは、すべての情報をとらえるのではなくて、つねにほんの一部しか情報をとらえていないことになります。千チャンネルもあれば、つねに千分の一の情報しかとらえていない。ネット・サーフィンについても、つねにほんの一部の情報しかとらえていないからこそネット・サーフィンしていかざるをえないわけです。

ですから、可能性としてはすべての情報にアクセスできるがゆえに、つねにローカルな情報しか接することができないという状態になります。つまり、主体の夢が文字どおり実現したときに、主体としてはいちばん惨めなものになるわけです。原理的には、あらゆる世界のできごとを一望のもとに見わたすことができるという「神の力」をもったわけですが、実際には神からはいちばん遠い、つねにほんの一部のローカルな情報しか見ることができない、そういう惨めな主体になっていく。原理的には神であるということと、実際上は神からいちばん遠いものであるということが同時に起こるわけです。

直接民主主義の悪夢

パソコンはもともと、カウンター・カルチャーの道具でした。つまり、一九六〇年代末期から七〇年代にかけてのカウンター・カルチャー的な運動のなかから、超大型コンピュータに対抗するような廉価で気軽なコンピュータとして開発が進んできたという経緯があります。カウンター・カルチャーとは一つの反権力闘争ですから、パソコンは反権力のテクノロジーとしてのメディアという側面もあるわけです。

たとえば、コンピュータの端末が日本中の家庭に普及した場合、民主主義がパーフェクトなものになり、直接民主主義の夢が実現するだろうとよく言われます。普通は、大きな人口をかかえている集団での直接民主主義はむずかしい。仕方がないから、代議制のような間接的な民主主義でやっている。けれども、もし、みんなが端末を持っていて、その端末のスイッチによって賛否をとることができれば、わざわざ代議士が国会に出ていって、そこで投票する必要がなくなります。みなさんが直接、毎日、国民投票をすればいいわけです。コンピュータですから、非常に集計が速いかもしれない。そうなると、コンピュータ・ネットワークによる草の根的な直接民主主義が完成するだろう。そんな素朴な感覚を持っていると思います。

しかし、これは私の予想ですが、もしそういう時代がやってくれれば、少なくとも私たちがいま想像しているような民主主義は完全に崩壊するだろうと思います。

さきほど、ザッピングやネット・サーフィンの話をしたときに、私たちは原理的には世界を全体として一望に見わたすような視点を獲得しているけれども、実際上はきわめてローカルな視点しか獲得していないと言いました。つまり、われわれはつねにローカルになってしまって、全体を見わたすことができる人はだれもいなくなるのです。これはたいへん重要です。

たとえば、私たち新聞というものに、いわば日々洗脳されているところがあります。なぜかというと、新聞にはその国のできごとがおもに書いてあるからです。もちろん、外国のことも書いてありますが、どうしてもその国のことが多く書いてある。日本の新聞はとくにそうです。そうすると、新聞を毎日見ることによって、気がつかないうちに国境線の内側は自分の領域になって、それを少しでも越えると、物理的にはすぐ近くであっても、なにか非常に疎遠な感覚がするわけです。たとえば、北九州に住んでいれば、北海道よりも朝鮮半島のほうがはるかに近いわけですが、新聞を毎日見ていれば、北海道は自分の領域だと感じるけれども、朝鮮半島の向こう側はそういう感じがしない。もちろん、法律の問題など、そのほかの要因がいろいろありますが、むしろ新聞の情報の濃淡が大きいと考えられます。

私たちは新聞を毎日読むことによって、日本列島を一つの共同体だと感覚する。そういうイメージが日々つくられていきます。ベネディクト・アンダーソンは、このようなことを『想像の共同体』のなかで書いています。ですから、新聞は、いわば私たちに一つの共同体とは何かということを教える洗脳メディアであると考えることができます。そして、そのことによって、ナショナルなコミュニティを一つのものとして発見できるようになるわけです。

ところが、もし私たちが完璧な電子ネットワークのなかに組み込まれた場合、原理的にはすべての情報にアクセスできながら、実際上はつねにローカルな情報しか与えられずに、ローカルな視野しか持たなくなります。そうなると、しだいに、自分が日本という抽象的な共同体のなかに属しているという感覚を、実感として失ってきます。それだけでなく、もっと広くアジアや国際社会のような広いユニバーサルな共同体のなかの一人のメンバーだという感覚を失って、自分自身がたんなるローカルなネットワークのなかの一員であるという感覚しか持てなくなってくるようになります。

こうなると、民主主義はたいへんな危機に陥ります。たとえば、憲法九条を変えるか変えないかを国民投票するとします。このときに私たちは、日本人という抽象的な主体が統一的な意志を持っていて、その意志をみんなで決めるのだという感覚を持っていなければ、投票はできないはずです。だから、日本という統一性についての感覚がなければ、直接民主主義的な国民投票というものは成り立たなくなります。ところが、さきほど言ったように、視野が完全にローカルなものになっていけばいくほど、民主主義のベースになっている、ユニバーサルな世界のなかの一つの共同的な意志という感覚がなくなってくるという問題が起こるわけです。つまり、共同体が空間的に分散していってしまうのです。

また、もし日々の国民投票が電子的なネットワークによって可能になった場合、今度は時間的な分裂も起きてきます。現在、国政選挙は何年かに一回しかできませんから、そのときに決めたことが、その後何年間も自分たちの意志にならざるをえません。ところが実際には、人間というのは意志や気分が毎日変わるものです。きのうはあの人はいい人だと思ったけれども、次の日になったら意外にいやなやつだったとか、きのうは原発に賛成だったけれども、きょうはいろいろな考えを聞いて反対だ、ということが起きるわけです。けれども、いままで選挙はたいへんなコストがかかるから、一回やってしまえば、そのあとすぐにはできません。ですから、本当は気が変わるものですが、それは表には出てこないのです。だから、という仮定でやるのです。だれでも気が変わるものですが、それは表には出てこないのです。だから、国民の意志というものが安定するわけです。

ところが、もし選挙にかかるコストが低くてしょっちゅうできるとすれば、気が変わるたびに選挙結果は変わります。つまり、気が変わるという感覚が、そのまま選挙結果にダイレクトに反映してくるのです。きのうは憲法九条に賛成だったけれども、三日もたたないうちに意見が変わるとすれば、憲法に書くに値するような日本人の意志などというものが、そもそも存在するのかどうかも疑わしくなってきます。

つまり、あまりにも国民の意志を透明に映し出すメディアは、国民の時間的につづくアイデンティティをも壊してしまう。そのことによって、時間的な面でも直接民主主義が空洞化していく。だから、もし電子メディアによって、直接民主主義という夢が比較的ローコストで実現できるようになればなるほど、逆にそれは一種の悪夢に近いものになっていって、空洞化し、無意味なものになっていくのではないかと思うわけです。

家族という関係性の否定

最後に、電子メディア的な時代になったときに、どういう関係性が出てくるだろうかということを考えておきたいと思います。

これもオウムについての本で書いたことですが、オウム真理教の殺人事件やテロのなかで、人々にいちばん嫌悪されたり、恐れられたり、腹を立たせたり、格段に評判が悪かった殺人事件は、弁護士一家殺人事件です。この事件は、オウムが犯した犯罪のマイナス面の代表のように言われていますが、なぜこれほどまでに、この事件が人々から嫌悪されているのでしょうか。

それは、たんに弁護士を殺したということとは違う意味を、この事件が持っていたからだと思います。たとえば、坂本さんという弁護士が殺されてしまったことが報道されるときに、必ずホームビデオの映像が映ります。そのなかには、奥さんがいて、まだ立ちはじめたばかりぐらいのごく幼い男の子がいて、典型的な幸せそうな核家族がある。この事件のポイントは、坂本さんを殺したということではなくて、この核家族を殺してしまったということです。もっと言えば、オウムは家族性というものを否定してしまったところが重要だと思います。

この事件に関してとくに問題になったのは、オウムの信者が死体をみんな別々の場所に埋めたことでした。このことは、オウムが家族という関係性を否定してしまっているということを暗示しているのです。

家族は、人間の社会にとって非常に中核的な社会構造です。ごくわずかな例外はありますが、よほど人為的な例外でないかぎり、家族を持たない社会はありません。つまり家族は、人間にとって非常に普遍的なあり方であるわけです。たとえば、企業や学校という集団は特殊なもので、そのようなものがない社会はたくさんありますが、家族はどんな社会にもあり、家族や家族に類するものは、人間が成長する過程で必ず経験していくわけです。ですから、家族すらも否定するということは、社会に対するかなりラディカルなプロテストということになります。

これは、「極限的に直接的なコミュニケーション」と関係があります。「極限的に直接的なコミュニケーション」は、じつは人間が持っている他人との関係のあり方のなかで、もっともプリミティブでもっともベーシックなコミュニケーションです。

たとえば、幼児がいちばん最初に体験するコミュニケーションは母親とのコミュニケーションです。これは言ってみればシンクロです。もちろん言葉で解しているわけではないですから、母親の身体の波動に対して、幼児の身体が直接シンクロするわけです。ですから、身体の直接的なシンクロによってつながる関係が、「極限的に直接的なコミュニケーション」であるとすれば、このコミュニケーションがすべてのコミュニケーションのなかでもっともベーシックなコミュニケーションになります。

オウムは、コミュニケーションのなかでこのモードだけは認めようとしました。しかし、これ以外のすべてのモードはどうでもいいものだとして排除してしまう。たとえば、いま、私とみなさんは直接に共鳴しあう関係ではなく、むしろ、私の話を理解しながら咀嚼するという別のタイプのコミュニケーションをしています。しかし、オウムはそうではないのです。「極限的に直接的なコミュニケーション」だけが本質的であって、そのほかの人間の持ってきたすべての関係のあり方、すべての社会の構造、すべての社会の制度は、すべて本質的ではない偶有的なものだとする。本質的の反対語を哲学では偶有的といいますが、そういう断固たる態度をもっています。それが、坂本一家殺人事件に象徴されているわけです。

いま私たちの社会が直面しているのはそういう段階です。つまり、人間社会のなかで持ってきた、家族を含むすべての制度が偶有的に見えてきて、「極限的な直接性」だけが、私たちにとって非常に重要で必然的なものだと感覚する。そのような感覚が、電子メディアの普及とともにだんだん主要になってきています。そういう歴史的な段階に私たちが到達しつつあるということを、言いたいわけです。

超越的な他者の変容

それから、もう一つ言っておきたいことがあります。一九九七年あたりに「父権の復権」などということが言われたのをよく覚えていると思います。これは私の一つの持論ですが、社会とは、ある超越的な他者との関係で組織されています。いちばん典型的なのは神ですが、神までいかないとしたら、父的なものです。それをそのまま純化させたものが宗教になるわけですが、これはすべての社会に通じることです。社会というのは、そもそも宗教的に構築されているから、宗教を見ることで社会がわかってくる側面があるわけです。だから、すべての優れた社会学者は宗教社会学者でもあります。

さて、プリミティブなコミュニケーションとよんだ「極限的に直接的なコミュニケーション」が登場したときに、社会をつくりあげていた超越的なもののあり方が非常にドラスティックに変化していきます。これがもう一つ言っておきたいことです。

超越的とは、隔絶しているということを含んでいます。神はそのへんにいるわけがなく、超越していて、隔絶しています。ところが、麻原彰晃は、いわば生ける神だけれども、隔絶してはいません。自分のなかに直接入ってきてしまうわけです。つまり、隔絶して遠くにいるのではなくて、自分のいちばん近くにいるのです。

ここでは「父的なもの」「母的なもの」と言っておきますが、母的なものはある種の親密性、父的なものはある超越的な隔絶性を含んでいます。しかしいま起きているのは、超越的なものが隔絶していなくて、いちばん親密な領域に入ってくる。だから、通常の超越的なもののエッセンシャルな条件が否定された超越性ということになるのです。

これは、『エヴァンゲリオン』でも同じです。『エヴァンゲリオン』は、見ればわかるとおり、前半は父ゲンドウとの関係で話が進んでいます。父は伝統的な家父長、超越性です。ところが、途中から話が変わっていって、後半はエヴァ中心に展開していきます。エヴァというのは、名前からわかるとおり「アダムとエバ」の「エバ」とも引っかけられていますから、母的なものです。父的な超越性が支配する世界から、母的な親密さがそのまま超越的なものとして君臨する世界に変わっていく。そういう話です。

遠隔地ナショナリズムについて

最後に、遠隔地ナショナリズムの話に戻ります。このような時代のなかで、なぜ「グローバル・ヴィレッジ」ではなく、なぜ遠隔地ナショナリズムが出てくるのかということです。

まず、さきほど直接民主主義との関係で話したように、われわれは抽象的な世界市民、つまり包括的で普遍的な共同性のなかに組み込まれていくのではなくて、電子的なネットワークによってつねにある種のローカルな共同性のなかに組み込まれていきます。しかも、そのローカルなコミュニケーションは、「極限的な直接性」によってつながっていく。つまり、隣近所ではないけれども、電子ネットワークのおかげで、海を隔てた遠くのクロアチア人と直接に連帯できるわけです。ある種の直接的で親密な関係のなかに入っているような幻想を抱くことができるのです。いわば、電子ネットワークによって、直接性を偽装したコミュニティのなかに自分たちが組み込まれる。これが第一点です。

それからもう一つ言っておきたいのは、最初に話したように、遠隔地ナショナリズムの特徴は、「〇〇系〇〇人」というときの「〇〇系」が突如、重要な意味を持ちはじめるということです。比喩的に言うと、「〇〇系」という部分が、サイバースペースのなかのペルソナにあたります。もともとそれは、自分にとってはどうでもいいようなただのインデックスです。自分はアメリカ人である。ただし、しいて言えばイタリア系である。このように、自分にとって外的で、どうでもいいマスクにすぎなかったようなインデックスが、突然、自分にとっていちばん内面的で重要なものに変わる。コンピュータ・ネットワークのなかでは自分のただの仮面だけれども、それこそが本当の自分なんだと変わっていくのと同じように、「〇〇系」というのが突然、自分にとって譲れない決定的なアイデンティティの核になっていく。それが遠隔地ナショナリズムという現象なのです。ですから、それは、サイバースペースの論理に非常に厳密にのっとっていると考えていいと思います。

電子メディアと公共空間

覆されたマクルーハンの予言

インターネットによる情報のグローバル化が私たちの欲望に反作用を及ぼし、社会のあり方を変容させつつあることを論じたい。とっかかりに、メディア論の祖マクルーハンの予言のことを考えます。

電子メディアについて最初に理論的なことを言った人として、彼の名前がよくあげられます。マクルーハンは一九五〇年代から六〇年代初頭に、来るべき電子メディア社会について論じている。彼は電子メディアのネットワークができたときには、社会が一つのグローバル・ヴィレッジになると言った。時間と空間の隔たりがどんどん無意味なものになり、地球が一つの共同体になるというわけです。

地球全体が歴史的に非常に密度の高いシステムに向かっていくわけだから、カルチャーの面でも経済の面でも政治の面でもボーダレス化が時代の趨勢であると考えた。電子メディアのネットワークやグローバリゼーションが訪れた今日、マクルーハンの予言が当たったと言えるのか。むしろ予想は全く覆され、これまでとは違った形でのボーダーが生まれていると思います。

マクルーハンのどこが間違っていたのかを考えると、サイバースペースでのコミュニケーションがどういうものかが見えてくる。インターネットによって世界中のコンピューターが接続されているという一つの事実があります。もちろん実際にアクセスできる人は人口のごく一部であるというのはあるけれど、とにかく理念上は一つになった。今後コンピューターがますます普及していくのは間違いないわけだから、一つの巨大なコンピューター・ネットワークが地球上にある。しかし当事者のコミュニケーションの感覚として見た場合に一つのグローバル・ヴィレッジと言えるかというと、実は逆のことが起きているということです。

これは電子メディアに限ったことではなくて、経済的なグローバリゼーションの中でかえってエスニックなものや宗教的なものが力を得ていることにもつながっている。さまざまな部族主義やエスノナショナリズム、宗教的原理主義が、グローバル化によってかえって要請される面があるわけです。十九世紀に国民国家ができたときには国民国家が成立する、政治的経済的な根拠がありました。交通手段をはじめとする人間のコミュニケーションの濃度が高まって、地域的限界を超えることが可能になってきた。例えば鉄道が敷設されて交易範囲が広がることに規定されて、ネーション・ステイトが準備された。ナショナルはアイデンティティが普遍化するのはそのあとのことです。

その線で事態が進むとすれば、グローバル化でナショナリズムは根拠を失う以外ない。現在たとえばコミュニケーションが国境で区切られることはなくなっています。とくにインターネットの世界になると、もう国内から発信されている情報と海外で発信されている情報へのアクセスのしやすさは変わらない。だから国境線がだんだん無意味なものになって、ナショナリズムから人々が解放されていくと考えたくなる。しかし実際にはむしろナショナリズムが強まっている。

その場合十九世紀以来の古典的なナショナリズムはネーション・ステイトを建設する、少なくとも国民国家の統合にむかうものだった。今回はむしろいったん成立しているネーション・ステイトを解体して、より細分化したエスニックなグループへと分解しながら対抗しあう。そういう脱国民化のナショナリズムというべきものが起きている。デジタルネットワーク上のコミュニケーションが客観的な意味で拡大していることと、われわれの意識のレベルで起きていることが対立する。マクルーハンの予言とは裏腹に、そういう特徴があると思います。

実際にナショナリズムの問題は、インターネットともかなり結びついている。インターネットがなければ起こりえないようなナショナリズムがあるわけです。『想像の共同体』を書いたベネディクト・アンダーソンが、遠隔地ナショナリズムというのを指摘しています。例えばアメリカにいるアイルランド系住民が、インターネットを通じてＩＲＡの運動を支援する。アメリカにいるインド人が、インドやパキスタンでのヒンズー教とイスラム教の対立に対してイデオロギー的・資金的に援助する。それがインターネットで可能になった。

彼らはインターネットがなかった時代には、アイルランド系アメリカ人にすぎなかった。考えてみるとアメリカという国は、みんなマイノリティでできている。出発点が移民の国で、みな○○系アメリカ人になるわけです。そのアメリカ人の方がメインで、○○系はそのサブカテゴリーにすぎなかった。けれどもインターネットで本国と結びつく可能性が生まれ、○○系に実質的な意味あいが付与された。グローバリゼーションが○○系とアメリカ人のいずれも無意味化するのではなく、より細部の帰属意識をもたらすように作用した。そういう逆説が情報のグローバル化で出てきている。

オウムのヘッドギアが象徴するもの

電子メディアによるコミュニケーションの特徴を考える上で、ぼくがよく示すわかりやすい例があります。一九九五年にオウム真理教事件が起きたときに、彼らを象徴するものとしてヘッドギアがでてきました。もちろん幻想的な装置で何の役にも立っていませんが、その幻想なりフィクションなりのあり方に一つの特徴がある。麻原教祖の非常によい状態にある脳波に信者を共鳴させて、イニシエーションに役立てるというものだった。ヘッドギアはそれを電子的に伝達する装置になるけれど、これは、実は非常に一般的なイマジネーションでもあった。現実の中で密かに直感されていることが、グロテスクに増幅されて出てきたんです。

一九八〇年代くらいにアメリカで、SFのものすごい流行がありました。当時はまだ今ほどコンピューターが普及していないけど、イメージの上ではサイバーパンクといわれるジャンルが出始めた。そのバイブルといわれるウィリアム・ギブスンの『ニューロマンサー』の中に、やはりヘッドギアに似たものが登場する。脳がコンピューターの端末のようになり、お互いに情報を伝達して相手の脳の中に入っていく。非常に幻想的なイメージだけど、オウムに通じる予感があったといえる。

これはぼくの想像だけど、九七年の酒鬼薔薇事件にも似たものがあったんじゃないか。あまり注目されず一部の精神科医が指摘しただけですが、小学生の児童を殺害して首を切った場所が通称タンク山と呼ばれるケーブルテレビのアンテナがあるところです。彼はバモイドオキ神という想像上の神様をもっていたけれど、実はこれも電子メディアとつながっているふしがある。ケーブルテレビの足下で切断儀式を行い、バモイドオキ神と交信しようとしたんじゃないか。SFでは非常によくあるパターンです。神というのは例えば宇宙人が残した人工装置であって、そこからくる情報に人間が反応するというのがあるわけです。

それからライフスペース事件で有名になったシャクティパットにも似たような問題がある。オウムもPSI（完全救済イニシエーション）の中で、シャクティパットを採用した時期がある。イニシエーションというのは普通は通過儀礼という意味だけど、オウムの場合にはちょっと独特の意味合いがある。イニシエーションにおけるシャクティパットは、もともとヨガから取り入れた。人間の身体というのは広い意味の波動、ヨガの言葉でクンダリーニと呼んでいる。解脱をするとクンダリーニが浄化されて、純粋状態の波動が現れる。シャクティパットはいい状態の波動を伝えていくということで、麻原はこれが非常にうまかった。初期のメンバーに名人芸的なシャクティパットをほどこした。実際にはマッサージなわけだから、とにかくどんな意味づけがあろうと気持ちがいい。

とにかく非常にすぐれた技術者だったけれど、グルの側は逆に消耗するらしい。グルからよい波動が伝わるときには反作用もあって、グルの方に悪い波動が入ってしまう。それで麻原が疲労するんだという解釈になる。彼らがはじめオウム神仙の会といって渋谷で小さなヨガのグループをやってるときはまだよかったけれど、だんだん信者が増えて一〇〇〇人を超えるとやれなくなった。そこで一挙にシャクティパットをやるのに代わる、イニシエーションの一連の技術ができてきます。

その基本はグルの身体の波動を信者に直接伝える技術です。シャクティパットが一番典型だけど、グルの身体に直接共鳴する。グルも自分も一種の波動ですから、波動を介してグルの身体が自分の中に入ってくるわけです。だからPSIはまだ科学っぽいところがあるけれど、もっといろいろおどろおどろしい呪術的なものがあった。髪の毛を飲むとか血を飲むとかの原始的な方法です。髪の毛であれ血であれシャクティパットにおける波動であれ、グルの身体が体内に入るのが基本でPSIはそれを増幅する。

そこまで遡ると、いったい電子メディア的なコミュニケーションというのがなんであるかがわかってくる。ぼくはそれを極限的な直接性と呼びますが、いわば他者の身体が直接入ってくるような濃密さがある。普通のコミュニケーションというのは、自己と他者、受信者と発信者が相互に外在的で、直接性がないからこそコミュニケーションが成立する。ところがシャクティパットにまで還元してみればわかるように、電子メディア的なコミュニケーションの場合にかえって強い身体的同一性や直接性を指向する。

シャクティパットとかPSIというと、一部の宗教的な人たちの幻想で普通の人は関係ないと思うかも知れません。しかし電子メディアが電子メディアであるがゆえの直接性は、普通の人たちのコミュニケーションの中にも入りこんでいる。非常に普及度の高い電話や携帯電話にも同じ特徴があると思います。

崩れる「内と外」の感覚

ぼくの友人で東大の社会情報研究所にいる吉見（俊哉）さんが何年か前に電話について書いた研究があります。一九五〇～六〇年代にかけて電話が急速に普及したときに、もともとは玄関や応接間におかれていた。ある意味では電話は音の訪問者ですから、外と接触する外縁としての応接間に置く。その時点ではまだお客さん意識があったのが、次にリビングに置かれて訪問者がいきなり中に入ってくることになる。やがて個室に置かれた。もともと電話が声の訪問者のための玄関だったことを思うと、それぞれの人の一番親密（インティメイト）なる空間の中まで玄関が持ち込まれた状態になった、と言えるでしょう。

今は携帯電話ですから、玄関を身体につけて持ち歩くことになる。今の若い人たちは一方では家族からも分離して自分自身の世界を作る。一種の社会的ひきこもり現象ですけど、どうやってひきこもってるかというと、コンピューターとか電話とかポケベルなどの電子的なコミュニケーションの道具と共に引きこもる。言わば引きこもりの世界には玄関も入っている。これが極限的な直接性ということのイメージなんです。だから電子メディアが入ってきたときに、コミュニケーションのスピードなどの技術的な面が新しくなっただけではなく、コミュニケーションのスタイルそのものが大きく変わったと言えると思います。

古典的なコミュニケーションの図式では、片方に発信者がいて反対側に受信者がいる。それぞれ閉じられた世界を持った両者が第三の場で接触するとなるわけです。それぞれの意志を直接には伝えられないので、両者が共有するコードにいったん翻訳されて、それがまたディコーディング（解読）される。そういう形でコミュニケーションが捉えられるわけです。

ところが今起きているコミュニケーションをモデルにすると、発信者と受信者は相互に外在的にいるはずなのに、実は裏側に穴があいていて直接につながっている。玄関を自分の身体につけているようなものです。裏にある玄関を使うと媒介を通らないでいきなり相手の内側に入っていける。シャクティパットによって麻原の身体が直接自分の中に入ってくるのと同じような直接的共鳴関係になるわけです。自分と相手が相互に共鳴して一つの共振する身体になっていくというイメージで、自他の区別がほとんどつかなくなります。普通の日常的なコミュニケーションではそこまでいかないけど、電子メディアの場合は顕著にこれがあらわれます。

インターネットの世界では特にこういう傾向が強い。私のインティメイトな空間である、ホームページを開放するわけです。互いにネットサーフィンをしながら相手の中に入っていき、いきなり相手の個室を訪問しあう。ある意味で内と外との感覚が崩れていくのがポイントです。もともと内側というのは直接外には接しないから内側です。ところがもしダイレクトに内側に入れるとすれば、それは内なのか外なのかもうわからない世界になります。

サイバースペースの特徴としてよく出されるのは、ハンドルネームの問題です。例えばネオ麦茶などのハンドルネームを使い、そこである性格をもった自分を演じる。そうすると普段は引きこもってるおとなしいやつが、猛烈に攻撃的な激しい男として出ることがあります。そのときサイバースペース上の激しい男というペルソナ（仮面）は、その人の内面なのかただの仮面なのか分からなくなるわけです。

本当は気の弱い男がかっこつけているだけにも見えるけど、普段の生活の中では本来の欲望が押さえられていて、そこに出ているサディスティックで攻撃的な部分の方が本当の自分とも言えるわけです。外に出ている部分こそむしろ内面の真実かも知れない。極限的に直接的なコミュニケーションが内と外の感覚を崩していくのは、そこのところにもでてきます。

先ほどの話とつなげるとすれば、こういう極限的に直接的なコミュニケーションは包括的で大きな公共空間をつくることには向いていない。それはシャクティパットがマッサージであることからもわかるように、一種の接触感覚です。マクルーハンの予言がはずれたという話から入りましたが、他方で鋭いことを言っていて、メディアはメッセージであるという有名な言葉があります。さらにメディアはマッサージであるというスローガンがあって、電子メディアがマッサージ感覚、接触感覚を持つことを予言した。

だから逆説的なものがあるわけです。電子メディアが非常に遠隔な身体同士を結びつけている。物理的には接触できないけれども、接触できないものに与えているのはむしろ接触感覚です。そういうふうに考えると電子メディアがしばしばエッチなものと一緒になって普及するのは必然性があることがわかります。接触していなくても接触感覚の代替物になるようなところが電子メディアにはあるんです。

その意味で電子メディアはインティメイトな関係性をつくるには適している。これは公共的な空間とは非常に違う。インティメイトな関係というのは麻原と信者の関係でもわかるけど、トータルな同調を求めます。それに対して公共的な空間というのは互いに差異があることを前提にしたときに成立する。お互いにいろいろ違う人びとが、最小限の共通性において結びついていく。そういう中で関係をつくっていくのが公共空間の特徴になるわけで、双方が感覚のトータルにおいて共振していく親密圏とは逆のベクトルです。

電子メディアは公共空間を作らない

だから電子的コミュニケーションがグローバルな公共空間をつくる方向に向かわないのは当然のことと思います。トータルな感覚の一致にこだわればこだわるほど、人間は互いの差異の方を意識します。だから例えば同じアメリカにいても、アイルランド人同士じゃないと分かり合えないなどと感じます。本当はどこまで一致できるかはたぶんに幻想的だと思いますが、アメリカにいるアイルランド系の人と北部アイルランドにいる人が共振・共鳴関係を求めます。しかも自分たちがアメリカにいる中で感じる違和感を投影していくわけです。あちら側には本当に同調できるやつがいる。そういう形でグローバルな社会システムや公共空間ができる方向には向かわない。電子メディアによってグローバルなコミュニケーションができるようになればなるほど、逆にかえって公共感覚は細分化され、断片化されたものになっていくことになる。

もう一つ今までのコミュニケーションは局部的で現実の空間でのものですから、基本的には物理的なシチュエーションに支配されています。ところが遠隔地ナショナリズムを見ればわかるように、サイバースペース上では物理的な空間とは独立に共同性がつくられていく。そういう人たちが共同的な帰属意識を持つようになったときの対処の仕方について、ぼくらはまだ技術がないと思う。例えば法律というものは通常、物理的なテリトリーとの関係で決まっています。しかし例えばある人がアイルランド系であることの方がアメリカ人よりも重要になったときに、彼を拘束するのはアメリカの法であることとの間に齟齬が生じる。彼の税金はアメリカに払われるのにアメリカにはなんのロイヤリティ（忠誠心）ももっていない。そういう人たちが増えたときに新しい問題が出てくる可能性がある。

例えば税金は一種の盗みで強制的に取られています。国家にそれなりのロイヤリティがあるからこそ、盗みとは思わず払うわけです。ロイヤリティが失われたときにぼくらは国家をどう維持すればいいか、マルチカルチュラルな状況に対応できるものをまだ持ち合わせていないと思う。

さらにコミュニケーションの内的な構造を考えていった場合に、コミュニケーションの物理的な広がりが暗示するネットワークとは逆方向にネットワークをつくっていってしまうことがある。ぼくの世代より少し若い、いわばオタクっぽい世代の人たちはインターネットでコミュニケーションをするんですけど、彼らは非常に議論がへたくそですよね。彼らがけんかし始めると悲惨なことになる。徹底的に相手の人格をおとしめるような悲惨なけんかをやるわけです。

これは公共空間がつくられないこととつながっている。ディスカッションというのは、相手と自分は人格としては別で、だからオピニオンも違うことを前提としたとき成り立ちます。だから相手と意見が違ったとしても相手の人格を否定するわけではない。ところが極限的な直接性だけを求めようとすると、今度は感覚的な相違が相手に対する全的な否定につながっていく。それで本当に悲惨な、互いの名誉とか人格を徹底的に傷つけあったりするようなコミュニケーションになっていくと思います。これは麻原と信者のようなインティメイトなつながりの裏返しです。極限的な直接性にあるときに、ネガティブな意味を持って入ってくる奴は、直接的な侵略者になるわけです。

昔オウム真理教について本を書いたので、それ以来オウムの刊行物を見るようになりました。その中でちょっと笑っちゃったことがあります。『ヴァジラヤーナ・サッチャ』という名のオウムの機関誌があるんですが、その中に連載小説があって、アメリカの陰謀によって日本が危険にさらされるというストーリーが描かれている。日本人の中にも大勢スパイが紛れ込んでいて、特に悪いやつに瀬川洋子というのが出てきます。たぶん江川紹子をイメージしているのでしょう。彼女の必殺の武器が携帯電話です。一見携帯電話のように見えるけれど、実は電波で洗脳するマインドコントロール電話です。これによって日本人が洗脳されていくという話で、考えてみるとＰＳＩの裏返しです。だから同じものがポジにもネガにも現れるということがあります。

数年前まだEメールがあまり普及していなかった時代に、いわゆるベル友というのがありました。ベル友は直接知り合いではなく、ただ突然飛び込んでくるわけです。そのことによって友人になっていく。比喩的に言えば、何のつながりもないのにいきなり自分の個室につながる玄関に入ってきて、それでお友達になっていく。ベル友の場合はいいわけです。

そういう関係がネガティブに表れればどうなるか。ストーカーになるわけです。ストーカー的なものが社会の中で一般的になっていくことには必然性があって、電子メディア時代のコミュニケーションと結びついています。あるいはまた権力と結びつけば盗聴法の問題ともつながってくる。盗聴されている感覚は、電子メディア時代特有なものです。

いずれにしても極限的な直接性にはぼくもある意味では憧れるし、いい面もあると思います。ある種のコミュニケーションの可能性として解放的な意味や革新的な意味もある。しかし一歩間違えると非常に悲惨なネガティブな体験をうみだすことにもなりかねない。電子メディアがそういうコミュニケーションである以上は、決してグローバルなコミュニティや公共空間はできていかない。むしろそれと反するような共同性のユニットへと人間の社会が分割されていくのが趨勢であると思います。

これからぼくらの社会というのは、さまざまな新しい状況が出てくることに対して、対応のしかたがいろいろな意味で難しくなっていくと思います。例えば電子ネットワーク時代のデモクラシーがはたして可能なのか。よく電子ネットワークが出てくると端末を使った国民投票が可能になって、コストがかかる選挙とは別の直接民主主義ができるという希望が語られます。それが民主化の決定的な武器として使われるんじゃないかと。たしかにパーソナルコンピューターが草の根民主主義やカウンター・カルチャー・ムーブメントと結びつきながら、運動の普及の武器になっています。他方でもう少し長い目で見た場合に、大きな困難にぶつかっていくと思うんです。

ネット化がもたらす社会の細分化

一つはコミュニケーションのネットワークが物理的にはどんどん広がっていくけど、かえってぼくらが共同性を感じるユニットが細かくなっていく。しかも国民国家の共同性や境界線とは無関係な、物理的には飛び飛びの空間になっていったときにどうなるか。民主主義というのは意志を集計する方法です。人々の意識が分散してあるのを、単一の意志へと集計していく技術です。日本国民の民意を問うというのは、単一の意志を想定しているからできるわけです。実際には日本国民さんという人はいないけれど、そういう想定にぼくらはリアリティを感じている。ところが帰属意識が細分化したときに、そういう形で意志を想定することにどれだけの意味があるのか。例えばアメリカが完全にマルチカルチュラルな社会になったときには、もうアメリカの意志など想定できなくなるかも知れない。いかに電子的なネットワークが広がっても、そもそも投票したり選挙したりすることに意味がなくなってくるかもしれない。

同じことは空間的な問題だけではなく、時間的にも言える。選挙というのは非常に高いコストがかかりますから、そうしょっちゅうはできない。アメリカ大統領選挙も四年に一度です。ところが人間の意識というのは本当は不断に変わる。四年間持続することはないんです。しかし四年間選挙ができないことによって、四年間持続しているという想定がなされます。これは単なる必要悪ではなくて、そういう想定があってはじめて政治ができる。人々の意志が変わるたびに為政者や政策を取り替えていたら、一貫した選択や決定ができなくなってしまいます。

だから選挙が非常にローコストでできるようになり、ちょっとしたことで国民投票がされるようになると、逆に一つの意志が時間的にも成立するかどうかが怪しくなってくる。共同体だけではなく個人の意志だって同じです。四年に一度投票する分には、あのときクリントンを支持したら、意志の実際の変化にもかかわらずその後もずっと彼を支持しているという想定が許されるわけです。クリントンのことを好きになったり嫌いになったりしても、自分の意志は一貫しているというフィクションを生きることができる。ところが気分の変化をすぐに実際の行動や政治的な選択に反映させることができるようになると、かえって自分の意志の一貫性を想定しにくくなってしまう。

電子的コミュニケーションのネガティブな面ばかりを強調するようですが、もともとそういう直接性の高いコミュニケーションはぼくらの憧れでもあったと思います。例えば普通の言語によるコミュニケーションでも、どうしても本当に言いたいことが伝わらないもどかしさがあるわけです。それでも仕方ないから伝えようという、ある種の諦念をもってやっています。それがもし直接的に共鳴できたとすれば、それは本当に一つの快楽としてのコミュニケーションになっていく。そういうものに憧れる気持ちは非常にわかるし、また現にそういうものを実感できる瞬間があるとすれば、それはとってもいいことだと思います。しかし電子メディアはその欲望をあまりに律儀に実現させた。そのことでかえって有用な幻想が崩れていく構造があると思います。

同じような逆説として、情報検索の例が言われたりもします。ぼくらは全ての情報を瞬時に集めることができれば、神に匹敵するユニバーサルな知識が得られるに違いないと思ってきた。それは一時代前のマスメディアの限界を超えると考えられてきた。出版物による情報収集は非常に時間がかかるし、コストもかかる。新聞はよく頑張ってるけど一日かかる。ラジオやテレビはその部分をだいぶ克服したけれど、いずれにしてもわれわれはある特定の情報提供者に頼らざるをえないという別の問題がある。一対不特定多数のコミュニケーションだから、主体性をマスメディアに託さなければならない。

情報量が膨大すぎて目的にたどりつけない

それに対してインターネットによる強力な検索能力を持つようになると、スピードもまさるし、情報収集を他者にゆだねる必要性がなくなる。ユニバーサルな知識のための強力な基盤を持つようになれる。ところがそうなったときに実際にユニバーサルな知識が得られるかというと、逆のことが起きてしまう。実際に検索すればあまりにも膨大なものが得られてしまって、かえって検索できないという逆説に陥ってしまう。

ボルヘスの寓話に、「バベルの図書館」という話があります。あるところに可能な全ての情報がつまっている図書館があって、アルファベットのすべての順列を含んだすべての蔵書がおかれている。はじめのうちは人々は非常に喜ぶわけです。可能な情報がすべてあるんだから、そこには必ず真理が含まれている。その図書館を探査すれば必ず真理に出会えるはずだと思うんです。ところがそのうちに、実はその中から真理を見つけだすのに無限の時間がかかるということに気がつく。

次に実は図書館の中に真理のダイジェストを書いた本があって、それをすでに読んだ司書がどこかの部屋にいるといううわさ話が出てきます。その司書に会えば真理のダイジェストが手に入るということで、みんな必死になって探そうとするけど、図書館が広すぎてやはり永遠に見つからない。言ってみればインターネット時代の検索の世界を先取りしている寓話があるんです。ちょっとしたものを検索しようとすると、検索能力が高すぎて真理にどうしても到達できない。

ぼくらが本を簡単に出版できないのは、印刷にお金がかかるとか、紙代がかかるとか、郵送するのに時間がかかるとかの制約があるからです。これも本来の情報の価値には関係ない阻害要因と想われてきたけど、しかしそのおかげでくだらないものが出せなくなる。その制約がなくなり、ゴミのような情報に対するスクリーニングがかからなくなると、かえって貴重な情報からぼくらは遠ざかってしまう。だれでもホームページを開設できるようになると、必要かつ良質な情報は事実上ないに等しくなってしまう。

しかもさっき見たようにインターネットの世界というのは公共性とは逆のベクトルを持っている。公共空間では嘘を言わず誠実にものを言うとかの約束ごとがあって、だから本に書いてあることは少なくとも作者が本気で思っていることだと信頼できる。また誰が言っているのか分かるがゆえの責任も生じる。ところがインターネットの情報はそういう誠実性を満たしているとは限らない。この人の情報というふうに帰属させようとしても、どの人かも分からない。すべてのことがオープンになってしまって、情報はあってもその公共的な価値を定めることができない。そういうことになってしまいます。

だからインターネットで得た情報をぼくらがどうやって活用するか、非常に難しい問題がある。本で得た情報は出典を明記して出すことができる。インターネットで得た情報はそうはいかないわけです。アドレスやURLを表示しても、そんなものは瞬時に消えてしまうかも知れない。何月何日に得た情報と書いたとしても、しょっちゅう更新される。本だったらいったん出されたものは簡単に変わりませんから、そういう問題は起きてこない。

もう一つ権力のあり方も変化してくるんじゃないか。ミシェル・フーコーはパノプティコンということを言っています。不断に監視される状態をつくることで、規律する権力が個人に内面化されていくメカニズムを彼は問題にした。これも実は一つの比喩みたいなもので、事実上は不可能です。監獄ではそうかも知れないけど、実際生活においては観念的にそうなっているだけで一望監視などできない。

盗聴法ができるときに、Eメールでどんな情報をやりとりしてるかサーバーのところへ行けばすべてわかると言われたことがあります。ほかにも自分の行動がいろいろな形で電子的に記録される機会は多くある。クレジットカードを使ったときとかインターネットで買い物した場合などにも電子的に痕跡を残す。電子的な痕跡への検索能力や情報収集能力が高まってくれば、原理的には普遍的に監視されうる状況が生まれるわけです。しかしフーコーが言った主体化する権力として理想的に働くかというと、やはり逆ではないかと思います。あまりにも完璧なものはかえって自己否定に陥るというようなことが起きてくる。

普遍的に監視されていくことで主体化されていくのはどうしてか。監視している他者の視線、他者の主体性を想定するからです。あそこに看守がいて、自分を見ている。そういう自分を監視する他者の意志を想定し、そのことによって自分が主体化されてしまうんですよね。ところが電子的に情報収集されうるだけの可能性だとすると、そこに自分を監視しているポジティブな意志を想定する必要はない。ただの情報収集にすぎないし、原理的にそれをされうるだけで、むしろ九九％の確率で情報収集されない。原理的に監視されうるという状態は、現に監視されているのとは違います。あまりにも恒常的に情報収集できることにより、事実上監視されてないのと同じになっているわけです。結局なんの禁止も働かない。なんでも許されているという状態と同じです。だからフーコーが想定しているような近代的な権力とは違う形で、電子メディア時代の権力が働くと思います。

禁圧のない状況に快楽はあるか

ただ、すべて許されているという状態がぼくらにとって幸福かは微妙な問題です。禁止されている段階ではすべて許されたらどんなに幸せだろうかと思うけれども、実際には禁止されていることで快楽を得ているということがあります。禁圧がなくなったときに、たしかにそれにともなう苦痛も失うかもしれないけど、快楽も失うだろう。性的な快楽を考えればいいと思いますが、侵犯の快楽があるでしょう。だから全てが許されてしまうと、ぼくらにとって砂漠のような状態になるかも知れません。

最近のあるアメリカの電子メディアの研究者によれば、最近の若い人はディスプレイで起きていることを額面通りに受け取る顕著な傾向性が出てきたそうです。かつて電子メディアや人工知能がでてきたときに一番問題になったのは、それが意志をもつのかそれともただの機械なのかということです。機械の背後に人間的な意志を見るべきなのか、それが問題とされたんです。ところが最近の若い人のコミュニケーションを見た場合に、その態度は、at interface value、インターフェイスにおける額面通りということになるんです。ある人がサイバースペース上でかわいい女の子として振る舞うときに、かつてだったら本当に女なのかが問題とされた。裏側を読もうとする意志が強かったわけです。

ところが極限的な直接性においては見えてるものが内面そのものです。だから裏にある意志を読むことにも意味がなくなってしまう。それを権力的な状況に当てはめて考えれば、隠しカメラの向こう側に意志を想定するから権力になるわけです。ただ自分が撮られているだけでは権力は働かない。そういう状態が今後強まっていくと思います。

だからいわば事後的に検索されるような形で働く権力は、監視の意志を想定することによるパノプティコン権力とは非常に違うものになると想定します。いわば禁止なき権力で全てのことを原理的に許してしまう。しかし原理的に許してしまうために、ぼくらにとっては何も楽しくない。そういう権力じゃないかと思います。

電子メディアとは話がつながらないかも知れないけれど、こういう段階において公共性とは何かを考える必要があると思います。少なくともぼくらが古典的に考えていた西洋近代的な公共性がうまく機能しなくなったというのは事実だと思う。そういう中にあって、何が公共性であるのかということを考えなければいけないと思います。

これまで語られてきた公共性の何がうまくいかなくなっているのか。公共性である限りは当然いろいろな他者を含めたユニバーサルな空間の存在が想定されているわけです。ところがどんなにユニバーサルな空間を保障したつもりでいても、必ずそこに排除というものが現れてしまい、そのユニバーサリティ（普遍性）が裏切られてしまう。一番はっきりした例として、EUとユーゴの関係みたいなものがある。EUというのはヨーロッパ的な理念そのものを一つの政治的なコミュニティとして実現しようとした。デモクラシーやヒューマンライツなどの普遍的な理念によって、一つの共同体をつくろうとしたわけです。それが九九年のユーゴ空爆事件に現れたように、そこで想定される理念が普遍的であればあるほどある種の排除が先鋭化していく。ぼくらが何かニュートラルで全てのものを包括するユニバーサルな空間を積極的に提示しようとしたときに、この種のパラドックスが必ず生じてしまうと思います。

ですから今まで公共性というとき、できるだけ広い人たちの集合の中で最小限の公約数を見つけていく方向で考えてきたのを、逆転させて考えるべきときが来ているんじゃないか。最も特異で異質なものを公共性につながる起点として考えていく。そんな感じがしています。ぼくは先日仕事で沖縄に行ってきました。日本におけるマイノリティだと言ってもよいと思う。しかしこういう排除されている特異点みたいなところから、実は公共性につながるものがあるんじゃないか。日本人のパブリックな世界の中に沖縄というものを包括していく方向ではなく、むしろ沖縄という立場から逆に日本というものを見直すことができると思う。そうやって今までの公共性についてのアイディアを逆転していくことによって、可能性というものが出てくるんじゃないかと思ったんですね。（談）

インターネットのユーザーはなぜ食中毒事件に特に関心を示したのか

インターネット上の朝日新聞のホームページ「アサヒ・コム」が募集した「二〇〇〇年の十大ニュース」のアンケートの結果、第一位になったのは「雪印乳業乳製品による食中毒事件」であった。私には、これは少し意外な結果である。私だったら「南北朝鮮首脳会談」や「混乱したアメリカ大統領選」を挙げるだろう。また、一般には、「シドニー五輪」（実際は二位）か「少年凶悪犯罪の多発」（三位）あたりがトップだと予想したくなる。確かに、二〇〇〇年には、少なくともこの国では突出して目立った事件がなかったから、多くの事件が「一位」になりえただろう。その上、雪印事件は重要な事件ではある。が、それにしても、この事件が年間を通じて一位になるほどだろうか。しかも、この結果に関して、朝日だけが特異なわけではない。読売や毎日でも、同じようなホームページ上のアンケートで、雪印事件が一位なのである。

私の感覚の方が変だという反論はあたらない。この事実を指摘している、朝日新聞の「天声人語」の筆者もまた、似たような違和感を表明しているからである。実際、読売では、インターネットと葉書の双方で票を集めており、その集計では、雪印事件は国内事件の部門の五位と、私の印象とマッチした結果に落ち着いている。だがインターネットでの票に限ると、読売でも雪印事件が一位なのである。

なぜ、インターネット上のアンケートでのみ、雪印事件がトップになるのか？　この結果は、インターネットの熱心なユーザーは、「社会」という全体性に対して、特殊な感覚をもっているということを示している。その「特殊な感覚」は、サイバースペース上のコミュニケーションが前提にしている態度の特性から、説明できる。

＊

通常のコミュニケーションでは、他者の目に直接に現れている「自己」は、他者との関係に規定された「役割」において提示されており、その意味で一種の「仮面」である。「真の自己」は、他者の直接の把持に対して、隠蔽されている。それは、「仮面」の背後にあって、直接には現象しない深部として定位されるのだ。

それならば、たとえば普段の生活ではとても気が弱い内向的な男が、サイバースペース上の仮想現実の中では、ハンドルネームを使い、暴力的で外向的な男として自らを提示しているとき、「真の自己」は何であり、「仮面」はどれであろうか。通常のコミュニケーションの原則に従えば、スクリーン上に現出している「暴力的な男」は、その人物の虚偽の像であって、仮面に過ぎず、本当は、その人物は「ひ弱な男」なのだ、と説明されるだろう。だが、これとは逆の、裏返しの説明も可能である。つまり仮想現実の上に提示されている「暴力的な男」こそは、「内向的な男」という現実の社会生活の「仮面」の下に隠されていた、より一層深い「真の自己」なのだ、と言うこともできる。この場合には、他者の目に直接に提示されている「自己」の方が、より深い「真の自己」だということになる。これら相反する二つの説明が、ともにもっともらしい、というところにサイバースペースでのコミュニケーションの特徴がある。サイバースペース上のコミュニケーションでは、内側と外側との——内なる「真の自己」と外なる「仮面」との——区別が極端に曖昧になり、両者がときに反転するのである。なぜか？

この点を理解するのに便利なイメージは、オウム真理教のシンボルにまでなった、例のヘッドギアによって与えられる。「ＰＳＩ」と信者たちが呼んでいた、このヘッドギアは、電子メディアである。それは、ヨーガの技術「シャクティパット」の代替物として導入された。シャクティパットとは、師が、霊的なエネルギーの波動と化した自らの身体を、独特のマッサージによって、弟子の身体に伝達する技術である。この直接のマッサージを電子的なメディアに置き換えたときに得られるのがＰＳＩである。それは、師麻原の脳波——これも身体の波動である——を、電波を通じて、即時に弟子の身体に伝達し、後者を前者に同調させるための技術として構想されたのだ。要するに、シャクティパットやＰＳＩは、波動としての身体を共鳴させる技術なのである。ＰＳＩは、幻想的な装置だが、現実の電子メディアが指向し、ひそかに欲望している、理想化された極点を具現していると見なすこともできる。というのも、サイバーパンクのような、ＳＦの大きな流行の中で提案された未来の装置が、しばしば、ＰＳＩに類する機械だからである。

では、その極点の像とはどのようなものなのか？　それは「極限の直接性」によって特徴づけられる。シャクティパットやＰＳＩによるコミュニケーションは、「他者（師）」の身体が「自己」に内在し、「自己」がまさに「自己」であることの究極の根拠——私がここにいて世界を体験しているということ——自身が直接に「他者」に所属するものとして感覚されることによって可能になるコミュニケーションだからである。

このようなコミュニケーションは、コミュニケーションについての一般の構図を覆してしまう。一般には、発信者と受信者が、ともに閉じられた内部を構成していることが、コミュニケーションの前提である。その前提条件のゆえに、両者は、共有されたコードを援用しなくてはならない。他者の目にさらされる自己が、偽の、仮面の自己にならざるをえない必然性は、ここにある。提示される自己は、コードの中に翻訳されている自己（役割）だからである。だが、極限的に直接的なコミュニケーションでは、本来は、直接にアクセスすることができなかった内部に、外的な経路を介さずに、他者が参入してくるような形式が取られているのだ。電子メディアを介する、サイバースペース上のコミュニケーションを特徴づけているのは、このような意味での、極限の直接性（への漸近）である。「仮面」（外部）と「真の自己」（内部）の区別が決定不能に陥る理由はここにある。もし、「内部」に直接に到達しうるのだとすれば、それが、まさに表面＝外面であったとも言い得るからである。

＊

サイバースペースの住民が、雪印事件に強い関心を示したのはなぜか？　まず（極限的に）直接的なコミュニケーションの集積によっては、実感をもって体験しうる領域が、親密圏を越えることは難しい、ということに注意しなくてはならない。言い換えれば、直接の親密圏から相対的に独立した原理で動いている抽象的な全体性としての「社会」に所属している、という感覚をもちにくい。たとえば、高橋尚子が金メダルを取ったことが私にとって重要なのは、別に高橋が私の友人だからではない。私と高橋の間にそうした直接の関係がなくても、二人が同じ「社会（国民）」に所属していると見なす、抽象的な連帯によるのだ。もし、こうした抽象的な連帯へと人をつなぐコミュニケーションのルートを失えば、特に知り合いでもない人たちが集まって行った運動会など、私にとってどちらでもよい問題である。それに対して、日本中のスーパーやコンビニにあふれている雪印の乳製品は、この国で暮らすほとんどの者が、日常的に直接に接し得る食品であって、親密圏の守備範囲に属している。インターネットの熱心なユーザーが、雪印事件に特に関心を示した――別の事件への関心が相対的に薄い――第一の理由はここにある。

さらに重要なのは次の点である。雪印事件とは、雪印の工場の製造工程の管理がずさんであったために、乳製品に黄色ブドウ球菌が混入し、多数の食中毒患者を発生させた事件であった。われわれが毎日摂取している食品の内に、すぐには識別できないような細菌が含まれていたのだ。それと自覚されることなく体内に入ってきてしまう細菌は、――極限的に直接的なコミュニケーションを通じて――私の内的な核心部に直接に参入してくる他者の隠喩ではないか。そのような他者は歓迎すべき者として現れることもあるが、不気味な他者として現れることもある。雪印事件は、そうした他者への潜在的な恐怖と反響し、それに具体的な形を与えたのではないか。

もう一つの「ハイデガー、ハバーマス、ケータイ」
——ジョージ・マイアソン『ハイデガーとハバーマスと携帯電話』解説

著名な分析哲学者ソール・クリプキが案出した哲学的パズルがある。ピエールはフランス語しか話せない。彼は人からロンドンについて話を聞いて、こう言う。"Londres est jolie".（①）したがって、われわれは彼の信念について次のように報告する。"Pierre believes that London is pretty."（②）その後、ピエールはロンドンに移住することになった。彼が住んだ地区は、とりわけ荒廃した地区であった。そこで彼は英語を、フランス語からの翻訳によらずして、直接に学習した。やがて彼は、自分が住んでいる街が"London《ロンドン》"と呼ばれる都市であることを知る。しかし、彼はそれが、かつて彼が"Londres《ロンドル》"と呼んでいた都市であることを知らない。今や彼は、周囲の様子から、"London is not pretty."（③）と主張するようになる。この事実から、われわれは今度は、"Pierre believes that London is not pretty."（④）と報告せざるをえない。②と④は矛盾する。これをどう説明したらよいのか？

哲学的背景を知らないと、問題はトリヴィアルなものに見えてしまう。②の"London"を「ピエールがフランスの友人の話から想像している、ロンドルと呼ばれる都市」を意味する節に、④の"London"を「ピエールが移住した地区の様子から判断した、ロンドンと呼ばれる都市」を意味する節に置き換えればよい、といった具合に。だが、そうはいかない。パズルの源泉は、固有名にある。クリプキが緻密に論証した説に、「固有名は（固体の性質に関する）記述に置き換えられない」というテーゼがある。固有名は端的に個体を指示しているのであって、その個体の性質を意味しているわけではないのだ。今述べた「解決策」は、固有名“London”を記述に置き換える方法なので無効である。

この矛盾をどう考えればよいのか？　ピエールが信念を変えたわけでも、狂気に陥ったわけでもないとすれば、結局、こう結論せざるをえない。“Londres”という固有名を用いる「ピエール」にとって、“London”という固有名で対象を指示する「ピエール」は、最も強い意味において他者である、と。ここで「最も強い意味において」というのは、“London/Londres”という固有名に言及する限りにおいては、両者にあい渉る信念の整合性・一貫性がおよそ問題になりえないということである。「ピエール」を名乗る〈私〉は〈私〉自身にとって他者なのである。ピエールは自ら自覚することなしに、自分自身に対して他者へと変容してしまったのだ。ストーリーの上での工夫、（1）遠方の地への移動、（2）外国語を母語との対応（翻訳）を経ずして直接に学習すること、（3）言語の学習や信念の形成に十分なだけの生活を送ること、こうしたことが、自己の内に断裂を持ち込み、自己を自己自身に対して他者へと転化するための操作となっていたのだ。ところが、ピエールの信念を報告するわれわれにとっては、“London”の指示対象と“Londres”の指示対象は同一であるほかなく、したがってピエールの内的な断裂は現れないため、②と④の二つの言明が可能でなくてはならない。矛盾は、同一の信念体系（ピエールかあるいはわれわれ報告者の信念体系）の中ではなく、信念体系に相関した二つの視点（ピエールの視点とわれわれの視点）の間に生じているのである。

この哲学的パズルについて論じてきたのは、これと同一の意義を有するパラドクスを、「電話」を用いても作ることができるからである。そして、それが「電話」がわれわれに与える効果を図らずも示してくれるからである。もう一つのパズルは、哲学者リチャードによって提起されている。今ロバートは、ある女性と電話で話をしている。と同時に、通りを隔てた反対側にいる女性が電話をかけているのを見ている。彼は、自分が電話を通じて話している相手の女性アンナが、まさにその「通りの向こう側の女性」であるということに気づいていない。このときロバートは、自分が見ているその女性に危険が迫っているのを発見した。ローラー車が、背後から彼女に向かって突っ走っているのだ。ロバートは、通りの向こうに手を振って合図を送るが、電話には何も言わない。

この事例におけるロバートの信念に関して、われわれは、二つの矛盾する報告がともに真であると認めざるをえない。彼は通りの反対側に向けて、必死になって手を振っているのだから、われわれはこう報告できる。「ロバートは、アンナに危険が迫っていると信じている」⑤。だが、他方で彼は、電話では何も語らないのだから、われわれとしては、「ロバートはアンナに危険が迫っているとは信じていない」⑥と報告せざるをえない。

固有名についての分析哲学的な談義という点では、クリプキのパズルに、リチャードのパズルは新しいものを付け加えてはいない。だが、両者の比較は、メディア論的には独特の教訓を残す。電話という装置によって前者のストーリー上の工夫を代替しうるということ、このことが、電話の絶大な効果を照らし出すことになるのだ。後者のストーリーは、瞬間的な出来事を記述している。だが、ここから電話を取り去ったとたんに、ストーリーは時空的に実に大きな広がりを必要とする。前者のパズルにおいて、ピエールは自己自身に対して他者化するのであった。同じように、後者のパズルにおいて、ロバートは知らず知らずのうちに内的な断裂を孕み、自らに対して他者と化しているはずだ。ピエールが内的に他者化するためには、先に挙げたような諸操作――（1）（2）（3）の操作――が必要であった。言い換えれば、電話によるコミュニケーションはこれら諸操作と等価な働きを有する。それは、空間的な移動（フランスからイギリスへ）、時間的な蓄積（ロンドンでの生活）、言語的越境（フランス語と英語）のすべてを合わせた操作と等価な働きを担うことができるのだ。電話によるコミュニケーションがこうした大きな効果を有するのは――つまり瞬時にして自己を自己に対する他者へと変容させてしまいうるのでは――そのコミュニケーションにどのような特徴があるからなのだろうか？

＊

本書でマイアソンは、電話によるコミュニケーション、とりわけケータイによるコミュニケーションの特徴を抉出しようとしている。分析のメスが基底的な部分にまで及ぶようにするために彼が採用した方法は、ケータイのコミュニケーションを二人の哲学者、ハイデガーとハバーマスが描き出すコミュニケーションと対照させることである。その論旨は明快だ。

コミュニケーションとは何か？　ケータイのそれは、個人の自由の極大化をめざす私的なものだが、哲学者たちの思い描くコミュニケーションは、「われわれ」という関係を志向する。なぜコミュニケーションをとるのか？　ケータイのコミュニケーションは、功利的な目的を充足させるためだが、哲学者たちのそれでは、会話それ自身が享受されている。誰がコミュニケートするのか？　ケータイでコミュニケートしているのは、実際には装置だが、哲学者たちが目指すコミュニケーションは、生活世界に内属する声が主役である。何がやりとりされるのか？　ケータイでは、メッセージが交換され、哲学者たちのコミュニケーションでは、意味の共有に基づいて理解が達成される。コミュニケーションがうまくいくとは、どういう場合なのか？　ケータイでは、即座の応答が得られるときであり、哲学者にとっては、合理性の相互批判の可能性や相互の接触が成功を含意する。コミュニケーションから何を学ぶか？　ケータイでは、情報が学習され、哲学者のコミュニケーションでは、知識の獲得の過程が重要であって、世界は理解可能だという感覚が得られるだろう。それぞれのコミュニケーションが目指すユートピアは何か？　ケータイのそれは、貨幣の獲得を指向する商取引に漸近しており、哲学者たちのそれは、システムから独立した生活世界に固有の価値を目指している。

以上が、マイアソンの基本的な主張である。マイアソンの議論は、ハバーマスの打ち立てた行為の二類型――コミュニケーション的行為と戦略的行為――に基づいていると解釈できるだろう。ケータイのコミュニケーションは、純粋なコミュニケーション的行為ではなく、功利的な目的を達成するための戦略的行為だというわけだ。こうした説明は、ケータイのコミュニケーションの真実の一面を正確に指摘してはいるだろう。

だが、マイアソンが指摘してきた側面を反復する必要はあるまい。ここでは、ケータイによるコミュニケーションには逆の側面があることを示しておこう。つまり、ケータイのコミュニケーションは、マイアソンが考察したこととはちょうど「反対側」で、もう一度、ハバーマスやハイデガーの哲学と対立しているのである。

マイアソンはモバイル化したコミュニケーション、ケータイのコミュニケーションは、「コミュニケーション」とは名ばかりであって、実際には孤独な行為であり、個人の欲望や目的の充足をのみ志向している。と論じている。だが、いくつかの社会調査は、こうした説明には回収できない側面が、ケータイによる関係性にはあることを示唆している。例えば辻大介の調査によれば、互いのプライベートにまで立ち入るような「深い」人間関係を求める者の割合は、ケータイや電子メールの使用頻度が高くなるほど多くなる。[1]こうした事実は、マイアソンが指摘している事実とは別の側面があることを含意しているだろう。それは何であろうか？

二〇〇二年にオタクたちの間で評判を呼んだアニメ『ほしのこえ』（新海誠作）が、ヒントを与えてくれる。このアニメの主題は、まさにケータイであった。主人公は、淡い恋心を抱きあう中学生の男女である。ある日、女の子の方が、異星人と戦う国連宇宙軍に入隊させられてしまう。二人に不意の別れが訪れたのだ。その後、二人を繋ぐ唯一のコミュニケーション手段が、ケータイによるメールである。だが女の子の方は、国連軍の一員として地球以外の惑星・衛星にいる。それだけの距離があれば、メールといえどもすぐには届かない。最初は数時間程度の遅れでメールは相手に届いていたが、女の子の勤務地は地球からどんどん遠ざかっていく。最後には彼女は太陽系を飛び出し、シリウス系にまでワープしてしまう。こうなればメールが相手に届くまでには、八年もの時を要することになる……。このアニメには、ほとんど物語らしい物語はない。物語を貫く切なさは、ただひたすら、「メールがなかなか届かない」という事実からくる。ケータイを用いてすらも、二人は遠く隔たっている。このことが哀しい。

このアニメは、ケータイを必須の道具として用いている若者たちがケータイを通じて何を希求しているかを、反照してみせる。そこで求められているのは、近接性の感覚ではないか。もう少し丁寧に言い換えれば、遠く隔たったものの間の近さの感覚、他者の近接性の感覚ではないか。ほとんど完全な同時性を覚えるほどまでの——本来的には遠いはずの——他者の近接性への欲求、ケータイによってすらも完璧には到達しえない極度の近接性への欲求が、ケータイの使用を駆り立てているのではないか。

*

マイアソンの論点は、ケータイによる「コミュニケーション」は実際には戦略的行為に堕している、という観察にあった。確かにこうした面があることを、われわれは経験的によく知っている。だがケータイのコミュニケーションには、これとはまったく反対の側面を見出すこともできる。極端な例として、「ワンギリ」のような現象を考えてみよ。ワンギリとは、ワンコールのみ鳴らして、相手の電話に着信履歴だけを残しておく方法である。これは、戦略的行為とは到底見なしえない。それは、単に、自分が相手に接続しようとしたという事実のみを、相手に伝えるためになされているのである。これほど純粋にコミュニケーションのみを指向した行為はほかにあるまい。

ワンギリにまで切り縮められていなくても、つまり一見さまざまな情報がやり取りされているように見える場合でも、ケータイを用いたコミュニケーションにおいては、しばしば情報内容はほとんどどうでもよく、互いに接続しあっていくということ自身が確認され、享受されている。街中で、電車の中で、そして授業中に、始終、送受信されている短いメールにおいては、肝心なのは何が伝えられているかではなくて、単に伝えあっているという事実である。ここではコミュニケーションが外的な戦略に奉仕しているのではなく、それ自体として、楽しまれているのだ。ハバーマスの論敵ルーマンによれば、コミュニケーションは、特定の情報の選択、その情報の伝達様式の選択、そして受け手による両者（情報内容／伝達様式）の差異の認知、の三つが統合されることによって成り立っている。これに基づけば、ケータイによる、コミュニケーションそれ自身を指向したコミュニケーションとは、情報の選択が付属的な意味しかもたず、伝達様式の選択のみが重点化したコミュニケーションであると見なすことができる(2)。

こうした点に注目すれば、ケータイのコミュニケーションは、きわめて純度の高いコミュニケーション的行為の連鎖であると解釈することもできるのではないか。確かに、ケータイによる自己充足的なコミュニケーションは、ハバーマスが想定していたようなコミュニケーション的行為ではない。つまり、それは批判の可能性に開かれた理解を提示しあうことによって合意を目指すようなコミュニケーションではない。が、しかし、ケータイのコミュニケーションは必ずしも、こうしたハバーマス的な原型から「戦略的行為」の方へと逸脱しているわけではないのだ。むしろそれは、しばしば、原型から逆方向に、つまりコミュニケーション的行為そのものの方へと逸脱している、と見なすべきではないか。それは、コミュニケーションへの指向があまりにも強いがゆえに――情報内容を背景化してしまうほどに強いがゆえに――ハバーマスが念頭においていたコミュニケーション的行為の範囲を越えてしまっているのだ。
だがこうしたコミュニケーションそのものへの過剰な指向性は、どこからくるのか？　それこそ、近接性の感覚への希求である。しかしそれは、独特の捩れをコミュニケーションに孕ませている。このことを教えてくれるのが、ハイデガーの哲学との対照である。

＊

ケータイは、身体に密着した――ほとんど身体の一部と化した――電話である。無論ここに至るまでには、前史がある。吉見俊哉は、一九九二年の研究で、電話が家庭内で置かれる位置が少しずつ遷移してきた、という事実に注目している。電話が普及し始めた頃には、電話は、主に玄関に置かれた。ついで応接間、居間、そして各自の個室へと移動してきたのだ[3]。これを延長させていけば、ケータイの出現は必然であろう。初期の電話が玄関や応接間に置かれた心理は、容易に推察できる。電話は、声の来訪者を入場させる入り口だからである。電話の位置の移動は、他者の声を受け入れる「玄関」が、次第に私的な核へと接近していく過程を示している。したがって、個室の電話やケータイは、内奥の私的な領域に、いきなり玄関があいているような状態である。

ところで、ハイデガーの哲学の目標は、存在者から区別されているところの存在の了解にこそあった。存在が開示される場所を、ハイデガーは、「現存在 Dasein」と呼んだ。現存在とは要するに人間のことなのだが、彼はこの呼び方にこだわったのである。だから、より特定すれば、存在の「現 Da」――「そこ、ここ」の意味――こそが存在が立ち現れる場所だということになる。こうした語法が示唆しているように、ハイデガーの哲学は、「近さ」への好みに支配されている。存在が現前するのは、存在が人間に近づき、人間に触れることによってなのである。言い換えれば、存在を了解するということは、遠さ＝

隔たりを除去することではなくてはならない。その際、死活的に重要なことは、遠さを克服し、除去するという過程が気づかわれているということである。まさにその気づかいこそが、存在を了解することだからである。[4]

ハイデガーは晩年、友人メダルト・ボスの家で、定期的にゼミナールを開いていた。そこで、「存在」を気づかうとはどういうことであるかを、彼は、己れ固有の場所——つまり自宅——に近づき、帰るということに託して説明している。この興味深い箇所を和田伸一郎が紹介し、引用している。友人の家に来ている現存在（ハイデガー）は、友人宅という箱状の空間に、テーブルや机のような存在者と同じような仕方で「そこ」に有るわけではない。現存在はつねに、しかるべき時刻がくれば、自分が、友人宅にやって来るために通過してきた道のりを逆にたどって、自宅に帰るということを気づかっている存在者である。つまり現存在は、どこにいようと、自宅からの旅程を背負って存在しているのであって、その意味ではつねに、自宅のそばの「ここ」に存在しているわけだ。

このように、ハイデガーの思索・存在了解は、己れの住処《すみか》からの近さの隠喩、近づけること（遠さを除去すること）の隠喩と深く結びついている。ハイデガーにとっては、家に住むこと、家を建てること、そして考えることは、同じことである。ハイデガーは、単なる道具や対象には還元されない物としての存在を現前させようとする。「現-前 An-wesen」という語にも含まれている前綴り an- こそは、ハイデガーの思考を要約するものである、とエミール・ケッテリングは述べている。存在への語りかけ An-spruch、存在が人間に襲いかかること An-gehen、存在の到来 An-kommen、物を追想すること An-denken に共通する「an-」は、近づくこと、近づけること、遠さ—除去の運動を、表現している。

この遠さ—除去の運動との相関で、現存在の最小限のアイデンティティが、つまり、「「現存在」としての〈私〉があること」を可能にする場所が、開かれる。その場所のことを、ハイデガーは「空開

Lichtung」と呼ぶ。Lichtungとは、森の中で木を伐採して作られた空き地のことである。伏蔵態（存在の潜在的な可能性の総体）を森に喩え、その森の闇の中に光Lichtが射し、存在が現前する空間として開かれる自分固有の場所（住処）が、空開であろう。だから、近づき、帰宅する過程と、〈私〉が〈私〉であることとは表裏の関係にある。

こうした観点からもう一度、ケータイ的なコミュニケーションを振り返ってみたらどうであろうか。ケータイの場合には、他者の応答する声は遠くないところで、それどころか最も近いところで出るのではないだろうか。実際、先に述べたように、若者たちにケータイの使用を動機づけているのは、他者の近接性を感受したいという欲求である。そうであるとすれば、ケータイは実にハイデガー的なメディアだということになるのではあるまいか。だがこの場合にも、ハバーマスに即して見たのと同じような逆転が待っている。つまり、ハイデガーを特徴づける性質が極端に強化されたとき、逆にかえってハイデガー的な了解が否定されてしまう、という逆転がである。

ポイントは、ケータイの場合には近接性を確保しようとする指向が強すぎて、遠さ―除去の過程が消滅してしまうということである。今日の電話は個室に備えられ、身体に直接に装着されるようになった、という事実を思い起こそう。かつて客人は、遠さを克服しつつ、主人の家に到来した。客人はまず門や玄関をくぐった。次いで応接間に通された。親しくなると、家族の居間や友人の個室に入ることも許されたのだ。このように、客人は遠さを除去しつつやってきたのだ。だがケータイの客人は、いきなり、一足飛びにここに、現存在の「現」にやってくる。ケータイは、個室や身体に直接に付けられた玄関だからだ。

冒頭に挙げた哲学的なパズルを思い起こしてもよい。第二のパズルにおけるロバートの電話は、第一のパズルにおけるピエールの長旅を省略してしまう装置として機能していた。ハイデガーは、現存在たる自分は、遠い友人の家にいるときでも旅程をつねに気づかっており、その限りでつねに自宅のそばにいる、と述べているのであった。電話をかける者は、あまりに急速に——一瞬のうちに——遠き他者を呼びこむために、あるいは遠き他者のところに到達してしまうために、もはや旅程を背負ってはいない。遠さ―除去の速度があまりにも大きいのだ。実は、第一のパズルにおけるピエールの独特の移住の仕方は、「旅程」を忘却させる工夫になっている。とりわけ重要なのは、母語との対応なしに外国語を習得してしまうという設定である。これによって彼は、自身のルーツ、自身の自宅、自身の「Da」との繋がりを失ってしまうわけだ。しかし、電話を使えば、こんな面倒な設定は必要ではなくなる。

電話が与えるこのような高速の速さ―除去、高速の近接化のことを考慮に入れると、電話によるコミュニケーション、ケータイによるコミュニケーションは、単にもう一つの新しいコミュニケーションというに留まらないということに、すなわちコミュニケーションの一般的な形式そのものを転覆させてしまう（ことを指向する）ようなコミュニケーションであることに気がついてくる。一般にコミュニケーションは、言葉の送り手と受け手が、ともに閉じられた内面を構成していることを前提にしている。だからこそ受け手は、レリバントな知識を動員して、送り手の意図——情報意図と伝達意図——を解釈しなくてはならず、その解釈をもってコミュニケーションは完結した。

だが、ケータイのコミュニケーションが目指し、憧れているのは、このような図式に枠付けられるコミュニケーションではない。それは個室や身体といった、本来は外部の他者が最も近寄り難い私的な核にいきなり接続されているのであった。こうした構成が隠喩的に表現しているように、ケータイのコミュニケーションが目指しているのは、本来は直接にアクセスできないはずの自己の内面に、中間的な通路を経由せずに、他者が直接に参入してくるような形式である。送り手と受け手の二つの閉じられた内面を隔てる、中間的な経路を省略しようとしているのである。このような意味で、求められているのは他者の極限の近接性である。これは無論、ありえない近接性だ。他者の意図が宿る内面を直接に覗き込むことができないという意味で、他者は定義上、遠いからだ。だからケータイは、決して踏破できないはずの距離を無化する魔術的な装置として迎えられているのである。

ケータイを用いる若者たちの振る舞いのさまざまな特徴は、こうした文脈で説明することができる。例えば、ケータイのメールでは即レス（即座に応答すること）が基本である。少しでも遅れると、相手をひどく傷つけることになる。遅い返事は「距離」を感じさせてしまうからだ。『ほしのこえ』の切なさは、即レスの不可能性から来る。中村功の調査によると、メールの使用頻度に最も強く相関している変数は、孤独耐性の低さ（一人で食事をとるなど、孤独でいることに我慢できないということ）であった[5]。他者の接触的な近さをつねに感じていたいという傾向が、ケータイの使用を促しているのである。和田伸一郎は、次のような例を挙げている。街で知り合った若い男女六人が、カラオケで合コンをやることになった。何となく白けたムードが漂う中で、一人の女の子が突然、ケータイでメールを打ち始めた。彼女はどこか遠くにメールを送ろうとしていたのではない。テーブルを挟んで反対側にいる気に入った男に、メールを送ろうとしていたのだ。なぜか？　和田が述べているように、ケータイでつながる極限の近さ――距離ゼロの近さ――は、テーブルの幅よりもさらに近いからではないだろうか[6]。この少女のやっていることは、冒頭のパズルでロバートがやったことの裏返しだ。

ハイデガーによれば、遠さ―除去の運動との相関で、現存在の「現」がそこにいるところの場所、つまり空開が開かれるのであった。空開は、現存在の最小限のアイデンティティ（ここにいること）を保証する。それならば、極限の近接性を感受させるケータイが導入されたときには、事態はどのようになるのだろうか。現存在の「現」が相互に無関係なものへと二重化し、破綻してしまうのだ。一方で現存在は、現実の、通常の空間の内部に、自身の「現（ここ）」を確保している。だが同時に、他方で、彼／

彼女は、極限の近接性がその内部で実現するような、もう一つの「現」が根付く、もう一つの空開を構成してしまう。遠さ―除去の過程が、あるいは旅程が無化されているということは、このもう一つの空開は前者の「現」が住まう現実の空開と関係を持ち得ない、ということである。こうして、現存在は分裂してしまう。冒頭のパズルに見たように、電話をかけるロバート（現存在）が自己自身に対して他者へと変ずるのは、このためである。

注

（1）『世界』（二〇〇四年二月号）の座談会「「ケータイ的なるもの」の論理と心理」での辻大介の発言からの引用。
（2）北田暁夫は、これを「つながりの社会性」と呼んでいる（『広告都市・東京』廣済堂出版、二〇〇二年）。
（3）吉見俊哉・水越伸・若林幹夫『メディアとしての電話』弘文堂、一九九二年。
（4）以下、ハイデガーの理解、そしてハイデガーの議論と電子メディアとの関連については、和田伸一郎の独創的な博士論文「存在論的メディア論——ハイデガーとヴィリリオ」（京都大学大学院人間・環境学研究科、二〇〇三年。二〇〇四年に新曜社より刊行）に多くを負っている。
（5）前記の座談会での辻大介の指摘による。
（6）和田、前記博士論文。

メディアの再身体化と公的な知の不在

脱身体化＝再身体化するメディア

電子メディアやサイバースペースを語るほとんどの論者は、そうしたメディア環境の中では、身体が忘却され、失われると論じてきた。たとえば、高度に情報化した監視社会への批判者としてよく知られているデイヴィド・ライアンは、現代社会は「身体の消失」として特徴づけられる、と述べている。電話は、声だけの関係を形成するので、身体のトータルな現前を省略してしまう。Eメールは、その声すらも省略するので、身体性は、さらに希薄だ。そして何より、コンピュータの画面に没入しているとき、人は、自らの身体が「現実世界」の特定の地点に根を下ろしていること、自らが可死的な身体によって限界づけられているということ、こうしたことを忘れ、また無視することができる。

サイバースペースに好意的な論者すら指摘し、注意をうながしてきた、これらのことはすべて事実である。が、同時に、電子メディアの世界には、身体が、ときに強力に回帰してもいる。電話を媒介にした「声」（のみ）による交流は、しばしば、性的欲望の有力な充足手段にもなっている。Eメールでは、顔文字が頻用され、身体性の痕跡があえて強調される。身体の回帰を印象づける、卑俗ではあるが、単純な事実は、インターネットの今日見るような急速な普及を支えたのは、結局、ポルノグラフィだったということである。インターネットはハードコアポルノの世界である。

ほとんどの論者が電子メディアの脱身体性を強調するなかにあって、電子メディアの――とりわけテレビの――普及の草創期にすでに、そこに身体が独特の仕方で回帰しているのを見て取った批評家もいた。ほかならぬ、マクルーハンである。マクルーハンによれば、電子メディアは、とりわけ触覚的なメディアである。たとえば、実際、今しがた述べたように、電話からの声は、触れられたときに似た興奮を身体にもたらす。マクルーハン自身は、次のような実験を紹介している。観客を二分して映画を見せるのだが、一方には、普通の映画と同じように、スクリーンへの反射光によってそれを見せ、他方のグループには、スクリーンを透過してきた光を直接に見せる。後者は、テレビのやり方であることがわかるだろう。興味深いことに、両グループの映画への感想はまったく異なってくる。反射光のグループでは、物語や編集・撮影技術に注目した分析的な解釈が優位を占め、透過光のグループでは、感情的・主観的な反応が優位を占める。こうした相違は、どこから来るのか。マクルーハンが注目しているのは、映画とテレビでは、言ってみれば、主客が逆転している、という事実である。映画にあっては、観客は、対象としてのスクリーンを見ている。だが、テレビにあっては、対象であるべきスクリーンの位置にいるのは、視聴者の眼、視聴者の身体である。事態を、マクルーハンは、触覚の隠喩で要約する。「光の旅団の突撃」が「魂の皮膚に無意識の暗示を吹き込むのだ(1)」と。

メディアの歴史は、大雑把に言えば、身体の否定の歴史である。それは、コミュニケーションをできるだけ身体から不関与なものとし、身体の直接の現前なしでもすませようとする技術的な工夫の歴史であると言ってよい。直接の対面的なコミュニケーションは、声を出したり、動作したりする身体の現前を不可欠な契機としていた。だが、文字は、声を出し、語る身体から、コミュニケーションを間接化する。まだ身体の運動の軌跡を連想させていた手書き文字から、印刷へと転換すると、身体の間接性は、さらに高まる。そして、ラジオやテレビといった電子的・電気的なマスメディアは、身体の直接の出会いからコミュニケーションを、ますます無関係なものとする。このような転換の先端に、今日のサイバースペースはある。だが、そこにおいて、身体が独特の形態で回帰している。

したがって、相反する二つの命題が、ともに成り立つ。インターネットにおいて極点に達する電子メディアは、身体を否定しているとも言えるし、逆に、身体を（再）肯定しているとも言えるのだ。だが、先端的な電子メディアの領域で、身体が回帰してくるのはなぜなのか？　回帰してくる身体は、もともと身体とどのように異なるのか？

ここで、問題を考察するにあたって、――マクルーハンの対照実験と並べて――次の印象的な事実を指摘しておこう。現在、われわれの社会は、自らが直接に体験できない外部の情報を得るための主要な媒体が、新聞やテレビのようなマスメディアから、インターネットへと移行しつつある転換期にある。ここに紹介するような事実は、転換期に特有なものであって、ほどなくして見出せなくなるだろう。二十世紀最後の年のことである。日本国内の主要な新聞は、例年通り、その年の「十大ニュース」の読者アンケートを取った。どの新聞も、伝統的な方法、つまり葉書による投票と、現代的な方法、つまりインターネットを通じた投票の二通りの仕方で、読者の意見を募った。すると、驚くべきことに、三つの主要国内紙（朝日、読売、毎日）のすべてで、葉書を含む一般投票の結果とインターネットによる投票の結果との間に、明確な、しかもほとんど同一の分岐が生じたのである。

一般の投票で上位を占めたのは、「シドニー五輪」「南北朝鮮首脳会談」「米大統領選の混乱」「少年凶悪犯罪多発」などであった。ところが、インターネットに限定すると、一般投票では五位か六位に沈むある事件が、どの新聞主宰のアンケートでも、すべて一位になったのだ。その事件とは、「雪印乳業製品による食中毒」であった。この事実は、文字や印刷物を媒介にして外部の世界を観察する者とサイバースペースで情報を収集している者との間では、世界の現われがまったく異なっている、ということを暗示している。それにしても、サイバースペースの住民が、雪印乳製品による中毒にかくも敏感になったのはなぜなのだろうか?

電子メディアの触覚性

吉見俊哉は、一九九二年の研究で、電話が家庭内で置かれる位置が少しずつ遷移してきた、という事実に注目している。電話が一般家庭に普及し始めた一九五〇年代・六〇年代には、電話は、主に玄関に置かれた。ついで、応接間、居間、そして各自の個室へと移動してきたのだ(2)。これを延長させていけば、今日の携帯電話が得られる。初期の電話が玄関や応接間に置かれた心理は、容易に推察できる。電話は、声の来訪者を入場させる入り口だからである。電話の位置の移動は、他者の声を受け入れる「玄関」が、次第に私的な核へと接近していく過程を示している。したがって、個室の電話や携帯電話は、内奥の私的な領域に、いきなり玄関が空いているような状態である。

このちょっとした観察を媒介にしてみると、電子メディアによるコミュニケーションが、コミュニケーションについての通常の構図を完全に反転させたような形式をもっているということがわかってくる。通常の構図にあっては、発信者と受信者が閉じられた内部を構成していることが前提になっている。それゆえ、発信者は、共有のコードを利用して、情報を記号の形式でいったん外化しなくてはならず、受信者は、同じコードによって、これをあらためて解読することで情報として自己の内部に領有することになる。だが、もしここに見てきたように、電話が、個室や私的な身体に直接に穿たれた玄関のようなものであると解釈できるのだとすれば、それを利用したコミュニケーションは、本来は直接にアクセスできなかったはずの私的な内部に、外的な通路を経由せずに、直接に他者が参入してくるような形式を取っていることになる。本来は秘せられていた自己の内部が、直接に他者に対して晒されてしまい、外的な中間の経路が後景に退いてしまっているのだ。(電話に限らず)電子メディアによるコミュニケーションが一般に指向している形式は、こうした「極限の直接性」とでも呼ぶべきものによって特徴づけられるコミュニケーションではないだろうか。実際、インターネットは、こうしたコミュニケーションの宝庫である。たとえばホームページを開設することは、個室を、あるいは私的な内部を、外に晒すことに等しい。言い換えれば、そうしたホームページを覗くということは、私秘的な領域に直接にアクセスすることを意味している。実際、インターネットには、私的な日記を単純に公開しただけのホームページにあふれている。あるいは、「-cam」と付いた、ライブの映像を流しているウェブサイトの中には、小さな街角や私室の情景・生活を四六時中公開しているものが少なくない。普及しつつあるBlogは、こうした私的なサイトの間の相互的な接続の可能性を飛躍的に高めている。Blogを通じて、人は、言ってみれば、個室から個室へと、中間の経路を通ることなく渡り歩くことができるのである。

電子メディアによるコミュニケーションは、通常のコミュニケーションの構図を反転させつつある、と述べてきた。それならば、こうしたコミュニケーションは、かつてからある、人間の伝統的な体験の中には、まったく位置づけをもたない新奇なものなのだろうか? そんなことはない。われわれの体験のレパートリーの中に、しかもその最古層に、こうしたコミュニケーションと形式を共有する関係の様式がおかれている。それは何か? たとえば触覚の体験がそれにあたる。どういうことか? 触れるということは、触れられることでもあるだろう。何かに触れるということは、その何かに触れられるということ――何かがこちらに触れるということ――でもある。すなわち、私(の身体)が能動的に対象に触れるということは、その対象が、それ自体、もうひとつの能動性の原点として、私(の身体)に触れているということを、直接に含意する。私は、触れることにおいて、対象の内部に帰属する、もう一つの、あちら側の触れる作用に、直接にアクセスしていることになるのだ。

とすれば、触覚の体験は、電子メディアが指向しているコミュニケーション、つまり、他者の能動性が帰属する「他者の身体の内部」に直接にアクセスしてしまうコミュニケーションと、同じ形式を有することになるのではあるまいか。先端的な電子メディアが、身体性を、とりわけ触覚が与えるのと類似の感覚を喚起する理由は、この点にこそあるだろう。実際、たとえば、若者たちの携帯電話による(声やメールの)コミュニケーションは、しばしば、離れた身体の間の、軽い「触れ合い」の様相を呈する。きわめて頻繁なやり取りは、しばしば、情報としての価値は乏しく、端的に、互いがつながり合っていることを確認するためのものである(その極端な例は、「ワンギリ」——すなわちワンコールだけして着信履歴を残すこと——である)。また、メールに対しては、内容的に緊急性がなくても「即レス」(ただちに返信すること)が要求される。そこでは、触覚的な密着性が享受されているからである。

事態を理論的に抽象化して捉えなおしておこう。身体に帰属する任意の志向作用(心の働き)は、二つの作用の複合によって成り立っている。任意の志向作用は、対象を、今ここにいるこの身体を中心とした近傍の内に配列する。これを、「求心化作用」と呼ぶ。と、同時に、志向作用には、この「中心」を、対象の方へと、他所へと移転する働きが随伴している。それを、「遠心化作用」と呼ぶ。触れること(求心化作用)と触れられること(遠心化作用)は、両者の緊密な一体性を、端的に示している。(求心化作用の裏面である)遠心化作用は、他者を(不可避に)顕現させるメカニズム——他者の存在に必然的に直面させるメカニズム——である。これを通じて、人は、向こう側に、「この身体」とは異なる、それ自体特異な能動性があるのを知ることになるからだ。だが、他者は、一般に、否定的な仕方で現前する。たとえば、触れる作用が、あちら側のもう一つの触れる作用を、しかと摑もうとするならば、たちどころに、そのあちら側の対象は、触られるだけの事物へと転落するだろう。すなわち、遠心化作用が垣間見せる他者の能動性は、こちら側の身体の求心的な把捉から逃れていく——遠隔化していく——という形式でのみ、与えられるのである。

さて、こうした用語を用いるならば、ここまでの議論が含意していることは、次のことである。すなわち、電子メディアは、触覚に比肩しうるほどに直截に、求心化作用と遠心化作用の一体性を現実化しているのだ。電子メディアにこうした性能が宿る、技術的な根拠はどこにあるのだろうか。それは、電子メディアを用いるということが不可避に強いる、他者の身体との両義的な関係に由来している。一方で、電子メディアによって関係するということは、他者の身体を、(直接の現前が不可能なほどに)遠くにあるものとして措定すること——遠隔化すること——を含意する。たとえ、電話の相手が眼の前にいたとしても、電話を介している以上は、その相手は、「遠い」のである。だが、他方で、電子メディアの使用は、遠隔化されている他者の身体を、一挙に近接化することでもある。他者は、直接に現前している場合と同程度の近接性において感受される。「一挙に」と述べたのは、近接化の過程は、旅によって実際に移動する場合と違って、あるいは郵便物の場合と違って、完全に無化されているからである。こうして、電子メディアは、他者の身体を、遠隔化しつつ近接化する。遠隔化のアスペクトに注目すれば、それは、脱身体性を代表する。近接化のアスペクトに注目すれば、それは、触覚的な、再身体化するメディアにも見えてくる。

公的なるものの不在

コンピュータのスクリーン上では、仮面と素顔との関係に曖昧さが宿ることを、われわれはしばしば実感する。一方では、通常のコミュニケーションの場合と同様に、外に、つまりスクリーンの上に露出させているのは、ユーザの仮面、偽のイメージである、とも言える。ユーザは、ちょうどコスプレのように、自分がなりたいものの仮面を被って、その自分の偽のイメージを操作する。だが、他方では、まったく逆に、スクリーンの上に現れている姿こそ、自分の素顔、自分の本当の姿であると解することもできる場合もある。たとえば、普段はおとなしい男が、インターネットでは、ハンドルネームを使って、激しく、攻撃的な男として発言しているとき、その激しい男としての振る舞いのなかに、その男の真の欲望が分節化されていると見るべきであろう。このように、内奥の素顔が表面に露呈してしまうのは、ここまで論じてきたような、裏返しの、触覚的なコミュニケーションの特徴である。

ここで、サイバースペースにおける顔と仮面について論じたのは、レヴィナスによる、「顔」をめぐる有名な議論を想い起こすためである。レヴィナスによれば、他者の顔の顕現は、真理に先立つ出来事、真理を可能にする出来事である。どういうことか？　このことは、信念の真理性は――ある信念が表現する情報が真であることの証拠は――他の信念との関連でしか確認できないという、信念の体系の全体論的な性格、すなわちデイヴィドソンのような分析哲学者が強調している信念の全体論を、媒介にすると理解しやすい。信念が正しいかどうかということの確証は、結局、他の信念たちへと委ねられるが、どの特殊な信念もまた、それ自身では自明ではない。つまり、信念の集合の中に、互いに互いを根拠づけようとする、止まらない循環が生じることになる。にもかかわらず、信念の集合が瓦解しないのはなぜなのか。ここにレヴィナスの議論を加えてみるのだ。信念の集合が、空中楼閣にならないためには、少なくともひとつ、自明な信念、自分自身で自分を根拠づけることができる信念があればよい。それこそは、他者の顔の顕現である。顔が確証させる、「ここに他者がいる」という信念だけは、他の信念による支えを必要としないのだ。

顔こそは、先に述べた、求心化作用と遠心化作用に最も活性を与える、特権的な対象である。というのも、私がそれを見ているとき（求心化作用）、それもまた私を見ている（遠心化作用）と見なしうる事物こそは、顔なのだから。（他者の）顔に、あるいは厳密には顔の微妙な表情の変化や歪みにおいて、私は、それが私を見ていたのを直観する。そこで、私は、私を見ている他者の能動的な核を捉えようと、他者の顔をまじまじと眺めたとするならば、その核は、たちまち、私の把捉から逃れていってしまう。このとき、顔は――最初は他者の存在を知らしめていた顔という表面は――、他者の他なる能動性を隠蔽する仮面へと転換するだろう。こうした経験を媒介にして、他者の身体に、「深さ」が宿ることになる。他者の身体は、私に対して、私の知覚に直接に与えられた表層に還元できない深さをもったものとして、私が把握できない「内部」を有するものとして、措定されることになるのである。そうした「内部」こそは、他者の他者性の源泉、私の知覚や予測、あるいは操作の及ばない他者性の源泉として、体験されることになる。

だが、レヴィナスの議論に沿った、こうした説明には、まだ考慮に入れられていない盲点がある。他者の身体に深さを与える「内部」を持続的な実体として構成するためには、私と他者（の顔）のどちらでもない第三項が――それ自身は顔をもたない第三者が――必要だ、ということが無視されているのだ。私と顔が二項的に対峙しあっている限りにおいては、顔の表層に還元できない「何か」は、顔そのものの知覚から独立した実体として切り離されることはない。そうした「何か」が、他者の身体の表面から分離された、知覚できない「内部」としての意味を獲得するためには、――詳述する余裕はないが――私と他者とが共通にコミットしている第三者の存在が、それ自身は直接に顔を現すことのない第三者の存在が、想定されていなくてはならない。それこそは、われわれが「第三者の審級」と呼んできた、超越（論）的な他者である。要するに、顔と顔との間の関係を、独立した人格同士の共同主観的な関係として安定化させるためには、顔のない第三者の審級が必要なのだ。

さて、伝統的には、多くの場合、特定の一者から（不特定の）多数者へと情報を配信するマスメディアが、当該共同体における第三者の審級の機能を果たしてきた。とりわけ、文字メディアを用いるマスメディアが、である。マスメディアは、言わば遠くから――超越的な外部から――、読者や視聴者に呼びかけ、また彼らに告知する。読者や視聴者は、マスメディアに帰せられる判断を通じて、(自分たちの直接の視野の外を含む)世界についての客観的な事実は何か、どの事実が重要なのか、何が妥当なこととして信じられているのか等を知る。マスメディアは、第三者の審級に帰せられる(と想定された)認知的・規範的な判断の集合を与えるのだ。典型的なのは、新聞である。新聞を読むことで、人は、どのような出来事が起きたのかを知るだけではなく、紙面の中での記事の配置や大きさ等を通じて、出来事の重要性をも知ることになる。さらに、読者は、同じ共同体の任意の他者たちが、ほぼ同時に、(ほぼ)同じ新聞を読んでいる、と想定している。そうした想定を媒介にして、新聞に記された判断は、共同体の任意の人々がコミットする第三者の審級の判断としての意義を獲得するのだ。毎日、新聞を読むたびに、人は、第三者の審級の位置に、自分自身を投射して、第三者の審級に対して映現しているはずの世界を目にしているのである。無論、人は、必ずしも、マスメディアにおいて表明された判断を、直接に受容するわけではない[3]。が、少なくとも、それを通じて、人々は、自らが所属する共同体に君臨する第三者の審級が何を知っていると想定されているのか、何を信じていると想定されているのか、を知ることになるのだ[4]。

マスメディアがこのような機能を担いうるのは、それが、遠くから語りかけるからである。それゆえ、触覚的な直接性において体験される電子メディアは、とりわけサイバースペース内のメディアは、第三者の審級としては機能しない。新聞や書籍に記された情報は、それを知っている人、それに関心をもっている人が、たとえごく僅かであったとしても、公的なものとして意味づけられる。そうした情報は、超越的な第三者の審級の知や信念として投射されるからである。公的なこととは、実際に皆が知っていたり、関心をもっていることではなく、皆が知るべきである、皆が関心をもつはずである、と想定されていることだ。この「実際の皆」から隔てられた、「想定された皆」が、第三者の審級を構成する。それに対して、インターネット上の情報は、たとえ大多数の人に共有されていようとも、原則的には、私的な関心の対象である。そこには、実際の他者たちから隔てられた、超越的な他者の視点が帰せられる座が用意されていないからである。

ここで、われわれは、冒頭に記した、「二〇〇〇年の十大ニュース」のアンケートを想い起こしておこう。新聞などの印刷媒体によって、主としてニュースに接している者から見ると、「二〇〇〇年で最も重要な出来事は、雪印乳業の乳製品で食中毒が発生したことである」という判断は、きわめて歪んでいるように感じられるだろう。それは重要な出来事だったかもしれないが、一番というほどでもない、と思うだろう。そのように考える者は、自分自身への直接の影響や被害ということとは独立に、出来事の重要性を判断するための視点を——つまりは第三者の審級の視点を——前提にしているのである。だが、自分自身が実感できる直接の影響や被害ということを規準にした場合には、どこのコンビニにもおいてある雪印乳業の乳製品についての不安が、アメリカ大統領選挙よりも大事だ、という判断は、理解できないわけではない。こうした判断においては、自身が内属する局所的な状況を相対化する超越的な視点が、前提にはなっていない。

侵入する他者への恐怖

だが、それにしても、インターネットのハード・ユーザは、どうして、乳製品に混入しているかもしれない黄色ブドウ球菌に、それほどの脅威や不安を覚えたのだろうか？　インターネットのユーザは、牛乳を特にたくさん消費する、というわけでもあるまい。

ここで、先に指摘したこと、すなわち、共同主観的な関係が安定化するためには第三者の審級が必要だということを、あらためて想起する必要がある。私の身体と他者の身体が、互いに直接にはアクセスすることができない「内部」を備え、安全な距離を保つことができるようになるためには、第三者の審級がいなくてはならない。第三者の審級が撤退した場合、第三者の審級の機能が弱体化している場合、つまり身体の求心化作用―遠心化作用を媒介にしてのみ他者を体験している場合、私にとって、他者は、あまりにも直接的である。そのような他者は、触覚的な密着性において出会われるものだったことを思い起こせばよい。あるいは、それは、電話に即して述べたように、私の個室や身体にいきなり進入してくる他者でもあるということを思い起こしてもよい。それは、要するに、私（の身体）が私であるということの根拠そのものの内に参入してくる他者である。若者たちが、「触れ合い」のような、携帯電話によるコミュニケーションを楽しんでいることからも明らかなように、ときにはそのような他者との交流は快感の源泉でもある。だが、同時に、このとき、他者の（私との）差異性への、他者の他者性への私の耐性は、著しく低下する。密着し、進入してくる他者との交流が快感であるのは、他者の差異性・他者性が、十分に小さいときに限られるからだ。

結果的に、人は、他者の他者性から逃れ、他者性を排除しようとするに違いない。だが、このとき、他者の他者性は、単純に忌避されているわけではない。他者性からの逃走は、他者性に対して過敏であることによって誘発されているからだ。次のような状況に隠喩を求めることができる。動物個体が、甲羅のような硬い外殻をもっていれば、つまり己の身体の「内部」を保護する膜や壁をもっていれば、安んじて、他個体と対峙したり、ぶつかったりすることができるだろう。だが、個体が、外殻をもっていなかったり、さらには外傷を晒していたりすれば、他者からのほんのわずかな刺激にも耐えられないだろう。このとき他者からの逃走が始まるだろうが、それは、外殻を捨て、他者へと自身を無防備に開いてしまった結果とも見なすことができる。つまり、最終的には他者性への閉鎖が——他者性の否定や排除が——生じているのだが、それは、いったん、身体を他者（性）へと無防備に開放してしまったことの結果なのだ。

こうして、インターネットのユーザたちの、雪印事件への関心の根源を知ることができる。雪印事件とは、雪印乳業の工場の製造工程の管理がずさんであったために、乳製品に黄色ブドウ球菌が混入し、多数の食中毒患者を発生させた事件であった。われわれの多くが、ほぼ毎日のように摂取している日常的な食品の内に、すぐには識別できないような細菌が含まれていたのだ。それとは気づかれることなく、いつの間にかに体内に侵入してくる細菌は、触覚を連想させる、極限的に直接的なコミュニケーションを通じて、私の身体の核心に侵入してくる不気味な他者に対する物質的な隠喩だったのではないだろうか。それは、気づかない内に、私の個室や私の身体に密着し、またそれらを監視しているストーカーのような他者を連想させたのである。

注

（1）　門林岳史のUTCPワークショップ（二〇〇四年十二月十一日、東京大学駒場）での報告による。門林は、マクルーハンの「触覚」の概念の起源を、西洋思想史の中に発掘しようと試みている。

（2）　吉見俊哉・水越伸・若林幹夫『メディアとしての電話』弘文堂、一九九二年。

（3）　たとえば、ラザースフェルド等は、一九四〇年代・五〇年代のアメリカを素材にして、マスメディアの人々への影響は、間接的である、ということを実証しようとした。すなわち、彼らの研究によると、マスメディアが発する意見は、コミュニティのオピニオン・リーダーによる解釈を媒介にして、一般の人々に影響を与える。これが、有名な「コミュニケーションの二段の流れ」の仮説である。

（4）　一九六〇年代後半から八〇年代にかけてのマスコミュニケーション研究——ガーブナー等の「涵養理論」、マコームズ、ショー、ウィーバー等の「議題設定仮説」、あるいはノエル＝ノイマンの「沈黙の螺旋」の仮説等——は、まさにこういうことを実証した研究として解釈することができる。すなわち、彼等が示したことは、マスコミュニケーションの情報は「第三者の審級」に帰せられるべき知や信として機能していたということなのである。たとえば、議題設定仮説によれば、マスコミュニケーションの情報は、個人の意見を直接に変えることはできない。だが、人々は、マスコミを通じて、何が社会的・政治的に重要な争点・議題であるかということを、つまりは第三者の審級が何を知っているのか、何に注目しているのかということを、知ることになるのだ。

対談　メディア（論）とリアリティの現在

大澤真幸×桂英史（東京藝術大学大学院映像研究科）
聞き手・松井茂

オウム事件という転換点

桂　お久しぶりです。一五年ぶりくらいですかねえ。この対談、楽しみにしていました。『THINKING「O」』もたまに読んでいました。『THINKING「O」』はどういう経緯で出されることになったのですか。

大澤　左右社を作った小柳さんと、なんとなく雑談の中からやってみましょうという話になりました。雑誌を作ろうとなると、締め切りを作って原稿を依頼したり催促したり大変ですよね。自分の締め切りも守れないのに、人の締め切りまで気にしていられない。それで、テーマを決めて自分の対談と論文だけにした。

桂　『O』の三号で裁判員制度を特集していて、河野義行さんが対談に出ていましたね。この号は、僕の周囲でもとりわけ新聞やテレビの人たちが話題にしていました。自分たちが言えないことを、わりときちんと言ってくれているという感想でした。マスメディアの人にとっては、やりたくても出来ない感じで。

大澤 新聞はコスト的には出来ないでしょうね。

桂 テレビはもっての他だよね。いまこの手のハードコアな内容を載せられる媒体も少なくなってきました。

大澤 思想関係の雑誌が苦しい。『批評空間』はずっと前になくなり『大航海』もなくなった。

―― 『O』創刊号ではペシャワール会の中村哲さんを正面からとりあげて対談していましたね。こういう記事を読みたいのに、ないですよね。自己規制なのでしょうか?

桂 単純に思想系の読者が先細っているのでしょう。売れなくて、資金繰りが難しいだけだと思いますけど。

大澤 『世界』は一本一本の論文の長さが短いため、深く掘り下げられない。ゼロ年代初めくらいまでは、百枚一挙掲載とか、たまに長い論文を載せてくれていたんだけど。ゼロ年代半ばぐらいから、長くて二十枚が一般的になっている。突っ込んだ話を求められていないというのもある。とにかく読み応えのある面白い論文が少なくなった。

―― 長さだけでなく、思想系の雑誌のあらゆる面でリアリティが弱い。それがいまなのかもしれませんが、議論の退潮を感じます。こうした感覚は、おふたりにもあると思うのですが?

大澤 そうね、九〇年代末にそうした徴候がありましたが、ゼロ年代中盤ぐらいから顕著になったでしょうね。

桂 たしかに急激に落ちましたね。最近の『現代思想』も他のメディアの後追いをしている感じだしね。もともとの転機はオウム事件じゃないかな。思想系雑誌がみんな揺れましたねえ。オウム事件は当初自分たちにとって関係のないものとして排除したように見えた思想系雑誌もありました。その一方できちんと向き合わなければいけないと考える編集者ががんばって、新書などといった形式の本として出版されたケースもありました。それが十五年ぐらい前でしょうか。

大澤　オウム事件はメディアの人たちにとっても態度表明が難しかったでしょうね。オウムを理解するようなことをいうと批判されるし、あまり無視すると現実に興味がないのかと文句をいわれるみたいな。

桂　メディアには、自分たちがカルトの背景や集団化の論理といった問題をきちんと論じてこなかったことに対して、ある種の負い目があった。本質的なことの議論なしにオウム事件を言論にしていいのかというある種の負い目です。結局、大澤さんのような人の個人技に頼ってしまった。

「端末市民」と「例外状態」

──『O』八号は宮台真司さんとの対談でしたが、カール・シュミットについて大澤さんが言及されていました。現在、とんでもない非常事態が起こることが少なすぎる。それが人々を動かなくしている原因だと指摘していました。しかし現実には、尖閣列島問題をはじめ、政治的にも日常的にも非常事態はいっぱいあるともいえる。こうした日常と非日常の関係を捉えることの麻痺自体、先述の思想系の退潮とも関連があるし、表現のモチベーションにも密接な関連があると思います。あえて古風にいえば、作家であろうが批評家であろうが、誰もが基盤には市民という日常的な自意識を持っていることが社会であった。これがどうなっているのか？　基盤としての日常やメディア環境が、いま、芸術とどのように繋がっているのかをうかがえればと思います。

桂　そこは、僕が「端末市民」と十数年前にいった概念の復権をいま考えてもいいと思っている点です。

当時僕が考えていた端末市民はどちらかというとユーザーシップ、つまりネットユーザであることの連帯感を問題にしていたわけで、インターネットにおける民主制の可能性です。つまりモダンとポストモダンを経て、過大になった自意識を端末市民という概念で少し小さくしてみようという分析、提案でした。正直いって当時僕は端末市民に対して楽観的に捉えていたけど、ポール・ヴィリリオは端末市民を批判的に論じていましたが、僕は当時むしろ〈わたし〉という点からはポジティブに捉えた方がいいと思っていました。いまはもう少しいろんな要素を入れて端末市民を考え直さなければならない事態になってきています。状況はいまはもう、端末市民の問題が当時考えていた以上に否定できないところに来ている。エジプトやモロッコの問題にしても、そうです。権力側がインターネットを遮断したりするのは、それほどまでに切実な問題なのかと思い知るわけじゃないですか。たぶんシュミットのいう「例外状態」は、遠い世界で起きていることではなく、すごく身近に感じる状況で、しかもマルクスの言う疎外の一部として起こっている。ところが、ＳＮＳ（ソーシャル・ネットワーキング・システム）が一般化してきた二〇〇五年あたりから言論の力がぐっと落ちているような気がします。まずマスメディアの主張がすごく平板になったし、ネット社会は一見みんな民主的に思えるんだけど、どの主張にもとんがった部分がなくなってきましたね。

大澤　おっしゃるとおりですよね。桂さんはずっと前から端末市民といっていましたが、いま考えると慧眼でした。その頃はちょっと際物みたいに思われていたけど、それがすでに比喩以上の現実になっている。今回のエジプトやリビアを見てもそうです。そのことを早い段階から見ていたことに対しては感心します。それとの関係で言葉の問題もある。端末市民と関係あるかどうかは微妙なところですけど、言葉の力が変わって来てしまっている。典型的にはツイッターですね。一方では、一生懸命に本を書いても、ツイッターと同じようなレベルに、つまり、なんとなく長めにつぶやいているだけみたいに受け止められている感じがする。ただ、他方で、場所によっては今回の中東のように、つぶやきの集合が政治を動かすみたいなことにもなるわけです。だから、ものすごい無力さと、実はそれが爆弾であったことの驚きと、その両極がある感じがする。たしかに、オウム以降何も起きていない感じがするんだけど、他方で、日常のなかでずっとケガしていると、ケガをしていることを忘れている状態というのがあるわけです。

桂　普段は忘れているくらい軽傷のケガが無数に慢性化している状況ですね。

大澤　オウムが起きたときに宮台真司氏が「終わりなき日常」を生きようと言ったのが、実は非日常が連続になっていたために、非日常が日常みたいになってしまっている。本当は、常にいろんなことが起きている気もする。例外状態が日常化しているので、例外であることに気がつかないだけなんです。だけど何かちょっとしたことがきっかけで、例えば、そこに塩がパッとかかったら急に痛みが沁みるみたいなことで変化が起きる。今回のエジプトやリビアがそうです。九〇年代末期くらいからそういうことが起きている。その「終わりなき非日常」のしかも一個一個のアトムというか、モナド的な単位を取っていくと、それは端末市民だなと思う。どこにでもつながっているんだけど、つながっていることに気がつかない例外状態です。

（東日本大震災の後に、原発事故が起きて一向に解決が見えないトンネルのような時間は、典型的な例外状態の日常化です。）

桂　例外状態の逆説みたいなことがいま起こっているとも言えますね。ネットを切断されて初めて、あ、俺って無力かもしれない、と思う。どうすればいいのだろうと、現実に歩き始める。カイロでもアレキサンドリアでも、最後は歩くことしかできない。しかしそのことが強い力になった。切断されて良かったなと感じる。

大澤　恒常的な例外状態だったのが、ネットワークが切断されることで普通に戻った。切断されたことで、独特のネットワークの中にみんながいたことが逆に見えてきた。そして、恒常的な例外状態が否定的に見えて来るようなことになっている。

桂　多分そうでしょう。世界のメディアは、デモに至る経緯をある種の「飛躍」として伝えているんだけど、それはあらかじめ設定されていた暗黙知です。人間はバカじゃないから、ネットワークが切断されたら、歩き出さなければならないことを知っています。僕が端末市民といった本意は、つながっている状態のある種の規範や倫理の地平を論じたかったのはもちろんですけど、同時に、近代的な自意識過剰、あるいはそのなれの果てとしてのポストモダンを少し軽減するための仕組みとして、端末市民という人間の集団を想定してもいいんじゃないかと考えた。つまり、末端という記号に乗っかって自意識過剰が軽減されるようなことが起きればと思っていた。

大澤　僕らは、九〇年代、そういうことを課題のひとつとして考えていた。ところがいまは、自意識過剰でなくて「自意識過少」が問題になっています。そこは、我々のめざしていたものとはちょっと違いますね。大雑把に言うと、二〇〇八年のリーマンショック以降、いよいよ資本主義社会は成熟を超えて立ちゆかない状況になっている。にもかかわらず、経済学者による有効で重要な発言はほとんどないわけです。じゃあ何について声高にいわれるかというと、小沢一郎問題とかになる。でも小沢問題なんて、はっきりいっていま直面している経済問題の大きさに比べればそれほど重要なことじゃない。地震と原発事故が起きて初めて、さすがに、ある意味で——つまりプラクティカルな意味で——重要なことが論じられるようになったけれども、それ以前はひどかった。沢尻エリカの離婚問題とか、海老蔵の殴打事件とか、そういうことについてテレビが異様なエネルギーを出すことと、小沢問題で騒ぐマスコミとはどこかつながっているでしょう。重要で切実でどうあっても避けて通れない問題については言語化されず、比較的どうでもいいことについてだけが過剰なまでに語られている。じゃあ重要なことをどうやって掘り起こせばいいかといえば、それは語る内容じゃなくて、語り方のスタイルの問題でしょうね。語り方のスタイルの問題として出てきたのが、ムバラク政権やカダフィ政権を危機に落としているような「つながり方」です。あのころは未来社会のイメージとして語っていたのが、いまや現実を表現するツールになっている。

桂　肯定的にアガンベン流の言い方をすれば「可能性あるいは潜在性としての実存」でしょう。ごく平たい言い方をすれば、人間の自由や経験の可能性を広げたということかもしれません。オバマ大統領がブラックベリー携帯を使ってツイッターをしているといった都市伝説は象徴的なことで、そういう状況はポジティブに受け容れられるべきかもしれない。一方で、さっきいったように、自意識過剰を低くしなくちゃならないと言っていた状況が、低くなりすぎて自意識過少になってしまったことは、それはそれで言語化されなければならない。コンピュータやインターネットがそこまで自意識過少ツールになってしまった点については自己批判もしなければならないと思います。たとえば実名をルールとしているフェイスブックがその状況をよくあらわしていて、自意識を取り巻く状況をフラットにしないと成立しないコミュニケーションのツールとなっています。

大澤　自意識が出てくるのは、反省するときです。誰かにきっちりとモノをいおうとするときには、ちょっと身を引いて、自分の過去を視野に入れ、社会的な広がりも全部見て、いわば俯瞰しながら語り始めるわけですよ。読む側も同様です。新聞を読むときもそうです。新聞にとっていちばん重要なのは、記事の面積や配置です。いちばん大きく菅首相と小沢一郎問題が書いてあって、その下にアジア・カップの記事がある。世の中的にはこういう順番で重要なんだということを鳥瞰して暗に示している。それを読むわけです。

桂　新聞には社会のテクスチャがあらわれていて、みんなを代表して反省しているわけだ。なるほど。

大澤　そう。それでいま考えてみると、新聞というのは、一日だけは王者でいられた。ところが、ツイッターのようなSNSが登場して威張っていられなくなった。つまり、過去を一瞬振り返るとか、あるいは全体の視野を見るとか、そういうことなしに、いまは断片化された自己だけが出てきているわけです。そうしたなかでは自意識を育てにくい。例えば桂さんが「大澤と対談なう」とツイートすると、桂さんをフォローしている人は「いま対談している！」と思うわけでしょ。昔本屋でしか本を買えなかったときは、著者は遠い人だった。ツイッターによって、その遠いと思っている人から本を読むといきなり自分に手紙が来た気分になる。僕風にいえば「第三者の審級」だけど、ちょっと距離をおいた他者と、自分との関係が完全にフラットになってしまう。もちろんそれは良い面もある。つまり距離をいったん相対化するという点では意味があるんだけど、全部相対化されきった中でさらに相対化してもしょうがないみたいな状況でもある。

「なう」と『世界大百科事典』

桂　僕はツイッターをやっています。その動機のひとつは「語りだし」のフィールドワークです。つまり自らの語り出しがどのようにツイートとなっていくのかを自分で観察するのは単純におもしろい。それからもうひとつは、第三者の審級がなくなった状態で、僕がダルビッシュの現在形に触れられるということです。逆に言えば、現在形にしか興味がない。この現在形がピッチングにどう反映されるのかという想像力の補助線となっている。僕は彼がどうしてあんなすごいピッチャーなのかということを知りたいと思っているから、その想像力の助けとして彼をフォローしているわけです（笑）。

大澤　ツイッターが出てきたときに思ったのは、旧約聖書のことです。子供のときに、神様のお話とかを読む。例えば旧約聖書を読んで、つくづく神様ってすごいなと思うのはどういうときか。それは神様が突然一介の人間に語りかけてくるように思えるときです。「アブラハムよ」と話しかけてくる。そのときに小さかった僕は「おっ」と思う。つまり神様は、この全人類、全宇宙、全歴史を作った人なのに、アブラハムというある意味ではゴミのような人間にいきなり語りかけてくる。神がこんな俺のことを気にしていたのかという驚きです。ツイッターってそういう感じだと思う。オバマ大統領をフォローすれば、まるで大統領からダイレクトメールが届く感じですよ。新聞記事だとイチローの談話だけがちょっと載るだけだけど、ツイッターならイチローはいまカレーを食べてることまでわかる。

桂　毎日カレー食べてるみたいだけど（笑）。

大澤　かつては、いきなり例外的なときに神がアブラハムに語りかけてきた。しかし、いまや、神はしょっちゅう語りかけてくる。第三者の審級があまりにもしょっちゅう語りかけて来るので、ありがたみがまるでなくなっている。

桂　新しい語り出しの方法としてツイッターはおもしろかった。話すわけでも書くわけでもないところ。もちろん他者の話を聞いたり読んだりするメディアはあった。しかしツイッターは自分を語る。もちろんインターネットのウェブやブログにも「自分を語る」はあったんだけど、やっぱり語るまでにはさまざまなコストがかかった。このコストというのがものすごく重要だと僕は思っています。でもツイッターは一四〇字のつぶやきでとりあえず「語り」が完結する。幕末期に、平《ひら》田《た》篤胤《あつたね》門下の平田派と言われた人たちが辻説法していくわけですが、尊皇、つまり天皇という神を主張するために語り出しが重要となった。漢籍を朗読しても説得力がないわけで、誰にとってもわかるような言葉で語り出すわけ。その語り出したものに対してみんなが節を付けていく。「ええじゃないか」なんていうのは、ようするに語り出しが極端に飛躍してパフォーマンスとなった例だと思います。その意味で、ツイッターは新しい語り出しです。ただし、そうした簡単にできる語り出しというのは、場合によっては、ものすごく狂信的な状況やヒステリックな心理状態も作り出します。

大澤　ブログであっても書くときには、やはり覚悟がいるんだよね。いうべきことがないといけない。ツイッターになるとハードルが低くなって、いうべきことがなくてもいいから書きやすい。

桂　ブログは、自分で自分のことを編集しないといけないという覚悟がいる。

大澤　それが自意識なんだよね。

桂　語り出しという点からいうとやはりSNSの登場は大きかったでしょう。日本ではミクシーは転換点になったツールです。あれは覚悟をそれほど必要としないツールだった。ハンドルネームだったし。ただ「あしあと」で誰が自分の日記を見たかがわかるわけだけど、それが自意識として残っていた。

大澤　テクスト的に語るというか、テクストになり得るかたちで語ることにはそれなりの覚悟とリスクが必要です。それは自分を半分神の位置におくことであるともいえる。例えばソクラテスが広場に行って、論争をふっかけにいく。そこでソクラテスは、自分の考えが他人より真理に近いかどうかを投げかける。成功すれば自分は他人から神様のように見なされるし、失敗すると袋だたきに遭って下手すると死んでしまうかもしれない。人がテクストとして語るときには、常にそういう危険な壁を乗り越えていくものです。ところが、テクノロジーはそれをいろいろなかたちで合理化してくれた。例えば文字が発明されると、広場に行ってみんなの前で語るより書物にできるとか、印刷技術が発明されると全然知らない人にまでそれを広げられるとか。つまり、危険な壁は、次第にそのバリアを低くしていった。その究極的がツイッター。ところが、バリアが低くなりすぎると、あまりにも神様が小さくなり過ぎちゃった感じになる。つまりリツイートされたときに自分は認められた感じがする。広場で自分の意見が通じたみたいな気分でしょう。ただそれは一瞬のことで、いささかスケールが小さ過ぎる。自意識というのは、自分を反省することも含まれているから、一瞬時間の流れから身を引くことです。具体的には過去あるいは未来を織り込んで反省することです。その点で「なう」には自意識はないんですよ、絶対に。「なう」じゃないところで語ることが自意識だと思います。

桂　「なう」は、内面と内面化の否定ですね。正確に言えば、内面をちらっとさらけだすことによって、内面化する時間をなくしている。これがツイッターの弱点というか、言論としての弱さでしょうね。

大澤　もちろんそれが強みに転換することもあると思うんだよね。

ツイッターとかフェイスブックとかの、サイバースペース上のソーシャル・メディアが圧倒的な力を発揮するのは、コミュニケーションにおいて、伝達されるメッセージの内容よりも、まさに繋がるということそのことの方に重要性がある場合ですね。ルーマンは、コミュニケーションにおいては、情報内容の選択と伝達の選択という二重の選択が関わっていると論じているけれども、後者が前者に比して圧倒的な重要な場合には、ソーシャル・メディアはすごい力を発揮する。

例えば、このたびの中東の革命でのフェイスブックの役割。政権に問題があるという意見や意識は、すでにほとんどの人に共有されている。いまさら、政権批判をていねいにやる必要はない。あとは、革命のための連帯を作ればいいだけです。そういうときには、メッセージとしては、最小限の情報、たとえば何月何日のどこでデモンストレーションをやるといったような情報だけで十分で、あとは繋がりさえできればよいわけです。

（あるいは、東日本大震災での救援要請等にもツイッターが役立ったと聞きます。この場合にも、助けてほしいという欲求と救済したいという意欲とはすでにあるわけですから、最小限の情報――誰がどこで困っているというような情報――以外、メッセージは必要なく、あとは繋がればよいのです。このように繋がりの方に重心があるとき、ソーシャル・メディアの力はすごい。）

逆にいうと、内容に重心があるときには、ソーシャル・メディアは弱点をさらけ出すよね。

旧世代の人たちはインターネットに適応できなくて、若い人は情報をピックアップするリテラシーがあるという言われ方をするんだけど、どうもそうではない。例えば平凡社の『世界大百科事典』をめくってみると、基本的な項目は数ページにわたって書かれている。一方で、短いけど載っているだけでもすごいと思えるような項目がある。ところがウィキペディアだと、全体の中でどんなに重要かがよくわからない。とくに日本語のウィキペディアにそういう傾向が強いけど、エピソード主義なんだよね。例えば、重要な哲学者について、日本語のウィキペディアで調べると、その人の哲学的な主張や業績よりも、その人の生涯のエピソードの方に記述の重みがあったりする。もともと、その人がわざわざウィキペディアに掲載されているのは、その人の哲学的な業績の方に理由があるのに、細かいエピソードの方が圧倒的にたくさん書かれている、なんていうことがよくあります。生い立ちとか、誰々と大学時代同席していたとか、誰々に侮辱されたといわれるとか、そういうエピソードがたくさん書いてある。そのため、その人物が哲学史上どれほど重要な人であるかをネット上で判断するのはすごく難しい。簡単にいうと、全体が見えないわけです。さらに、重要な人であっても、それが旧世代の人の研究対象だったりすると、ウィキペディアに載ってなかったりする。

桂　大修館書店の『ウィトゲンシュタイン全集』を見ると、おお、これだけのものがあるのかと驚いて、読んで理解するという時間的な想像力の中に自分を置くことになります。まず全集の全体像を知るところから始まる、メディアの基本は時間です。つまり手続きの数がいわゆるメディアの時間で、実はこれは本にも当てはまる。

大澤　並べられた全集を見るだけでも意味がある。本屋でどれくらいのスペースを取っているかがわかる。

「語る」ということ

桂　近代のメディアに関しての重要なエレメントは二つあると僕は考えています。ひとつは、標準時というものの導入。もうひとつは、ヴァナキュラーという考え方、つまり言文一致です。その言文一致がメディアの形式にそって変容していくわけです。いまのヴァナキュラリズムは、いうまでもなくインターネットです。でも、インターネットに言葉を委ねて本当にいいのかとはもはや誰も問わない。百年前に坪内逍遙が言文一致といったときにも、本当にそれでいいのかとみんないったのに。

大澤　テクスト的に語るというのは、極論すれば神の言葉だから、こんな砕けた言い方は神としてちょっとおかしいじゃないかということになるわけです。それでも、だんだん俗語っぽくなってくるんだけれど。手続きのことでいうと、切実なことというのは、いろんな手続きを乗り越えてやろうとする。例えば今日桂さんとお会いすることだって、時間や場所を決めたり、ひさしぶりに直接話をしたりする価値はあるんだという気持ちをもつ。それぐらいの手間暇をかける情熱がなければ、本当に話したことにならない。

桂　別に携帯メールで済むのであれば、それでいいみたいな。携帯メールやＳＮＳになると、語り出しにコストをかけるといった実感もおそらくなくなっているのかもしれない。

大澤　今回のエジプトやリビアだって、命を賭けてでも政権と戦いたいという情熱がある。フェイスブックがその情熱に点火することはあって、それは非常にいいことでしょう。つまり自分は命を賭けてもいいと思っているけど、でもそれはひとりではできない。ところが、隣の奴も実はそう思っていたことがフェイスブックでわかったときに、命を賭ける覚悟が固まる。でもリアルではやる気ないけど、バーチャルだけで文句いいたいというやつは、いわなくてもいいんじゃないのって正直思う。

桂　ヴァナキュラニズムの一端を担っていることは確かだけど、一端にしか過ぎないってことをちゃんといえない状況が問題でしょうね。さっきのウィキペディアで全体のスケール感が逆にわからなくなっている話と同じですね。

大澤　ちょうど十一年前、びっくりしたことがありました。インターネットがまだ普及の途上にあった時期の頃のこと。年末に新聞がよく十大ニュースを発表するでしょう。ちょうど時代も変わりつつあった時期なので、それまで読者はハガキを使ってきたけど、インターネットで出してもいいとしたわけ。そのときにネットで一位になったものと、ハガキで一位になったものに著しい違いが出ちゃった。しかもネットで一位になったのは、当時のぼくから見ても、「なぜこれが一番なんだ？」と思うようなことだった。ちなみにハガキの方では、シドニーオリンピックとか、南北朝鮮の首脳会議とかがトップの方にあった。それに対して、インターネットのアンケートでの一位は、雪印乳業が不衛生な環境で乳製品を製造していたことが明るみに出てしかも隠蔽した事件だった。ネットで投票している人は、どうしてそれが気になるのか。もちろんネットをやる人が乳製品を多く消費するからじゃない（笑）。でも僕の仮説ではおそらく、雪印の乳製品は極めて日常的なもので、コンビニに行っても必ずあるわけ。極めて当たり前のものが、実は不衛生な環境で作られていた。自分にとってリスキーなものが自分の体に入ってくるかもしれないことへの脅威を感じた。つまりネットに依存している人たちは、ちょっとでも壁があるとすごく臆病になる。つまり、バリア恐怖の一種だと思うんだよね。必然的に重要度がなかなかわかりにくくなってしまうことがある。国内の大きな食品会社が偽装していたのはけしからんかもしれないけど、太陽政策のきっかけとなった南北朝鮮首脳会談より重要かどうかっていうことです。

桂　それとテレビの問題がありますよね。テレビは高柳健次郎が発明したにもかかわらず、ＮＴＳＣ信号をアメリカから押しつけられた。つまり、反共政策のアメリカと同じ方式で放送し、そして新聞紙条例のもと、新聞社の守られた立場の下にテレビが入った。

大澤　戦後からずっと、テレビは準神様ですよね。ネットは神様になりきれないところがある。散乱し過ぎて、多神教の世界になっている。だからテレビという準神様の報道を観ながら、一応みんなでものをいうって感じになっている。ちょっとオヤジくさくいえば、要するに新しいメディアほど言葉は権威を失っていくということです。ところで、メディアに関して、それが権威ある言葉や表現の発信源になっているかどうかを判別する手法があります。

言葉や表現の創造者と作品とどちらが有名かを見る。たとえば、小説。小説に関しては、作品名より著者名のほうが有名でしょう。夏目漱石クラスになると、どちらも誰でも知っているに近いですが、漱石の作品でも、若干、マイナーなものになると、たとえば『行人』とか『明暗』くらいになると、夏目漱石という名前に比べれば、少し知名度が落ちる。少なくとも、これらの作品を知っているほどの人なら、一〇〇パーセント、それが漱石の作であることを知っている。作品だけ知っているけれど、作者名を忘れてしまったということは、純文学的な小説ではほとんどない。

しかし、マンガはどうか。たとえば、『クレヨンしんちゃん』は、ものすごく有名な作品です。しかし、原作者が臼井儀人であることを知らない人も多いでしょう。マンガの中には、かなり読まれているのに、その作者名が知られていないものがあります。つまり、マンガというジャンルでは、作者名より作品名のほうが知られている。

このように、作品名と著者名とどちらがよく知られているかを基準にすると、そのメディアで生産されている言葉や表現の権威がわかる。この例では、少なくとも現代の日本では、(純文学系の)小説の方が、マンガより権威があるとされていることがわかるわけです。

考えてみれば権威のオーソリティとオーサーの語源は同じですよね。著者の署名性がどれだけ表に出るかで、権威がどれだけあるかになるわけ。ハリウッドやヨーロッパの映画は誰の監督とかが重要ですが、テレビだと有名ドラマといっても原作者のことは記憶されない。

桂　先日『ノルウェイの森』を撮ったトラン・アン・ユン監督と公開で対談しました。ベトナムからフランスに亡命した映画監督です。日本だけではないかもしれないけど、『ノルウェイの森』という小説にはものすごく思い入れの強い人がいることを会場からの質問で思い知りました。主人公の「ナオコ」がものすごく神話化されているわけ。その役を菊地凛子が演じていることに違和感を覚えている人と、共感を得ている人がいる。簡単にいえば、菊地凛子を通して「ナオコ」を見る映画の見方というのは、おそらくテレビで培われていると思いましたね。

大澤　キャラという言葉はわりと新しいけど、そういうスタイルはテレビが作ってきた。実際ドラマが成功するかどうか、原作者が誰かということよりも、キムタクがやるかどうかといったキャスティングが重要なんだよね。

桂　ハリウッドでもブラピが出演している方が興行成績は良いだろうというキャスティングもあるかもしれないけど、それはハリウッドが日本化しているのだと思う。昔はジョン・フォードの映画でそんなことはなかったのではないかな。

――　商品のコマーシャルで、ある人に仮託するというかたちでキャラクタライズするのは日本独特でしょうか？

大澤　そうかもしれない。アメリカは超一流のスターはコマーシャルに出ない傾向がある。日本は反対で、コマーシャルに出ることが一流の証拠になっている。

――　渡辺謙が携帯電話のコマーシャルに出ていますね。

桂　あれはアメリカの人が観たらショックだと思うよ。渡辺謙はハリウッドを代表する役者となっているから。

大澤　もう少し本質的なことをいうと、僕らは何を語るかというと、語ることがほとんど不可能なことを語りたいというのがある。つまり語ったときにそれがウソになってしまうことだけが、本当に語りたいことだということがある。語ったことが自分自身を裏切るみたいな緊張感の中でものを書いている。

桂　いまの言論の問題はそこにある。批判が来たら、俺って自分で自分のことを誤魔化しながら生きてきているんだって思うわけでしょう。それが次の言論を呼び込む。共感を得るために書くわけではない。自分の投げた石がどのように戻ってくるかを知りたくて書く。

大澤　自分のことは自分がいちばんわかっているとは限らない。他人についても、そう思うことある。それから、もっと簡単に言うと、ネットに人の真実がすべて反映されているわけではない。将来ネットに書かれていることを歴史の史料として見たとき、二〇一〇年の日本人というのは、沢尻エリカとか大桃美代子とか他人のゴシップにしか興味がなくてよっぽど幸せな人たちだったと思うかも知れない。しかし実際は、そうしたことしか語れなくなっている。

桂　自分の切実な問題を、誰かとともに話し合うのは恥ずかしいみたいなことになっている。

――　大澤さんが〈不可能性の時代〉と書いた時代がいまも続いているということでしょうか。

大澤　そういうことですね。いちばん重要なことが語れていない、語ることができない時代を生きている。

メディア論の困難さとおもしろさ

桂　大澤さんが『電子メディア論』の冒頭で持ち出していた「電話するボブの二つの信念」という語り出しに当時やられたと思いました。つまりどこかの知覚を切断して成立させているからこそ、メディアは伝達を媒介するってことをものの見事にメタ・フィクションで表現していました。最近だと、田中久美子さんの『記号と再帰』（東京大学出版会）という本ですね。再帰とはプログラミング用語ですが、リカーシブという手続きの問題こそ、意味を剝奪された記号が総合され何かを伝達する言語の中枢となっていることを指摘している。プログラマーはそのことを経験的に知っているわけだけど、そのことをソシュールやパースの記号論をていねいにレビューしながら論じている。再帰が「伝わる」あるいは「伝える」を形式的に論じる上でのある種の発明となっています。

大澤　ソシュール、パース、ヴィトゲンシュタインが論じたことは、プログラム言語に対応を見つけることができ、そうすると、彼らのいっていたことの関係や互換性がわかる。それは面白いし重要な仕事です。田中久美子さんの本のエッセンスをものすごく圧縮してしまえば、こういうことですよね。記号については、ソシュールは「シニフィアン／シニフィエ」の二元論で考え、パースは「表意体／解釈項／対象」の三元論で考え、両者は違うことをいっているように見える。しかし、プログラミング言語と関係づけると、二元論は関数型、三元論はオブジェクト指向型に対応していて、しかも二つのプログラムは互換性があるから、結局は、ソシュールとパースのいっていることを一つの同じことに対する言い換えとして解釈できる。これが田中さんの本で書かれていることです。

僕もかつて『形式の法則』（朝日出版社）というスペンサー＝ブラウンの本を翻訳したことがあったけ

ど、その時にも行為という人間的な振る舞いにも「形式」が重要だと実感していました。『記号と再帰』もそういう意味では先鋭的で興味深い仕事ですね。

桂　九〇年代と大きく違うのは、パブリックドメインやコピーレフトの思想が行き渡ってさまざまなプログラムがライブラリー化され、ネットの中でソースコードを共有できるようになった。つまり、伝わる社会自体が再帰的に再生産されていく。そのことを著作権の「自由」という観点から論じるローレンス・レッシグのような言説が生まれてくるのは当然といえば当然で、その「自由」に心酔する人たちが多いのもわかるような気がする。

――一九九〇年三月の『現代思想』が「ロボット――思考なき知性」という特集で、大澤さんが「知性の条件とロボットのジレンマ――フレーム問題再考」、桂さんが「純粋快楽財の神託――メディアとしてのロボット」を寄稿していました。概念的に「喩」としてしか語れなかった問題が、語りやすいメディア環境となり、予言が顕在化してきている印象もあります。特にロボットは、現在、人間のメディア環境や表象を語るのに興味深い場を提供しているような気もします。現況をどうご覧になりますか。

大澤　八〇年代はプリミティブな技術環境の中で問題提起していましたが、いまは現実のなかで問題提起できる状況になっていますね。あの時に僕が書いたのはフレーム問題ですよ。フレーム問題は、人文系だけの知識だけでは発見できなかったんだけど、いまもっと問題にしてもいいと思います。

桂　僕はヒューマノイドに対する違和感をもともともっていて、『現代思想』のエッセイを書きました。つまり、ロボットを神様のように見たらどうかということです。要するに計算する神様。ロボットにはロボットの生態系をもつ可能性があると考えたらどうだろうということです。人間と仲良くするロボットとかはどうでもよくて、むしろ神様を作るつもりでやったらどうなるかということの方がおもしろい。人間とのシミュレーションで優劣を決めてもテクノロジーの問題として面白くないでしょう。シミュレーションである限り、人間の方が優れているに決まっている。

大澤　いろんなものを便利にするのはいいんだけど、便利にすればするほど肝心なものを失っていく。といって、便利にするなともいいにくい。だから、抱き合わせにして、バリアをひとつなくしたら別のバリアが自然にできるみたいな、そういうことができないかなと思うことがある。

桂　ロボットのことで僕がいつも考えるのは仏像です。「奈良の仏像たちが一斉に動き出したら、どうなるんだろうな」という妄想ですけど（笑）。仏像は人間が人間を超える想定でつくったヒューマノイドです。当時としては技術の粋を結集して作ってしまって取り返しのつかないことになってしまった、東大寺の大仏や興福寺の阿修羅像などという代物がたくさんある。でも、人間の代わりではない。仏像（イメージ）。だからもう祈るしかない。実は、この仏像のアナロジーで僕はロボットをずっと考えています。他のテクノロジーも同様です。「取り返しのつかなさ」みたいなこと。それを想像力の中に組み込むことがテクノロジーを考えるおもしろさだと思う。古いとか新しいといったことに僕はあまり興味がない。だって、原子力の問題がそうでしょう。作るのは五年でできても、処理に千年かかるという取り返しのつかなさ。

大澤　ときどき思うのは、アマゾンで検索かけると都合良く出てくるんだけど、検索エラーが百回にいっぺんくらいかかるように作っておくと、どうしてこの本が出て来たのかわかんないけど意外に面白そうじゃんと思って買ってしまうとか。そういう工夫をしたらどうかなと思うことがある。キャス・サンスティーンが『インターネットは民主主義の敵か』（毎日新聞社）でいっているけど、インターネットでの民主主義は非常に危険なわけ。なぜかというと、みんな自分の仲間ばかり集めてしまうから。それで反対意見があることに気がつかなくて、意見の多様性みたいなものが客観的にはあるのに本人は気づかない。そこでサンスティーンがいうには、ポジティブな意見にリンクを貼るときは必ず反対意見にも同じ数だけリンクを貼るように義務づけするべきだと。そうすると、その人の意見を見たときに、賛成者はこれだけいるけど、反対者もいるんだと気がつく。政治的に自分の主張を通すのはそれだと不利に見えるけど、よく考えてみるとその方がより一層生産的になる。

桂　そっちのほうがより政治的でもある。

大澤　そうなんです。だから近視眼的に政治的な短期的な勝利を狙うときはどうしても反対意見に有利なことをしたくないと思うけど、本当はその方がいいわけでしょう。だから、例えば自分は原発反対だというのなら、原発推進派にもリンクをちゃんと貼っておくとか。

桂　僕はインターネットが社会の重要な役割を担うようになって、権力にもいくつか種類があることが浮かび上がったと思う。職業的な権力と、倫理的な権力。東電の職業的な権力に対して、自分たちに何ができるかという問いから始める倫理的な権力ですよね。だからそうした権力の種類をきちんと分類できる言論があれば、僕はインターネットの民主主義は可能だと思うけど、いまはやっぱり権力の認識そのものを議論しようという成熟さはないので、なかなかむずかしいでしょうね。

大澤　東浩紀氏が環境管理型ということをいっている。彼はフーコーの規律訓練型に対して、環境管理型といっているわけだけど、規律訓練型というのは、道徳的権力になっている。例えば昔、住基ネットが出てきたときに、プライバシーの侵害につながるといって市民派が批判する。これはいわば道徳的批判です。それに対して、環境管理型は、あなたのプライバシーを侵害するのでなく、住民票を取りやすくしてあげるだけですよ、と答えるわけです。この環境管理型権力に対して、道徳的批判をしてもダメなんだよね。環境管理型が出てきて、それを超えるのがあるとすれば倫理的権力だと思う。でもその倫理的権力というのをうまくポジティブに押さえるのは難しい。先ほどの「もう歩くしかない」というのは倫理的批判の感じがします。インターネットを切っちまえというのは環境管理型作戦でやっている。

いまのところ、ネットは道徳的権力を相対化し、環境管理型権力になるというところまで来てる。でもそれを超えて倫理的触発力を持つかどうかということだと思う。

桂 そうですね。僕は今回のエジプトのネット切断というのは、逆説的に倫理的な権力をむき出しにした、暴露したという感じがする。それをこれから意識的にできるかどうかというのはわからない。

大澤 わからないよね。わざと不便にするとか。

桂 わざと遅くするとか、取り返しのつかないことをするとか。

「異端」を発見する

桂 僕はいま、東京をテーマにした本を書いています。上野公園をモチーフにして語るいささか変わった都市論です。上野公園は旧寛永寺境内、徳川将軍家の祈禱所、菩提寺ですが、寛永寺は徳川幕府の鬼門の寺として作られた。明治政府はそれを焼き討ちにして、その焼け跡を公園にしました。博覧会や動物園など、上野公園で行われたさまざまなページェントはそのあと東京にどんどんスピンオフしていって、「帝都」のモデルになっていきました。そして戦後再び焼け跡になる。戦後は、経済成長という一神教で東京を復興する。上野公園は昭和まで「名所」でありつづけました。でもアキバにしろ、シブヤにしろ、いまの東京はとらえどころがない。

大澤 「日本」を論じることはまだまだ余地があるけど、東京は難しいですねえ。東京はとにかく中心と言われるけど。それが何の中心かというと、ものすごく素朴な言い方をすると、経済成長の中心だったわけです。ただし、それはバブルのときまで。その後実際は、何の中心かわからない。

桂 バブルのあと「失われた十年」と言われるけど、それは高度成長が終わったんであって、何かを失ったわけではないのに、何かとてつもないものを失った気になっている。

大澤 速水健朗の『ケータイ小説的。』（原書房）におもしろいことが書いてあって、ケータイ小説の重要な特徴のひとつは東京が登場しないことだという。舞台は地方都市なんです。そして、しばしそれがどこかわからない。固有名は出てこない。たとえば「東京から新幹線で一時間」程度の場所とだけわかっていたりする。いまの若い人たちが地元志向だというのも、東京が求心力になっていないからです。少し前にあった昭和三〇年代ブームは、東京が中心だった時代ですね。物語の進行とともに次第に完成されていく東京タワーこそ、成長の隠喩でしたね。

桂 そこはいまスカイツリーの存在に負わせようとしているけど、スカイツリーが完成するまでをテレビが映しているのを見ても、もう一回戦後復興しているような気がして気味が悪い。

大澤 そうね。いくら高くなっても、東京タワーのようなある種独特のファンタジーを作ることは難しいでしょうね。

桂 とにかくそもそも都市という場所の感覚に関する切実さがない。それはなぜかというと、日本には宗教的な異端がないからだと僕は考えています。ヨーロッパの国々は宗教的な異端が隣町にあったりする。異端を自分できちんと感じて摘み取っておかないと、いつ異端者に侵略されたりするかわからない。だからヨーロッパの街はかならず街自体がアーカイブになる。フィレンツェがそうだし、ウィーンだってそう。異端が怖いからだと思う。

―― 歴史性や宗教性の在処を前提とすれば、都市がメタなアーカイブだという議論は西欧と日本との比較として興味深い視点ですね。

大澤 オウム真理教が出てきたときに、ちゃんとした宗教じゃないぞという反応があった。たしかに外国に行くと、そうしたものはカルトとかセクトという言い方になって、宗教でない指定を受けているものがいくつかある。でも、テロを起こす前に、例えばオウム真理教はいけなくて、幸福の科学ならよくて、浄土真宗もいいのはなぜか、そのあたりはわからない。ところがヨーロッパはできる。それはキリスト教対異教の区別があるからです。明示的には言われないし、はっきりと自覚もされていないけれど、客観的にみると、キリスト教が基準になっていて、キリスト教からの逸脱度があまりひどすぎると、セクトに指定されるわけです。

桂　サッカーのアジア大会のときに、「アラファトスカーフ」やガラベーヤを着て応援をしていた日本人がいたけど、宗教に関しては、日本人は暴力的なまでに無自覚です。宗教がいまでも切実な政治課題と裏表の関係にあることを知らないんだよね。

――　それゆえに日本はチャンスだと考えられる部分もありますか?

大澤　そういう伝統的なオブセッションがないから創造的にできると思われた時もあるんだけど、やはり緊張感のなかで相対化するからこそ創造的なことができるわけです。

桂　若い世代を中心に日本人が英語をしゃべれるようになってきた。ただ、実際には、肝心の、外国人との語り出しのきっかけがない。その原因は何かというと、都市の中にテンションがないからでしょう。それは都市に差異をめぐるテンションがなくなっているからだと思います。一九九五年くらいから「せんだいメディアテーク」という公共施設に関わってきました。二〇〇一年にオープンして、二〇一〇年に一〇周年事業が企画され、それを僕は監修したのですけど、企画の段階で「バリアとは何か」というテーマを投げかけました。バリアという想像力が欠落していることをテーマにしようという提案です。その会期後のカタログで「バリアとは誘惑である」とテクストを寄稿しました。言明あるいは表現というのは、他者との差異を作り出すという誘惑に陶酔しながら内面化している状態が作り出されるものだというテクストです。身体や知覚はもとより、貧富とか、ジェンダーとか、そういったものが依然残っていて、バリアフリーとかいっている間に、バリアをめぐる想像力が摩耗してしまったことを指摘するとともに、他者との差異を誘惑として承認しておかないと本当の意味での関係はつくられないのだというものです。

大澤 なるほど、長い間バリアは悪いもので、それがなくなればいいというのが我々の基本的な考えだったけど、バリアがあること、バリアを否定すること、その両方があることが重要な気もしますね。考えてみれば、人間関係というものは、本来そういうことですね。つまり、その人とすごく気があったり、一緒になったりすることがすごくうれしい、バリアを越えたのはうれしいわけだけど、それはバリアがあったからでしょう。あるいは常に一〇〇パーセント一致してしまわないところ、にむしろ享受するものがある気がする。これは別に男女の問題だけじゃなくて、人間関係がそういうものだと思う。だからわかりあえたということが意味を持つ。いまよくあるのは、バリアをおそれるあまり、人間関係にしても、バリアがありそうなところはみんな撤退していくみたいな状況になっている。バリアがない限りで付き合いましょうという感じ。ところが、それだと付き合うことの意味がどこにあるのかまったくわからなくなってくる。

桂 根本的に差異を承認した上での人間関係への想像力が貧しくなっているからでしょうね。大澤さんの聖書の話じゃないけど、読書は、自分にだけ語りかけてくれているという喜びのなかで時間を消費する。その点で、内向の世代はすごい。庄野潤三とか、小島信夫とか、古井由吉とか、あの世代の小説家たちは神の声を絞り出してくるような、語り出しのある種のレトリックがありますよね。

大澤 本を読んで感動するという経験は、いまいった、壁を乗り越えて、直接語りかけてくれている感じがすることです。俺だけがこの本をわかっているんじゃないかみたいな気持ちになるわけです。逆にいうと、語る方からしたらリスクもあって、全然通じない可能性もある。あるいは誤解されて通じてしまうとか、批判されるとか、間違って引用されるとか、そういうリスクもある。それが壁の部分で、でもだからこそ語ることにも意味がある。

桂　ネット上での批判は、批判された側がケチをつけられたというヒステリックな状況をもつ。これまでの言論だと、例えば僕がプロジェクトをやるとき、「桂のいっていることはむずかしくてよくわからない」といったお決まりの殺し文句が来る。それは批判として僕は受けとめ、自分で内向して内省して、じゃあここはもう一度調べ直して反論しようかとか考える時間があるわけです。ところが、ネット上の批判だと、反応が早すぎて十分に考えているとは思えない。お前ら考えて批判してないんだから無視しておこうとなってしまう。コスト安の批判だから、こちらもコスト安で対抗するしかない。

大澤　コストは無駄なものに見えるけど、何か重要なことを伝える上では本当はそれが重要となります。つまりコストを越えてでも、言いたい反論があるかどうかですよ。ネット上での批判だとコストがかからないから、どんなにくだらない批判でも批判として成立してしまうように見えてしまう。

桂　もはやみんなも感じていることかもしれないけど、スピードをむしろ遅くするようなことが重要かもしれませんね。僕はいま出版社をやるとしたら、極端な話だけど、二百部限定で一万五千円の本を作る。待ってくれる人たちに確実に応えられるだけの言論を伝える。

大澤　人生の中に何回か自分のものの見方や人生が変わるぐらいの本に出会うことはあるわけで、もしそういうものなら一万五千円だとしても断然安い。逆に言うと、いくら安くても、一日どころか半日も持たない情報を集めてもしょうがない。

桂　それは実はメディアリテラシーの話ですね。識字とは字が読めることではなくて、メディアをどう受容するかということです。印刷物がメディアの主役だった時代はどうテクストがつくる実時間を受容するかという問題だったわけですね。だから新聞が読めるというのは、先ほど大澤さんが指摘してくれたテクスチャのプライオリティがわかるということです。

いまさらあえて「芸術」の役割を問う

――『O』三号で大澤さんは河野義行さんに会いに行かれて対話されていました。大澤さんが河野さんに興味を持つ観点というのはどういう動機だったのでしょうか。

大澤 テレビで話していることは一部だけど、それだけでも河野さんのいっていることは面白い。だから一度話してみたかった。それに一般的に考えたら、河野さんほどオウムの被害者はいない。普通は、被害者の身になってみろよということになって、被害者でない人が文句を言うことになっている。ところが、河野さんを見ると、被害者の身になってみろとは言えなくなるわけですよ。

桂 おっ、自意識の問題に戻ったな。「被害者の身」というのは結局自意識の問題に帰結する。この対談が自意識の話から始まったのでそれに戻すと、人間はやはり自意識なしに生きられない。端末市民といっても、いってみれば自意識あっての仮説にしか過ぎない。自意識なしでは生きられないなかで、どこかでジャンプして、語り出しの勇気や内省や内向とかいうことも含めて、そこに仮に奇跡的に優美さが生まれたら、それはもはや芸術です。芸術家とは、照れもせずに、それを意識的にできる人のことをいうのだと思う。

大澤 そうでしょうね。芸術家にとってもかなり難しいところではあるんだけど、バリアは至るところにあるようでどこにもないように見える。芸術というものには、我々の常識とか規範とかに対するなにがしかの侵犯行為的なものがある。それがなければその芸術にインパクトはない。ではいまは何が侵犯したことになるか。大抵のことは大した侵犯ではないというか、今後商品化しましょうみたいなことになる時代のなかにいる。だから、芸術家にとっては非常に難しい。

桂　クリプキ流に言うと、暗闇のなかでのジャンプみたいなものは、内省化した結果として生まれるという。そういうことのなかで、奇跡が起こることだよね。九十分走って一点しか入らないサッカーみたいなもので。

――　芸術や文学といった表現と、批評や言論は、どちらもいま、同じ問題を抱えているような状況なんでしょうか?

大澤　まあ同じものの両端みたいな感じですよね。わかりやすく整理しちゃうと、思考というのは、完成されたときには概念のかたちを取るわけですよ。でも概念で完成されているのだから概念だけでいいかというとそうでもなくて、どんな思考にも事例というか、寓話的な実現というのが必要なんだよね。寓話的な実現があるからこそ概念になる。芸術がやるのはその寓話的実現でしょう。つまりあるスタイルがあるとすれば、そのスタイルを概念として提示すれば哲学になるけれど、ひとつのライフスタイルの具体例として見せれば芸術になる。具体例がなければ概念はない。だから芸術の方がきっと思考よりも、哲学よりも少し先を行かなくちゃいけないんですけど。

桂　芸術家はできれば思想家の先にいってほしい。そして、思想家が気づくような作品を作ってほしい。ピカソやコルビュジエは、そういう人だった。ピカソやコルビュジエの言動で、「えっ」とか「おお」とか打ちのめされた哲学者はいっぱいいる。だからマーケットで批評の先に行くマイスターじゃないといけない。マイスターっていうぐらいだから「半-神」ですよね。九・一一のときも、これやられたらどんなインスタレーションもハプニングもありえないってことになった。

大澤　本当にそうだよね。芸術的想像力ってどうなんだってことだもんね。本来は芸術に触発されて概念ができあがる。資本主義的市場はものすごく食欲があって、どんなことをやってもそれは消化不良にはならずなんとかやりますみたいになってしまっているので、芸術家としては苦しいところがある。それでもごく稀に、消化しきれない事態が生じてしてしまう。それが例えば九・一一テロであったり、オウム事件であったりする。あるいは、大災害もときに、資本主義にとって消化しきれない出来事です。

桂　まさにそうですね。だから僕は芸術家がもう少し政治的な発言をした方がいいと思う。東ヨーロッパが内戦状態になった時、ヨーロッパのポストモダンの知識人たちは何もできなくて無力感を感じた。これって、芸術家がいなかったせいだと僕は思う。思想家が無力だったせいじゃなくて、芸術家がいなかったから無力な感じしか持ち得なかった。リオタールやアルチュセールが悪かったわけではなく、芸術家がマーケット・オリエンテッドになりすぎていて、それに見合う思想をきちんと提示してこなかった。このままだと本当に芸術の役割は終わってしまう。ただの本当の金融商品になって、ただの売り買いされるだけの骨董品になってしまう。

大澤　そうなりかけている感じする。村上隆みたいな芸術家をどう評価するのか。村上隆は高度な戦略家で、資本主義的なシステムを内側から食い破る芸術家でもあるのか、それともそれに開き直って、資本主義に適応しているだけなのか、二通りに解釈が可能かもしれない。芸術家は同時に思想家でなければいけないということとも関係あると思う。でもサイードがいったオリエンタリズムとは、簡単にいえば、相手を美学的にだけ評価するということです。考えるのは俺達に任せといてくれみたいな。

桂　これをやり続けられたら自分たちが仕切っている世の中が変わるかもしれないみたいなことだったら、つまり本当の脅威だったら評価しないでしょうね。そういう意味で、アートという言葉に、何もかも背負わせてしまうことの痛々しさを最近感じます。せっかくおもしろいことをやっているのに、アートなんていう狭いジャンルに入ってきて、表現にのびやかさがなくなって窮屈になっているアクティヴィティがあったりする。それはわざわざアートというジャンルの中に入って、自意識を過小にしている気もします。本来モダン以降の芸術が自意識過剰なジャンルだったのに、それを後退させるような事態が起こっています。

最後は美しく芸術の話でオチが着きました（笑）。今回は久々にお会いでき、本当に楽しい対談となりました。ありがとうございました。

（二〇一一年二月二日）

※対談中、カッコ内の発言は三月一一日以後に加筆されたものです。

ソーシャル・メディアは、ほんとうにソーシャルか？
――公共性の残余をめぐる考察

「ソーシャル」とは何か。ここで「ソーシャル」というのは、ソーシャル・ネットワークというときのソーシャルである。この意味での「ソーシャル」は、ほんとうの〈ソーシャル〉か。これが問いたい疑問である。ただし、このような問いが成り立つためには、〈ソーシャル〉ということで、私が何を意味しているのか、明示しておかなくてはならない。その点は、すぐ後で述べるが、その前に、いささか興味深い、世界観の対立を見ておきたい。

二〇一三年、日本の思想界では、ほぼ年齢の等しいふたりの若手の、つまり三十歳代の若い論客の著書が大きな話題になった。鈴木健《けん》の『なめらかな社会とその敵』（勁草書房）と千葉雅也の『動きすぎてはいけない』（河出書房新社）である。ソーシャル・メディアを主題にしているわけではない、これら哲学的・理論的な著作に、今ここで注目することにはもちろん理由がある。両者がともに、ウェブ、とりわけソーシャル・メディアにおける体験から、インスピレーションを得ながら書いていることが、明らかだからだ。つまり、二つの著作は、インターネットを積極的に活用している若い世代の、「ソーシャル」な体験を、哲学的・思想的に昇華した表現であると解釈することができるのだ。注目すべきは、ふたりの結論が互いにまったく反対を向いていることである。

鈴木健の著作は、「なめらかな社会」を実現するためには、どのような制度を設計したらよいのか、その基本を大胆に提案している。その制度の中には、独特な貨幣のシステムや、斬新な民主主義の手法が含まれる。鈴木の著作の方が、千葉のそれよりも、インターネットやソーシャル・メディアとの関係は強い。思い切って単純化して言ってしまえば、鈴木がめざしているのは、ウェブ上のネットワークを、現実の世界に転換させたような社会である。そのような社会を、彼は「なめらかな社会」と呼ぶ。なめらかな社会とは、壁のない社会、人々がなめらかにどこまでもつながっている社会である。ウェブに国境や壁がないように、である。恣意的に壁が設定されると、われわれは、壁の向こう側の人をとりたてて憎んでいるわけでもないのに、その人たちとつながることができなくなる。なめらかな社会とは——もう少しだけていねいに言い換えれば——それぞれの人の好き嫌い、愛憎の度合い、友情や敵意の配分を正確に反映したネットワークになっている社会のことである。

千葉雅也の著書は、これとはまったく違うタイプの本だ。それは、ジル・ドゥルーズという、二十世紀後半に活躍したフランスの哲学者について解釈した、学術的な著書である。ドゥルーズの哲学のある特定の側面を、いささか誇張して解釈しているのだが、これを読めば、千葉が、哲学（史）の研究者として一流であることがよくわかる。われわれは、ここで、千葉によって解釈されたドゥルーズの哲学に立ち入る必要はない。ただ、その解釈から導かれる結論が興味深い。鈴木は、壁を設けずに（好きな人と）つながることを奨励していたのだが、千葉の方は逆に、こう言う。切断せよ、と。孤立し、引きこもっていた方がよい、と言っているわけではない。接続過剰はよくない、適度に切断せよ、ある程度の壁を設けよ、というのが千葉の結論である。タイトルの「動きすぎてはいけない」は「つながりすぎてはいけない」と同義である。

ウェブやソーシャル・メディアを自在に使いこなしてきたと思われる、同世代のふたりの学者は、正反対の結論に到達した。この事実が、われわれに考えるためのヒントを与えてくれる。この点には、あとで立ち戻る。

〈ソーシャル〉であるとき、人は最も自由

さて、冒頭の問いに戻ろう。「ソーシャル」はほんとうに〈ソーシャル〉か。私が、真の〈ソーシャル〉と見なしていることが何かは、カントが「啓蒙とは何か」という有名なテクストの中で論じていることに依拠して説明することができる。カントは、このテクストの中で、「理性の私的使用／公共的使用」という区別を導入している。ここで、カントは、「私的／公共的」という対照を、普通の語法とは反対に使っている。カントによれば、ある人が何らかの共同体の一員として思考すること、たとえば公務員が国益のことを思って行動することは、理性の私的使用に属する。それに対して、理性の公共的使用とは、すべての共同体を横断する普遍性に基づいて考えること、コスモポリタン（世界市民）として思考することである。

共同体の一員として、共同体のために考えることが、どうして理性の「私的」な使用になるのか、特定の共同体のことしか考えていないからである。理性を私的に使用するとき、人は、自分が好きだったり、自分と利害をともにする仲間や集団のことしか考えていない。別の見方をすれば、このとき、人は共同体のしがらみの中に拘束されている。

それに対して、公共的に考えるということは、「どの特定の共同体のメンバーでもない者」になることを含意しているので、ある意味で孤独である。しかし、そのとき、人は、普遍的な社会の一員でもある。だから、公共的とされるのだ。

ここで私が真の〈ソーシャル〉というのは、カントの「公共的」と同じ意味である。公共的であると

き、つまり〈ソーシャル〉であるとき、人は最も自由である。共同体のしがらみ、共同体のルールや規範、共同体の「空気」に支配されずにすむからである。ここで問いたいことは、ソーシャル・メディアの「ソーシャル」は、このような意味での〈ソーシャル〉なのか、ということである。あるいは、「ソーシャル」には少なくとも〈ソーシャル〉へと向かう契機を含んでいるのか、ということである。

つながるのか、断ち切るのか

たとえば、鈴木健の「なめらかな社会」は〈ソーシャル〉なのではあるまいか。なめらかな社会は、共同体を隔てる境界線や壁のない社会である。それは、無限に切れ目なく拡がるネットワークだ。その中の個人は、特定の共同体のメンバーとしてではなく、無限のネットワークの結節点として、それゆえ普遍的な社会のコスモポリタン的な一員としてふるまっていることになる。つまり、なめらかな社会の中の諸個人は、定義上、カント的な意味で公共的にふるまい、考えている、と見なしてさしつかえないのではなか。

鈴木健の考えでは、なめらかな社会は現実にはまだ存在しないが、インターネットやソーシャル・メディアが形成する関係性の中には、それに近いものがすでにおおむね実現している。ウェブやソーシャル・メディアの世界は（ほぼ）なめらかな社会である。たとえば、ソーシャル・メディアを使えば、人は、原則的には誰ともつながることができる。つまり、誰をフォローすることもできるし、誰にフォローされてもかまわない。いずれかの個人の発言は、ときには、フォローし、フォローされるという連なりを経由して、つまり他者たちに次々と引用され反復されながら、ほとんど無限のネットワークの中をどこまでも拡散していく。このように、ソーシャル・メディアやウェブの世界は、インターナショナルでコスモポリタン的な社会を形成しているのだから、われわれは、これをほんものの〈ソーシャル〉と認定してもよいのではないか。

だが、ここで立ち止まって反省してみよう。ソーシャル・メディアに参加すると、人は、次々と入ってくる夥《おびただ》しい量の情報が気になる。情報を追いかけたり、読んだりするのに忙殺されるのだ。また、自分の発言やつぶやきが読まれているのか、受け止められたのか、反復されたり引用されたりしているのか、「いいね！」と言われているのかどうか、要するに、総じて、何らかの意味で自分が承認されているのかどうかが気がかりで、ほとんどがまんがきかなくなる。

これは、カントが「公共的」という語で指し示していた状態とは、正反対ではないか。理性を公共的に使用する者は、普遍的な社会の一員でありながら、英雄的な孤独を保ってもいる。その孤独が彼に精神の自由を与える。ソーシャル・メディアにはまっている者の場合は逆である。彼または彼女は、多すぎるつながり、過剰なしがらみにがんじがらめにされ、自由の領域をどんどん狭めてしまう。

だから、今度は、千葉雅也は警告を発するのだ。適度に切断しなさい、と。接続過剰はよくない、と。とてもまっとうなアドバイスに思える。しかし、理論的にはすぐに反論したくなる。ならば、どのくらいが適切な水準なのか。過剰でも過少でもない、ちょうどよい密度・頻度の接続とは、どのくらいのことをさすのか。切断せよ。と言っても、全部を切断して、完全に引きこもってしまえば、元も子もない。どのくらいつながっていれば、何人くらいと接続していれば、「ちょうどよい」水準ということになるのだろうか。

おそらく、過剰でも過少でもない、適切なレベルの接続などない。何人くらいフォローするのがちょうどよい、どの程度の頻度で投稿したり発言したりするのが適切だ、などという水準は、どこにもないのだ。ソーシャル・メディアの接続は、過剰か過少かのいずれかしかない。ときには——論理的には奇妙なことに思われるだろうが——過剰と過少が同時に感じられさえするだろう。たとえば、ソーシャル・メディアを始めたときには、まだ接続の数が少なすぎて、寂しく感じる。そこでフォローを増やしたりして、接続の密度や量を上げていくと、気がついたときには、過剰になっているのだ。ときには、わずらわしいほどに過剰なのに、同時に、「まだ足りない」という寂しさをも感じることにもなるだろう。過剰なのに過少なのだ。適切な水準だけが存在しない。

そもそも、ソーシャル・メディアの「ソーシャル」はほんとうの〈ソーシャル〉になりうるのか、という問題設定との関係で言えば、適当なところで切断してしまえ、という千葉の方法は、最初から失格である。〈ソーシャル〉であること、公共的であることは、どこにも恣意的に切断する壁がない、普遍的に包括的な社会の一員であることを条件としているからである。どこかで切断して、ある範囲の仲間を囲ってしまえば、それは、定義上、〈ソーシャル〉な世界とは言えない。

以上から導かれる結論は、こうなる。「ソーシャル」は〈ソーシャル〉にはなっていない、と。ソーシャル・メディアが形成するネットワークは、確かに、とてつもなく大きい。しかし、それは、カントの意味での公共的空間ではない。ソーシャル・メディアの世界は、カント的な観点から見れば、巨大だが私的な共同体、大きな「仲間内」である。壁が見えないほど大きく、どこまでもなめらかにつながっているように見えても、私的な共同体であることには変わりがない。

ソーシャル・メディアが持つポテンシャルへの期待

さて、そうすると、ソーシャル・メディアが形成する世界に、公共性を、つまり〈ソーシャル〉なものを期待するのは、そもそも見当違いだ、ということになるのだろうか。そうしたものは、ソーシャル・メディアには原理的に実現不可能だ、ということになるのだろうか。私はそうは思わない。ソーシャル・メディアがはらむポテンシャル（潜在的な可能性）の中には、〈ソーシャル〉のための残余があるのだ。どこにそんな残余の可能性があるというのか。

鈴木健と千葉雅也の両方の議論によって取り残された論理的な可能性に、である。両者にとって盲点になっている領域がある。一方に、切断する壁や境界線がない世界がある（鈴木健）。他方には、ところどころに、あるいはときどき切断が入る世界がある（千葉雅也）。この二つで、論理的な可能性は尽きているはずではないか。どこに余りがあるのだろうか。

ここで、コミュニケーションのネットワークをどこかで切断し、壁を設定すると考えてみよ。このとき、われわれは普通、壁の内側の人たちとだけ交流し、彼らと親密になる。壁の内側は、（私的な）共同体である。この壁を無限遠に設定すれば、鈴木健の「なめらかな社会」になり、近くに設定すれば、千葉雅也の世界になる。

だが、次のように考えたらどうだろうか。壁を設定した上で、その内側ではなく、外側の者と交流するとしたら。内側を優先させれば、私的な共同体に過ぎない。しかし、外側との関係を優先させれば、それこそ、まさに公共的であり、〈ソーシャル〉ではないか。

しかし、これは、あまりに抽象的な主張だと思われるだろう。そこで、ひとつのイメージを提供しておこう。ハンガリー出身の作家、アゴタ・クリストフに『悪童日記』（早川書房）という小説がある。この小説の主人公は、不気味な幼い双子である。小説は、この双子の一人称（ぼくら）の語りになっている。双子は、冷酷で、普通に考えると、「こんな悪い子はいない」と言ってよいほど反道徳的である。彼らは、嘘をつき、他人を脅迫し、殺人すら犯す。だが、私の考えでは、この残酷な双子が他者（たち）ととりもつ関係は、〈ソーシャル〉ということの純粋な実例になっている。

たとえば次のようなケース。双子は、司祭の邸《やしき》の女中と仲がよい。女中は官能的な若い娘で、双子は、女中と少しばかりエロチックな遊びをしたりしている。あるとき、その女中の前を、強制収容所へと連行されてゆくユダヤ人たちの列が通った。飢えたユダヤ人の一人が「パンを」と言って、女中に食物を乞うた。女中は与えるふりをして、パンを差し出し、ユダヤ人がもう少しでそれをつかみかけたところで、そのパンをさっと引き、自分の口に放り込んだのだ。「あたしだって腹ぺこなの！」と言って。これを目撃していた双子は、女中を罰することに決めた。暖炉用の薪《まき》の中に火薬を混ぜておいたのだ。女中が暖炉に火をつけたとたんに、それが爆発して、彼女の顔は、火傷《やけど》でひどく醜いものになってしまった。これに対して、双子が言った。「彼女は死なずにすんで、幸運だったね」

双子の視点からとらえたとき、普段は親密にしている女中は、言わば、壁の内側の人である。それに対して、ユダヤ人は、壁の外側の他者だ。双子は、壁の内側の仲間よりも、外側の他者との関係を優先させている。双子は、ユダヤ人に親しみを感じたわけではない。親密な感情は、むしろ女中に対して抱いている。親密な他者をも平気で罰する残酷さ、いかなるセンチメンタルな思いとも無関係な、壁の向こうの他者への冷静な愛。私の考えでは、これが〈ソーシャル〉ということの実例である。ソーシャル・メディアやウェブに、こうした関係性を実現する力はあるだろうか。ある、と私は確信している。

あとがき

一身にして二生を経《ふ》る。これは福沢諭吉が『文明論之概略』の諸言に記した有名なことばだ。松浦寿輝さんは最近、あるところで、この福沢のことばを引用しつつ、自分はまさにこの通りの実感を強めつつある、と語っている。松浦さんより三歳年下で、ほぼ同世代である私も、松浦さんに共感する。福沢にとって、「二生」とは、江戸時代と明治時代のことだが、松浦さんや私にとっては、二〇世紀的段階と二一世紀的段階ということになる。おそらく、この二つの段階の越境を、つまり二〇世紀末を、思春期以降に体験した者はみな、自らの一身が二生を経たと感じているだろう。

二つの段階を画する最も重要な要素は、インターネットである。インターネットが出現し、われわれの日常や仕事に浸透してから、生活のすべてが根本から変わった。今日では、インターネットなしの生活は考えられない。インターネットがわれわれの生活や仕事にとっていかに重要な要素になっているかを理解するには、二〇二〇年のコロナ禍のときのことを思うとよい。コロナ禍の中で、一時ほとんどの経済活動が止まったにもかかわらず、われわれは何とかやっていくことができた。その最大の原因——すべてではないにせよ最大の原因——は、インターネットがすでに全地球的な規模で、この社会に定着していたことにある。インターネットがあったおかげで、われわれはほとんど外出できなかったのに、他人とコミュニケーションをとったり、会議に参加したり、必要な情報を得たり、何かを注文したりすることができたのだ（とはいえ、エッセンシャル・ワーカーの人たちの、インターネットの外部での活動がなかったならば、われわれは生き延びることすらできなかったのだが）。

では二生を分かつ時点、インターネットの登場がそのメルクマールになるような転換の時点を正確に特定するとしたら、それはいつになるだろうか。一九九五年。この年こそ、インターネットがごく普通のものとしてわれわれの生活の中に登場し、二〇世紀的段階から二一世紀的な段階への越境がなされた年だと言うことができる。一九九五年は、オペレーティングシステムとしてマイクロフトのWindows 95が発売された年である。この年あたりから、Windows 95を搭載したパーソナルコンピュータか、あるいはアップル社のマッキントッシュか、どちらかを端末として使用して、多くの人がインターネットを使用するようになった。

たとえば、それ以前から「パソコン通信」はあったが、インターネットの回線を用いた、今日われわれが使っているような本格的な電子メールが急速に普及し始めたのは、九五年頃からである。今では、われわれは誰もがひとつ以上の電子メールのアドレスをもっているのを当たり前だと思っているが、こうした状況へと向かう端緒は一九九五年にあった、とはっきり言うことができる。

ハイパーテクストシステムとしてのWorld Wide Webが、ブラウザを介してインターネット上で情報をやりとりする際のユーザーインターフェースとして活用された。九五年当時、World Wide Webのハイパーリンク構造は、ほとんどの人にとって新鮮な驚きだった。ハイパーリンクを貼ってある文字情報をクリックすると、ネット上のほかのサイトの情報に一瞬にしてアクセスできるので、ドラえもんの「どこでもドア」を得たような気分であった。さらに、HTMLを記述言語として使用すれば、誰でも、難なくそのようなページを作ることができる。これによって、不特定多数に情報を提供できるということが、マスメディアの特権ではなくなった。

一九九五年に象徴される転換によって、われわれはふたつの生を経てきた。この転換は、とりわけ、メディアをめぐる体験の変化のうちに現れる。なぜ、このことをいま確認しているのかと言えば、本書の第一部に収録した『電子メディア論』が新曜社から単行本として出版されたのが、一九九五年だからである。

本書には、一九九〇年代の中盤から二〇一〇年代の前半までの間に、私がメディアについて論じてきた文章を集め、収録してある。どうして、そのような旧い文章をいまあらためて復刻し、発表するのか。本書の中核である――収録論文の中で最も旧い――『電子メディア論』を念頭に置きながら、その理由を説明しておきたい。

＊

『電子メディア論』は、まさにいま述べたようなメディアに対する集合的体験が劇的に変容していく胎動の中で書かれている。胎動の内側から何が見えていたのか。胎動の後からではなく、胎動の最中《さなか》に何が見えていたのか。もちろん、一九九五年の刊行ということは、実際に書かれたのはそれより少し前だということを意味している。『電子メディア論』は主として、一九九二年から九四年にかけて季刊誌『Inter Communication』（NTT出版）に連載した原稿をもとにしている。だから、厳密に言えば、書いていたのは、インターネットが爆発的に普及する前夜のことだったことになる。中で、「インターネット」という語は、二回しか使われていない（言うまでもなく、第二部に収めた論文や対談やインタビューの中では「インターネット」こそが中心的な主題である）。が、いずれにせよ、インターネットの社会的な一般化によって画された劇的な転換を、その転換の渦中において記述し、理解しようとした試みが、『電子メディア論』である。

もっとも、『電子メディア論』は、そのときのメディア的体験の〈現在〉だけを論じたものではない。私の目的は、〈現在〉を、大きな歴史的な過程の中に位置づけることを通じて理解することにあった。「声」だけがメディアだった段階から、「文字」が発明され、さらに（資本主義的な衝動と結びついた）「印刷術」が導入され、その中でとりわけ「国民《ネーション》」の言語――「声」の直接の表現だと見なされた独特の「文字」（言文一致の国語）――が構築され、……そして電子メディアが登場して全社会に波及する、という人類史的・文明史的な展開の中で、〈現在〉を捉えること。これが狙いだった。

　インターネットの登場へと向かう転換期におけるメディア的体験として、私が特に強調したのは〈身体〉である。一般には、電子メディアやコンピュータなどの前衛的なメディアをめぐる体験に関して指摘されてきたことは、「身体性の消失」ということだった。そうしたメディアを使用しているとき、言ってみれば、私の心は身体をめぐる自己経験から切り離され、私は自分自身が身体として存在していることを半ば忘却する――つまり私はこのとき自身の身体性から離脱しつつある――と論じられてきた。身体性の抹消や排除を謳うこの論調は、人工知能ＡＩの急速な技術的進化の中にある今日、当時よりもますます強くなっている。

　しかし、私が『電子メディア論』の中で主張したことは、まったく反対のことである。電子メディアとの接続関係の中で、身体性は失われてなどいない。逆に身体的な自己経験のある部分は――むしろ原初的ともいえる基本的な部分は――誇張され、むき出しになるのだ。ただし、それは、距離に関する秩序の解体として現れるがために、身体の否定、身体の消失のように感じられてしまう。「今・ここ」に根を張る身体こそが、距離の秩序の原点となっているからだ。しかし、触覚のことを思えばすぐにわかるように――私は触れる主体なのか触れられる客体なのか分からなくなってしまう――、身体にはもともと、自己同一性を危うくするポテンシャルが孕まれている。電子メディアには、この身体の有する潜在的な可能性、自己同一性が解体し、ついには自己が自己に対して他者になってしまう可能性を現実化する触媒のような働きがある。

これが具体的にはどのような現象を指しているのかは、本文で詳論しているので、ここでは繰り返さない。第I部の最初の章(「電話するボブの二つの信念」)で紹介している分析哲学のパラドクスは、距離に関する秩序の解体、つまり距離をめぐる体験の錯乱ということが何を意味しているかを示すよい寓話になっていて、私としてはとても気に入っている。この寓話の中では、電話が用いられているが、電話でなくても、インターネットを介した通信やSNSのようなものでも、同じパラドクスは成り立つ。

＊

では、インターネットの登場・普及に向かおうとしている過程の中にあって私が予感していたこと、予想していたことは、実際にその通りになっただろうか。私の予測は的中しただろうか。

現在から振り返ってみて、まさに予感していたことが起きた、と思えることもある。あのときわずかな兆候として認めたことが、はっきりとした社会現象の中に具体化したと判断できることも、確かにある。が、予想したり、期待したりしていたようには展開しなかった、と認めざるをえないこともたくさんある。当時(まで)の社会についての分析や解釈をもとに予期したことのいくつかは、外れている。『電子メディア論』をはじめとする、本書に収録した論文の中で予想していたことの、どの部分が当たり、どの部分が外れているのか。この点についての最終的な判断は、読者に委ねたい。

いずれにせよ、私自身は、現在までの展開の本質的な部分は、私の過去の論文の中ですべて予想されていたとは思っていないし、そのように主張するつもりはない。いや、それどころか、『電子メディア論』等を復刻し、今あらためて刊行しようと思ったのは、そこに記されている多くの予想が外れたからである。つまり、インターネットの登場によって代表される転換の渦中にあって、私が〈可能性〉として思い描いたことの多くが、現実にはならなかった。だからこそ、私は、その渦中において書いたものを復刻することに意義がある、と考えたのだ。どうしてなのか？　こんなにも予想が当たった、と自慢することができないのだとしたら、どうして、過去の論文や著書をあえて復刻するのか？

その理由を、ヴァルター・ベンヤミンが『歴史の概念』の中で論じていることを引きながら、説明しよう。この遺稿の中の九番目のテーゼの中で、ベンヤミンは、パウル・クレーの「新しい天使」と題された絵に触発されながら、「歴史の天使」というイメージを提起している。クレーの新しい天使は、「自分が凝視しているものから、いままさに遠ざかろうとしているかに見える」。翼を広げている天使は眼を大きく見開き、口も開けている。これこそ、歴史の天使の姿に違いない、とベンヤミンは書く。

歴史の天使を過去の方に顔を向けている。私たちにはそこに、つまり過去に出来事がなめらかにつながる連鎖が見える。しかし、ベンヤミンによれば、歴史の天使は、そのまさに同じところに、まったく違ったものを見る。歴史の天使は、たえまなく瓦礫のうえに瓦礫が積み重なるのを見るのだ。天使が見ているのは、なめらかな連鎖とは正反対のもの、瓦礫に喩えられる不連続なものの集まりである。

ベンヤミンはこのように記しているのだが、どうして普通の人には、なめらかな連鎖にしか見えないその同じものが、歴史の天使の眼には、瓦礫の積み重ねのようなデコボコしたものとして現れるのだろうか？　過去に実際に起きたことを見るならば、それらは、因果関係によって結びついた、なめらかな連鎖として現れるほかない。歴史の天使が瓦礫を見出すのは、彼が、現に起きたこと（だけ）ではなく、起きなかったこと、起きたかもしれなかったこと、起きることに失敗したことを（も）見ているからである。起きたかもしれないのに、つまり起こりえたのに実際には起きず、現実化しなかったことは、実際に起きたことの因果関係の連鎖から外れている。つまりそれは連鎖には組み込まれない瓦礫のようなものとして表象されるほかない。

『電子メディア論』をはじめとする旧い論文や著書をあえて復刻し、再発表するのは、それらの中に、歴史の天使が見るような瓦礫がたくさん記録されているように思えるからである。インターネットが普及しようとしている決定的な転換期の渦中においては、可能なものに見えていたこと、十分に切迫した可能性として現れていたこと、しかし、現実化することに挫折したこと……そうしたものがいくつもあった。それらは、今では完全に見失われ、忘れられている。その見失われた瓦礫の記録と記憶を復活させ、留めておく必要がある。なぜ？

そうしておけば、いったんは挫折し、敗者になったその可能性が、われわれに幽霊のようにとり憑き、いつの日が現実になり、あらたに勝者として取り戻されるかもしれないからだ。瓦礫としてさえも見出されなかった可能性は、永遠に失われる。しかし瓦礫としてであれ、救われた〈可能性〉は、現実になりうるものとして待機することになる。それは、仮に十全には現実化しないとしても、少なくとも歴史の連鎖に不連続な変化を与える力として作用する。

過去の瓦礫を現在に回帰させるために、『電子メディア論』をあらためて世に送り出そうと思う。

*

『電子メディア論』を中心に、大澤さんが過去にメディアについて書いたり語ったりしてきたものを一冊にまとめて、出版しませんか。そのように提案してくださったのは、人文書院の松岡隆浩さんである。松岡さんによれば、『電子メディア論』には、大澤の社会学理論の基本的なアイデアが詰め込まれていて、その点でも復刻することの意味がある。松岡さんは忘れられていた拙著の価値を見出してくださったのだった。著者として、こんなに嬉しいことはない。実は松岡さんは速やかにゲラを出してくださったのだが、私の方の作業が遅く、ずいぶんな迷惑をおかけしてしまった。辛抱強くお待ちくださった松岡さんに、心より感謝申し上げたい。松岡さんこそ、本書の生みの親である。

本書に収録した旧著や論文、対談において編集を担当してくださった皆様にも、この場を借りて、もう一度、お礼を申し上げたい。とりわけ、『電子メディア論』の編集を担当してくだった、新曜社の渦岡謙一さんには感謝している。若き日に渦岡さんと出会い、一緒に本を創った過程は忘れがたい。

あの年の三月下旬、朝八時頃に神保町の交差点の近くの地下の喫茶店で会い、校正したゲラを渡ししたときのことを、渦岡さんは覚えているだろうか。打ち合わせを終えて、交差点に出てみると、何台もの救急車が都心に向けて猛スピードで走っていくのを目撃して、二人で驚いた。あとで知った。地下鉄サリン事件だった、と。『電子メディア論』を出した一九九五年は、オウム真理教による無差別テロのあった年である。私は翌年、オウム真理教をめぐる現象の分析を中核においた現代社会論（『虚構の時代の果て』ちくま学芸文庫）を出した。本書の第Ⅱ部に収録した「電子メディアと公共空間」でも論じているように、「オウム現象」は、メディア論的な現実としての側面をもっており、『電子メディア論』を通じて獲得した思考の武器が分析や解釈にきわめて有効だった。

最後に、松浦寿輝さん、沼野充義さん、田中純さんの驚異的な鼎談『徹底討議　二〇世紀の思想・文学・芸術』（講談社、二〇二四年）が、拙著『電子メディア論』を取り上げ、論じてくださったことが、私に勇気を与え、遅れていた校正等の作業を一挙に進めることができた、ということを書き添えておく。あとがきの冒頭に紹介した松浦さんの発言は、この鼎談の中にある。

二〇二四年九月二二日

大澤真幸

初出一覧

第Ⅰ部

『電子メディア論――身体のメディア的変容』（新曜社、一九九五年）

第Ⅱ部

「電子メディアの共同体」（『メディア空間の変容と多文化社会』青弓社、一九九九年）
「電子メディアと公共空間」（『理戦』六三号、二〇〇〇年一二月、改題）
「インターネットのユーザーはなぜ食中毒事件に特に関心を示したのか」（『本』講談社、二〇〇一年二月）
「もう一つの「ハイデガー、ハバーマス、ケータイ」」（『ハイデガーとハバーマスと携帯電話』ジョージ・マイアソン著、武田ちあき訳、岩波書店、二〇〇四年）
「メディアの再身体化と公的な知の不在」（『環』二〇号、藤原書店、二〇〇五年一月）
「対談 メディア（論）とリアリティの現在」（『東京藝術大学大学院映像研究科紀要』二号、二〇一二年三月）
「ソーシャル・メディアは、ほんとうにソーシャルか？」（『ＣＥＬ』一〇六号、大阪ガス株式会社エネルギー・文化研究所、二〇一四年三月）

訳「イデオロギーの崇高な対象」,『批評空間』2号, 3号。

—— 1993 “The Notion of the Subject in Foucault and Lacan” = 1993 浜名恵美訳「フーコーとラカンにおける主体の概念」, 蓮實重彦・渡辺守章編『ミシェル・フーコーの世紀』, 筑摩書房。

志賀隆生　1992 「『ツイン・ピークス』とメディアの興亡」,『現代思想』20巻3号。
白川　静　1976 『漢字の世界――中国文化の原点1』, 東洋文庫, 平凡社。
竹下俊郎　1981 「マス・メディアの議題設定機能」,『新聞学評論』30号。
――――　1984 「議題設定研究の視角」,『放送学研究』34号。
竹内郁雄・大澤真幸　1994 「新科学対話――社会学教室にて」,『月刊アスキー』210号 (12月号)。
多木浩二・大澤真幸　1994 「エアポート」,『10+1』2号。
Tambiah, S. J.　1968　"Literacy in a Buddist village in north-east Thailand", in Goody ed. [1968].
内田隆三　1987 『消費社会と権力』, 岩波書店。
――――　1993 「資本のゲームと社会変容」,『社会科学の方法I――ゆらぎのなかの社会科学』, 岩波書店。
――――　1999 「資本主義と権力のエピステーメー」,『思想』846号。
若林幹夫　1991 「電話という〈経験〉」, 吉見・水越・若林 [1991]。
――――　1992 「受話器越しに接触の感覚――電話で拡張, 変化する身体」,『朝日新聞』(東京) 7月8日 (夕刊)。
亘　明志　1984 「メディアと個的空間」,『現代の理論』199号。
Weaver, D. H., D. A. Graber, M. E. McCombs & C. H. Eyal　1981　*Media Agenda-Setting in a Presidential Election,* Prager Publishers.=1988　竹下俊郎訳『マスコミが世論を決める』, 勁草書房。
Weber, M.　1947　"Konfuzianismus und Taoismus", *Gesammelt Aufsätze zur Religionssoziologie,* J. C. B. Mohr.=1971　栓徳雄訳『儒教と道教』, 創文社。
吉見俊哉　1991a 「個室のネットワーク――電話コミュニケーションと生活空間の変容」, 吉見・水越・若林 [1991]。
――――　1991b 「メディア変容と電子の文化」,『文化変容の現在』(文部省科学研究費重点領域研究「情報化社会と人間」第5群　平成3年度シンポジウム)
――――　1994 『メディア時代の文化社会学』, 新曜社。
吉見俊哉・水越伸・若林幹夫　1991 「電話コミュニケーションの現在」,『東京大学新聞研究所紀要』43号。
――――　1992 『メディアとしての電話』, 弘文堂。
Žižek, S.　1989　*The Sublime Object of Ideology,* Verso.=1991　鈴木晶

――――　1991b　『資本主義のパラドックス――楕円幻想』，新曜社。
――――　1992　『身体の比較社会学Ⅱ』，勁草書房。
――――　1993-4　「ナショナリズムの由来」1-24，『本』18巻1号より19巻12号まで連載→大澤［1995b］
――――　1994a　『意味と他者性』，勁草書房。
――――　1994b　「乱調の自己準拠――〈資本制〉」，佐藤康邦・中岡成文・中野敏男編『システムと共同性』，昭和堂。
――――　1994-5　「主体性の転位」，『思想』846号，848号，849号。
――――　1995a　「メディアの共同体」，『情況』第2期6巻3号。
――――　1995b　『ナショナリズムの由来』，講談社（近刊）→2007年に刊行
Ohsawa, Masachi　1994　"The Double Meaning of Nationalism", *International Journal of Japanese Sociology,* No. 3.
岡田直之　1987　「アジェンダ設定研究の概観と課題」，見田宗介・宮島喬編『文化と現代社会』，東京大学出版会。
Ong, W. J.　1982　*Orality and Literacy : The technologizing of the World,* Methuen & Co., Ltd.＝1991　桜井直文・林正寛・糟谷啓介訳『声の文化と文字の文化』，藤原書店。
Poster, M.　1990　*The Mode of Information,* Polity Press.＝1991　室井尚・吉岡洋訳『情報様式論』，岩波書店。
Reich, R. B.　1991　*The Work of Nations,* Alfred A. Knopf, Inc.＝1991　中谷巌訳『ザ・ワーク・オブ・ネーションズ』，ダイヤモンド社。
Richard, M.　1983　"Direct Reference and Ascriptions of Belief," *Journal of Philosophical Logic,* 12.
坂部　恵　1976　『仮面の解釈学』，東京大学出版会。
佐藤健二　1987　『読書空間の近代』，弘文堂。
佐藤　毅　1990　『マスコミの受容理論――言説の異化媒介的変換』，法政大学出版局。
Schramm, W.　1949　*Mass Communication,* Univ. of Illinois Press.＝1954　学習院社会学研究室訳『マス・コミュニケーション』，創元社。
Seaton-Watson, H.　1977　*Nations and States : An Enquiry into the Origins of Nations and the Politics of Nationalism,* Westview Press.
Severin, W. J. & J. W. Tankard Jr.　1988　*Communication Theories,* second edition, Longman.

McCombs, M. E. & D. L. Shaw　1972　"The agenda-setting function of mass media", *Public Opinion Quarterly,* 36.
McLuhan, M.　1964　*Understanding Media : The Extension of Men,* McGraw-Hill Book Company.＝1987　栗原裕・河本仲聖訳『メディア論――人間拡張の諸層』，みすず書房。
――――　1967　*The Mechanical Bride : Folklore of Industrial Man,* The Vanguard Press INC.＝1991　井坂学訳『機械の花嫁――産業社会のフォークロア』，竹内書店新社。
McLuhan, M. & E. McLuhan　1988　"Culture and Communication", *Laws of Media,* McLuhan Associates Ltd.＝1992　大和雅之訳「電子メディアの右脳的展開――シャノン―ウィーバー・モデル批判」，『現代思想』20巻3号。
Merton, R. K.　1946　*Mass Persuasion,* Harper & Brothers.＝1970　柳井道夫訳『大衆説得』，桜楓社，1970。
宮台真司　1990「新人類とオタクの世紀末を解く」，『中央公論』10月，11月号。→宮台［1994］
――――　1994　『制服少女たちの選択』，講談社。
水越　伸　1991　「電話メディアの近代的生成」，吉見・水越・若林［1991］。
室井　尚　1991　『情報宇宙論』，岩波書店。
永江　朗　1989　「汚れなき無差別テロ！」，JICC出版局［1989］。
成沢大輔　1989　「異能戦士たちの聖戦！」，JICC出版局［1989］。
梨本敬法　1989　「美少年ホモマンガに群がる永遠の少女たち！」，JICC出版局［1989］。
西垣　通　1994　『マルチメディア』，岩波新書。
Noelle-Neuman, E.　1989　*Die Schweigespirale : Offentliche Meinung-unsere soziale Haut,* R. Piper & co. Verlag.＝1988　池田謙一訳『沈黙の螺旋理論』，ブレーン出版。
小川博司　1988　『音楽する社会』，勁草書房。
大澤真幸　1988　『行為の代数学』，青土社。
――――　1990a　『身体の比較社会学Ⅰ』，勁草書房。
――――　1990b　「コミュニケーションと規則」，『交換と所有』（現代哲学の冒険10），岩波書店。→大澤［1994a］
――――　1990c　「知性の条件とロボットのジレンマ」，『現代思想』18巻3号，4号。
――――　1991a　「王の身体の二重性」1，2，『みすず』366号，367号。

People in the Flow of Mass Communication, Glancoe, Ⅲ., The Free Press.＝1966　竹内郁郎訳『パーソナル・インフルエンス』, 培風館。
川崎賢一　1994 『情報社会と現代日本文化』, 東京大学出版会。
小林康夫　1991 『起源と根源』, 未来社。
小見山実　1976 「分裂病における「自他変換」現象について」, 『分裂病の精神病理５』, 東京大学出版会。
小谷真理　1994 『女性状無意識』, 勁草書房。
Kripke, S. A.　1980　*Naming and Necessity,* Basil Blackwell.＝1985　八木沢敬・野家啓一訳『名指しと必然性』, 産業図書。
———　1979　"A Puzzle about Belief,"A. Margalit ed. *Meaning and Use,* D. Reidel Publishing Co.＝1989　信原幸弘訳「信念のパズル」, 『現代思想』17巻３号。
Lazarsfeld, P. F., B. Bereleson & H. Gaudet,　1944　*The People's Choice : How the Voter Makes up his Mind in a Presidential Campaingn,* First Edition, Sloan and Pearce, →1948　Second Edition, Sloan and Pearce, →1968　Third Edition, Columbia University Press.＝1987　有吉広介監訳『ピープルズ・チョイス』, 芦書房。
Laurel, B.　1991　*Computers As Theatre,* Addison-Wesley.
Leroi-Gourhan, A.　1964　*Le geste et la parole,* tome 1, Albin Michel.＝1973　荒木亨訳『身振りと言葉』, 新潮社。
———　1964　*Les religions de la prehistoire,* P. U. F.
———　1965　*Prehistoire de l'art occidental,* Edition d'art Lucien Mazenod.
真木悠介　1981 『時間の比較社会学』, 岩波書店。
Marchand, M.　1987　*La Grande Aventure du Minitel,* Librairie Larousse.
McCombs, M. E.　1977　"Newspaper versus television : Mass communication effects across time", Shaw, D. L. & McCombs, E. eds., *The Emergence of American Political Issues : Agenda-Setting Function of the Press,* West.
——　1986　"News influence on our pictures of the world", Bryant, J. & D. Zillmann eds., *Perspective of Media Effects,* Lawrence Erlbaum Associate.

ed. [1968].
——— 1977 *The Domestication of the Savage Mind,* Cambridge Univ. Press.＝1986 吉田禎吾訳『未開と文明』，岩波書店。
Goody, J. & Watt, I. 1968 "The consequences of literacy", in Goody ed. [1968].
Guxman, M. M. 1970 "Some general regularities in the formation and development of national language", in Fishman, J. A. ed., *Readings in Sociology of Language,* Mouton.
Haugen, E. 1966 "Linguistics and language planning", in Bright, W. ed., *Sociolinguistics : Proceedings of the UCLA Sociolinguistics Conference 1964,* Mouton.
Hirsch, P., 1980 "The 'scary world' of the nonviewer and other anomalies", *Communication Research,* 7.
古橋健二 1989 「C級アイドルに人生を捧げた聖職者！」，JICC出版局 [1989]。
布施英利 1990 「電脳デザインの神経回路」，『イマーゴ』1990年9月号。
いとうせいこう 1992 『ゴドーは待たれながら』，太田出版。
JICC出版局 1989『おたくの本』（別冊宝島104）。
Kafka, Franz, 1906 *Hochzeitsvorbereitungen auf dem Lande.*＝1992 「田舎の婚礼準備」，『決定版カフカ全集3』，新潮社。
——— 1913 *Das Urteil.*＝1992 川村二郎・円子修平訳「判決」，『決定版カフカ全集1』，新潮社。
——— 1915 *Vor dem Gesetz.*＝1992 川村二郎・円子修平訳「律法の門前」，『決定版カフカ全集1』，新潮社。
——— 1925 *Der Prozess.*＝1992 中野孝次訳「審判」，『決定版カフカ全集5』，新潮社。
金子郁容 1992 『ボランティア――もうひとつの情報社会』，岩波新書。
柄谷行人 1978 『マルクスその可能性の中心』，講談社。
―― 1986 『探究Ⅰ』，講談社。
―― 1989a 『探究Ⅱ』，講談社。
―― 1989b 『言葉と悲劇』，第三文明社。
―― 1990 『終焉をめぐって』，福武書店。
―― 1992 「日本精神分析3」，『批評空間』7号。
―― 1994 『〈戦前〉の思考』，文芸春秋。
Katz, E. & P. F. Lazarsfeld 1955 *Personal Influence : Part Played by*

Sage.
Burnham, D. 1983 *The Rise of the Computer State,* Random House.
Cantril, H. 1940 *The Inuasion from Mars,* Princeton Univ. Press.＝1971 斉藤耕一・菊地章夫訳『火星からの侵入』, 川島書店。
Chartier, R. 1992 『読書の文化史——テクスト・書物・読解』(福井憲彦訳), 新曜社。
De Fleur, M. L. & S. Ball-Rokeach 1989 *Theories of Mass Communication,* Fifth Edition, Longman.
Deleuze, G. 1990 Pourparlers, Les Editions de Minuit.＝1992 宮林寛訳『記号と事件』河出書房新社。
Derrida, J. 1980 *La Carte postale,* Librairie FLAMMARION : Paris.＝1992 丹生谷貴志訳「『葉書』より」(抜粋), 『InterCommunication』0号。
Edmonson, M. E. 1971 *Lore : An Introduction to the Science of Folklore and Literature,* Holt, Rienhart & Winston.
Febvre, L. & H.-J. Martin 1958 *L'apparition du livre,* Albin Michel.＝1985 関根素子ほか訳『書物の出現』上・下, 筑摩書房。
Freud, S. 1920 *Jenseits des Lustprinzips,* Internationaler Psychoanalytischer Verlag.
Funkhouser, G. R., 1973 "The issues of sixties : An exploratory study in the dynamics of public opinion", *Public Opinion Quarterly,* 37.
Gerbner, G. & L. P. Gross 1976a "The scary world of TV's heavy viewer", *Psychology Today,* Apr., 89.
——— 1976b "Living with television : The violence profile", *Journal of Communication,* 26, No.2.
Gerbner, G., L. Gross, M. Morgan & N. Signorielli, 1980 "The 'Mainstreaming' of America : Violence profile no.11", *Journal of Communication,* 30, No.3.
——— 1986 "Living with television : the dynamics of cultivation process", Bryant, J. and D. Zillmann eds., *Perspective of Media Effects,* Lawrence Erlbaum Associate.
Goody, J. (Rankin, J.) ed. 1968 *Literacy in Traditional Societies,* Cambridge Univ. Press.
Goody, J. 1968 "Restricted Literacy in Northern Ghana", in Goody

文　献

Achebe, C.　1961　*No Longer at Ease,* Ivan Obolencky.

合庭　惇　1994『デジタル羊の夢――マルチメディアとポストモダン』，河出書房新社。

天野義智　1990『自閉主義のために――他者のない世界』，新曜社。

―――　1992『繭の中のユートピア』，弘文堂。

Anderson, B.　1983　*Imagined Communities : Reflections on the Origin and Spread of Nationalism,* Verso. ＝1987　白石隆・白石さや訳『想像の共同体――ナショナリズムの流行と起源』，リブロポート。

浅羽通明　1989a「オカルト雑誌を恐怖に震わせた謎の投稿少女たち！」，『うわさの本』（別冊宝島92）。

―――　1989b「高度消費社会に浮遊する天使たち」，JICC 出版局［1989］。

浅田彰・大澤真幸・柄谷行人・黒崎政男　1995「ハイパーメディア社会における自己・視線・権力」，『InterCommunication』12号。

朝倉喬司　1989「おたくの事件簿」，JICC 出版局［1989］。

Barthes, R.　1967　*Système de la mode,* Seuil.＝1972　佐藤信夫訳『モードの体系』，みすず書房。

Baudrillard, J.　1981　*Simulacres et simulation,* Editions Galilée.＝1984　竹原あき子訳『シミュラークルとシミュレーション』，法政大学出版局。

―――　1989　"Videowelt und fraktales Subjekt", *Philosophien der neuen Technologie,* Merne Verlag.＝1992　加藤哲弘訳「ヴィデオの世界とフラクタルな主体」，『InterCommunication』0号。

―――　1990　*La tranceparence du mal,* Editions Galilée.＝1991　塚原史訳『透きとおった悪』，紀伊國屋書店。

―――　1991　*La Guerre du Golfe n'a pas eu lieu,* Editions Galilée.＝1991　塚原史訳『湾岸戦争は起こらなかった』，紀伊國屋書店。

Becker, L., M. McCombs and J. McLeod　1975　"The development of political cognitions," Chaffe, S. ed., *Political Communication,*

ヤ　行

ラ　行

ワ　行

タ　行

ナ　行

ハ　行

マ　行

人名索引

著者略歴

大澤真幸（おおさわ　まさち）

1958年長野県生まれ。東京大学大学院社会学研究科博士課程修了。社会学博士。千葉大学文学部助教授、京都大学大学院人間・環境学研究科教授を歴任。思想誌『THINKING「O」』（左右社）主宰。2007年『ナショナリズムの由来』（講談社）で毎日出版文化賞、2015年『自由という牢獄』（岩波現代文庫）で河合隼雄学芸賞を受賞。近著に『〈世界史〉の哲学』シリーズ（講談社）、『資本主義の〈その先〉へ』（筑摩書房）、『我々の死者と未来の他者』（集英社インターナショナル新書）、『私の先生』（青土社）など。

JIMBUN SHOIN Printed in Japan
ISBN978-4-409-24113-4　C1036

メディア論集成
――『電子メディア論』増補決定版

二〇二四年　一一月二〇日　初版第一刷印刷
二〇二四年　一一月三〇日　初版第一刷発行

著　者　大澤真幸
発行者　渡辺博史
発行所　人文書院
〒六一二-八四四七
京都市伏見区竹田西内畑町九
電話　〇七五（六〇三）一三四四
振替　〇一〇〇〇-八-一一〇三

印刷　創栄図書印刷株式会社
装丁　上野かおる

難波功士、野上元、周東美材編

吉見俊哉論

四九五〇円（本体+税一〇%）

都市論に始まり、メディア論、カルチュラル・スタディーズ、アメリカ論、大学論など数々の分野で新たなテーマと方法論を切り拓き、いまなお前進を続ける吉見俊哉。一九八〇年代から今日におよぶ、その膨大で多種多様な研究の核心と革新性はどこにあるのか、そして何を引き継ぎ発展させることができるのか。吉見に学び研究の前線に立つ精鋭たちが挑む初の試み。